高等法律职业教育系列教材

戒毒基础知识

JIEDU JICHU ZHISHI

主　编○张敏发　赵天虹
副主编○刘志泉　李文丽　陈金峰
撰稿人○（以撰写内容先后为序）
张敏发　陈金峰　张庆婕　李文丽　胡湛蕾
刘志泉　江心亚　曾德梅　陈　佳　田　琳
王晓村　黄浩耿　赵天虹

中国政法大学出版社
2023 · 北京

图书在版编目（CIP）数据

戒毒基础知识/张敏发，赵天虹主编. —北京：中国政法大学出版社，2023.8
ISBN 978-7-5764-1006-8

Ⅰ.①戒…　Ⅱ.①张…②赵…　Ⅲ.①戒毒—工作—中国—教材　Ⅳ.①D669.8

中国版本图书馆CIP数据核字(2023)第137797号

出版者　中国政法大学出版社
地　址　北京市海淀区西土城路 25 号
邮　箱　fadapress@163.com
网　址　http://www.cuplpress.com (网络实名：中国政法大学出版社)
电　话　010-58908435(第一编辑部) 58908334(邮购部)
承　印　固安华明印业有限公司
开　本　787mm×1092mm　1/16
印　张　17
字　数　352 千字
版　次　2023 年 8 月第 1 版
印　次　2023 年 8 月第 1 次印刷
印　数　1~4000 册
定　价　59.00 元

总序 Preface

高等法律职业化教育已成为社会的广泛共识。2008年，由中央政法委等15部委联合启动的全国政法干警招录体制改革试点工作，更成为中国法律职业化教育发展的里程碑。这也必将带来高等法律职业教育人才培养机制的深层次变革。顺应时代法治发展需要，培养高素质、技能型的法律职业人才，是高等法律职业教育亟待破解的重大实践课题。

目前，受高等职业教育大趋势的牵引、拉动，我国高等法律职业教育开始了教育观念和人才培养模式的重塑。改革传统的理论灌输型学科教学模式，吸收、内化“校企合作、工学结合”的高等职业教育办学理念，从办学“基因”——专业建设、课程设置上“颠覆”教学模式：“校警合作”办专业，以“工作过程导向”为基点，设计开发课程，探索出了富有成效的法律职业化教学之路。为积累教学经验、深化教学改革、凝塑教育成果，我们着手推出“基于工作过程导向系统化”的法律职业系列教材。

《国家中长期教育改革和发展规划纲要（2010~2020年）》明确指出，高等教育要注重知行统一，坚持教育教学与生产劳动、社会实践相结合。该系列教材的一个重要出发点就是尝试为高等法律职业教育在“知”与“行”之间搭建平台，努力对法律教育如何职业化这一教育课题进行研究、破解。在编排形式上，打破了传统篇、章、节的体例，以司法行政工作的法律应用过程为学习单元设计体例，以职业岗位的真实任务为基础，突出职业核心技能的培养；在内容设计上，改变传统历史、原则、概念的理论型解读，采取“教、学、练、训”一体化的编写模式。以案例等导出问题，根据内容设计相应的情境训练，将相关原理与实操训练有机地结合，围绕关键知识点引入相关实例，归纳总结理论，分析判断解决问题的途径，充分展现法律职业活动的演进过程和应用法律的流程。

法律的生命不在于逻辑，而在于实践。法律职业化教育之舟只有驶入法律实践的海洋当中，才能激发出勃勃生机。在以高等职业教育实践性教学改革为平台进行法律职业化教育改革的路径探索过程中，有一个不容忽视的现实问题：高等职业教育人才培养模式主要适用于机械工程制造等以“物”作为工作对象的职业领域，而法律职业教育主要针对的是司法机关、行政机关等以“人”作为工作对象的职业领域，这就要求在法律职业教育中对高等职业教育人才培养模式进行“辩证”地吸纳与深化，而不是简单、盲目地照搬照抄。我们所培养的人才不应是“无生命”的执法机器，而是有法律智慧、正义良知、训练有素的有生命的法律职业人员。但愿这套系列教材能为我国高等法律职业化教育改革作出有益的探索，为法律职业人才的培养提供宝贵的经验、借鉴。

2016 年 6 月

前言 Foreword

2008年6月1日开始实施的《禁毒法》，以及后来2013年12月28日第十二届全国人民代表大会常务委员会第六次会议通过的《全国人民代表大会常务委员会关于废止有关劳动教养法律规定的决定》，本教材组及“戒毒基础知识”课程组就开始犯愁了，戒毒最基础的教材呢？由于劳动教养制度的废除，原劳动教养向强制隔离戒毒转型，但适用专业的教材并不多。本教材在多年的“戒毒基础知识”课程授课的基础上，结合场所的实际情况，参照有关文献资料编写而成。

本教材编写组之初便有“宏伟”的设想，即本教材要力争成为“双用”教材，既适合高职高专在校学生使用又适合司法行政干部业务培训的教材。第一，本教材编写的指导思想是，从高职高专的教学规律出发，突出教材的“工作任务”导向，培养学生的技能。同时，考虑司法行政干部业务培训的需求，注重教材的实用性。作为戒毒领域“入门级”的理论基础教材，对司法行政干警入警培训及干警理论素质提升教育，希望也有实际的应用价值。第二，在教材的内容选取上，我们考虑在校学生的“够用”原则，并针对戒毒场所所需选取。

本教材参编人员单位

广东司法警官职业学院：张敏发、赵天虹、陈金峰、曾德梅、胡湛蕾、张庆婕、田琳；

广东省戒毒管理干部学校：刘志泉、王晓村、黄浩耿、江心亚；

华南农业大学：李文丽；

广州白云心理医院：陈佳。

编写分工

项目一：张敏发（任务一）、陈金峰（任务一、任务二、任务三）；

项目二：张敏发（任务一、任务二）、陈金峰（任务一、任务二）、张庆婕（任务三）；

项目三、张敏发（任务一、任务二）、陈金峰（任务一、任务二）；

项目四：张敏发（任务一、任务二）、李文丽（任务一、任务二）；

项目五：胡湛蕾（任务一）、李文丽（任务二）、张敏发（任务三）；

项目六：刘志泉（任务一、任务二）、江心亚（任务一）、张敏发（任务二）；

项目七：张敏发（任务一、任务二）、李文丽（任务三）；

项目八：李文丽（任务一）、张敏发（任务二、任务四）、曾德梅（任务三、任务四）；

项目九：张庆婕（任务一、任务二、任务三）；

项目十：张敏发（任务一）、陈佳（任务二）；

项目十一：田琳（任务一、任务二、任务三）；

项目十二：张敏发（任务一）、王晓村（任务二）、黄浩耿（任务二）；

项目十三：张敏发（任务一、任务三、任务四）、赵天虹（任务二）；

项目十四：张敏发（任务一、任务二、任务三、任务四）；

项目十五：张敏发（任务一）、赵天虹（任务二）。

编者

2023 年 4 月

目录 Contents

第一单元

毒品滥用与成瘾

项目一　毒品认知

任务一　毒品的概念、特征

教学情境

可卡因是如何从药物变成毒品的?[1]

早在3000年前，古印第安人就有咀嚼古柯叶的习惯，他们将草木灰和石灰掺入古柯叶，然后放入嘴里咀嚼。因为这能帮他们解除疲劳、消痛祛病，还能增强抵御恶劣自然环境、高山反应，耐饥饿的应激能力。另外，古印第安人还懂得使用古柯叶作麻醉剂。有图像记载，南美部落的巫医会用古柯叶和酒精对病人进行麻醉，然后用刀打开头盖骨，取出因意外造成的骨头碎片。据现代考古证明，当时确实有很多病人通过这种麻醉手段后手术获得痊愈。

古柯叶的神奇作用，让欧洲的科学家们产生了浓厚的兴趣，纷纷对其展开研究。可卡因正是从古柯叶中提炼出来的生物碱。而让可卡因成为大众嗜好的娱乐消遣药物的，是著名心理学家弗洛伊德的推荐，他不仅认为可卡因是局部麻醉剂，还是性欲刺激剂、抗抑郁剂，并在其后很长时间里用于治疗幻想症，因此他将可卡因称为“富有魔力的物质”。1884年，在他的一篇名为《谈古柯碱》中描写了他以自身为实验被试，尝试可卡因后的感受：“一点小剂量的可卡因就将我带入了飘飘欲仙之地，我正忙着翻字典和文献，来写一首诗歌赞美这神奇之物!”在弗洛伊德的影响下，欧美的新闻媒介将可卡因吹嘘得神乎其神，声称可卡因不仅能治疗疾病，还是摆脱饥饿、睡眠和疲劳

〔1〕 甘肃公安（甘肃省公安厅官方百家号），网址：https://baijiahao.baidu.com/s?id=1656300765038569106&wfr=spider&for=pc，最后访问日期：2021年8月18日。

的神器。在美国，一些医生直接用可卡因治疗鸦片和酒精的成瘾依赖。

到了19世纪末期，人们滥用可卡因达到了全盛时期，特别是在美国。从各种病痛到物质成瘾都用其医治，可卡因成了“神奇的药物”，并得到了社会的认可。而一些商人从中发现商机，把可卡因捧为强壮补药掺进饮料、糖果和粉剂中使用。到20世纪60年代末，嬉皮士运动再次掀起娱乐用药高潮，享有“药之香槟”美称的可卡因再次受到青睐。许多青少年认为吸食可卡因是潇洒、时髦乃至勇敢的特征。甚至在当时美国的电视中还可以看到、听到科学家大谈可卡因产生强烈而异常欣快感的节目。

工作任务

罂粟、古柯、大麻，本为大自然的植物，作为药物，也为人类“造福”，但当我们现在谈起它们时，更多认为它们是“恶之花”。那么，自然之物为何会成为“恶之花”（毒品），毒品是什么？作为开篇，本部分的任务：

1. 掌握什么是毒品？
2. 熟知毒品有哪些特征？

一、什么是毒品

（一）毒品定义

毒品一词最早作为一个社会用语出现在欧洲，至今不超过两三百年的历史。在英语中也不存在与汉语意义一致的“毒品”单词。在国外，一般把毒品称为“Legal drugs”或“Illegal drugs”，汉语意思是“违禁物品”，通常直接简称为“drug”。在国外，毒品通常也以医学的概念进行定义，如将毒品直接称为麻醉药品和精神药品。

毒品一词的内容和含义，具有历史性和时代性，随着时代、国度、民族、经济、文化及所有者的角度不同而不断变化。比如，在国际社会中，第一个禁毒公约即1912年的《海牙鸦片公约》仅将鸦片视为毒品，1936年的《禁止非法买卖麻醉品公约》才将毒品扩大到其他鸦片制剂；1961年联合国的《1961年麻醉品单一公约》把非法种植罂粟、古柯和大麻列为禁止和惩治的行为。在中国，19世纪40年代，毒品就是指鸦片；而20世纪50年代后，毒品的外延则扩大为海洛因、可卡因等；20世纪80年代以来，冰毒被“引进”入中国，90年代以来，摇头丸、K粉（氯胺酮）等新型毒品开始流行。

随着毒品在全球范围内的大肆泛滥，吸毒贩毒已成为当今世界上严重的社会问题之一。毒品犯罪对世界上大多数国家、地区的政治、经济、法律、公众健康等方面产生了极深的负面影响。

尽管如此，世界各国对毒品尚无统一的定义，国际上也没有统一毒品的称呼。在我国，不同领域的人对毒品的解释和定义也不太一样。

从医学角度来说，毒品是一种药品，是用来防治、维护健康、治病或缓解病痛的物质之一。它能使病人恢复或维持一定程度的生理功能，减缓某些疾病的程度等。在医学领域一般把毒品按照其药理性能进行分类，比如麻醉类药品、精神类药品、新精神活性物质等，或者按照更具体的药理作用分类，分为麻醉剂、兴奋剂、抑制剂等，把吸毒行为称为“药物滥用”“药物成瘾”等，认定为是一种不受自己控制的复发性脑疾病。所以，在医学领域更加强调要通过科学的医学治疗手段来戒除毒瘾，而不是简单性、强制性地“物理性隔离”。

从社会学角度来说，毒品是指那些具有依赖潜能，常给用药个体造成精神和机体危害，且能引起社会、公共卫生和法律等一系列问题的化学物质。

从法律上来说，在我国，毒品是以法律的形式来规定的。按照《刑法》[1]《禁毒法》的规定，所称的毒品是指鸦片、海洛因、甲基苯丙胺（冰毒）、吗啡、大麻、可卡因以及国家规定管制的其他能够使人形成瘾癖的麻醉药品和精神药品。根据我国法律可以看出，毒品必须同时具有“国家规定管控”“能够使人形成瘾癖”“麻醉药品或精神药品”三个要素，也因此毒品具有法律和医学双重性。基于此，我国又将毒品按照其医学属性划分为两大类，即麻醉药品和精神药品。

理解这个概念要注意的是，要与精神医学领域中的精神活性物质相区别。精神活性物质是指进入人体后能够影响人类心境、情绪、行为，改变意识形态，并可导致瘾癖或依赖的一切化学物质。精神活性物质在国际上又被称为成瘾性物质或者瘾品。国际上通常把精神活性物质分成八大类，即阿片类、可卡因类、大麻类、中枢神经兴奋剂、酒及镇静催眠药、致幻剂、挥发性有机溶剂、烟草。此八大类精神活性物质又可分为合法（非列管的）精神活性物质、非法（违禁的或列管的）精神活性物质。合法（非列管的）精神活性物质在世界各国有所不同。我国的合法（非列管的）精神活性物质目前为酒精、香烟、挥发性有机溶剂，列为管制的精神物质就是我国麻醉药品品种目录与精神药品品种目录中所列的品种，这些目录中的品种在我国法律上被称为毒品。

综上，从不同的领域来对“毒品”进行定义，会有不同的结果。在没有特殊说明的情况下，根据《刑法》《禁毒法》的规定，毒品是指鸦片、海洛因、甲基苯丙胺（冰毒）、吗啡、大麻、可卡因以及国家规定管制的其他能够使人形成瘾癖的麻醉药品和精神药品。

（二）毒品的范围

联合国于 1961 年 3 月在美国纽约签订了《1961 年麻醉品单一公约》，于 1971 年在

---

〔1〕即《中华人民共和国刑法》。为表述方便，本书中涉及我国法律需使用简称时，省去“中华人民共和国”字样，后不赘述。

维也纳签订了《1971年精神药物公约》。这两个公约所列出的麻醉药品和精神药物都是受到国际管制的药品，也就是我国通常认为的毒品。这两个公约将麻醉药品和精神药物按其各自的药学性质、滥用危害程度和管制严格程度分为四类。公约管制的内容是动态的，随着毒品滥用的范围扩大和新型毒品的不断发展，公约管制的药品内容会根据需要进行调整。目前两个公约管制的麻醉药品和精神药物共200多个品种。

在美国，毒品按滥用危害程度和管制严格程度被分为五类。第一类是管制最为严格的，除用于科研外不能用于其他方面，如海洛因；第二类是容易被滥用但可允许作为医药用的毒品，如鸦片、吗啡等；第三、四、五类毒品的依赖程度依次降低。这一至五类的药品都属于被管制的“Drug”，如果被滥用就叫做“Illicit drug”。

在我国，毒品的范围除了《刑法》和《禁毒法》明确列明的鸦片、海洛因、甲基苯丙胺（冰毒）、吗啡、大麻、可卡因之外，“国家规定管制的其他能够使人形成瘾癖的麻醉药品和精神药品”指的是我国《麻醉药品品种目录》和《精神药品品种目录》中所列的药品。2008年1月1日起施行的《麻醉药品品种目录》和《精神药品品种目录》管制的麻醉药品和精神药品分别是123和132个品种。由于近年来新型合成毒品的快速发展，为了更有效地对新型毒品进行管控，国家食品药品监督部门出台2013年版《麻醉药品品种目录》和《精神药品品种目录》，受管制的麻醉药品和精神药品共270种。当然这270个品种目录不是一成不变的，目录的品种和数量会随禁毒形势的变化而调整。

2015年4月3日，国家食品药品监督管理总局、公安部、国家卫生和计划生育委员会发布《关于将含可待因复方口服液体制剂列入第二类精神药品管理的公告》（2015年5月1日起实行），将含可待因复方口服液体制剂（包括口服溶液剂、糖浆剂）列入第二类精神药品管理。

2015年9月24日，公安部、国家卫生和计划生育委员会、国家食品药品监督管理总局、国家禁毒委员会办公室联合颁发了《非药用类麻醉药品和精神药品列管办法》（2015年10月1日起实施），进一步加强对非药用类麻醉药品和精神药品的管理，该附表《非药用类麻醉药品和精神药品管制品种增补目录》中一次性列管116种新精神活性物质。2017年1月25日，公安部、国家食品药品监督管理总局、国家卫生和计划生育委员会发布《关于将卡芬太尼等四种芬太尼类物质列入非药用类麻醉药品和精神药品管制品种增补目录的公告》（2017年3月1日起施行）决定将卡芬太尼、呋喃芬太尼、丙烯酰芬太尼、戊酰芬太尼四种物质列入《非药用类麻醉药品和精神药品管制品种增补目录》。

2017年6月19日，国家禁毒委员会办公室召开新闻发布会，公布公安部、国家食品药品监督管理总局、国家卫生和计划生育委员会决定将N－甲基－N－（2－二甲氨基环己基）－3，4－二氯苯甲酰胺（U－47700）、1－环己基－4－（1，2－二苯基乙基）哌嗪（MT－45）、4－甲氧基甲基苯丙胺（PMMA）和2－氨基－4－甲基－5－

(4－甲基苯基)－4，5－二氢恶唑(4，4′－DMAR)四种物质列入《非药用类麻醉药品和精神药品管制品种增补目录》，自 2017 年 7 月 1 日起施行。

2018 年 8 月 29 日，公安部、国家卫生健康委员会、国家药品监督管理局发布《关于将 4－氯乙卡西酮等 32 种物质列入非药用类麻醉药品和精神药品管制品种增补目录的公告》(2018 年 9 月 1 日起施行)，决定将 4－氯乙卡西酮等 32 种物质列入《非药用类麻醉药品和精神药品管制品种增补目录》。

2019 年 4 月 1 日，公安部、国家卫生健康委员会、国家药品监督管理局发布《关于将芬太尼类物质列入非药用类麻醉药品和精神药品管制品种增补目录的公告》(2019 年 5 月 1 日起施行)，决定将芬太尼类物质列入《非药用类麻醉药品和精神药品管制品种增补目录》，将芬太尼类物质整类列管。

2019 年 7 月 11 日，国家药品监督管理局、公安部、国家卫生健康委员会发布《关于将含羟考酮复方制剂等品种列入精神药品管理的公告》(2019 年 9 月 1 日起施行)，将含羟考酮复方制剂等 3 种品种列入精神药品管理。

2019 年 12 月 16 日，国家药品监督管理局、公安部、国家卫生健康委员会发布《关于将瑞马唑仑列入第二类精神药品管理的公告》(2020 年 1 月 1 日起实行)，将瑞马唑仑(包括其可能存在的盐、单方制剂和异构体)列入第二类精神药品管理。

2021 年 5 月 11 日，公安部、国家卫生健康委员会、国家药品监督管理局发布《关于将合成大麻素类物质和氟胺酮等 18 种物质列入〈非药用类麻醉药品和精神药品管制品种增补目录〉的公告》(2021 年 7 月 1 日起施行)，决定正式整类列管大麻素类物质及氟胺酮等 18 种新精神活性物质。

2023 年 4 月 14 日，国家药品监督管理局、公安部、国家卫生健康委员会发布《关于调整麻醉药品和精神药品目录的公告》(2023 年 7 月 1 日起施行)，决定将奥赛利定等品种列入麻醉药品和精神药品目录。

截至 2023 年 7 月 1 日，我国已管制 456 种麻醉药品和精神药品和 2 整类(芬太尼类物质和合成大麻素类物质)，数量居全球首位。

二、毒品的特征

根据毒品所具有的法律、社会、医学属性，可以把毒品归纳出四大基本特征：依赖性、耐受性、危害性和非法性。

(一) 依赖性(成瘾性)

依赖性是药物的综合反应特征，指由于长期反复使用毒品，使人的机体与毒品相互产生作用，并引起生理和心理发生一系列的适应性改变，达到一种“满足”的状态。在这种状态的驱使下，机体必须持续不断地依靠外源性的药物来维持其生理上的基本平衡，否则就会产生一系列的戒断反应。

根据毒品对机体生理和心理的不同作用，毒品依赖性可分为生理依赖和心理依赖。生理依赖又称身体依赖，是毒品成瘾的病理学、生理学特征。毒品作用于机体，使机体能产生适应性改变，形成在药物作用下的一种新平衡状态，这种新平衡状态其实是异常的平衡状态。一旦停止给药，机体生理功能就会发生紊乱，机体就会处在失衡状态，出现一系列严重的躯体症状，称为戒断症状。吸毒者为了避免出现戒断症状，就必须强迫自己定时用药，且不断加大剂量，使得自己与毒品形影不离。心理依赖又称精神依赖，是指滥用毒品后，吸毒者产生一种欣快感，使得吸毒者精神上得到极大满足的心理效应。在这种欣快感和满足感的驱使下，吸毒者表现出了一种定期连续使用毒品的渴求和强迫行为，以获得心理上的满足和避免精神上的不适。

（二）耐受性

耐受性是毒品作为“药品”的基本特征。作为机体对药物的一种适应性反应，所有的药物都有耐受性，毒品更不例外。在不断地使用同一种药物以后，机体会出现药效下降或药物作用维持时间缩短的现象，必须增加剂量才能获得与以前同样的或相似的效果，若立即停药多数会出现急性戒断症状。阿片类药物的耐受性是可逆，停止滥用药物后耐受性可逐渐消失，这也是生理脱毒治疗的原理。

（三）危害性

危害性是毒品的社会性特征，主要表现在自身危害、家庭危害、社会危害三方面。自身危害主要是对吸毒人员身心健康的危害，滥用毒品会使吸毒者的消化系统、免疫系统、心血管系统、神经系统等遭受严重损害，从而导致各种疾病，最终可能并发而死；吸毒也容易引发吸毒人员的心理疾病，导致其人格的变异等。家庭危害主要是因为吸毒会严重消耗家庭收入、挤兑家庭资金支配、加剧了家庭成员之间矛盾的爆发，最终可能造成妻离子散。社会危害主要体现在毒品不仅诱发了种植、走私、贩卖、运输、制造毒品等与毒品相关的违法犯罪活动，而且还是滋生其他违法犯罪问题的温床，比如以贩养吸、以盗养吸、以抢养吸等，对社会治安构成严重威胁。

（四）非法性

非法性是毒品的法律特征，也称违法性。毒品作为一种受国家法律管制的特殊药物，禁止滥用和严格管控是其法律性的本质特征。因此，毒品在种植、生产、运输、销售、使用等各个环节都受到国家相关法律、法规的严格管控。当前，世界各国大多将涉毒的行为规定为犯罪或违法。我国将涉毒行为归为两类：一是犯罪行为，如走私、贩卖、运输、制造毒品罪，非法持有毒品罪等，与此相关的法律有《刑法》《禁毒法》；二是违法行为，如吸食毒品行为、非法提供毒品行为（不以牟利为目的）等，与此相关的法律有《禁毒法》《治安管理处罚法》《戒毒条例》等。

作为世界毒品重要的消费和制造国，我国还加入了《1961 年麻醉品单一公约》《1971 年精神药物公约》和《联合国禁止非法贩运麻醉药品和精神药物公约》等国际公约，接受这些国际公约的管制。

毒品的依赖性、耐受性、危害性和非法性这四个特征是相互关联的。依赖性和耐受性是毒品的物质特征，危害性是毒品的后果特征，非法性是毒品的法律特征。依赖性导致滥用，耐受性加固和推进依赖性的形成，最终引起危害性，因而必须受到法律的严格管控。

任务二　毒品的分类

教学情境

据《2019 年中国毒品形势报告》：我国已列管 431 种毒品和整类芬太尼类物质，但新类型毒品不断出现。如含 LSD 成分的“邮票”、向学生兜售的“聪明药”以及逐渐蔓延的“0 号胶囊”“G 点液”“犀牛液”等色胺类物质，品种五花八门。有的变换包装，伪装成食品、香烟等，如“奶茶”、巧克力形态的毒品；有的是未列管的毒品替代品，如号称“改良 K 粉”的氟胺酮；还有新精神活性物质作为第三代毒品，在国内迅速扩张，且花样不断翻新，如合成大麻素“娜塔莎”等。据国家毒品实验室检测，全年检测出新精神活性物质 41 种，其中新发现 5 种。

工作任务

“新”的毒品层出不穷，“花样”百出，为了更加科学、全面、深入地了解毒品，有必要熟悉了解毒品的分类，本部分的任务：

1. 了解毒品分类的主要依据（标准）；
2. 熟悉主要常见毒品的类别。

毒品的种类繁多，分类的方法也有多种。目前，按照国际、国内的惯例分法规则，主要有以下几种分法，即按照国际公约、按照毒品来源、按照药理学作用、按照世界卫生组织规定、按照对人体的危害程度等方面进行分类。

一、按国际公约分类

根据《1961 年麻醉品单一公约》和《1971 年精神药物公约》，国际上将毒品分为麻醉药品和精神药品两大类，这是当前国际上统一的分类方法，其本质也是按照毒品的药理学作用进行分类。

1. 麻醉药品是指在医疗上具有麻醉、镇痛、镇静、镇咳等作用，非法滥用后极易产生身体和精神依赖，并能够使人成瘾，具有瘾癖作用的药品。麻醉药品包括三大类：阿片类（包括合成的）、可卡因类和大麻类。常见的阿片类麻醉药品有：海洛因、杜冷丁、美沙酮、吗啡等。常见的可卡因类麻醉药品有：可卡因、古柯叶、克赖克等。常见的大麻类麻醉药品有：大麻油、大麻树脂、大麻烟等。

2. 精神药品是指能够直接作用于人的中枢神经系统，使神经细胞产生效应，并能够持续有效地传导下去，机体表现出异常的兴奋或抑制，最终产生依赖性的药品。精神药物分为三类：兴奋剂、镇静剂和致幻剂。

从广义的角度来看，许多麻醉品也兼具有精神药品的药性，比如，海洛因具有抑制神经痛觉传导的作用，因此，我们又可将麻醉药品和精神药物统称为精神活性物质。凡是能作用于脑神经细胞并产生精神和行为效应的物质，都可列入精神活性物质的范围，它们中有许多具有致依赖性的潜力。

二、按毒品来源分类

按毒品的原料、制备方法，毒品可分为天然毒品、合成毒品和半合成毒品。

1. 天然毒品，其是指直接从天然植物上提取的某种生物碱，可以以植物的某一部位进行吸食、饮用，如根茎；也可以提取出分离物进行吸食、饮用，如植物油。常见天然毒品有：鸦片、吗啡、大麻、可卡因、可待因、恰特草等。

2. 合成毒品，其是以化学工业品为原料，经化合反应加工而成。其制毒原料是不依赖于原植物，直接由化学品经化合反应制作得来。常见的合成毒品有苯丙胺类兴奋剂（包括冰毒）、人工合成阿片类（杜冷丁、美沙酮）、致幻剂类（氯胺酮）、抑制剂类（巴比妥类等）。

3. 半合成毒品，其是指先从天然毒品原植物上提取有效成分，然后再进行人工化学合成反应得来的毒品。海洛因是典型的半合成毒品，先从罂粟上提取出生物碱（吗啡），再通过化学反应合成海洛因。另一个著名的半合成毒品就是甲基苯丙胺（冰毒），甲基苯丙胺有两种加工途径，一种是直接利用化学原料合成出甲基苯丙胺产品；另一种是以麻黄草为原料提取出麻黄碱，再用麻黄碱进行化学反应加工成甲基苯丙胺。第一种方法是合成法，第二种方法就是半合成方法。

三、按药理学作用分类

根据毒品的药理学作用，可以分为四类，麻醉剂、兴奋剂、抑制剂和致幻剂。有些毒品兼具多种药理学作用，如海洛因兼具麻醉和抑制功能；甲基苯丙胺兼具兴奋和致幻作用。

1. 麻醉剂。麻醉剂是指医疗上具有麻醉、镇痛、镇静、止咳等作用，非法滥用易产生身体和精神依赖，并能够使人形成瘾癖的药品。阿片类是典型的麻醉剂家族毒品。

2. 兴奋剂。兴奋剂是指对中枢神经系统呈现兴奋效应的，并且可致依赖性的药物。主要有可卡因类、苯丙胺类、咖啡因等。

3. 致幻剂。致幻剂是一类在不影响意识和记忆的情况下改变人的知觉、思维和情感活动的药物。滥用后可产生幻觉、错幻、空间定向障碍、被害妄想、自伤自残以及故意伤害等行为。主要有麦角酰二乙胺（LSD）、麦司卡林、苯环己哌啶等，而大麻、氯胺酮（K 粉）、摇头丸等都具有致幻作用，也可列入其中。

4. 抑制剂。抑制剂是指对中枢神经系统具有抑制效应，并且可致依赖性的药物。抑制剂具有镇静、催眠、抗焦虑、解痉挛等作用，我们生活中见到的各类安眠药、迷奸药都属于抑制剂。常见的抑制剂有巴比妥类、苯二氮䓬类等。

四、按世界卫生组织的规定分类

世界卫生组织根据国际公约中规定的麻醉药品和精神药物分类，并考虑到还有三类未列入国际管制的精神活性物质，即酒、烟草、挥发性有机溶剂也与人类的健康密切相关，将毒品分为八大类，即阿片类、可卡因类、大麻类、中枢神经兴奋药、酒精及镇静剂、致幻剂、挥发性有机溶剂、烟草。

1. 阿片类。阿片类是以吗啡为典型药物，包括从罂粟蒴果上提取的粗制树脂状天然渗出物，及人工合成麻醉性镇痛药如阿片、海洛因、芬太尼、可待因、蒂巴因（其主要衍生物有丁丙诺啡、纳曲酮、盐酸二氢埃托啡等）、哌替啶、美沙酮等。阿片类药物具有镇痛、镇静、镇咳、止泻等作用。

2. 可卡因类。可卡因类是由生长在南美洲安第斯山脉的灌木古柯树的叶加工提取的生物碱，包括古柯碱、可卡因、克赖克等，具有中枢神经兴奋作用，也用于局部麻醉。用药后产生欣快、过度健谈、刻板行为、失眠等症状，甚至引发中毒性精神病。

3. 大麻类。大麻类物质包括大麻属植物大麻和提炼而成的大麻脂、大麻烟、大麻油等，化学家还从大麻的树脂中提取了 400 种以上的化合物，目前已探明约有 60 余种大麻酚类化合物。小剂量的大麻可使人产生欣快感以及“洋洋自得”的感觉；大剂量的大麻可使人产生幻觉、妄想和类偏执狂感，引起思维混乱和崩溃。

4. 中枢神经兴奋药。中枢神经兴奋药是使中枢神经系统呈现兴奋效应的，并且具有很强的精神依赖潜力的药物，包括苯丙胺、甲基苯丙胺、匹莫林、哌醋甲酯、3，4－亚甲基二氧基甲基苯丙胺（俗称“摇头丸”）、咖啡因等。用药后产生精神兴奋、性欲亢进、活动增加、食欲抑制、血压升高等反应，大剂量可引起暴力和中毒性精神病，出现视、听、触觉幻觉。

5. 酒精及镇静剂。酒精即乙醇，是一种镇静剂，也是一种全身性、非特异性的中枢神经系统抑制剂。小剂量可引起轻度欣快，但同时失去辨别力、记忆力、注意力、控制力和执行精细动作的能力，并可能导致情绪不稳定和易于激动。随着剂量的加大，大脑皮层抑制加深，会出现嗜睡、昏迷甚至死亡。镇静剂也即是抑制剂（抑制剂介绍见前文）。

6. 致幻剂。（致幻剂介绍见前文）。

7. 挥发性有机溶剂。挥发性有机溶剂又称吸入剂，是指人们日常生活中使用的胶水、除垢剂、天那水、汽油、涂改液及多种有机溶剂如苯、二甲苯、丙酮、四氯化碳等。具有神经抑制和致幻等药理效应，这些气体进入人体后，使人产生“醉”态，损伤判断力，使感觉歪曲，高浓度可导致麻醉和死亡。

8. 烟草。烟草中主要含有尼古丁、焦油、一氧化碳等有害成分，是当今社会使用最广泛的“精神药物”。尼古丁为主要的致依赖性物质，有剧毒，对中枢神经系统、心血管系统以及身体器官都能产生强烈的作用。它可使吸烟者自觉喜悦、敏捷、脑力增强、减轻焦虑和抑制食欲。焦油和其他有害成分可使吸烟者和被动吸烟者患咽喉炎、气管炎、肺气肿、高血压、心脏病、脑血管意外等疾病。

五、按对人体毒性危害分类

根据毒品成瘾性的强弱，分为硬性毒品和软性毒品。

1. 硬性毒品。又称烈性毒品，是指对中枢神经系统具有高度毒性的毒品，如海洛因、苯丙胺类、氯胺酮等。

2. 软性毒品。又称温和毒品，是指对中枢神经系统毒性作用相对较缓和的毒品，如大麻、咖啡因等。

六、按滥用时间先后分类

按照毒品的流行时间，可分为第一代毒品、第二代毒品和第三代毒品。

1. 第一代毒品。又称传统毒品，比如海洛因、大麻、鸦片、可卡因等。

2. 第二代毒品。又称新型合成毒品，比如冰毒、麻古、摇头丸、氯胺酮等。

3. 第三代毒品。又称新精神活性物质、实验室毒品，是不法分子为逃避打击而对管制毒品进行化学结构修饰所得到的毒品类似物，具有与管制毒品相似或更强的兴奋、致幻、麻醉等效果。比如合成大麻素类、卡西酮类、芬太尼类、苯乙胺类等。第三代毒品虽然未被国际禁毒公约管制，但具有与管制毒品相似或更强的兴奋、致幻或麻醉效果，危害性比海洛因等第一代毒品更大。

任务三　常见毒品的辨认

教学情境

教学情境一：

鸦片〔1〕

在人类寻求暂时遗忘的过程中，鸦片制剂有着特殊的吸引力：在一段短暂的时间里，服用者感觉不到痛苦，也没有了对痛苦的恐惧。自新石器时代以来，对于无数人

〔1〕［英］露西·英格里斯著，徐海幈译：《天堂之奶：一部鸦片全球史》，浙江人民出版社2022年版。

来说，鸦片即使无法令他们的生活变得完美，至少也能令生活变得可以忍受。

我们中间的许多人都将依赖它来结束自己的生命，这是事实，无论此时此刻这种说法听上去有多么不现实。罂粟以及现今的各种化学仿制品长盛不衰，层出不穷，这种现象的存在是不可原谅的，但同时也是不可避免的。它们跨越了各大洲，各种宗教、文化和语言，也穿越了时间。

教学情境二：

迈阿密“啃脸”案[1]

据第一消息源的《迈阿密先驱导报》2012 年 5 月 26 日报道，当天下午，迈阿密警方接警后，到达现场后看到了一个让人不寒而栗的场景：一名赤身裸体的男子居然正在疯狂啃食一位倒地不起老人的面部，在多次鸣枪警告无效的情况下，警方连开 6 枪将这名疯狂男子当场击毙。当受伤老人要被送医紧急救治时才发现，他面部的 75% 已被活生生吃掉！这名疯狂的男子叫尤金，这个被“啃脸”的老人是一名流浪汉，名字叫波普。如此惊悚的新闻刺激了大众的眼球，据不完全统计，当时该条消息有 2 亿多次的点击浏览量。据迈阿密警方调查认为尤金是吸食了一种名叫“浴盐”的新型毒品，从而“变身成僵尸”。收治流浪汉波普的杰克逊纪念医院解释说，当人吸食“浴盐”这种强效毒品后，会因体温上升而撕破自己的衣服，同时还可能陷入极度精神错乱状态并极具攻击性。

教学情境三：

滥用“止咳药水”案[2]

2012 年 8 月，家住在南昌高新区的董女士突然发现儿子小宇（化名）在卫生间抽搐不止，随后又出现昏迷症状，她第一时间将儿子送到医院救治。经过医生及时治疗，休息了一段时间后的小宇逐渐恢复了意识。医生诊断，小宇抽搐、昏迷是因喝止咳水过量所致。

“放暑假的这段时间，他的行为就有些神神秘秘的。”董女士说，她的儿子今年 16 岁，在青山湖区某高中读高二。当日发现儿子抽搐时，她在卫生间的垃圾篓里找到了一只复方磷酸可待因口服溶液的空瓶。董女士说，由于小宇儿时患有哮喘病，所以曾服用过一段时间的止咳水，没想到儿子对这种药渐渐产生了依赖。

---

〔1〕 中国日报网，网址：http://www.chinadaily.com.cn/hqzx/2012-05/31/content_15429529.htm. 最后访问日期：2020 年 12 月 2 日。

〔2〕 网易网，网址：http://news.163.com/12/0816/11/891DAES700014AED.html. 最后访问日期：2021 年 2 月 12 日。

发现这一苗头的董女士对儿子服用止咳水的行为进行劝阻，可没想到儿子一直背着她喝这种药。因为长期滥用止咳水，小宇接连出现了骨质疏松、幻觉、妄想以及记忆力明显下降等症状，学习成绩也直线下降。

工作任务

毒品可谓“日新月异”，“老”的毒品“阴魂不散”，“新”的品种又来势汹汹，本任务就是要重点介绍几种常见以及近年来新出现的毒品，目的在于对毒品有基本的了解。本节的任务包括：

1. 熟悉辨识常见的传统毒品；
2. 熟悉辨识常见的新型毒品；
3. 了解“第三代毒品”。

一、常见的传统类毒品

传统毒品是阿片类、古柯类、大麻类等以天然植物为原料，通过传统的方法制作而成的。这里所称的传统方法也包括一些化合反应，其特点就是制毒原料必须依赖原植物。

（一）鸦片

鸦片又称“阿片”，俗称“大烟”“烟土”等，古时称为福寿膏、芙蓉膏等，是拉丁文 Opium 的音译，含“浆汁”之意。在公元前 8 世纪前后鸦片从阿拉伯经伊朗、印度传入中国。鸦片是将未成熟的罂粟果经割伤果皮后，刮取其渗出的乳白色的浆汁而得来的。鸦片中除了含有与其他植物共有的水分、树脂、矿物质等基本成分外，还含有其他植物所没有的生物碱，如吗啡、可待因、蒂巴因、罂粟碱等。这些生物碱占总体成分的 10% ~20%，也正是这些成分主导着鸦片的性质。鸦片分为生鸦片和熟鸦片。

图 1－1　鸦片

表 1-1　鸦片中主要生物碱含量

吗啡	7.06% ~6.53%
可待因	1.31% ~5.39%
蒂巴因	0.52% ~6.53%
罂粟碱	0.45% ~6.42%
那可汀	2.05% ~10.98%
罂粟酸	平均 0.3%

1. 生鸦片。生鸦片是直接将罂粟果割伤后，刮取其渗出的乳白色浆汁，浆汁暴露在空气中，很快就会被氧化成棕褐色带有黏稠性的膏状物。生鸦片具有强烈的类似胺或陈尿的刺激性气味，味苦，长时间放置后，随水分的逐渐散失，慢慢变成棕黑色的硬块。为了保持新鲜湿润，生鸦片通常用玻璃或塑料黏膜包装，常以球状、饼状或砖状出售。

2. 熟鸦片。生鸦片一般不能直接吸食，需要经过烧煮和发酵进一步精制成熟鸦片方可使用。将生鸦片用水浸泡后加热，再进行过滤除杂，剩下的蒸发后晾干，凝固成深褐色块状物，压缩成块状即为熟鸦片。

3. 罂粟壳。罂粟壳是罂粟果提取鸦片后剩余的果壳，呈椭圆形或瓶状卵形，直径 1.5cm ~5cm 左右，长 3cm ~7cm 左右；外表呈黄白色、浅棕色、淡紫色，表面平滑，略有光泽，常见纵向或横向割痕；气味清，略苦，可入药。罂粟壳中含有残留的吗啡、可待因、蒂巴因、那可汀、罂粟碱等鸦片中含有的成分，虽含量相对较少，但对人具有成瘾性。因此，罂粟壳也被列入麻醉药品管理的范围予以管制，属于毒品。

鸦片的药理作用主要是由吗啡、可待因、蒂巴因及那可汀所致。鸦片具有镇静、止泻及止咳功效，但是吗啡、可待因、蒂巴因都具有较强的成瘾性，都是国家管制的麻醉药品。吸食鸦片类毒品，其主要成分吗啡迅速被胃肠道黏膜、鼻黏膜及肺等部位吸收，通过血液分布到脑、肝、肺、肾、脾等器官及全身肌肉、脂肪组织。一般来说，最初几口鸦片的吸食令人不舒服，可使人头晕目、恶心或头痛，但随后可体验到一种欣快感。长期不加节制吸食会使人精神颓废、瘦弱不堪、目光呆滞、瞳孔缩小等，极易感染各种疾病。过量吸食鸦片可导致中毒，鸦片中毒的轻度症状表现初为极度兴奋，继而口渴，心烦，疲乏，嗜睡及瞳孔开始缩小；中度症状表现为深睡，唤醒后意识不清，并伴有恶心现象；重度症状表现为脉搏变慢，昏睡不醒，体温下降，反射消失，呼吸变慢，最终因呼吸中枢麻痹死亡。

（二）吗啡

吗啡，英文名称为 Morphine。1803 年，德国化学家泽尔蒂纳（Sertürner）首次从鸦片中分离得到吗啡。他用分离得到的白色粉末在狗和自己身上进行实验，结果狗吃下去后很快睡去，他本人吃下去也很快进入长时间的睡眠。据此，他使用希腊梦神 Morpheus 的名字将其命名为吗啡（Morphine），至今已有 200 多年的历史。吗啡是鸦片的最主要生物碱，含量约占 4% ~15%。吗啡的分子式为 $C_{17}H_{19}NO_3$，分子量 285，化学结构：

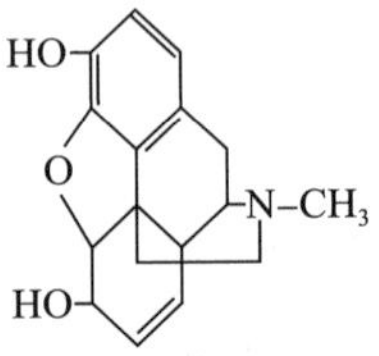

吗啡是一种无色柱状结晶或白色粉末，味苦，熔点 253℃ ~254℃。溶于热水、乙醇、乙醚、氯仿；难溶于氨、苯；易溶于碱水或酸水。与盐酸、硫酸、醋酸等反应可生成盐。吗啡具有极强的镇痛作用，可以用于创伤、手术、烧伤等引起疼痛的治疗，是人类最早使用的一种镇痛剂。吗啡还具有极强的麻醉作用，主要用于临床手术，在战争时是部队必备的麻醉药品。吗啡还具有良好的止咳、止泻作用，强力性的止咳药中的有效成分就是吗啡。

吗啡是鸦片中最主要的生物碱，因而吗啡的中毒症状、成瘾症状及戒断症状多与鸦片相似。吗啡的毒性主要表现在对中枢神经系统的抑制作用上，对呼吸中枢的麻痹作用为致死的主要原因。急性中毒表现为颜面潮红、疲倦、眩晕、恶心、呕吐、动作不协调、状如酒醉、意识蒙眬、昏迷、反射消失、体温血压下降，两侧瞳孔缩小如针尖样大、脉弱不规则、呼吸浅慢或出现潮式呼吸，多在中毒 6 小时 ~8 小时发生肺水肿和呼吸麻痹而死。

市场上非法滥用的吗啡主要是吗啡的盐酸盐，为白色有丝光的针状结晶或呈结晶状粉末，味苦有毒，无臭、遇光易变质，易溶于水，微溶于乙醇，易吸潮。一般采取皮下注射、肌肉注射和静脉注射的方式摄取，在相同纯度的吗啡含量下，采取注射方式的药效是鸦片的 3 ~4 倍。

吗啡在医学上的用途主要有：

1. 镇痛。有强大的镇痛作用，对一切疼痛均有效，对持续性钝痛比间断性锐痛及内脏绞痛效果强。1 次给药，镇痛作用持续 4 小时 ~8 小时，故仅用于创伤、手术、烧伤、心肌梗塞等引起的剧痛。

2. 镇静。在镇痛的同时有明显镇静作用，有时产生欣快感，可改善疼痛病人的紧张情绪。

3. 抑制呼吸。可抑制呼吸中枢，降低呼吸中枢对二氧化碳的敏感性。

4. 镇咳。可抑制咳嗽中枢，产生镇咳作用。因有成瘾性，并不适用于临床。

5. 镇吐。亦因有成瘾性而不适用于临床。

吗啡的毒副作用有：

1. 恶心、呕吐。刚开始使用时，发生的频率相当高，主要是吗啡直接刺激到延脑的化学接受器激发区域造成。

2. 容易疲倦想睡觉。有些使用者会出现想睡觉、疲倦的现象。

3. 情绪不稳、精神错乱。年纪较大的病患容易出现此一症状，通常会渐渐消失。

4. 排尿困难。主要为吗啡会抑制排尿反射，尿液潴留。

5. 皮肤发痒。吗啡会使表皮血管扩张，皮肤发红、发痒。

6. 便秘。大多数人皆会发生，因吗啡会降低胃肠道的蠕动并影响中枢神经的排便反射，因而造成便秘。

7. 呼吸抑制。低剂量下的使用下亦会产生呼吸次数及呼吸深度的改变，主要是吗啡会影响到脑干的呼吸中枢所造成。

8. 低血压。因吗啡会造成周边血管扩张，所以可能会造成姿势改变时的眩晕。

9. 中毒症状。过量滥用吗啡会产生中毒症状。起初会出现欣快感和兴奋表现，继之心慌、头晕、出汗、口渴、恶心、呕吐、面色苍白、谵妄、昏迷、呼吸抑制。后期瞳孔缩小如针尖大，对光反射消失。脉搏细弱，血压下降。最后死亡于呼吸循环衰竭。

吗啡成瘾者滥用方式多数采用静脉注射方式。吗啡具有较强的药物成瘾性，一般连续使用1周~2周即可出现耐受性，滥用剂量是普通治疗量的20~200倍。对吗啡成瘾者突然停用可出现戒断综合征，表现为流泪、流涕、出汗、瞳孔散大、血压升高、心率加快、体温升高、呕吐、腹痛、腹泻、肌肉关节疼痛及神经、精神兴奋性增高，如惊恐、不安、打呵欠、震颤和失眠等，严重者还会出现虚脱和意识丧失。长期滥用吗啡可导致精神不振、消沉、思维和记忆力衰退，并可引起精神失常、肝炎等，严重的会引起呼吸衰竭而导致死亡。

（三）海洛因

1874年，英国伦敦圣玛莉医院医师C. R 莱特（R. Wright），在实验室将无水吗啡与醋酸酐加热，经多次反应得到二乙酰吗啡。英国曼城欧文斯学院（Owens College）对该化合物进行了系统的科学研究，将该化合物注射入狗及白兔身上，随即就伴有惊恐、昏迷、瞳孔放大、大量流口水、有欲吐等迹象，随后出现呼吸沉稳舒缓，心跳减弱且不正常等迹象。1897年8月21日，德国拜尔公司（Bayer）的化学家费利克斯·霍夫曼（Felix Hoffmann）在实验室里合成了二乙酰吗啡的物质，其止痛效力远高于吗啡，至少提高了4~8倍，可明显抑制肺痨病人的剧咳、久喘和胸痛，促进患者情绪安定，且无明显不良反应。拜尔药厂起初认为这种物质可以用来替代能够使人上瘾的吗啡药物，不到一年后，在没有进行科学的临床试验下，该公司便将它上市销售。海洛因（Heroin）的名字由拜尔药厂注册，该字或源自德文 heroisch 一字，意思为“英雄般的”。1906年，美国医学会正式批准海洛因在美国使用，并建议用于治疗吸食吗啡的成瘾者。谁料，海洛因的成瘾性显著高于吗啡，很快海洛因变成吗啡的替代品被广泛滥用。为了有效地控制日益泛滥的海洛因成瘾问题，1912 年召开的海牙禁毒国际会议要求对阿片、吗啡、海洛因的贩运实行严格的管制。1924 年，美国众参两院通过立法，禁止进口、制造和销售海洛因，但为时已晚，海洛因已在美国像洪水般地泛滥起来，成了人类的公敌。

海洛因已成为当今世界滥用最为广泛的毒品，在所有毒品中，涉及海洛因制造、走私、滥用的毒品犯罪案件高居首位。海洛因被称为世界毒品之王，被联合国认定为一级管制毒品，也是中国监控、查禁的最主要毒品之一。

图 1－2　海洛因

海洛因的化学名称为二乙酰吗啡，俗称白粉、白面，是吗啡的衍生物，是吗啡的两个羟基氢原子被乙酰基取代后的产物，因此称为二乙酰吗啡。分子式为 $C_{21}H_{23}NO_5$，分子量 369.4，化学结构式为：

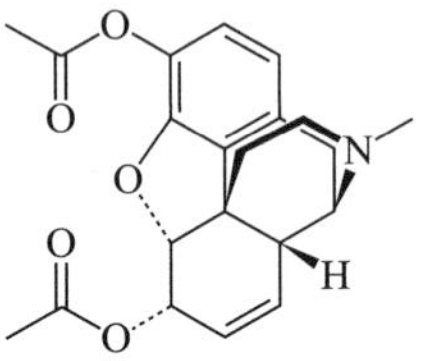

纯品海洛因呈白色柱状结晶或结晶性粉末状并带有一定的苦味。难溶于水、乙醇、乙醚，易溶于氯仿、苯及热醇等有机溶剂。注射用海洛因一般加工成盐酸海洛因。海洛因因制造方法和纯度不同，可呈乳白色、浅黄色、浅红色、浅棕色及浅黑色的块状或粉末状，大多具有鸦片的特有气味。黑市品种纯度不一，由浅棕色至白色；亦有混杂奶粉、咖啡因、发酵粉或葡萄糖等物质。

海洛因进入血液后，很快由二乙酰吗啡转化为单乙酰吗啡，立刻发挥作用，然后再代谢为吗啡。主要作用于人的中枢神经系统，内分泌系统及胃肠平滑肌等组织。具有镇痛、镇静、镇咳作用，能产生欣快感，降低血压，心率变缓，抑制呼吸。它比吗啡的水溶性更大，吸收亦更快，且其脂溶性也较大，易通过血脑屏障进入中枢发挥作用，而它本身的成瘾性比吗啡更强烈，毒副作用更大。所以海洛因滥用者吸食海洛因的体验比吗啡强，镇痛效果是吗啡的 4～6 倍。

滥用方式，包括通过鼻吸、抽吸、皮下注射和静脉注射等方式进入体内。滥用者会出现瞳孔缩小、畏光、肌体消瘦、说话含混不清、皮肤发痒、免疫功能降低等症状；并发症有艾滋病、肝炎、梅毒、肺炎及肺水肿等。过量滥用海洛因可致急性中毒，表现出昏迷、呼吸极慢、面色发绀、体温下降、血压下降、瞳孔针尖样缩小、肺水肿、少尿或无尿等。出现昏迷、针尖样瞳孔和高度呼吸抑制为急性重度中毒的三大特征。

海洛因滥用者在停药阶段会出现明显的戒断症状即我们所称的毒瘾发作。一般表现为：焦虑、烦躁不安、易激动、流泪、周身酸痛、失眠、起鸡皮疙瘩、有灼热感、呕吐、喉头梗塞、腹部及其他肌肉痉挛、失水等。还出现神经质、精神亢奋、全身性肌肉抽搐、大量发汗或发冷等症状，男性还会出现自发性的勃起甚至射精，或二者兼而有之。

（四）可卡因

据考古发现，早在公元前3000年，古代安第斯山东部的狩猎者就有嚼食古柯叶的习惯。至于人类最初使用古柯的原因尚不清楚，可能是在食物不足时尝试这种植株的嫩叶，从而发现其提神作用与医疗功能。总之，古柯是西半球地区最早被人类栽培的作物之一。

目前古柯主要产地在秘鲁、玻利维亚、巴西、智利和哥伦比亚等国。古柯一般高2米~4米，叶子较小，呈椭圆形渐尖，通常只有3厘米~7厘米长，叶序对生，开黄绿色的花，果实为红色核果，它的名字叫“高报”，中文译为“古柯”。古柯叶含多种生物碱，其中主要有古柯碱、桂皮酰古柯碱、α－及β－组丝古柯碱。另含苯甲酰爱康宁、爱康宁甲酯、降爱康宁、卓古柯碱、古豆碱、古豆醇碱、红古豆碱、爱康尼丁甲酯。

图1－3 可卡因

可卡因是在1860年首次从古柯植物的叶片中提炼出来的生物碱。

可卡因（Cocaine），化学名叫苯甲酰甲基芽子碱，亦称古柯碱、甲基苯甲酰爱冈宁，是一种从古柯树叶中提取出来的生物碱。分子式 $C_{17}H_{21}NO_4$，分子结构式：

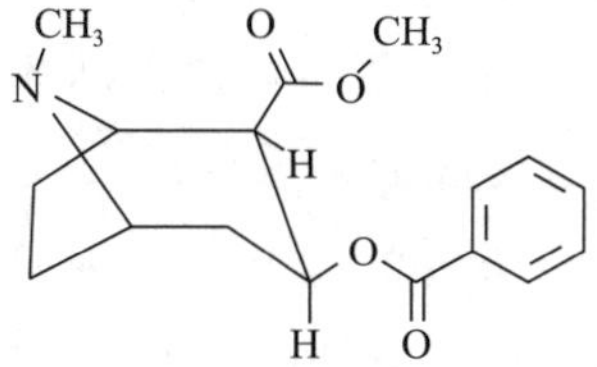

可卡因为无色无臭微细、雪白的结晶性粉末，味苦，具舌麻痹感。在常温下水中难溶（1∶600），在丙酮、乙酸乙酯、苯、二硫化碳中均易溶解。从古柯叶分离出来的生物碱，是可卡因加工过程中的一种初级产品，即半成品。由于其生产技术简陋，制作粗糙，因此价格也相当便宜 。用它经过提纯后可制得可卡因。

常见的吸食方式有抽吸、鼻吸、口服（直接吞服、与液体或其他物质一起吞下、装在胶囊中）、注射等。可卡因对人体可产生多种作用，包括中枢神经兴奋作用，如提高警觉、愉快感、精力旺盛、自信心增强等；还可产生局部麻醉作用，对眼、鼻、喉黏膜神经的效果尤其明显，在早期曾被广泛用作眼、鼻、喉等五官外科手术的麻醉药，是良好的局部麻醉剂。

可卡因是一种高强度的兴奋剂，对人体的危害巨大。短期滥用可卡因可导致丧失食欲、心率加快、血压体温升高、出汗、瞳孔扩大；大剂量时则会出现幻觉，行为怪异、有攻击性；过度兴奋、烦躁易怒，出现惊厥和妄想精神病。过量滥用时会导致抽搐、甚至导致死亡。长期滥用则会出现呼吸道疾病、消化道疾病以及感染艾滋病和肝炎等传染病；机体营养失调、消瘦；情感丧失、表情冷漠等。

（五）大麻

大麻，俗称火麻、胡麻、汉麻、线麻、白麻等，学名为玛利华纳，系桑科大麻属，一年生草本，雌雄异株，雌株称为籽麻，雄株称为花麻，苗期难分辨，以后雌株长势强，粗壮，叶色深。

据史料记载，大麻最早发源于我国，早在公元前2800年，中国已经开始培养种植大麻，主要是用于提取纤维制造绳索、麻线、细麻布等。在我国很早就将大麻用于药用，《黄帝内经》记载了神农氏时代对大麻的认识，《本草纲目》中亦有对大麻入药的记载，是目前世界上已知的最全面论述大麻药用的著作。后由中国传入印度，再经印度传入阿拉伯地区以及欧洲。目前，大麻的种类较多，通常所说可制造毒品的大麻并非指所有大麻，而是专指“印度大麻”。这种大麻的雌花枝上的顶端，叶、种子及茎中含有树脂及大麻脂。这种大麻现在主要产地在墨西哥、哥伦比亚、牙买加以及美国等地区。我国新疆天山地区也合法种植一些印度大麻，其目的是为医疗和科研服务。

大麻的化学成分复杂，变化无常，含有400多种化学物质，其中有60多种具有类似的化学特性，因此被统称为大麻素。主要有以下几种：类脂物、黄酮类化合物、萜烯、碳氢化合物、非环形大苯酚、生物碱、柠檬酸和环形大麻酚等。此外，每种化学构成的含量在不同植物中，甚至在同一植物里也是变化无常的。其中对人体起主要作用的是大麻酚类物质。大麻的叶、花、茎中均含大麻酚类衍生物，共有60多种，现已从大麻中分出15种以上的大麻酚类成分，重要的有大麻酚（Cannabinol）、大麻酚酸、大麻环酚（Cannabicyclol）、四氢大麻酚（THC）大麻萜酚、大麻萜酚酸（Cannabigerolic acid）、大麻环萜酚（Cannabichromene）、大麻二酚（Cannabidiol）及次大麻二酚

(Cannabidivarin)。导致成瘾的主要物质是：大麻酚、大麻二酚、四氢大麻酚，但其中主要致幻物质是四氢大麻酚（THC），后还证明了大麻酚中的四氢衍生物也具有兴奋神经作用。大麻酚及它的衍生物都属麻醉药品，并且毒性较强。大麻的毒品的表现形式有三种，大麻草、大麻树脂和大麻油，每种毒品四氢大麻酚的含量都不同。大麻草是直接将大麻的叶茎晒干切丝，通过燃吸的方式吸食，其四氢大麻酚的含量较低，成瘾性较弱。大麻树脂是从雌花开花、结果的顶端及近地面的茎部获取，这些部分四氢大麻酚的含量最高约2%～10%。提取树脂时绒毛要经多次筛滤、加压成硬面条状。大麻脂的吸食方式一般是和烟草混合，被制成香烟，或放入特制的烟斗中通过燃烧吸食。大麻油是从大麻植物或大麻树脂中提纯出来的液态大麻物质，其THC的含量约10%～30%，是略带红色、棕色或绿色焦油状的粘性液体。主要的吸食方式是抽吸，把大麻油滴在烟草上，或涂在纸上，然后卷在烟外进行吸食，也可直接口服。通过燃吸或者以其他方式摄入大麻时，THC以及其他化学物质也随之进入吸食者体内。这些化学物质通过血液循环进入大脑，然后到达身体的其他部分。

对于大麻成瘾的问题，目前仍然争论不休。研究表明长期吸食大麻后物理性的停止使用会出现一系列症状。最常见的症状有：亢奋、紧张、压抑、焦虑，甚至是发怒。还会产生坐立不安、胃口大变、暴怒、睡眠不连续，甚至失眠等生理症状。除了产生生理依赖外，大麻还会产生心理依赖，主要表现在使机体产生兴奋感，吸食者为了不断的获取兴奋感就会长期迫使自己吸食大麻。

滥用大麻会对人的身体健康造成严重损害。精神活动方面，大麻可让使用者产生愉悦感，改变心境以及对事物的主观感受，损伤思考及问题解决能力，大剂量使用可造成幻觉、妄想、精神失常。身体方面，短期使用效果包括镇静、充血、心跳加快、肺部刺激咳嗽、食欲增加以及血压降低等。而吸食大麻的人会出现严重的健康问题，如支气管炎、肺气肿和支气管哮喘。长期大剂量使用大麻可引起脑退行性变化的脑疾病、严重的行为损伤、免疫系统抑制和神经疾病等。长期服用高剂量的大麻，一旦停吸后会导致身体戒断症状，包括头痛、颤抖、出汗、胃痛和恶心。戒断症状还包括一些行为症状，如：坐立不安，易怒，睡眠障碍，食欲下降等。大麻依赖以心理依赖为主，躯体依赖较轻，不易产生耐受性。

二、常见的新型合成类毒品

新型合成类毒品是相对于传统毒品而言，以化学工业品为原料，经化合反应加工而成，按照国际禁毒公约和我国法律规定管制的，对中枢神经系统呈现兴奋或抑制效应，连续使用能使机体产生依赖性的精神药品。

（一）苯丙胺类毒品

苯丙胺类毒品也称安非他明类兴奋剂（Amphetaminetypestimulant，ATS），又称苯异丙胺、安非他明、安非他命等，是指以苯丙胺为母体结构，药理性质相同，且都具有兴奋性作用的一类人工合成化合物，主要包括苯丙胺、右苯丙胺、甲基苯丙胺（冰毒）、亚甲基二氧基甲基苯丙胺（MDMA，俗称摇头丸）等若干种苯丙胺类药物、衍生物及与其他化学物质合成的毒品总称。我国一般将其分为兴奋型苯丙胺类、致幻型苯丙胺类、抑制食欲型苯丙胺类、混合型苯丙胺类四类；联合国毒品和犯罪办公室则把苯丙胺类分为苯丙胺组和摇头丸组两个类别。

1887 年，罗马尼亚化学家 Lazar Edeleanu 在德国柏林大学实验室以麻黄碱为原料首先合成了右旋苯丙胺，被合成后的首要用途是取代麻黄碱用以治疗哮喘。1889 年，日本的药学博士长井长义在研究咳喘药成分麻黄素时，意外发现了甲基苯丙胺。而后日本的药理学家绪方章、化学家阿·雄贺多等科学家也先后合成了甲基苯丙胺。

20 世纪 30 年代，苯丙胺的医学功能被逐步揭开。30 年代中期开始用来治疗肥胖症、发作性睡病、轻度抑郁症、疲劳综合征、脑炎及震颤麻痹综合征、鼻炎、哮喘、中枢神经抑制药中毒等。第二次世界大战期间，美国、日本、德国、意大利军队为提高士兵的战斗力，开始分发苯丙胺类药物给士兵服用，可以连续作战不需休息。据相关记载，二战中，美国军队至少使用过 200 万片甲基苯丙胺。事实上，甲基苯丙胺仍是二战后美国军队作战的军需药品。1960 年始，美国空军批准飞行员在作战中可以服用兴奋性药物。第二次世界大战结束，大量的军需品流失到民间，使得苯丙胺类毒品流向了民间。商人的投机倒把，加快了苯丙胺类毒品在日本、美国滥用。随着市场需求的不断扩大，到 80 年代，我国台湾地区成了日本毒品制造商的地下加工厂，在日本的资金和技术指导下，将生产的毒品又回销日本，并扩散到东南亚等地区。90 年代中后期开始在我国非法生产，目前我国非法生产苯丙胺类毒品地区主要在东南沿海。

1. 苯丙胺。俗称安非他命或安非他明，分子式为 $C_9H_{13}N$，分子量 135.21，结构式为：

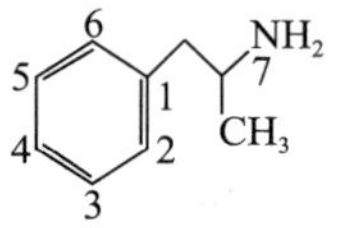

纯品为无色至淡黄色油状物，其盐酸盐或硫酸盐为微带苦味之白色结晶体粉末。微溶于水、溶于乙醇、氯仿等有机溶剂，其硫酸盐溶于水。

非法合成苯丙胺的方法很多，主要的是以一苯基 - 2 - 丙酮、麻黄素、伪麻黄素为原料合成的。由于苯丙胺母体上的苯环和在其 N 位上的其他官能团很容易被取代，所以以苯丙胺为母体发展起来的衍生物种类越来越多，形成了系列药理性质相同的家族式毒品。

2. 甲基苯丙胺（Methamphetamine，MA），又称去氧麻黄碱或甲基安非他明，俗称冰毒，是苯丙胺的衍生物，性质与苯丙胺相同。化学名称 2 - 甲胺 - 1 - 苯基丙烷或 N - 甲基安非他命，分子式 $C_{10}H_{15}N$，分子量为 149.24，化学结构式：

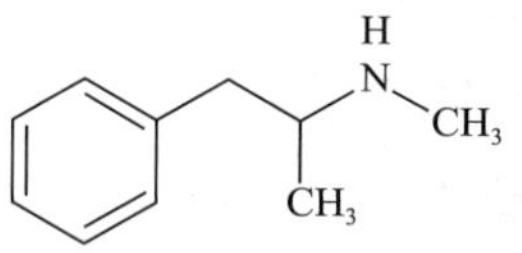

甲基苯丙胺根据物理形态的不同分为甲基苯丙胺结晶体（冰毒）和甲基苯丙胺片剂（麻古）。甲基苯丙胺结晶体是高浓度的碱纯品，是一种无味或微有苦味的透明结晶体，微溶于水，易溶于乙醇、乙醚和氯仿，常见的固体是甲基苯丙胺盐酸盐，因形似冰，所以又名“冰毒”。甲基苯丙胺片剂（麻古）是指通过掺杂着其他物质而制作成片剂状的毒品，其甲基苯丙胺的含量相对较低，外观为彩色小药片故也称为冰毒片剂。“麻古”为泰语音译，是金三角地区对甲基苯丙胺片剂的统称。目前国内甲基苯丙胺片剂（麻古）主要来源于金三角地区。

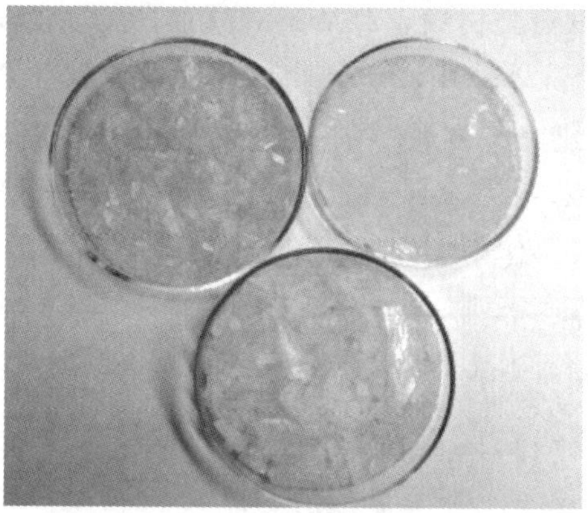

图1－4　冰毒（甲基苯丙胺结晶体）

图1－5　麻古（甲基苯丙胺片剂）

非法制造甲基苯丙胺的方法较多，目前被不法分子广泛运用的有两种途径：一是合成反应，即通过一苯基－2－丙酮、麻黄素、伪麻黄素等化学原料品直接合成的；二是半合成反应，即从野生麻黄草中提炼出来麻黄碱与其他化学品反应合成的。

冰毒滥用方式一般有烫吸、口服、鼻吸、静脉注射，而麻古是通过口服方式滥用。少量服用表现出精神振奋、清醒、机敏、话多、兴致勃勃、思维活跃、情绪高涨，而且长时间工作或学习无疲劳感、无饥饿感。长期滥用可造成慢性中毒、体重下降、消瘦、溃疡、脓肿、指甲脆化和夜间磨牙。静脉注射方式滥用者可引起各种感染合并症，包括肝炎、细菌性内膜炎、败血症和艾滋病等。严重者出现精神错乱、性欲亢进、焦虑、烦躁、幻觉状态。思维方面从最开始的多疑、敏感发展为偏执观念或妄想，并伴有相应的情绪变化。在妄想支配下滥用者可采取冲动甚至自杀或杀人等暴力行为。过量使用冰毒可导致急性中毒甚至死亡。

1951 年，我国重庆市一家药厂生产抗疲劳素片，一些工人食用后感觉提神，随后在加班加点时服用。然而时间一长，均出现头晕眼花、神经衰弱等症状，影响健康、妨碍生产，后经化验得知抗疲劳素片的主要成分是甲基苯丙胺，卫生部当即责令停止生产，及时制止了该药的滥用。1990 年代以来，我国重新出现了甲基苯丙胺的滥用且不断蔓延的情况，甲基苯丙胺的地下工厂不断出现，缉获量也在逐年增长。近几年来，滥用总体人数、新发现吸毒人员中滥用甲基苯丙胺者的比例都在增长，目前，已经成为滥用人数最多的毒品种类。

3. 摇头丸。摇头丸是指含有致幻型苯丙胺类兴奋剂成分的片剂和丸剂（多种毒品成分的混合品），服用后主要表现为活动过度、摇头扭腰、嗜舞、妄想、不知羞耻、性冲动及幻觉和暴力倾向，故俗称为“摇头丸”。摇头丸是一个集合名词，它包括3，4-亚甲二氧基甲基苯丙胺（MDMA）、3，4-亚甲二氧基苯丙胺（MDA）以及3，4-亚甲基二氧基乙基苯丙氨（MDEA）三种类型。

MDA 于 1910 年由德国制药业巨头默克公司首次合成，1912 年又合成 MDMA，并且在 1914 年获得专利。MDMA 原来是德国默克公司用于制造某种凝血药物时的中间产物，由于第一次世界大战的影响，摇头丸的奇妙作用没有获得广泛关注。关于 MDMA 的药理学研究一直到 20 世纪 50 年代才得到进一步开展。在 20 世纪 80 年代中后期在欧美开始流行。

MDMA 分子式 $C_{11}H_{15}NO_2$，分子式 193.2，化学结构式：

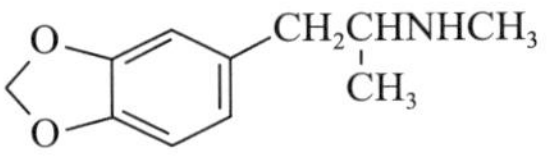

MDMA 的纯品为无色油状液体，熔点 147℃～148℃，不溶于水，易溶于有机溶剂，如乙醇、乙醚和氯仿等。盐酸盐纯品为白色粉末，溶于水。

MDMA 是一种兼具兴奋和致幻作用的苯丙胺类毒品，是甲基苯丙胺的衍生物，属于人工合成兴奋剂，对中枢神经系统有很强的兴奋作用，服用后表现为活动过度、情感冲动、性欲亢进、嗜舞、偏执、妄想、自我约束力下降以及有幻觉和暴力倾向，具有很大的社会危害性，被认为是最具危险的毒品之一。

MDA 又称替苯丙胺，属于苯丙胺类毒品衍生物，也是摇头丸的重要成分之一。分子式 $C_{10}H_{13}NO_2$，分子质量：179.2，化学结构式：

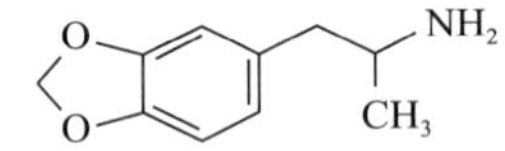

MDA 的纯品为无色油状体，熔点 183℃～185℃，易溶于甲醇、乙醇和氯仿，难溶于水。MDA 一般以盐酸盐的形式存在，其盐酸盐制品易溶于水。

MDA 主要具有中枢神经系统兴奋作用，产生欣快感、兴奋作用，大剂量使用可有致幻作用，被用于娱乐（消遣）药物主要是因为它有较强的“共鸣”作用，大剂量会产生幻觉。

MDMA 和 MDA 这类毒品服用后不仅有强烈的兴奋作用，而且会出现一定的幻觉、性冲动，造成行为失控，所以也被滥用者称为“摇头丸”“快乐丸”“劲乐丸”等，也有按药片、药丸的不同颜色和上面的不同图案、字母称为“蓝精灵”“白天使”“蝴蝶”等。

（二）氯胺酮

氯胺酮，英文名称 Ketamine，又称开他敏、凯塔敏、克他命、失身药、迷奸药等，因首个字母是 K，外观为粉末状的，故被滥用者称为 K 粉、K 仔。1962 年美国药剂师 Calvinstevens 首次成功人工合成，1963 年，在比利时注册取得专利，1965 年，此药首次应用于临床麻醉。1970 年中期，此药广为人所用，用途包括治疗和消闲。曾在越战时期作为麻醉药在野战创伤外科中广泛使用。

图 1－6　氯胺酮

氯胺酮是苯环己哌啶的衍生物，化学式为 $C_{13}H_{16}ClNO \cdot HCl$，分子量是 274.19，分子结构式：

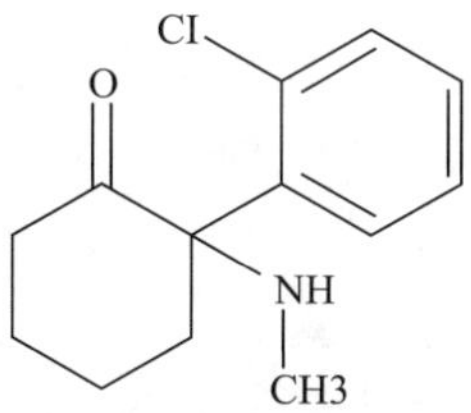

它在常温常压之下呈白色粉末状固体物质。熔点为 266℃、不燃性。pH 值 3.5～5.5，水溶液呈酸性。氯胺酮原体为碱性，易溶于有机溶剂、不溶于水。毒品市场上的氯胺酮一般以盐酸盐的形式存在，易溶于水，水溶液显碱性，便于吸食。

氯胺酮的吸食方式有鼻吸，也有将氯胺酮溶入饮料等液体或制成片剂以口服方式滥用，还有少数通过静脉注射、肌肉注射等方式，通常是与海洛因、摇头丸、冰毒、大麻等毒品合并使用。在娱乐场所或私人派对，很多吸食者将氯胺酮与冰毒、“摇头丸”等毒品一起滥用最为常见，可以相互作用产生“协同效应”。

氯胺酮对神经系统产生抑制作用，选择性阻断痛觉传导，有镇痛的药理作用。氯胺酮能产生感觉与意识分离状态、梦境和幻觉，故又被称为“分离麻醉剂”。氯胺酮药力起效迅速，使人意识模糊而不完全丧失，处于浅睡眠状态，对周围环境的刺激反应迟钝，即便受害者清醒以后，也记不得发生了什么，故氯胺酮又被叫做“强奸药”。

滥用氯胺酮会导致吸毒者大脑额叶皮层受损，额叶皮层灰质体积下降，而额叶是参与执行功能的关键部位。使用剂量愈大、毒副作用愈显著。急性中毒症状包括：行为症状，表现为兴奋、话多、自我评价过高等，理解判断力障碍，可导致冲动，如自伤与伤害他人等行为；精神症状，表现为焦虑、紧张、惊恐、烦躁不安、濒死感等；躯体症状，心血管系统表现为心悸、气急、大汗淋漓、血压增加等；中枢神经系统表现为眼球震颤、肌肉僵硬强直、构音困难、共济运动失调、对疼痛刺激反应降低等；严重者可出现高热、抽搐发作、颅内出血、呼吸循环抑制，更严重者可出现昏迷甚至死亡；意识障碍，表现为意识清晰度降低、定向障碍、行为紊乱、错觉、幻觉、妄想等以谵妄为主的症状。

（三）含毒品有效成分的液体类混合剂

1. 止咳水。近年来，有关于青少年滥用止咳药水成瘾的报道层出不穷。很多人不解，为何这些能够治病扶伤的处方药竟也成了毒品。其实，并不是所有止咳药水都具有成瘾性，只有那些含有磷酸可待因、麻黄碱等具有成瘾性物质的复方制品才具有成瘾性。可待因是一种阿片类生物碱，与吗啡一样是从罂粟果上提取的有效成瘾物质，故其性质与吗啡相似，具有镇咳、镇痛等药效作用。麻黄碱是从麻黄草当中提取的一种活性成分，也是制造甲基苯丙胺的前提物，具有扩张支气管平滑肌、解支气管痉挛等作用。

由于这两种成分在止咳药中的浓度含量都有规定限制，因此患者按医嘱短时间内正常使用一般不会产生药物依赖问题，但长期大剂量滥用含有这两种药成分的止咳药可导致药物依赖性的毒副作用。

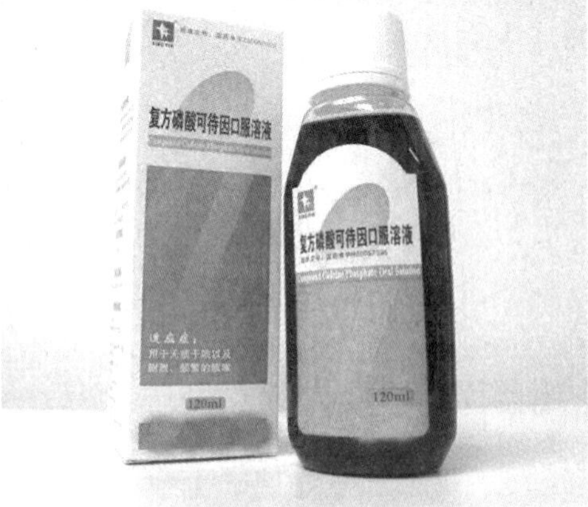

图 1－7　止咳水

2. “开心水”。也被叫做 HAPPY 水，是一种无味、透明、液态的毒品，一般含有冰毒、氯胺酮、苯丙胺、MDMA 等毒品成分中的一种或者几种。不同案件缴获的“开心水”中的成分不尽相同，有的甚至存在较大差异。由于“开心水”的成分多为中枢神经兴奋剂，服用后可以兴奋人的中枢神经，具有欣快、警觉和抑制食欲等一系列作用，重复使用会使人上瘾。“开心水”中毒一般表现为多话、头痛、错乱、高烧、血压上升、盗汗、瞳孔放大、食欲丧失等。如果大剂量使用会引起人精神错乱及思想障碍，有人会出现类似于妄想性精神分裂症的情况，变得多疑并出现种种幻听。

图 1-8 “开心水”

3. “神仙水”。一般指 γ-羟丁酸（gamma-hydroxybutyrate，GHB），γ-丁内酯（gammabutyrolactone，GBL）、1，4-丁二醇（1，4-butanediol，1，4-BD）也能产生类似效果。它们与 MDMA、氯胺酮一起并称为三大“迷奸药”，与此有关的性犯罪时有发生。

GHB 对中枢神经系统有强烈的抑制作用，目前是我国规定管制的第一类精神药品，通常滥用的是其钠盐，为白色粉末。滥用群体经常将 GHB、GBL 和 1，4-BD 掺入酒精中饮用。低剂量 GHB（约 0.5g~1.5g）进入人体会影响人脑部正常的传导物质的运输，能引起松弛、平静、性冲动、中等欣快感、情绪热烈，令人舒适的睡意。高剂量 GHB 可以引起松弛、欣快、混乱、嗜睡、恶心、呕吐、易激动、眼球震颤、外周视觉丧失、幻觉、短时健忘症。如果摄入过量，则会心搏徐缓，有可能发生痉挛性肌肉收缩、神志不清、谵妄、抽搐、昏迷、肝衰竭、呼吸抑制、呼吸暂停、低血压和吸入性肺炎；中毒者还可能因呕吐使呼吸道梗阻而窒息而死。GBL 和 1，4-BD 口服后可在人体内迅速水解成为 GHB，因此其滥用效果与 GHB 几乎相同。

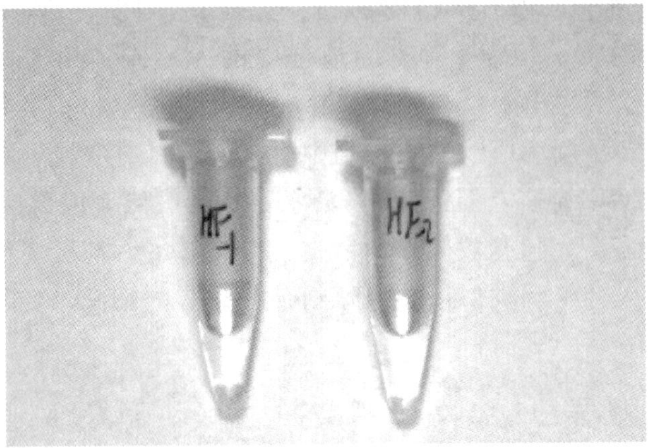

图 1－9 “神仙水”

三、新精神活性物质

新精神活性物质又被称为“第三代毒品”、实验室毒品，是不法分子为逃避打击而对管制毒品进行化学结构修饰所得到的毒品类似物，具有与管制毒品相似或更强的兴奋、致幻、麻醉等效果。2012 年 3 月 16 日联合国麻醉药品委员会正式提出“新精神活性物质”一词，随后联合国毒品和犯罪问题办公室将其定义为“不受《1961 年麻醉品单一公约》或《1971 年精神药物公约》管制，以纯净物或制剂形式滥用，但可能对公众健康构成威胁的物质”。同时特别强调，“新”一词不指定新的发明，而是指新近可以在市场上获取的物质。这些物质一般通过对现有毒品的化学结构进行修饰获取，不但具有类似列管毒品的麻醉、兴奋或致幻作用，而且能逃避法律的管制。

因此，新精神活性物质是具有与管制毒品相似的药理性作用，又不受法律管制的毒品类似物。常见的新精神活性物质有合成大麻素类、卡西酮类、芬太尼类、哌嗪类、苯乙胺类等。

（一）合成大麻素类

合成大麻是一系列具有类似天然大麻素作用的人工合成物质。吸食合成大麻素能产生比天然大麻更为强烈的快感，这导致合成大麻素迅速蔓延，已成为新精神活性物质中涵盖物质种类最多、滥用也最为严重的家族。该类制品多以香料、花瓣、烟草、电子烟油等形态出现，代表制品包括“小树枝”“香料”“香草烟”等。合成大麻素类物质一般被喷涂在植物碎末表面，制成植物熏香用于吸食，而且往往是多种合成大麻素混合使用，这使得它们的成瘾性和危害性更难以判断，相关的研究也很有限。一般认为它们的成瘾性和戒断症状类似天然大麻，长期吸食会导致心血管系统疾病以及精神错乱，同时也存在致癌的风险。

（二）卡西酮类

卡西酮类物质主要是指卡西酮的衍生物，具有兴奋和致幻作用。卡西酮类药物曾被用作抗抑郁和抗震颤麻痹的药物，但最终都由于成瘾和滥用的问题而退出使用。吸食卡西酮类物质能导致类似甲基苯丙胺的兴奋作用和类似麦角酸二乙胺（LSD）的致幻作用，还伴有心动过速、血压升高等反应。同时，由于卡西酮类物质通过血脑屏障进入神经中枢的能力较弱，滥用者往往会加大用量并持续吸食以获得预期的兴奋感，从而导致更为严重的大脑损伤。目前滥用此类药物导致精神错乱、自残及暴力攻击他人的案例已有很多报道。

卡西酮类物质已达上百种，常以“浴盐”“植物肥料”“除草剂”“研究性化学品”等名称伪装出售，多是粉末和片剂。

卡西酮类物质的滥用方式主要以口服为主，也有鼻吸、注射、混合饮用的。

（三）芬太尼类

芬太尼属于阿片类物质，芬太尼类新精神活性物质均为芬太尼的衍生物，是人工合成的强效麻醉性镇痛药，药理作用与吗啡类似。

目前有报道的芬太尼类新精神活性物质约60余种，目前我国已将芬太尼类物质整类列管。

吸食芬太尼类新精神活性物质的副作用是瘙痒、恶心、呼吸抑制；由于此类物质药效较强，极少量的摄入即可对人体造成伤害乃至危及生命，美国已出现上万起滥用芬太尼类物质致死的案例。

（四）哌嗪类

哌嗪类新精神活性物质一般为苯基哌嗪或苄基哌嗪的衍生物。与甲基苯丙胺、MDMA等药物相比，该类药物的兴奋和致幻作用比较温和，且持续时间更长。常以聚会药物出售，多是片剂和粉末，主要通过口服吸食。我国在片剂毒品中有检出过哌嗪类新精神活性物质，其外形和标识与MDMA片剂十分类似，据称吸食后的感觉也与其接近。

实训项目

实训情境1：

近年来，受国际毒潮泛滥影响，全球新型毒品种类繁多、层出不穷。气球、止咳水、巧克力、跳跳糖、奶茶、邮票……都是新型毒品可能“伪装”的形态。

如“邮票”，其学名麦角二乙酰胺（LSD），属于半人工致幻剂，是迄今发现药效最强烈的精神药品之一。这种毒品毒性极强，一般是摇头丸的3倍，几微克就足以让人产生幻觉。据吸食者称：“使用邮票后，会感觉自己的身体一点点变轻，仿佛能飞起来，但过后就会很想死，身体不自觉就会想从楼上往下跳。”

曾经就有一位澳大利亚的16岁中学生，在误食“LSD致幻剂”后，幻想自己能够飞翔，遂从阳台跳下身亡。最可怕的是，这些东西，几乎是专门针对青少年制作出来的！提起毒品，大多数人能想到还是白粉、海洛因这些名词，可实际上，新型毒品早就改变了形态、包装，有些甚至还变成时尚潮品，堂而皇之地出现在大众面前。

实训任务：

1. 相比传统毒品，新型毒品有哪些“新”特点？

2. 请思考，在毒品摇身一变成为“时尚潮品”的新情况下，应该如何更好地预防青少年滥用毒品？

实训情境2：大麻合法化？[1]

大麻在美国年轻人中间不算罕见，美国几任总统曾承认自己在年轻时尝试过大麻。事实上，在美国，呼吁大麻合法化一直没有中断过。在自由派看来，吸食大麻的主观感受类似于喝酒，是成年人的个人选择。

按照联合国的定义，毒品是指服用后可以改变感觉、思考、行为方式的任何药物。这其中不仅包含传统观念中认定的天然的和人工制造的药物，还包括酒精以及烟草。英国毒品专家在著名医学杂志《柳叶刀》上发表的一份报告就显示，一方面一些毒品的危害被高估，而另一方面一些未被纳入监管框架的物质（如烟酒）的危害则被严重忽视。

在国际上的毒品分类中，大麻是软毒品的典型。所谓的软毒品，是指有一定致幻作用，但依赖性相对较低的毒品，从成瘾的比例来看，大麻为9%，和烟草（32%）、酒精（27%）、海洛因（23%）、可卡因（15%）相比较小。而与软毒品（soft）相对的，则是硬毒品（hard），硬毒品有很强的兴奋、致幻和刺激作用，很容易产生药物依赖，海洛因、可卡因等绝大多数毒品都在其列。

美国总统奥巴马曾在《纽约客》杂志的专访中坦然称，他年轻时曾有吸食大麻的过往。他现身说法称吸食大麻不会比喝酒更危险，“众所周知，我年少时曾吸食大麻。这是一个不良习惯或者说恶习，但与我成年后吸了很长时间的香烟相比，没有迥然不同之处。”奥巴马说，“我不认为它比酒精危险。甚至就对个体消费者的影响而言，大麻的危险性比酒精更小。”另外，美国前总统克林顿、小布什以及不少政要都承认年轻时曾吸食过大麻。

《纽约时报》报道，距离科罗拉多州和华盛顿州的大麻被合法化已过去一年半的时间，此刻，美国有超过一半的州都在考虑把这种毒品无罪化，或是合法用于医疗或消遣的目的。有两个州极有可能在今年跟随科罗拉多州和华盛顿州的脚步，全面合法化大麻，它们是自由派民主党占统治地位的俄勒冈州和秉持自由意志论的共和党占上风的阿拉斯加州。

如果回溯到美国成立前的英属殖民地时期，大麻是一种传统药品。大麻作物的茎

[1] 21CN新闻，网址：http://news.21cn.com/caiji/roll1/a/2014/0819/15/28054773.shtml，最后访问日期：2020年10月18日。

富含纤维，几千年来一直被用于编织绳索、制作帆布和纸，1776 年的《美国独立宣言》就写在大麻纸上。二战期间，日本切断了来自亚洲的纤维渠道，美国农业部鼓励种植大麻用以制作降落伞。但是在美国建立一百多年前的 1619 年，殖民地当局开始对作为药品的大麻设限。但出于医疗考虑，在 1996 年，加利福尼亚州成为美国首个允许医用大麻的州，医用大麻只涉及特定病人，在观念上容易被接受，目前已经有 20 个州和哥伦比亚特区实现了医用大麻的合法化。

正因为大麻是软毒品，不论在美国还是欧洲，呼吁大麻合法化一直没有中断过。在一些自由派看来，吸食它是一种个人自由。他们认为，在一个啤酒、威士忌、葡萄酒以及烟草都合法的社会里，没有理由禁止大麻这样的消遣性药物，他们认为吸食大麻的主观感受类似于喝酒，是成年人的个人选择，而在同样场合里，要使用可卡因、海洛因，一定会有许多人顾虑上瘾和身体伤害而拒绝尝试。也因为它的“软”，美国从 20 世纪 30 年代起开始禁用大麻，但一直屡禁不止，根据 2011 年美国全国毒品使用和健康普查结果，大部分介于 12 岁 ~60 岁的美国人都尝试过大麻。在大学生年龄段尤为普及，约 1/3 的受访者承认在过去的一年里曾经吸食大麻。盖洛普民意调查结果显示，到 2013 年 12 月，支持大麻合法化的美国人比例高达 58%，这个数字在 1979 年仅为 27%。

上文中提到的大麻上瘾率较低，而且医用大麻客观上容易被人接受，因此真正具有争议性的是娱乐性大麻的使用。分析认为，美国支持娱乐用大麻合法化的自由派，当然更多是出于经济方面的考虑。

目前，美国有大概 12.8 万人因为持有大麻而被关在州或联邦监狱中，占全国在押囚犯的 8%，全美因大麻入狱者占了毒品犯人的一半，其中约九成都是少量持有。与其他囚犯相比，这些人的社会危害性不大，但关押他们耗费大量的人力物力。大麻一旦解禁，首先可以省下这笔费用。另外，美国的大麻主要由墨西哥贩毒集团供应，在非法的情况下大麻价格畸高，客观上资助了这些犯罪团伙盈利，一旦合法化价格降下来，此类非法交易便会减少，这些犯罪组织也就无利可图。

华盛顿州公布的数据显示，仅大麻合法化一项，五年之内将会给本州带来约 19 亿美元的收入。科罗拉多州州长约翰·W. 希肯卢伯（John W. Hickenlooper）于今年早些时候说，在即将到来的财年，合法的大麻销售将贡献高达 1.34 亿美元（约合 8.26 亿元人民币）的税收，比 2012 年提案通过时预计的要高得多。另外，不少经济学家的研究数据则表明，大麻合法本身每年可以让联邦和各州减少 77 亿美元的行政支出，假如征收与酒精或烟草一样税率的话还会带来 87 亿美元的收入，这样里外的净收入将会超过 160 亿美元，对美国经济将会起着不可估量的促进作用。

批准娱乐用大麻的华盛顿和科罗拉多州这两个州“实验室”的财政是否会因此改善、犯罪率会不会上升，这两个州在未来的表现很大程度上决定了全美乃至全世界对大麻的态度。大麻争论的尘埃还远没有落定。娱乐大麻合法化的议题会同同性婚姻合法化、堕胎合法化、取消枪支管制、废除死刑等问题一起，成为美国自由派在大选时提出的核心诉求，在即将到来的中期选举中，将继续成为两党关注的重要议题和砝码。

实训任务：

大麻这种毒品在不同的国家对其定性和管控的手段有所不同，那么我国对大麻采取何种态度？你怎样看待大麻“合法化”？

项目二　毒品滥用：原因与成瘾机制

任务一　毒品滥用有关术语、方式

教学情境

教学情境一：

郑州一医生因注射麻醉剂过量死亡[1]

郑州一家整形医院的医生因注射麻醉剂过量，于2020年10月21日在院内被发现死亡并报警。事发整形医院亦证实此消息，死者确系医院医生，具体情况以警方调查为准。辖区警方证实死者曾有吸毒史，目前警方正在调查。知情人介绍称，死者姓刘，1987年生人，死亡前是郑州天润国际医学中心的一名整形医生。

教学情境二：

“买卖”

甲：我要新鲜的猪肉，要3个，什么时候过去买猪肉？

乙：35，35，35。

甲：明天176666。

工作任务

要了解有关毒品滥用的基本问题，我们首先需要了解有关的术语以及他们“圈子”的有关“行话”“隐语”，本部分我们的任务包括：

1. 熟悉毒品滥用相关的术语；
2. 了解毒品滥用相关的行话、隐语；
3. 了解毒品滥用的方式。

〔1〕 健康界，网址：https://www.cn－healthcare.com/articlewm/20201024/content－1156339.html，最后访问日期：2021年12月2日。

一、吸毒及成瘾相关术语

（一）吸毒、滥用、药物滥用

1. 吸毒。吸毒是我国对滥用国家管制的麻醉药品和精神药品的一般称谓，多指非医疗用途、强迫性地连续或定期使用毒品的行为。

2. 滥用。滥用是一种适应不良的方式，由于反复使用药物导致的明显的不良后果，如不能完成工作、学业，损害了躯体、心理健康，导致法律上的问题等。滥用强调的是不良后果，滥用者没有明显的耐受性增加或戒断症状，反之就是依赖。

3. 药物滥用。药物滥用是指用药目的不是为了治疗疾病，而是为了追求由药物给用药机体带来的某些精神或心理上的欣快作用而长期连续或间断用药的过程。比如吗啡，在临床上用吗啡来止痛是合理合法用药，因为用药的目的是消除疼痛；在没有疼痛或其他吗啡适应症存在的情况下，病人还要求应用吗啡，此时病人用药的目的不是为了治病，而是为了追求吗啡给机体带来的欣快感，这就是药物滥用。

药物滥用这个用语一般在国际上比较通行使用，与之相比，我国的“吸毒”所涉及的药品仅限于国家管制的麻醉药品和精神药品，而“药物滥用”中所涉及的滥用物质范围则更广泛，除对麻醉药品和精神药品外，还包括对酒精、烟草以及挥发性有机溶剂等的滥用。

（二）成瘾

成瘾是指强迫性地寻求药物和使用药物的行为，尤其是在面对明显的危害结果时，成瘾者试图多次努力地改变，但这些行为依然继续，这个术语可以延伸到强迫性暴饮暴食和强迫性赌博，强迫性的性行为以及其他强迫性行为。这一界定是一个广义的成瘾概念，包括物质成瘾和过程成瘾，前者指个体成瘾于毒品、酒精、烟草成瘾物质；后者是指个体对一些行为的强迫性依赖，如赌博、性及网络成瘾等。

成瘾的行为特点有三个：

1. 强迫性用药。在动物实验中，强迫性用药主要表现为成瘾动物为了能感受毒品带来的精神刺激而主动不断用药，有时为了用药不顾外界伤害性刺激给机体带来的痛苦性感受，甚至伤害。

毒品成瘾者在临床上也可以观察到类似强迫用药行为。毒品成瘾者一旦对毒品成瘾，就一定要用药。在其日常生活中，毒品第一重要，比事业、工作和学习更重要，比与朋友交往更重要，甚至比进食、睡眠等生理需要还重要。其为了毒品可以牺牲一切，放弃对家庭和社会的责任，放弃自尊自爱，放弃前途、健康，放弃毒品以外的一切。

当然，吸毒者也能体会到吸毒的危害，也会主动要求戒毒，也可以信誓旦旦表决心要戒毒，痛哭流涕表决心等。然而，一旦出现精神和躯体上的戒断反应，就会表现出完全相反的一面，千方百计寻求毒品。吸毒者这种双重人格，正是强迫性用药的临床表现。

2. 强迫性觅药。所谓强迫性觅药行为（compulsive drug seeking behavior）是指吸毒人员不由自主、不顾一切地寻求和滥用药物，是失去自我控制能力的表现，而非意志薄弱或道德问题。强迫性觅药行为是判断药物依赖的重要指征之一。

强迫性觅药在临床上即表现为心瘾。阿片类毒品成瘾者完成生理脱毒后，停用阿片类毒品几十天或更长的时间里，虽然此时已没有躯体戒断症状存在，但他们还一直在主观上渴望吸食毒品，特别是当其再次回到熟悉的吸毒环境中，或者看到吸毒的场景，这种渴望便达到无法忍受的程度。有些吸毒者在强制隔离戒毒的场所半年或更长的时间，脱离强制环境后的第一时间便是寻找毒品。

3. 冲动控制障碍。冲动是指相对于具有相同能力和知识水平的其他机体，在采取行为前不经过充分考虑或不顾自身行为会带来的负面后果，而倾向于对内、外源性刺激作出快速而没有计划的反应。对正常人来说，当某一冲动产生后，他们都有一定的控制能力，使自己的行为符合所处的环境，与伦理、道德、规范和法律要求相一致。毒品成瘾者则不同，他们的冲动控制能力较正常人明显减弱。

（三）依赖、生理依赖、心理依赖、渴求

1. 依赖（dependence）。依赖是一组认知、行为和生理症候群，指长期和反复滥用药物后，机体对药物产生的适应现象。当体内有足够该药物存在的情况下，可保持正常生理和心理功能平衡，中断或骤减用药后，机体出现戒断症状。自我用药导致了耐受性增加、戒断症状和强迫性觅药行为。传统上将依赖分为躯体依赖（physical dependence）和心理依赖（psychologacal dependence）。

2. 生理依赖。生理依赖也称躯体依赖，它是由于反复用药所造成的一种病理性使用状态，主要表现为耐受性增加和戒断症状。生理依赖是中枢神经系统长期使用依赖性药物所产生的一种适应状态，这是指机体必须在足量药物维持下，才能保持正常状态，一旦断药，生理功能就会发生紊乱，出现一系列严重反应，称为戒断反应，是一种反跳现象，表现出与药物原来作用相反的症状。

3. 心理依赖。心理依赖也称精神依赖，俗称“心瘾”，是指由于用药使人产生特殊的愉快满足或欣快的感觉（内心体验），驱使使用者为寻求这种感觉而反复使用该药物，以获得心理上的满足和避免精神上的不适，表现出所谓的渴求（craving）状态。精神依赖是依赖者产生顽固性复吸的一个重要原因。有少数毒品如致幻剂只有精神依赖，而相当一部分毒品同时具有精神依赖性和身体依赖性，如阿片类药物和镇静催眠药物。在一般情况下，吸食者在反复用药过程中，首先产生精神依赖，然后产生身体依赖，而且一旦产生身体依赖后，将会使精神依赖进一步加深。正是毒品的依赖性，才会使用药者不顾一切地寻觅和使用毒品。这样，一方面是为了享受毒品所带来的“欣快”和舒适或松弛感，另一方面是为了避免一旦断药所带来的难以忍受的痛苦，即戒断症状。

4. 渴求。渴求是一种强烈、难以抑制的觅求药物的欲望。

（四）药物耐受性、戒断综合征、稽延性戒断综合征

1. 药物耐受性（tolerance）。药物耐受性是指机体对药物敏感性降低的现象。通常表现为机体持续用药后所出现的药效下降或维持时间缩短的状况。耐受性是机体连续多次用药产生的，机体对致依赖性药物出现耐受性后，所服药物的效果退化，需要加大剂量才能获得与以前相同或相似的效果，若停药，多会出现戒断症状。阿片类药物的耐受性可逆，停止滥用药物后耐受性可逐渐消失。

2. 戒断综合征（abstinence syndrome 或 withdrawal syndrome）。戒断综合征是指在反复地、长时间和高剂量地使用某种物质后绝对或相对戒断时出现的一组不同表现、不同程度的躯体和精神症状。轻者只感到难受、全身不适，重者可威胁生命。戒断症状大部分由自然停药引起。容易形成躯体依赖的药物有阿片类、巴比妥类及酒精等。症状的出现和病程与物质使用有时间联系，而且与停用或减量前刚刚用过的物质类型和剂量有关。如，鸦片等麻醉品一旦上瘾，每 4 小时 ~8 小时必须再次用药，否则便会出现戒断综合征，一般表现为哈欠、流涕、流泪、出汗，肌肉疼痛、寒战、鸡皮疙瘩、恶心呕吐、心悸、激动不宁等；24 小时 ~48 小时后的肌肉和腹部痛性痉挛，甚至循环虚脱；36 小时 ~72 小时达到高峰，觅药行为明显，且持续到躯体症状已经减轻后。兴奋剂所致戒断综合征表现为抑郁明显，并伴有不适、无力和情感不稳。戒断综合征和个体素质有关，形成的机制可能与体内吗啡受体与成瘾药物的特殊亲和力、神经元活动被成瘾药物阻断后出现代偿性增敏、单胺类神经递质的改变有关。

3. 稽延性戒毒综合征（protracted abstinence syndrome 或 protracted withdrawal syndrome）。稽延性戒断综合征是指经过脱毒治疗后，戒断症状消失，但仍然有许多的身体不适和痛苦现象，此期间若不继续合理调治，其症状一般将持续长达数年之久。稽延性戒断症状主要有：

（1）精神现象：入眠困难、多梦易醒、焦虑、抑郁、胆怯、烦躁、思维迟钝、精神恍惚、迷惑、健忘等。

（2）痛症及其他：头痛、腹痛、腰痛、四肢肌肉骨节疼痛、倦怠乏力、嗜睡、周身不适等。

（3）消化功能：厌食、脾胃不舒、腹泻便秘交替等。

（五）其他

1. 多药滥用。多药滥用，指非医疗目的滥用 2 种或 2 种以上药物的行为。其目的是：①加强原来滥用药物的作用，以保持或减少原用药物使用剂量；②克服原用药物

引起的不良反应；③充当原用药物替代物；④作为自行戒毒的戒毒药物。多药滥用有3种形式，一是在某种药物中混有其他药物；二是同时滥用2种或2种以上药物；三是在滥用某种药物后交替使用其他不同的药物。阿片类药物依赖多伴有多药滥用现象，其危害严重。

2. 过量中毒。吸毒者因过量滥用导致的中毒比较常见，阿片类药物过量中毒表现为中枢神经系统抑制、瞳孔缩小、呼吸抑制等特征性症状。苯丙胺类药物过量中毒，可引起血压升高、脉搏加快或减慢、头痛、恶心、呕吐、出汗、口渴、发热、瞳孔扩大、睡眠障碍等，部分滥用者可能出现咬牙、共济失调。严重者出现心律失常、惊厥、循环衰竭、出血或凝血功能障碍、昏迷甚至死亡等情况。

3. 复吸。复吸，指吸毒人员经过脱毒治疗，基本摆脱药物依赖状态后重新滥用药物并形成新的药物依赖状态。偶尔的重新滥用行为不应视为复吸，只有形成新的药物依赖才可诊断为复吸。导致复吸的原因较多也较复杂，充分认识这些原因对采取有效的防复吸措施具有重要意义。预防复吸是治疗各种药物依赖的关键。

二、涉毒隐语、行话

隐语是特定的社会集团或组织为了交流和保密的需要而采用的一种秘密语言，俗称“黑话”“行话”，它对内能表达和交流，对外隐蔽保密。涉毒隐语是在毒品违法犯罪活动中逐渐形成，不断发展和变化，形成的一套毒品违法犯罪分子之间内部交流的语言体系。

白粉、白货、白妹妹、白面儿：指海洛因。

砖、砖头、砖块、金砖：指压制成砖状的海洛因。为了方便运输和计量，毒贩将海洛因压制成长方形的砖块状，每块的标准重量为350克，因形似砖头故称“砖”。此外，“砖”还用于海洛因的计量单位，“一砖”为350克。

白粉道人：指吸食海洛因的同伴。

冰、冰儿、冰棍、冰红茶、冰片、冰淇淋、老兵、老冰：指冰毒。

冰妹：指吸食冰毒的年轻女性。

冰壶：指吸食冰毒的工具，一般由吸管、玻璃瓶、水瓶等组成。

嗨：英文High的音译，就是很多年轻人在娱乐场所服用了摇头丸、K粉之后，在强劲的音乐刺激下不停摇头、跳舞的一种圈子里的玩法。

嗨丸：指摇头丸。

嗨大了：服用摇头丸或K粉后会使人极度兴奋、摇头不止，可造成行为失控。吸毒人群所说的“嗨大了”就是上述这种行为失控、大脑不能控制自己的状态。

上头：吸食毒品后感官系统所产生的一系列欣快症状，特别是大脑产生眩晕、兴奋等感觉，故称“上头”。

K粉、KIN粉：氯胺酮，KIN是氯胺酮英文“Ketamine”的开头字母“K”变调的谐音。

“打K”“打KIN”：又称为“打盐”，是一种吸食K粉的方法。吸毒者把K粉摊在桌面上或盘子里，用指甲或纸质卡片将其划成一条细线，直接用鼻吸入；或将吸饮料的塑料管送入一侧鼻孔并堵住另一侧鼻孔后猛地一下吸入。

打飞：指将海洛因掺入烟丝中吸食。之所以叫“打飞”，是因为需要将海洛因放入烟丝中，然后点火吸食，此时烟筒如同炮筒，海洛因如同炮筒里的火药，整个过程就像将火药打飞，故得名。

追龙：“追龙”指的是烫吸海洛因。吸毒者把海洛因研成粉末状，然后将粉状海洛因放在勺子、锡纸或其他工具上，用打火机点火烘烤。毒品受热后呈液态，继续受热就化作一股青烟，犹如一条青龙在冉冉腾起。吸毒者就能用吸管，把变成气体的海洛因完全吸入口中及肺部。

肉、猪肉、肥肉、猪仔：指冰毒。

猪油：指高纯度的冰毒。

炖猪肉：指吸食冰毒。

溜冰：近年在娱乐场所流行起来的一种用专用工具吸食冰毒、麻果的娱乐方式。

溜大了：在吸食冰毒这种毒品后，心血管产生兴奋作用，被新型毒品吸食者称为“溜大了”。

陪嗨：在国内的蹦迪场所里出现的一些“小姐”，他们专职陪客人蹦迪摇头，当然，客人要免费提供他们摇头丸、K粉等新型毒品，并给她们金额不等的台费。

陪溜：在一些隐蔽的娱乐场所和社会圈子里出现的一些专门陪客人溜冰（吸食新型毒品冰毒）的“小姐”，她们不仅陪客人溜冰，还要和客人过夜。

赛马：指男女吸毒者在一起吸食冰毒片剂小马以后发生的性行为或集体淫乱行为。

散冰：吸毒者吸食冰毒后，需要通过运动、刮痧、性交、开热空调等方法使身体出汗，将累积在体内过剩的毒素排出体外，这个过程称为“散冰”。

散冰女：专门为需要“散冰”的人服务的女性称为“散冰女”，另外也指女性吸食冰毒者。

拿货：从毒贩手中购买海洛因或者其他毒品的过程。

出货：指运输毒品或贩卖毒品。

下班：指毒品交易结束。

机长：指贩卖大麻的人。吸食大麻会产生大量的烟雾，吸食者习惯将吸食大麻叫腾云驾雾，并自称飞行员，相应地将贩卖大麻的人称作机长。

抽粉：海洛因又称“白粉”，故吸食海洛因的行为被称为抽粉。

犯瘾：因吸食毒品而出现的戒断症状。比如吸食海洛因的戒断症状包括渴求药物、不安、流泪、流汗、流涕、易怒、鸡皮疙瘩、打冷战、厌食、腹泻、便秘、抽筋等戒断症状。

还愿：戒毒人员从戒毒所出来后，其他吸毒者帮助他找寻一下吸食毒品感觉的一种说法。

道友：一起吸食毒品的人。

吃饭去：吸毒去。

断粮：毒品缺货。

冰糖：毒品，主要指冰毒。

拍：通过网络购买毒品。

客户：买毒的人。

快递：邮寄的毒品。

玩起：开始吸毒。

竞标：在群里竞拍毒品。

1：摇头丸，粤语“1”与“摇”谐音（主要见于广东地区）。

81：海洛因。“81”与“白药”谐音，即白粉（主要见于云南地区）。

04：零售的毒品。“04”与“零食”谐音（主要见于山东地区）。

35：上午。“35”与“上午”谐音，指毒品交易时间（主要见于北京）。

40：四栋。“40”与“四栋”谐音，是毒品交易的地点（主要见于广西地区）。

6、666：与“溜”谐音，即溜冰，吸食冰毒。

176：一起吸食冰毒。“176”与“一起溜”谐音（主要见于湖南地区）。

5181：我要白药，即我要海洛因的谐音（主要见于云南地区）。

三、毒品滥用的方式

毒品滥用的方式一般有口服、烫吸、鼻吸、黏膜吸、注射、“溜冰”、烟吸等。滥用方式与毒品的种类和自身成瘾程度有关系。比如海洛因滥用者一般开始都是通过烫吸、燃吸的方式，随着成瘾的不断加深，为保持良好的药效就必须采用注射的方式；滥用摇头丸一般都是采用口服的方式。

（一）毒品滥用的主要方式

1. 咀嚼、口服。咀嚼是人类最早吸食毒品的方式，主要用于古柯叶、卡塔叶的吸食，南美洲的当地土著人最早是通过咀嚼古柯叶的方式来获得提神与精神愉悦的感觉。

口服是采用直接吞服的方式。口服毒品后由于消化道各种酶的作用，毒品的药效明显减弱，产生依赖性的危险相对较低。

2. 吸入。

（1）烟吸。又叫燃吸，是指将毒品点燃后吸食燃烧的烟雾，这是一种滥用方式最长久的传统吸食毒品方法。常见的烟吸方式有将毒品原植物加工成烟草状直接燃吸的方式，如将大麻草加工成烟草状直接燃吸；有将毒品掺进香烟中吸食的方式，如将海洛因放进香烟中与香烟共同燃吸，又如将大麻油滴进香烟中燃吸等。

此法简便易操作，隐蔽性强，但过滤、挥发较多，较为浪费，而且一旦成瘾，效果没那么强烈不够过瘾，因此，会改为烫吸或注射。

（2）烫吸。烫吸又叫“追龙”“走板”“吹口琴”“遛”，是海洛因、冰毒吸食者常见的方式。具体做法是将毒品粉末置于锡箔纸（或匙羹），用火在下面加热，用吸管吸食加热后变成的气体。

由于肺黏膜的吸收功能很强，而且肺血流直接入左心，再到大脑需时极短，故吸食后起效快、欣快感强。

（3）鼻吸。多用于可卡因、氯胺酮（K粉）的吸食，吸食者将可卡因（或K粉）装入小管中，在小管中插入稻草秆、塑料管、纸管等，然后对准鼻孔用力吸入，或堵住一个鼻孔，用另一鼻孔猛吸。

3. 注射。注射方法包括皮下注射、肌肉注射、静脉注射、动脉注射。

静脉注射方式被吸毒者称为“扎”，海洛因、吗啡、可卡因等毒品均可采用静脉注射方式。静脉注射将毒品直接注入血液，能获得一种转瞬即逝的快感，另外，达到快感所需的毒品量也较少，可以节约毒资。

动脉注射俗称“开天窗”，在颈动脉或股动脉处注射，毒品直接顺着动脉血管进入心脏和大脑。这种吸食方式非常危险，如心脏受不起这种强烈的刺激，容易当场猝死。

以注射方式吸毒，不仅依赖程度会越来越重，而且极易感染各种传染性疾病，有的吸毒者注射毒品时，一时找不到注射用水稀释，就用自来水或抽自己的血液稀释，有的吸毒者还常用同一个未消毒的注射器，故吸毒者高发肝炎、艾滋病、梅毒等传染性疾病。有的吸毒者将一些不宜静脉注射的片剂、粉剂混入水中供静脉注射，其中的不溶性颗粒易造成血管栓塞。另外，注射毒品若剂量掌握不好极易造成过量中毒死亡。

（二）常见毒品的滥用方式

1. 阿片类毒品滥用方式。在阿片类毒品中，最熟悉莫过于鸦片。鸦片最初被作为一种高档的药物，一般是通过煎服的方式给药。清朝初期中国人就学会了用烟具抽吸的方式吸食鸦片，到了清中晚期随着鸦片滥用的泛滥，开始使用烟枪的方式吸食，这就是我们在历史书本上常见的烟枪点烟的方式吸食鸦片。

海洛因作为阿片类毒品的代表，最常见的滥用方式为烫吸、燃吸和注射。烫吸俗称“追龙”，就是把海洛因粉末放在锡箔纸上，用火烧锡箔纸底部，海洛因受热后产生烟雾，然后用纸卷成一根管子或者专用的管子将海洛因烟雾通过嘴与鼻子吸入体内。注射一般是将海洛因粉末放入水杯或瓶中，加水溶解。用注射器抽取毒品溶解液，使用针管将毒品液体从静脉注入人体。开始的注射的地方一般是手臂内侧的静脉，随着注射次数的增加、静脉的萎缩及其功能的退化，注射部位就移至手背部、脚部、小腿、大腿。海洛因滥用者一般一开始是采用烫吸、燃吸的方式，随着毒瘾加深，就会逐步由吸入式方式改为注射式方式。

2. 合成类毒品滥用方式。合成类毒品滥用方式一般有：口服、鼻吸、燃吸、烫吸等。冰毒的吸食方法可以说是在所有毒品中比较繁杂的一种，吸毒人员称之为“溜冰”。一般是自制的工具（盛水的瓶子、点火工具、吸管、锡纸），吸毒者通常将盛水的瓶子称作为“冰壶”，用来过滤冰毒的烟雾。操作方式就是把冰毒放在锡箔纸上，然后用火烧锡箔纸底，冰毒受热后产生烟气，然后经过盛水的“冰壶”过滤，吸入体内。另外“溜”冰毒需要用到特制打火机，一般是将普通打火机改装而成，因燃烧的火焰小，颜色是蓝色，又叫鬼火、飘火。

麻古吸食方式和烫吸冰毒一致，因为两种毒品本质上是一致的。吸毒人员通常会把冰毒、麻古按照一定的比例混合吸食，他们称这是“冰麻俑”，又根据谐音称为“兵马俑”。

摇头丸的滥用方式一般是随水口服或吞服。

氯胺酮（K 粉）一般采用鼻吸，吸食之前首先要用硬质卡片将 K 粉转为细粉状，这个步骤称为“颜 K”“碾 K”，然后将 K 粉布置成一直线，这个步骤被称为“刮 K”“介 K”，最后吸食者拿起吸管，一头放进鼻子深处，一头对准呈一直线的“K 粉”，用力从头到尾将一直线的“K 粉”吸光。所以吸食 K 粉又叫“拉 K”或“索 K”。

3. 大麻类毒品滥用方式。大麻的毒品表现形式有大麻草、大麻脂和大麻油。大麻草一般就是将大麻草捣碎，混入烟叶中，做成烟卷，通过燃吸方式吸食，称之为“大麻烟”。大麻脂和大麻油一般也是通过将油脂滴进烟草燃吸的方式吸食。有些还会将大麻油作为食品添加剂放进食品中口服。

4. 古柯类毒品滥用方式。常见的古柯（可卡因）类毒品滥用方式有：咀嚼古柯叶、鼻吸、燃吸、注射以及皮肤黏膜吸收等。鼻吸是将可卡因粉末放在纸张上或卡片上，按住一只鼻孔，用另外一只鼻孔将毒品吸入鼻腔。注射和燃吸的方式与滥用海洛因类似。

任务二　毒品滥用原因分析

教学情境

教学情境一：

“溜冰”〔1〕

（个案 13，男，1990 年生）据吸毒者自述：大概是在 2010 年的时候，我当年也才

〔1〕 赵群、韩丹：《吸毒人群调查：基于口述史的合成毒品滥用问题研究》，上海社会科学院出版社 2019 年版，第 257 页。标题为编者所加。

21岁左右，我记得当时我去一个朋友家里找他玩，当我进入他家之后，发现他在“溜冰”，我当时就比较好奇，因为之前也没有接触过冰毒，然后我就竭力地询问他玩这个东西（冰毒）是一种怎样的体验，他就给我大致描述了“溜冰”后愉快的体验，当时我也没有立即就尝试“溜冰”。等我从他家回来之后，大概隔了几天，他打电话叫我过去，当我过去之后发现他还在玩这个东西，我就试探性地尝了“一条子”，整个人感觉就非常地亢奋，像“腾云驾雾”一样，结果就迷上了“溜冰”。其实刚开始还好，大概一个月两三次，玩的次数相对较少，后来慢慢地上瘾之后就天天都在玩，完全就离不开冰毒了。

其实我在很早就在社会上“混迹”了，在没有“溜冰”之前就从社会上的兄弟那儿听说过冰毒这个东西，就觉得冰毒其实不像海洛因那样容易上瘾，对于“溜冰”的人来说，想吸就吸，完全不受它的控制，而且吸食之后也不会出现什么戒断反应，也不清楚长期吸食是否会给身体带来什么不良影响，从而就降低了我对“冰毒”的抵抗力。

教学情境二：

我复吸，因为家人不信任我[1]

丁洁（化名），女，1978年12月生，初中文化，无业，2011年7月因吸毒被强制隔离戒毒2年。据丁洁自述：当自己第一次被劳动教养时，也曾下过决心，一定要戒掉这东西，但回到家后，所有的亲戚朋友都很看不起我，父母对我也不了解，只是一味地把我关在家里，认为我不出去就不会去吸毒，如果我出去一下，他们都会以为我又去沾染毒品。只有奶奶还相信我，她很疼我，也没怎么管我，我仍然没能回头。

工作任务

吸毒者初次吸食毒品的原因并非是单一的，往往是多种因素交互作用的结果。自从滥用药物的问题出现，人们就开始对吸食毒品的原因进行了探究和思考，并从各种可能的角度提出了众多不同的理解和看法。高复吸率是当前世界性的难题，如何有效地降低复吸率是世界各国共同面临的问题。那么导致复吸的原因到底是家庭的不理解、社会的不支持还是旧毒友、旧环境的影响？是否与初次吸毒的原因一样？本部分的任务：

1. 熟知吸毒的原因有哪些；
2. 了解什么是复吸；

---

〔1〕 李蓓春主编：《强制隔离戒毒人员教育矫治案例精选及评析》，浙江大学出版社2013年版，第1页。

3. 熟知复吸的原因有哪些。

吸毒是一种非常复杂的现象，导致吸毒行为的原因也同样非常复杂，涉及了心理学、医学、社会学、犯罪学等广泛领域，仅用一个学科是无法看清“全貌”的。当然了，每一个个体染上毒品的原因也是“五花八门”，而复吸的原因也是多方面的。

一、初次吸毒原因分析

对于一个吸毒者来说，初次吸毒的原因并非单一的，而是综合的、复杂的，是个体内部因素、外部条件和诱因交互作用的结果。多种原因要素在一定的条件、一定的情境和一定的过程中互动。在这些复杂的要素中，一些是具有共性的，一些是具有个别性的。具有共性的因素反映了吸毒者相同或相似的主体观念和人格特征；个别特点的要素反映了吸毒者不同吸毒行为的动机，即激起吸毒行为的内心起因和意志倾向有所不同。

初次吸毒是社会影响和个体因素、个体的社会经历和外部的情境因素之间交互作用的结果，具体可以分为两大方面：吸食者个体方面的内在因素、外在的社会因素。

（一）个体因素

1. 错误的认知。有关吸毒原因的调查中，大多数调查都反映了“好奇”“赶时髦”“逆反”等要素，特别是针对青少年吸毒因素的调查尤其如此。但进一步来讲，这些特性也是青少年的一般特征。从形形色色的吸毒原因分析来看，虽然具体原因五花八门，但归根到底，还是个人的人生价值的倾向性态度以及对价值的评判和选择的问题，用什么样的价值标准去评判事物，选择什么样的途径解决人生的矛盾和困惑，不同价值取向的人会采取截然不同的态度和行为方式。吸毒行为可以说是畸形的人生观、价值观的典型反映，可以从以下几个方面加以说明：

第一，从早期经历来看，吸毒者往往过早地进入社会，并进入不良交际环境，沾染恶习，这是一个比较普遍的特点。有相当一部分吸毒人员具有这种早期经历，他们在吸毒之前往往过早辍学或者中止学业，无所事事，游手好闲，结识一些不务正业的社会青年；经常出入娱乐场所，追求感官刺激，不同程度上染上了吸烟、酗酒、赌博等恶习，好逸恶劳，追求享乐、时髦和感官刺激，进一步形成了扭曲的人生观、价值观和生活方式。这种早期经历使他们偏离正常的社会化的轨道，使其更容易受到不良观念的影响，进入危险的情境，违法犯罪的危险性增大。

第二，吸毒者普遍精神空虚，缺乏自制和自信。在金钱至上、享乐主义的驱使下，追求物质和感官享受，形成极端的个人主义和绝对的自由主义，一旦外部有诱因出现，就很可能冲破道德和法律的约束。吸毒者扭曲的欲望与实际生活状况，个人的努力程度、能力与社会的发展需求，个性的缺陷与社会认同之间形成了深刻的冲突。

第三，无知，法制观念淡薄。许多吸毒者盲目追求吸毒快感、寻求刺激，有些吸毒者无知地认为吸毒可以减肥、美容、治病、增强性欲等；有些吸毒者信奉所谓的“江湖义气”，在吸毒者的劝诱之下吸毒，这种情况在未成年人和成年人早期者中非常突出。有些吸毒者不知道国家法律法规关于吸毒的规定，错误地认为吸毒只是普通的个人“自由”选择的行为。

第四，吸毒者对其他成瘾行为持轻率、放任甚至主动追求的态度。美国学者 O. 瑞在其著作《毒品、社会与人的行为》中提及，在对美国社会的考察中发现，大部分违禁品使用者在他们第一次使用海洛因之前使用过酒精、烟草等物质。也有大量的调查研究表明，有相当部分被调查者在吸毒之前已经形成了其他一些社会成瘾行为，如吸烟、酗酒、赌博、乱性，他们对这些成瘾行为往往持轻率、放任甚至主动追求的态度。很多吸毒者是从其他的一般成瘾行为开始，这些成瘾行为的反复发生慢慢内化成为他们的成瘾习性，一旦成瘾习性形成，就成了他们走进毒品世界的心理和体验基础。

2. 生理因素。年龄。年龄在尝试吸毒方面也有较大的影响。年轻人比年纪较长的人更想寻求新鲜的精神刺激，更容易瞻前不顾后、更急于模仿同伴、更叛逆等。另外，年轻人对毒品引起的不良反应的忍受力比较强，所以年轻人更容易尝试毒品，这也可以解释为什么初吸人群以及吸毒人群中青少年比例较高的现象。

性别。从吸毒人群的性别比例来看，总体上，男性对非法药物的使用数量大大超过了女性，也就是说，性别对尝试吸毒也有比较大的影响。

3. 人格缺陷。研究表明，吸毒者在吸毒之前多数就具有一定的人格缺陷，比如敌意性、进攻性、嬉戏性、冲动性等，特定的人格类型感染吸毒行为的危险性较高，吸毒者的人格特征是其感染吸毒行为的关键个体因素，比如依附性人格、情感自控能力弱、负性情绪状态下的个体更易于染毒。

“依附性人格”常常用来解释吸毒的原因，其特征是缺乏自我控制和自我尊重，信奉享乐主义并缺乏对未来筹划的能力，精神和情绪经常处于抑郁状态。一方面，具有依附性人格的个体从快乐原则出发由毒品中获得满足；另一方面，他们追求短暂的、即时的满足而放任吸毒的后果。

也有研究表明，有些吸毒者在感染毒品之前的人格特征表现为非积极进取、缺乏激情、缺乏社会交往和逃避现实。当遇到威胁和挫折时，趋于退缩到自恋程度的适应状态以及无所不能的幻想之中。海洛因依赖者认为用药后即感觉焦虑减轻，自尊心及能力增强，甚至感到无所不能。

另外，吸毒者的人格缺陷与反社会型人格障碍具有非常相似的特征。反社会型人格障碍的关键特征是无责任感、无羞耻感和行为的冲动性；较少顾忌法律和伦理道德的限制，情感浅薄而冷酷无情；对自己的责任有众多的辩解理由；判断力差，缺乏内省和道德自治，寻求刺激。这些特点的综合使他们很难从外部的惩罚中接受教训，具有较强的顽固性和反复性，这也进一步说明了吸毒者一经感染毒品即难以戒断的一个内在原因。

（二）社会因素

1. 毒品“市场”的客观存在。毒品客观的存在是吸毒行为产生的重要外部因素之一，而毒品“市场”的存在是吸毒行为发生的重要诱因之一。毒品市场包括三大要素，即非法消费市场、非法供应市场、毒品本身。这三者相互影响、互相促进，以恶性循环的方式不断发展。消费需要以供应为前提，供应的目的在于从消费者处获得暴利，因此他们一方面需要以既有的吸毒成瘾者为销售对象，另一方面又通过扩大吸毒人口发展潜在市场，也造成了非法消费者兼非法提供者（以贩养吸）的现象，以此不断地壮大非法滥用队伍，扩大消费市场。

2. 不良的社会环境的影响。大量的调查研究表明，大多数的初次吸毒者是在与吸毒者交往的过程中，或者是在其生活环境中存在的吸毒现象的直接或间接的影响下而感染吸毒行为的，影响力最强的是所谓的“朋友”关系，即潜在吸毒者的交际对象；其次是家庭成员和亲属；最后是邻居、同事、生意伙伴等。

（1）不良的社交环境。古人云“物以类聚，人以群分”，特定的交际环境是个体选择的结果，反过来特定的交际环境对于个体也具有深远的客观影响。交际环境是个体进行社会活动的主要环境之一，交际环境中如存在观念和行为层面的吸毒问题对于潜在的吸毒者具有较重要、直接的影响。

有调查显示，多数初次吸毒者的交际伙伴不同程度地有吸毒行为。比如，根据郭建安的调查[1]，在1195名被调查者中，有1102人的交际伙伴有吸毒行为，占有效个案总数的92.21%。在性别差异方面，女性组被调查者交际伙伴的吸毒状况比男性组严重。

另，在夏国美的调查中显示[2]，使用新型毒品并非是单纯的个人行为，它往往是一种集体娱乐项目，一种集体性狂欢的盛宴，要人多才好玩才兴奋，吸毒者初次使用毒品时，一般就是一种群吸状态，都是有朋友带着一起吸毒。

吸毒行为传播的某些特点也说明了交际环境对初次吸毒者的影响，除家庭成员的相互影响外，吸毒行为多数首先在特定的人群中传播，如同龄人群体、亚文化群体、特殊职业和身份群体，共同或接近的观念、行为方式和生活方式为吸毒行为传播奠定了基础。换言之，吸毒行为传播的最突出特点是以人际关系为主，这是其他违法犯罪行为所不具有的特殊性。

（2）家庭环境的影响。家庭是社会的细胞，是每个人成长的摇篮，是人进行社会化的“第一站”，家庭环境对个人的成长起着非常重要的作用。良好的家庭环境可以促进和保障青少年身心的健康成长，不良的家庭环境则往往成为导致青少年越轨的重要因素。

---

〔1〕参见郭建安、李荣文：《吸毒违法行为的预防与矫治》，法律出版社2001年版，第183页。

〔2〕参见夏国美、杨秀石：《社会学视野下的新型毒品》，上海社会科学院出版社2009年版，第152页。

事实证明，很多青少年感染毒品即是其父母或其他家庭成员“言传身教”的结果。影响青少年感染毒品的家庭因素主要有：父母或其他家庭成员有吸毒行为；父母离异、家庭残缺，得不到家庭温暖；家庭教育管教方式不当；家庭溺爱、娇生惯养等。

3. 管控政策不力和预防教育不足。涉毒行为是一种受国家管控的非法行为，从制造、走私、贩卖、运输毒品到吸食毒品都是受国家法律严格控制的。随着新型合成毒品和新精神活性物质滥用形势的不断恶化，法律存在滞后局面，难以有效地进行管控，进一步加剧了毒品的非法蔓延。在国家执法层面，由于法律的滞后以及队伍的不完善，对新精神活性物质的查处具有一定的难度。在对新出现的合成类或新精神活性物质惩处上没有统一的标准，各地公安机关做法不一，有的罚款，有的教育释放，有的社区戒毒，这就很可能给新型毒品的蔓延流行留下空隙。在国际层面，各国对毒品的管控和打击力度不同，国际刑事司法合作开展困难，导致跨国性毒品犯罪难以解决，等等。各地区对毒品预防宣传教育的重视程度不同，青少年毒品预防和学校毒品预防政策未能落实到位，导致社会人员、在校学生对毒品的认知程度不足，缺少识毒、防毒、拒毒经验技巧，而轻易地走上吸毒道路。

不过，这种情况在我国已经得到了有效地遏制。根据 2023 年 6 月国家禁毒办发布的《2022 年中国毒情形势报告》，我国现有吸毒人数和新发现吸毒人数连续 5 年下降，戒断三年未发现复吸人数连续 10 年上升，正是说明了我们国家禁毒政策、方针的正确性，是我们国家“禁毒人民战争”的胜利，是长期严厉打击毒品犯罪、对吸毒人员实行动态管控、加强毒品预防教育等一系列措施的结果。

4. 毒品亚文化的不良影响。社会意识形态尤其是社会心理层面的不良因素对于吸毒行为的传播具有重要影响作用，关于毒品和吸毒行为的扭曲观念恰恰是吸毒行为扩散的催化剂。

进入 21 世纪以来，海洛因虽然仍是中国地下毒品消费的主流，但该消费人群数量基本趋于稳定，而滥用冰毒、摇头丸、氯胺酮等新型化学合成毒品的问题日益突出。今日的毒品亚文化，有几个特点：

第一，一定程度上已经成为大众流行文化，使用场所多样，使用人群广泛，认为新型毒品的使用是休闲娱乐活动的正常组成部分，是公开的、正常化的行为，且由于新型毒品有一定的迷惑性，人们尤其是青少年往往不认为滥用新型毒品有什么危害。

第二，使用冰毒等新型毒品，是一种时髦新潮的娱乐方式，比较前卫、潮流，在一些年轻人看来，使用新型毒品不会与海洛因滥用的负向认同和污名联系在一起，“溜冰”是一种时尚的、流行的行为，而吸食海洛因则是老一辈的文化行为，不仅危害大，也是一种过时的娱乐行为。

第三，获得身份感，滥用新型毒品成为消费符号的象征。现代社会，消费的重心逐渐从物品功能性消费转向了象征性消费，社会象征功能超越使用价值消费，成为人们关注的重心。新型毒品，作为一种时尚娱乐消费，已经不仅仅是一种娱乐的功能性消费满足，更是一种身份地位的象征，是有钱人玩的文化。很多人认为，“玩冰”的人都是有钱有势、有身份地位的人。

二、复吸原因分析

（一）复吸概念

复吸，又称药物滥用的复发，指吸毒人员经过脱毒治疗，基本摆脱药物依赖状态后重新滥用药物并形成新的药物依赖状态。偶尔地滥用行为不视为复吸，只有形成新的依赖才被认定为复吸。

高发的复吸率是世界各国共同面临的难题。目前，国际戒毒复吸率平均高达91%，即使是技术发达、戒毒手段比较先进、禁毒工作富有成效的美国、德国、新加坡等发达国家，复吸率也保持在80% ~90%之间。我国作为经济大国，复吸率亦维持在90%以上。大多数戒毒人员陷入戒毒—复吸—再戒毒—再复吸的恶性循环，就像进入下水道的老鼠，过着永无出头的日子。

（二）复吸原因分析

导致复吸的原因是复杂的，既有共同的综合作用因素，也存在个体之间的差异；既有主观的、个体方面的因素，也有外部的、客观方面的原因。

1. 生理因素。毒品对机体的生理平衡起到了很大的干扰和破坏作用，即使是经过生理脱毒治疗，机体恢复正常平衡还需要一定的时间，因此，脱毒后仍然存在着生理因素导致的复吸问题。

（1）脱毒治疗不彻底。脱毒治疗不彻底是指戒毒治疗的时间不够，戒毒人员就离开了强制隔离戒毒场所或自愿戒毒场所，导致生理上未完全脱毒。有些地方的强制隔离戒毒所并未严格执行科学脱毒的治疗方法，没能进行必要的康复治疗；有的自愿戒毒医院为了节省成本，经过几天的急性脱毒治疗就安排出院。若在脱毒并未彻底的情况下停止治疗，戒毒者很容易为缓解痛苦而重新吸毒，戒毒就会前功尽弃。戒毒者能否接受到科学、有效的治疗，是决定戒毒效果的关键。

（2）稽延性戒断症状。稽延性戒断症状是导致复吸，尤其是短期内复吸的主要原因。很多戒毒者在经过急性生理脱毒治疗之后，急性戒断综合症会逐渐消退。许多吸毒者在急性戒断症状消退之后，由于机体各系统恢复过程不均衡，在相当长的时间内会出现周身疼痛、焦虑烦躁、疲乏无力、顽固性失眠、食欲低下、精神不适等稽延性戒断症状。因个体差异，症状持续的时间长短不同，短则数月，长的可达1年~2年之久。稽延性戒断症状不仅影响滥用者的功能恢复，更有相当一部分人因无法忍受痛苦而故态复萌，走上复吸道路。因此，有些戒毒者就会认为自己的毒瘾根本没戒断，甚至认为毒瘾无法根除，严重影响戒毒治疗工作的开展。

（3）并发疾病的影响。吸毒者是各种疾病、传染病的高发者，而并发疾病的发生会严重影响吸毒者的情绪。已有研究提示，吸毒者的情绪障碍会影响总体戒毒效果，使复吸率提高。

2. 心理因素。吸毒成瘾者虽然经历了一定时间的戒毒治疗，但由于毒品对于吸毒者生理和心理的巨大破坏作用，致使吸毒者在戒毒后仍存在着心理依赖性和人格变异等问题，这些都是导致复吸的心理因素。

（1）对毒品的心理依赖和渴求。吸毒者对毒品的强烈渴求心理，将是主导戒毒者戒除毒瘾的关键，也是导致戒毒者复吸的最主要的原因。心理依赖是由于毒品产生的强烈欣快感和对此的深刻记忆导致的，这种强烈的记忆是难以被磨灭的。心理依赖可以延续相当长的时间，在生理脱毒后即使没有戒断症状的存在，戒毒者仍然会长期向往曾经所体验过的那种飘然、欣快的感觉。在较长的时间里，很难保证戒毒者不会因寻觅快感而走向复吸。

从药理学和毒理学上来看，解决吸毒者的生理依赖问题并不是什么尖端的问题，但是要消除戒毒者对毒品的渴求感和帮助吸毒者的心理康复却是一个公认的难题。心理渴求有着复杂的神经生物学基础，是客观存在的问题，是现在技术手段和医疗措施所不可及的，非戒毒者所能控制的。因此，戒毒者是否能够成功地摆脱心理上的依赖，获得身心的康复，是戒毒能否成功的关键。

（2）维持戒毒的动机不纯正，维持戒毒成果的决心不坚定。吸毒者是否有纯正的戒毒动机和坚定的戒毒决心，对戒毒效果有着重要影响，也是防止复吸的关键内因。吸毒者戒毒决心的大小对复吸有很大影响。比如，不少戒毒者在求治或被迫治疗时，内心所定的目标并不是彻底戒断，而是希望减少用量、恢复身体状况；还有的戒毒者甚至只是想脱毒后重新体验复吸的快感。戒毒的决心往往不是永恒不变的，有些戒毒者一开始有着很大的决心戒毒，但由于在戒毒过程中难以忍受戒断症状所带来的痛苦，就动摇了戒毒的决心。心理防线被攻破了，戒毒者就开始抱着侥幸甚至放纵的心理，产生“再吸一次”的念头，从而卷进边戒毒边吸毒的恶性循环。因此，树立正确的戒毒动机和维持戒毒决心是战胜心瘾的重要因素。

（3）吸毒者的心理变异和人格改变。人格特点不仅与吸毒的原因相关，而且在一定程度上影响着戒毒者能否成功戒除心理依赖。在长期的毒品滥用过程中，吸毒者的人格被扭曲，人生观、价值观以及道德伦理观遭到破坏。表现出对社会失去信心，对生活没有激情，情绪不稳、思维固执和偏激等有异于正常人的人格特征。国外学者的大量研究表明，海洛因依赖者最为常见的人格特征是人格异常、情感障碍和思维障碍。其中，海洛因依赖者的抑郁、焦虑等神经症表现显著高于一般人群，是其人格特征的主要表现；一些人具有偏执或分裂型人格的特征，不能很好地适应环境和建立良好的人际关系，易于出现紧张、多疑、抱怨、逃避等变态心理，出现退缩性防御或逃避现实、自我中心、自卑感和无能感。而且，还具有行为轻率、缺乏自我控制能力和认知能力、情绪不稳定、缺乏责任感和前途感等人格特征。海洛因依赖者的情绪障碍是复吸率增高的一个重要因素。

据研究和调查证实，阿片类药物依赖者在戒毒后存在的心理障碍和负性情感经历往往是复吸的诱因。从吸毒者的情绪状态来看，吸毒者中抑郁症的现患率及既往患病率均高于一般人群，未达到临床水平的情感障碍更是较为多见。而已有的研究提示，依赖者的情绪障碍影响使复吸率增高。据调查，有84%的复吸者企图用毒品缓解不良情绪而导致复吸。[1]

（4）精神刺激。由于海洛因依赖者的不良个体基础，且在其回到原来的社会环境中还会不可避免地遇到就业、恋爱婚姻、经济来源、周围人的态度、社会环境等因素所产生的负性影响，就有可能引发或加剧其人格、情绪等方面的不良状况，使其自暴自弃，以致借助毒品来摆脱眼前的困境。当戒毒者在受到各种挫折、打击以及精神刺激时，容易引起复吸。这是因为吸过毒的人极易将吸毒当作一种防御机制，吸毒是他们保持心理和情绪平衡、逃避现实、躲避困难的一种消极的应对方式。

（5）对毒品的错误认知。对毒品的认知不够也是导致复吸的原因之一，有些吸毒者对毒品、吸毒行为以及戒毒治疗存在着一定的错误认知。例如，有的认为只要生理脱毒后就可以戒除毒瘾，无视心理康复的重要性；有的认为成功戒除毒瘾后再吸一口不会上瘾；甚至有人认为“少吸一点，不会上瘾，上瘾了也不怕，我的意志力强，不会形成心理依赖，想戒就能戒”。正是因为对毒品的错误认知，最终导致戒毒者一次又一次地吸下去，直到无可自拔。

3. 社会因素。毒友的诱惑，毒贩的拉拢，家庭成员的不支持、不理解、不接受，社会的歧视和排斥，就业就学就医得不到保障，毒品市场的客观存在等，是造成戒毒人员复吸的关键因素。这些社会的、外部的客观因素与个体的主观因素交互作用，使得戒毒人员在回归社会后，不仅得不到有效的监督和帮扶，反而受到来自社会的各种排斥和歧视，诱发人格缺陷，产生负面情绪，企图从毒品中寻找慰藉，最终走向复吸。

（1）家庭的负面影响。家庭是安全的港湾，对于戒毒人员的心理变化有着非常重要的影响。许多戒毒人员回归社会后，不仅得不到家庭的温情关怀，反而受到家人的怨恨、打骂。心声得不到倾诉、情感得不到安慰、心理问题得不到排解，这些矛盾严重挫伤戒毒人员的自尊心，导致他们失去对家和家人的信任，最终选择逃避现实，放弃戒毒的信念，并再次寻求用毒品来麻痹自己。相对于普通人来说，部分吸毒人员的家庭存在结构不完整、家庭环境不和谐等诸多问题，如单亲、丧偶、离婚、家庭暴力等。身处在这种环境的戒毒人员回归家庭后，无法继续忍受现状，只能选择借用毒品来发泄不满。再者，有些家庭在戒毒人员回归后，虽然在情感上给予很大的关怀，但关键时刻没能及时采取科学的干预措施，对戒毒人员的体质护理没落实到位，缺乏对戒毒人员的有效监管，放任其随意接触社会，间接提高了戒毒人员与毒品接触的机率。

---

[1] 数据转引自刘建宏主编：《中国吸毒违法行为的预防及矫治》，人民出版社2014年版，第102页。

（2）旧环境、旧毒友的影响。戒毒人员回归社会后，必然要回到原有的生活环境中。在此过程中难免会再次接触到原先的事物，特别是与曾经使用过的吸毒工具、吸毒场所相遇时，容易产生心理刺激，可能会激发对毒品快感的回忆。如果此时拒毒定力不够，就容易再次吸食毒品。一些毒贩子为了谋取利益，会采取“请客”“试吃新产品”等手段，引诱戒毒人员再次吸食毒品。旧毒友发现戒毒人员出所后，也会通过各种手段拉拢、腐蚀促其复吸。戒毒人员如果没有坚定的戒毒信念和抵制技巧，就很容易受他们的蛊惑，再次误入歧途。据有关专家调查，许多戒毒人员对将来可能面对的毒友充满了忧虑，甚至是恐惧，26%的调查者回答复吸的原因是“受人拉拢”，大多数复吸往往发生在一些曾经与吸毒有关的特定情境之中。[1]

（3）社会的排斥。戒毒人员走出戒毒所后，能否顺利地融入社会，对戒毒人员保持操守是至关重要的。这个过程有赖于各方的努力，既需要戒毒人员自己的调节和适应，也需要社会的支持和接纳。吸毒成瘾本质上是一种脑疾病，戒毒人员是处在康复中的病人，我们应以积极的态度对待他们，然而在现实社会中，当真正面对吸毒人员时，偏见、讽刺、奚落、鄙夷等世俗观念仍然存在。生活中权利得不到应有保障，享受不到应有的社会公共福利，就业中得不到公正对待，这些都使得戒毒人员心灰意冷，产生负面情绪，开始重新仇视社会。在受尽社会的各种排斥和歧视后，戒毒人员为了逃避负面情绪带来的不舒服感，就会重回原有的“吸毒圈”，以寻求心灵的慰藉。

任务三　吸毒成瘾机制

教学情境

小超的吸毒史[2]

2012年6月25日，《潇湘晨报》记者张祥对正在接受戒毒治疗的小超（化名）进行了一次采访。2000年8月，小超出生于永州蓝山县。在小超的记忆中，8岁是个转折点，这一年父母因“做了坏事”入狱，但他很少跟人谈“坏事”是什么，只有聊得投机了，他才说：“他们卖毒品，把我也害了。”后来，爷爷奶奶相继去世后，小超便无人照管。“我调皮捣蛋，没人管得住我。”小学5年级没读完，小超辍学了，“村里人都说我会带坏他们的小孩，不让我一起玩。”10岁那年，小超被“坏事”拉下了水。“有人把瓶子里剩下的一点水，用注射器给我打针。刚开始感觉晕头转向，不舒服。又打了几针，就像神仙一样飞起来了。”——那些“水”里有海洛因，小超从此染上毒

〔1〕数据转引自张晴：《吸毒成瘾与戒毒治疗及措施》，云南教育出版社2014年版，第141页。

〔2〕张祥：“即将摆脱毒魔，‘小屁股’担心长不高”，载搜狐网，网址：http://news.sohu.com/20120625/n346444730.shtml，最后访问日期：2020年6月18日。

瘾，发作时若没有毒品，不管抽多少根烟都不顶用，浑身如蚂蚁乱咬，“连骨头里面都疼，站都站不起来。”此后，小超被毒贩利用去盗窃，再用偷来的钱买海洛因。因“知道毒贩不是好人”，小超多次偷偷跑掉，但总是很快被其他毒贩控制，再如此循环。

工作任务

小超提及的“浑身如蚂蚁乱咬”是毒瘾发作的一个表现，那么，吸毒为什么会成瘾？本节的任务便是了解吸毒成瘾的机制。

一、成瘾神经生物学解释

近百年来，科学家广泛研究为什么成瘾性药物能使人产生对它的依赖状态，这背后有复杂的神经生物学的基础。当然，成瘾除了神经生物学因素之外，还有复杂的心理因素、社会因素等相互作用的结果。

19 世纪 90 年代，现代精神病学的创始人、德国医生 Emil Kraepelin 首次发表了有关茶和酒对人体精神行为影响的心理行为测试数据，他据此得出了慢性酒精成瘾会引起大脑皮层损伤，导致长期存在的认知功能减退的成瘾机制，首次提出了物质成瘾的生物学基础，开创了人类成瘾生物学基础研究的先河。同时代的 S. Freud 从心理学的角度提出，不同物质成瘾（如阿片、苯丙胺、烟酒）和行为成瘾（赌博和手淫等）都可能具有共同的本质，可以被看做是同一类型疾病的不同体现方式，为现代成瘾神经生物学机制研究奠定了基础。

1924 年，德国心理学家 L. Lewin 提出，成瘾分为刺激性（尼古丁、咖啡因、性交）、麻醉性（酒和乙醚）、致幻性（麦角酸二乙胺）、欣快性（吗啡、可卡因）和安眠性成瘾等 5 类。这一分类为成瘾临床诊断和治疗奠定了基础，成瘾神经生物学研究又进了一大步。

（一）中脑边缘奖赏系统

1953 年，加拿大麦基尔大学的 James Olds 和神经学家 Peter Milner 把几只小鼠的皮质下区域和一个小踏板连接在一起。小鼠按下踏板，相连的神经元就会被微弱的电击激活。奥尔兹和米尔纳惊奇地发现，他们的小鼠把这项活动排在了所有活动前面，以至于不吃不喝，一天按 700 次踏板。他们的研究第一次证实了大脑的奖赏环路的存在：大脑里某些神经元的激活就是一种奖赏，强度甚至高于摆在饥肠辘辘的人面前的一顿大餐。

在生物上亿年的进化过程中，机体生存必须能够识别有利于个体生存和种族延续的一些刺激，比如美食、性、运动等，并对这些刺激形成了牢固的记忆，奖赏回路不仅对奖赏有所反应，还对一切具有强烈享乐主义色彩的刺激有所反应，不管这个刺激

图 2－1　James Olds 和 Peter Milner 实验装置

是正面的还是负面的。而毒品正是模拟了这类刺激，生物把毒品也看成了刺激个体生存和种族延续的重要物质，在接触时会产生欣快感，而欣快感产生的生物学基础就是“奖赏环路”。

研究发现，脑内最重要的欣快中枢是中脑边缘多巴胺通路（mesolimbic dopamine system，MLDS，见图 2－2），中脑边缘多巴胺通路位于中脑，是精神活性物质产生潜在依赖性的主要中枢神经系统。其中有两个最重要的脑区是腹侧被盖区（ventral tegmental area，VTA）和与之相连的伏隔核（nucleus accumbens，NAcc），VTA 中的神经元富含神经递质多巴胺，其神经元投射到情绪、思维、记忆、计划和执行等众多脑区。NAcc 是一个与动机、学习和标记刺激的动机价值有关的重要区域。

药物与相关环境的相互作用导致了行为的持续改变，从这一角度上看，成瘾的发展可以被看作是学习过程的一部分，一个人使用药物并体验到精神活性效应，这是高度的奖赏或强化，激活大脑内部的环路使得这种行为很可能被再次重复。

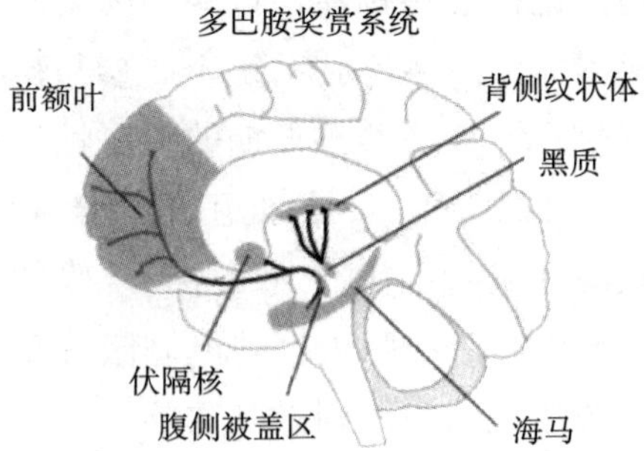

图 2－2　大脑奖赏回路解剖位置

大多数的成瘾药物，如海洛因、吗啡、可卡因、安非他明、尼古丁和酒精等，尽管它们的作用机制不同，但都刺激边缘中脑多巴胺系统及其他的相关脑区，刺激多巴胺（DA）的释放、抑制多巴胺摄取或直接兴奋多巴胺受体而使多巴胺含量增加，功能增强，产生积极的强化作用，使个体获得愉悦、兴奋的情绪体验。

尽管各种滥用的药物经常产生不同的行为效应及多样化的药理学作用，但一个共同的特征就是它们都不同程度地增强了中脑边缘奖赏环路多巴胺活性。长期滥用成瘾性药物，强烈地刺激了大脑边缘系统，使得边缘系统错误地将毒品作为主要生物事件来处理，产生持续的正性（欣快感）和负性（渴求感）的强化作用，使得依赖者维持其成瘾行为。

自然奖赏因素也增加多巴胺，使人们产生愉悦的情绪，为什么它们不会造成成瘾呢？原因也许是在于数量和质量的不同，由毒品引起的伏隔核中多巴胺增多在数量上比由自然因素引起的多巴胺数量大，上升速度更加迅速，持续时间也更长。此外，由自然因素引起的伏隔核内多巴胺增加是正常的生理效应，但是毒品引起的伏隔核中多巴胺增加，强化了毒品的奖赏效应，刺激了依赖者获得更多毒品的动机，无论毒品是否能起到让人感到欣快的效应，而这些现象不会发生在由自然因素引起的多巴胺增加中。

（二）成瘾相关的神经递质

1. 多巴胺。多巴胺是神经系统中重要的儿茶酚胺类神经递质，它控制着运动、认知、情感、正性强化、摄食、内分泌调节等多种功能，是产生欣快感的物质基础，几乎所有成瘾物质都能直接或者间接激活多巴胺系统，上调多巴胺的水平。阿片类药物通过抑制 GABA 能神经元的活动（GABA 能神经元可以抑制多巴胺释放），使伏隔核释放的多巴胺量增加，产生欣快感。可卡因和苯丙胺类兴奋剂通过抑制多巴胺转运体阻断多巴胺的重摄取，增加多巴胺的浓度；大麻、尼古丁、乙醇都可以通过作用于奖赏系统上的受体，直接或间接增加伏隔核内的多巴胺释放。

2. 谷氨酸。药物依赖形成的关键因素有两个：一个是神经回路发生被动的适应性变化；另一个是发生在海马的记忆痕迹构建。这两种因素同时并存，前者是后者的基础和条件，后者是成瘾的根本原因。多巴胺系统主要参与药物的奖赏强化，对长期的关联性记忆影响较小，谷氨酸系统直接参与长期的关联性记忆，影响成瘾的启动和形成，导致成瘾维持和复吸。具体的作用是，长期用药使奖赏系统中的谷氨酸水平降低，从而引起药物渴求，形成顽固的成瘾记忆，继而导致复吸的发生。因此对复吸具有决定性作用的是谷氨酸而不是多巴胺。实际上，若电刺激成瘾模型大鼠海马的谷氨酸丰富区，会引起动物对可卡因的强烈渴望，刺激其它脑区则无效。这说明谷氨酸是在成瘾行为的神经可塑性中起重要作用的。

3. γ－氨基丁酸（GABA）。γ－氨基丁酸（γ－aminobutyric acid，GABA）又称氨酪酸，GABA 不仅具有抗焦虑、抗惊厥及镇痛作用，而且对神经系统的发育及胚胎早期外周腺体和器官的分化具有营养作用，是人体必需的氨基酸。大脑中 GABA 含量水平的降低，与焦虑症、抑郁症、癫痫、帕金森病等精神心理障碍或中枢神经系统疾病的发生有关。GABA 通过抑制中脑边缘系统多巴胺的释放，降低滥用药物引起的多巴胺水平的增加。例如，阿片类药物可以抑制 GABA 能神经元的功能，减少 GABA 的释放，从而解除对多巴胺能神经元的抑制，使多巴胺释放增加；酒精可以作用于 GABA 和 NMDA 系统，间接增加多巴胺能神经元活性。

4. 内源性阿片肽。内源性阿片肽包括脑啡肽、内啡肽、强啡肽等阿片肽家族，内源性阿片肽是存在于体内的具有阿片样作用的多肽物质，具有和吗啡相似的生物学效应，在体内起到调节痛觉、内分泌、心血管、胃肠和免疫功能方面的重要作用，阿片肽与阿片受体结合对奖赏系统起到重要作用。外源性的阿片类物质比如海洛因能够激活体内的阿片受体，解除 GABA 能神经元对多巴胺的抑制，增加多巴胺的释放。许多非阿片类物质也可以作用于内源性阿片肽系统，比如酒精、可卡因、苯丙胺类兴奋剂可以增加大鼠伏隔核的内源性阿片肽水平，进而上调多巴胺分泌，产生愉悦感。内源性阿片肽系统通过影响伏隔核内多巴胺的释放，调节多种成瘾物质的奖赏效应。另外，内源性阿片肽系统除了影响奖赏效应，还导致了戒断反应的出现，内源性阿片肽系统的紊乱是戒断反应出现的关键因素。

5. 5－羟色胺。5－羟色胺（5－HT）又称血清素，是血清中可以引起血管收缩的因子，哺乳动物大脑中分布着大量的 5－HT，起着神经递质的作用。脑内 5－HT 和多巴胺能系统有着密切联系，5－HT 受体位于奖赏系统中，直接或间接兴奋 5－HT 受体可以抑制 GABA 的释放，从而增加多巴胺的释放。刺激 5－HT 释放也可以引起甩头、致幻、增加食欲、颤抖、降低体温、抗焦虑等作用。目前越来越多的研究证实 5－HT 系统与药物成瘾有密切关系，5－HT 受体活化与神经递质释放能够影响可卡因、苯丙胺类兴奋剂等成瘾药物的多种效应和神经兴奋性传导过程。

综上所述，药物成瘾主要是由药物引发的类似食物和性刺激的奖赏信号，激活奖赏系统中成瘾相关神经递质，通过不同机制激活体内多巴胺系统、5－羟色胺系统，抑制 γ－氨基丁酸的分泌，增加多巴胺的释放，使机体产生欣快感导致愉悦感。而长期奖赏环路激活使奖赏环路功能下调，通过阿片肽系统作用使机体产生负性感受，产生戒断期的身心痛苦。而且长期用药使奖赏系统中的谷氨酸水平降低，让机体对成瘾药物的记忆长期化，无法摆脱成瘾的记忆，也就是我们俗称的“心瘾”，从而导致复吸的发生。所以，强迫性的吸毒行为就是机体为了追求愉悦感、避免负性感受、不断巩固重温成瘾记忆的过程。

（三）诱因易感化理论

诱因易感化模型（the incentive－sensitization model）的核心观点是，长期吸食成瘾性药物会改变与成瘾行为相关的脑系统（边缘中脑多巴胺系统及相关区域）的功能，它们是负责调节诱因性动机和诱因突现性功能的组织。因此，成瘾性药物长期刺激这些神经回路会使其逐渐对药物的作用及药物相关的中性刺激变得非常敏感，即神经易感化。神经易感化导致成瘾者在心理上内隐性地通过诱因突现来表征药物与药物相关线索的特征，并引起对药物病理性的“欲望”，从而导致强迫性的药物寻求、药物摄入和复吸行为。

（四）遗传基因观点

遗传基因观点认为成瘾的原因蕴含在遗传密码中。药物滥用与人体某些基因有对应关系，如成瘾者在一定的基因区出现明显变异，其基因变异的频率要比对照组明显偏高。有调查发现，在共同的生活背景下，只有部分人尝试吸毒，而在尝试者中又只有部分人成瘾，成瘾者中则有部分人能够戒除，另一部分则戒了又复吸。

所以，从遗传学观点来看，某些吸毒者的病理变化是先天性由来的，是个体自身的基因构成影响其对毒品和酒精滥用的倾向性。如饮酒，不同的人对酒精的代谢能力存在着一定差异，有的人生来就具有一定的酒量，因此，酒精的代谢能力与遗传因素是存在一定关系的。毒品给吸毒者带来的欣快感是人体对毒品固有的反应，因为他们天生对毒品具有一种耐受力或易感性，并使他们体验到异常的快感，所以一些人就认为机体对毒品的依赖是可以通过遗传得来的。

二、成瘾的心理学解释

（一）强化理论

成瘾的强化理论解释，是基于条件反射的基本原理提出的。巴甫洛夫的条件反射试验发现，他的一条狗经常由同一个实验员反复给它注射吗啡，后来，当这只狗看到这个实验员拿着注射器（一种条件刺激）时，这只狗就表现出好像已经被注射了吗啡的生理反应，开始出现流口水、呕吐等状况，但事实上并没有给它注射吗啡。巴甫洛夫的方式是指成瘾者常常有一套仪式化程序，包括某个地方、某种方法、一套用于注射药物的基本工具等。当这些与注射方式相关的环境刺激与用药后产生的效应多次一起出现并形成暂时神经联系后，环境刺激也会像药物一样引发渴求，从而成为条件刺激的一部分。

研究发现，低等动物可被训练来强迫性地静脉注射一些成瘾药物，如可卡因、尼古丁、安非他明和海洛因，因此，这些药物被看做强化物，正如食物对饥饿的动物一样，能使它们产生反应性的习惯，它是个体生活额外的“款待”，就像饭后的薄荷糖；或者因为它是一种需要状态的“补偿”，就像阿司匹林能减轻头疼或者肉和土豆能解除饥饿并使生物恢复体力一样。成瘾行为的强化机制包括积极强化和消极强化：

1. 积极强化观。积极强化观是指成瘾药物是一种正性的强化物，它们能给成瘾者奖励并使其产生愉悦的感觉，药物使用的主要动机即是寻求药物所致的欣快感觉，这种强化不是简单地使成瘾者恢复到正常的情绪状态，而是因为药物使用能使其产生高于正常情绪状态的情绪。成瘾药物能产生高度愉悦的观点能解释为什么成瘾药物可在依赖性形成之前就形成一个习惯，以及为什么在戒毒之后还有极大可能会重复成瘾。

实验证明，实验中的动物（如猫）会主动地重复按压杠杆以获得自身给药，这一重要的证据表明，不仅是人类才有强迫性的药物滥用的情况。事实上，动物实验证明，作为强化物，成瘾药物与自然界中的其他强化物，如食物、水和性都有着许多相似性，支配着人类的行为反应，只不过，成瘾药物的强化作用要远胜于其他强化物。

2. 消极强化观。消极强化是指成瘾药物可减轻或暂时免除个体滥用药物后所带来的个体痛苦，使其产生重复的成瘾行为。

这种观点支持当神经和代谢系统已适应药物的继续使用以及药物已成为身体的动态平衡的必需品时，药物滥用就成为一种强迫性行为。这种在撤药的早期阶段所带来的明显的、客观的生理痛苦，即生理依赖的确凿证据，支持了依赖理论的观点。

（二）心理发展理论

早在200年前，沃兹沃斯（Wordsworth）就曾说“儿童是成人的原形”，中国也有俗语“三岁看老”。成年时期的心理障碍或偏常行为（包括成瘾行为）来源于儿童期的观点是众多心理学家的一个重要信念。人的心理发展是一个时间过程，而且在家庭、同伴关系以及更大的社会结构（如学校、邻居）中表现出来。

按照发展心理学的观点，青少年阶段是人格发展的一个过渡阶段，是个体从生理成熟期向心理成熟期过渡的一个重要时期，由于身心失衡所带来的困扰，这一阶段潜伏着许多问题与矛盾，也被心理学家霍尔称为“狂风骤雨期”，因此，青少年阶段是各类成瘾问题的高发时期。世界卫生组织曾经对美国及欧洲各国的青少年做了一项关于物质使用的抽样调查。研究发现，在美国，41%的青少年曾使用过大麻，16%的人尝试过安非他明，10%的人服用过致幻剂；而在欧洲，16%的青少年吸食过大麻，6%曾服用违禁药品。

怎样解释青少年阶段高发的成瘾问题呢？

首先，青少年的主要任务是建立一种新的自我同一性，在青少年期，青春期身体的急剧变化导致青少年急切地想认识自己，各种本能冲动的高涨助长了青少年的同一性危机，他们自认为自己已经长大成人，并竭力去追求和扮演成年人的角色。在这个过程中，就会潜伏着这样的危险，即青少年通过尝试吸毒、饮酒及其他的偏常行为来寻求自我的同一性。当成长中的孩子独立于父母而追求他的同一性时，同辈群体的影响最大，同伴的毒品使用和同伴的态度是青少年吸食毒品的两个最有力的影响因素，同辈群体反对吸毒的态度强烈时，青年人使用毒品的现象就很少。

其次，青春期大脑的发育特征可能会影响青少年作出冒险尝试酒精或其他毒品的行为。认知神经科学研究发现，大脑的前额叶皮质直到20岁才能达到完全成熟。而前额叶皮质是与思维判断、感觉寻求和自我意识相联系的。由于这个原因，大多数十几岁的青少年就可能缺乏抵抗同伴压力的能力，他们常常可能表现出与他们价值观和智力似乎不和谐的、愚蠢的、高冒险的行为。

最后，好奇心理。出于好奇心，追求刺激或解脱而吸毒是当前滥用毒品的主要原因之一，在青少年滥用新型毒品上表现极为突出。好奇或者追求刺激的心理一般都源于对自己已有的生活方式的不满，在周而复始、枯燥单调的生活方式中会逐渐产生一种空虚、乏味和麻木的感觉。为了改变当前的现状，人类就会有寻求解脱的本能追求，渴望接触新生事物，体验新的生活方式和生活内容。这与青春期的青少年心理特征极为相似，一旦社会上出现了新的风尚、新的玩法时，他们就极易去效仿和体验，而这种效仿和体验往往是盲目的，最终误入歧途。

（三）人格理论的解释

心理学研究认为，吸毒成瘾者在吸毒之前多数具有一定的人格缺陷，比如海洛因吸食者在滥用毒品之前就存在敌意性、进攻性、叛逆性、冲动性等典型人格缺陷特征。主要体现在情感自控能力弱、依附型人格障碍和反社会型人格障碍。

第一，情感自控能力弱，超我意识强的人。谨守宗教戒规的人比较不容易去尝试吸毒，而爱找刺激的反社会人格者，尝试而上瘾的可能性就大很多。心理学家认为，自我控制能力越强，越能对自我作出正确的评价，在压力面前对自我态度、自我行为的调节能力越强，也越能形成稳定的心理特征，反之就容易出现心理不稳定和心理危机。一些心理承受能力差的人，由于缺乏自我调节能力，无法摆脱心理危机，往往通过使用毒品来降低不满和提供对快乐的满足。

第二，依附性人格。依附性人格者明显地缺乏自我控制和自我尊重的能力，信奉享乐主义且缺乏对未来筹划的能力，精神和情绪经常处于抑郁状态。依附性人格迫使他们一方面根据快乐原则从毒品中寻求满足，另一方面他们只为了追求短暂、及时的满足，而对吸毒行为的后果置若罔闻。

第三，反社会型人格。吸毒者的人格缺陷往往与反社会型人格障碍有着非常相似的特征。现代心理学和精神病学研究证明，反社会型人格的特征是无社会责任感、无羞耻感和行为冲动性；往往不顾及法律和道德的制约作用，情感冷淡无情，毫无社会责任感；判断能力差，缺乏内省和自律，寻求刺激。这些特征与吸毒者的人格特征极为相似，那么就此说明了，吸毒行为是一个内在的心理过程。

实训项目

实训情境1：

在毒品犯罪和吸毒违法活动中，为了逃避打击、隐瞒事迹、降低被发现概率，涉毒人员之间交流一般都会采用行业术语、隐语。

实训任务：

请充分利用网络资源收集相关材料，梳理5个除本项目介绍以外的涉毒行业术语、隐语。

实训情境2：

“毒驾”，已经成为继“酒驾”之后又一不可忽视的“马路杀手”。近年来，因“毒驾”导致的交通事故时有发生。

2016年全国两会上，全国人大代表、广东省佛山市公安局高明分局副局长梁志毅专门带来了“关于对毒驾追究刑事责任的建议”。在谈及“毒驾”危害时，梁志毅十分痛恨。“所谓‘毒驾’，就是服用毒品后驾驶机动车的行为，属于典型的危险驾驶行为，吸毒后人往往出现幻觉，对驾驶能力的削弱是非常严重的。吸毒后，所产生的精神极端亢奋甚至妄想、幻觉、情绪失控等症状会导致驾驶人脱离现实场景，判断力降低甚至完全丧失判断能力，导致极高的恶性交通肇事和危害公共安全的概率。”梁志毅强调，“毒驾”对道路交通安全的危害超过了“酒驾”。持相同意见的，还有全国人大代表、江苏省盐城市政协副主席蒋婉求。这次参会，她认真准备了“关于尽快开展‘毒驾入刑’立法工作的建议”，明确指出“毒驾”肇事不能只以交通肇事罪进行量刑，而应该列入刑法，对“毒驾”实行“零容忍”制度。

“有关部门研究表明，酒后驾驶比正常驾驶反应时间长12%，吸毒后驾驶则比正常驾驶反应时间长21%。可见相对于‘酒驾’，‘毒驾’的危害有过之而无不及。”蒋婉求在调研中发现，特别是新型毒品会让“毒驾”人员或是反应时间变长或是极度疲劳，甚至觉得驾车如同在玩游戏。“毒驾”引发的交通事故，往往会产生连环撞车、群死群伤的严重后果。

实训任务：

请思考讨论，“毒驾”是否该入刑？

实训情境3：

近年来公众人物涉毒愈演愈烈，王学兵、李代沫、宁财神、张元、张耀扬、张默、房祖名、柯震东、尹相杰等明星轮番因为吸毒被公安机关逮捕或拘留。明星们都怎么了？为何就这么爱吸毒？在这些人中有的还是国家禁毒形象大使、义务宣传员，本应该是向大众传播正能量的，却做出了与其相反的行为，令群众大跌眼镜，给社会带来的负面影响不言而喻。

明星作为公众人物，属于社会的特殊群体，这个群体拥有比较高的社会影响力和知名度，获得了来自社会广泛的关注和公众对社会道德行为的寄托。然而，如今明星吸毒问题已经成为社会的一大焦点问题。尽管绝大多数媒体都是以负面新闻形式加以批评和报道的，但是由于明星个人影响力大、粉丝的盲目崇拜性，本来应该是被毒品污名的明星，反而成了修饰毒品的广告，不经意间就成了毒品文化接力的跳板，有些明星的知名度也因此不降反升。

实训任务：

请分析讨论明星涉毒的原因。

项目三　滥用毒品危害

任务一　滥用毒品对吸毒人员的危害

教学情境

教学情境一：

一个案例告诉你吸毒的危害有多大[1]

广西壮族自治区博白县人民法院审理了一起故意毁坏财物案，本案的被告人刘某因吸毒产生幻觉，继而毁坏他人财物，最后被一审法院以故意毁坏财物罪判处有期徒刑6个月，并被责令赔偿被害人经济损失人民币7472元。

据刘某回忆，案发当晚的凌晨，他吸食了毒品后便驾驶一辆面包车上路，开车过程中感觉精神恍惚，到一家饭店门口时产生了幻觉，觉得自己是饭店的老板，可是饭店不经过自己的同意居然打烊了，于是冲动之下就开车撞了上去，导致该饭店的铝合金卷闸门被撞凹陷、内装的双开式玻璃门被撞碎裂、店铺招牌字、吊顶塑料板等被毁坏。经估价，被损坏财物价值人民币7472元。

庆幸的是刘某只是撞了饭店的门，如果撞的是人，那么后果将不堪设想，笔者希望这个案例能引起大家对毒品危害的重视。在报纸上、宣传栏里、书本中或电视、网络上，我们看到很多人因为吸毒精神不振、情绪消沉，思维和记忆力衰退，有的吸毒者还由于难以承受巨大的精神压力和痛苦而自杀，更有的人因为毒品出卖了自己的良心，背弃了家人与朋友，走上了违法犯罪的道路，他们用一个又一个曲折而惨痛的经历告诉我们，毒品的危害是多么巨大。

教学情境二：

吸贩毒家庭成长的未成年吸毒人员[2]

戒毒人员孙某，男，现年17岁，初中文化，陕西省咸阳市某县人。孙某的父亲与母亲都是多次被公安机关打击处理的吸贩毒人员。父亲在孙某不满十岁时便因贩毒被司法机关判处徒刑，现收押于陕西省某监狱。母亲有长达二十多年的吸毒史，多次被

---

〔1〕玉林市中级人民法院网站，网址：http://ylszy.chinacourt.gov.cn/article/detail/2016/08/id/2056365.shtml，最后访问日期：2021年6月26日。

〔2〕司法行政（法律服务）案例库，网址：http://alk.12348.gov.cn/LawSelect/Detail?dbID=25&dbName=JDJZ&sysID=4343，最后访问日期：2023年6月22日。

强制隔离戒毒，孙某被公安机关抓获时其母亲刚被强制隔离戒毒。孙某自从初中辍学以后，就从老家孤身一人到西安市混迹，期间在西安多个夜场、KTV 当过马仔。多次参与暴力斗殴事件，2015 年到 2016 年两次因聚众斗殴被西安市雁塔公安分局查获，但因年龄未满 16 周岁，均被批评教育后放归社会，孙某因此自认拥有未成年人身份这一天然“保护符”，愈发的狂妄。一次在和朋友聚会时受朋友诱惑，孙某开始吸食冰毒，此后经常性吸食冰毒，2018 年 1 月孙某被西安市未央公安分局决定强制隔离戒毒两年，4 月孙某进入陕西省眉县强制隔离戒毒所戒毒。

工作任务

毒品滥用对吸毒者个体和家庭都有巨大危害，本部分任务：

1. 熟悉滥用毒品对个体身心的危害；

2. 了解毒品对家庭的危害。

一、吸毒对身体的危害

吸毒严重危害吸毒者的个体身体健康，对机体的各个系统有广泛的损害，对器官、细胞、组织等有极大的破坏。具体而言：

1. 对神经系统的损害。毒品对中枢神经系统和周围神经系统可产生抑制或者兴奋等作用，吸食毒品者会出现烦躁、失眠、惊厥、震颤、麻痹、周围神经炎等症状。长期吸食会引起智力减退、个性改变、意志消沉等。

2. 对呼吸系统的损害。吸毒特别是烫吸和静脉注射，特别容易引发呼吸系统疾病，如支气管炎、咽炎、肺感染、肺栓塞、肺水肿等。吸毒主要由如下几个途径对呼吸系统造成损害：

一是经呼吸道吸毒对呼吸系统产生直接损害。经呼吸道吸食毒品对气管壁纤毛的运动和白细胞的吞噬功能均有抑制作用，使吸食者容易出现支气管炎和肺炎；吸食毒品还可引起细支气管过度收缩，加上支气管对毒品掺杂物过敏，增加了吸毒者哮喘和肺气肿的发生率。

二是毒品对呼吸道的特异性毒性作用损害呼吸系统。如海洛因过量中毒时可发生海洛因性肺水肿，此病起病较急，一般于海洛因过量后立即出现，表现为昏迷、呼吸抑制、瞳孔缩小、口唇发绀等。

三是吸毒引起的营养不良与感染对呼吸系统的损害。吸毒引起的营养不良导致在海洛因吸食者中有较高的肺结核发生率。毒品中掺杂的成分以及不溶于水的物质，如淀粉、滑石粉等随静脉注射进入血管后可引起肺栓塞。

3. 对心血管系统的损害。很多毒品对心血管系统可产生直接影响，引起心律失常和心肌缺血性改变，其表现与不同毒品的药理作用有关。如海洛因成瘾者常有心动过缓、心律不齐、心电轴偏移等症状，严重者会心跳停止；可卡因引起心律失常更为常见，会引起心脏和脑血管意外。

4. 对消化系统的损害。毒品对消化系统的损害，主要表现在：

（1）抑制食欲、导致营养不良。很多毒品有抑制食欲的作用，如海洛因等毒品抑制摄食中枢，饥饿感减弱，引起食物摄入减少的同时抑制胃酸、胆汁、胰液的分泌，影响食物消化吸收，从而引起身体消瘦（故有的吸毒成瘾者误认为毒品可以用来减肥而开始吸毒），还可引起某些人体必需的维生素和矿物质缺乏，从而导致一系列营养不良综合征。

（2）胃肠功能紊乱，导致便秘或腹泻。毒品对中枢神经和肠道平滑有抑制作用，使肠道蠕动减弱，并提高了胃肠括约肌张力而致便秘，加之吸毒者生活不规律，进而加重便秘，这种便秘非常顽固，成为长期令吸毒者痛苦的痼疾。阿片类毒品成瘾者在突然停止后会出现胃肠道蠕动异常加快等症状，表现为严重腹痛和腹泻。

（3）肝炎。吸毒者吸入的毒品绝大部分在肝脏内分解，造成肝脏的损伤。另外，共用注射器也是肝炎在吸毒人群中传播的主要途径之一。因此，吸毒人群肝功能受损比例比较高。

5. 对生殖系统的损害。长期使用海洛因等毒品，可造成性功能减退，甚至完全丧失性功能。对男性而言，海洛因可以影响下丘脑、垂体、性腺轴功能，使内分泌系统发生紊乱，男性成瘾者绝大部分会发生性功能障碍。对女性而言，海洛因可通过影响下丘脑、垂体、卵巢功能而使女性内分泌系统失调，使黄体生成素和雌二醇水平显著降低，从而引起月经紊乱、闭经和排卵停止。

6. 性病、艾滋病的传播。毒品滥用与性病、艾滋病的传播有密切关系。毒品滥用者发生共用注射器、多性伴、群体性滥交等不安全性行为等，使其容易患各种性病。传统毒品滥用者主要是通过共用注射器传播性病、艾滋病。而新型毒品的滥用者则常常因为滥用毒品后出现迷幻、性兴奋状态，造成该人群容易发生高频率、无保护性的群体性滥交行为，使滥用者面临极高的感染 HIV 和其他性传播疾病的风险。

7. 高死亡率。世界上每年约有 20 万人因吸毒死亡，仅次于因患心脏病和癌症而死亡的人数，居第三位。吸毒者病死率高的原因主要有：过量吸毒导致中毒死亡；自杀，吸毒导致负性情绪增多，出现抑郁、悲观、绝望等情绪导致自杀事件的发生，或者吸食新型毒品导致出现幻觉而自杀；因吸毒感染各种疾病死亡等。

二、对精神健康的危害

吸毒会导致吸毒者产生各种精神异常征象。毒品滥用者精神异常状态常见的有戒断综合征、急性脑综合征、情感障碍、人格障碍、意识障碍等。其中，低自尊是最为突出的人格特征，他们常常感到自己不被接受，其用药动机源自他们提高自尊的需要及避免自我贬损的态度。

吸毒成瘾后，吸毒者的精神健康受到较为严重的损害，表现为交谈时注意力难以集中，记忆力明显受损；情感反应以淡漠、沮丧多见；意志活动减弱，行为趋向退缩、懒散、疲沓、劳动力明显下降；人格改变尤为突出，表现为焦躁易怒、猥琐自卑，对家庭和社会的责任感明显削弱，决策能力差、逆反心理强、无责任心，自暴自弃，不思进取，多伴有人格障碍。

三、对家庭的危害

（一）家财耗尽、倾家荡产

毒品价格昂贵，一旦家庭成员中出现吸毒者，贫困和犯罪也就会伴随而来，吸毒者家里纵有家财万贯，也会伴随着毒品灰飞烟灭、债台高筑，随后为了寻求毒资以支撑吸毒，可能就会去偷盗、诈骗、卖淫等。

（二）妻离子散、家破人亡

吸毒成瘾后，生活中追求的唯一目标就是想方设法搞到毒品，长期吸毒的成瘾者会发展到对其他事情都漠不关心、甚至六亲不认，家庭责任感丧失、人格扭曲，变得自私、烦躁易怒，淡漠了对配偶的关心、对家庭的责任和对子女的教育，无法尽到作为丈夫、妻子、父母、子女的责任，最终导致家庭破裂、解体。

（三）贻害后代

吸毒者的后代，绝大多数生活在支离破碎的家庭，生长在这种家庭中的孩子缺少家庭关爱，有的经常受到虐待。生活在吸毒者家庭的孩子常常伴有不健康的心理，有的甚至是近乎疯狂的变态心理，行为也往往具有攻击性和反抗性，这样的孩子容易走上违法犯罪的道路。家庭成员如有吸毒贩毒的，也容易让未成年子女走上吸毒的道路。

滥用毒品还会严重损害妊娠妇女、胎儿以及新生儿的健康。孕妇在吸毒 1 小时后，即可在胎儿体内测出毒品的存在。进入胎儿体内的海洛因由于脂溶性的特点，大部分会进入神经系统而储存在脑组织中，所以，海洛因成瘾的孕妇，其胎儿也间接地滥用毒品，成为被动的海洛因成瘾者。吸毒成瘾的孕妇怀孕，容易导致胎儿发育迟缓，并且在孕期容易早产；娩出的新生儿除会发生畸形外，在围生期还有着较高的死亡率和病死率。海洛因成瘾的哺乳期妇女，其乳汁中有海洛因排出，长期吸吮母体乳汁的婴儿也可被动成瘾。

任务二 吸毒对社会的危害

教学情境

郑波故意杀人案[1]

被告人郑波，男，汉族，1981年7月12日出生，无业。

被告人郑波系吸毒人员。2019年10月4日，郑波在家中吸食了甲基苯丙胺（冰毒）。次日1时许，郑波无端怀疑妻子陈某有外遇，与其妻发生争执。4时许，郑波来到父母卧室称其欲离婚，遭到其母范某某（被害人，殁年66岁）责骂，即持随身携带的仿制军刀捅刺范某某的头面部、颈部等处数刀，后又持刀捅刺瘫痪在床的其父郑某某（被害人，殁年76岁）颈部等处数刀。陈某劝阻郑波，郑持刀威胁陈下跪。后郑波见范某某未死，遂脚踢范某某头部，并再次捅刺范某某、郑某某数刀，致二人死亡。

工作任务

毒品的滥用对社会秩序带来了巨大的冲击，本部分的任务：

1. 熟悉滥用毒品对经济秩序的破坏。
2. 熟悉滥用毒品对社会治安秩序的破坏。
3. 了解滥用毒品对社会文明的破坏。

一、破坏经济秩序

1. 对社会经济造成巨大损失，吞噬巨大的社会财富。毒品吞噬社会财富，造成社会财富的巨大损失和浪费，主要体现在吸毒者毒资的巨大消耗、国家为治疗成瘾者的费用、缉毒的费用以及禁毒宣传等的费用。

根据联合国麻醉品管制局《2013年年度报告》，全世界每年报告六个药物滥用者中有一人需要接受治疗，共约450万人，全球范围内每年费用大约350亿美元。在我国，年消耗毒资高达2000亿人民币，在很大程度上冲击了国家财政，破坏了生产力和劳动力。我国在挽救、治疗吸毒者，开展禁毒教育和科研，加大缉毒力度等方面也都投入了大量的人力、物力和财力。

2. 吸毒人员健康受损，造成人力资源的损失，危害人类社会的可持续发展。人是社会可持续发展中重要的生产力，而吸毒者多数是青壮年，正是为社会做贡献的时期，

---

〔1〕 最高人民法院："2022年十大毒品（涉毒）犯罪典型案例"，载网址：https://www.court.gov.cn/zixun/xiangqing/310731.html，最后访问日期：2023年6月22日。

而吸毒却让他们失去了劳动力及创造财富的能力。

吸毒导致的人力资源的损失主要是两方面：一是吸毒导致的中毒、引发的并发症、自杀等带来的高死亡率，直接导致人力的消失。吸毒者的平均寿命较一般人群短 10 年 ~ 15 年，《2019 年世界毒品问题报告》显示，全球每年约有 2.7 亿人吸毒，近 3500 万人成瘾，近 60 万人直接死于毒品滥用。二是吸毒损害人体健康，危害人体重要的组织器官，干扰并破坏人体正常的新陈代谢，导致体力智力明显下降、免疫力降低、精神颓废，感染肝炎、艾滋病、性病等严重的传染性疾病。总之，从长远来看，吸毒会影响到整个民族的素质，威胁人类的生存和可持续发展。

二、破坏社会秩序（违法犯罪）

1. 诱发违法犯罪，危害治安秩序。毒品和违法犯罪似乎是一对孪生兄弟，违法犯罪者中涉毒的比例较高。毒品诱发违法犯罪的主要表现有几个方面：一是诱发财产型犯罪，吸毒者为了支付昂贵的毒品费用，常常会实施盗窃、抢劫、诈骗等财产型犯罪；二是诱发毒品犯罪，“以贩养吸”，有些吸毒者希望通过发展新的吸毒者并贩卖毒品给他们从而赚取毒资，所以常常会引诱、教唆、欺骗他人吸毒；三是“以淫养吸”，有些女性吸毒者，在丧失劳动能力又没有经济支持的时候，在强烈的毒品渴求下，她们可能就通过出卖肉体来赚取毒资；四是引发暴力犯罪，毒品具有中枢神经兴奋、抑制或者致幻作用，会使吸毒者出现兴奋、狂躁、抑郁，甚至被害妄想、幻视幻听等症状，进而导致其自伤自残或实施暴力犯罪，如近年来屡见不鲜的“毒驾”案件、因吸毒引发的故意伤害、故意杀人案件等。

2. 毒品与黑社会组织犯罪、恐怖组织犯罪密切相关，威胁国家安全。毒品犯罪与黑社会、恐怖组织有密切联系，他们相互勾结，从事绑架、暗杀、爆炸等暴力恐怖活动，甚至建立武装力量与国家对抗，严重危害国家安全和社会稳定，成为国际社会高度关注的热点问题。毒品犯罪是许多民族分裂组织、恐怖组织筹措资金的主要途径，毒品贸易成为极端宗教主义、分离主义、恐怖活动的“钱袋子”。另外，贩毒集团之间为了争夺消费市场、组织毒品货源，常常以暴力为后盾，引发“枪毒同源”的案件，或者以暴力手段对付内部违规者、执法人员。

三、毒品滥用对社会文明发展的破坏

近年来，新型毒品的滥用趋势越来越严重，吸食新型毒品的人数逐年呈上升趋势。近年来，在西方流行文化的冲击下，体验快感和愉悦身体已经成为年轻人时尚生活的潮流，而新型毒品的出现加速了这一潮流的涌动。滥用新型毒品后产生的群体性疯狂和性滥交行为是一种突破人性底线的身体互动游戏，也是毁灭人类文明底线的堕落游戏。

新型毒品的使用行为具有疯狂的娱乐性，它用性快感来冲击人性的底线。近年来，在娱乐场所“溜冰”“索K”等形成一种有害但极富有诱惑的毒品亚文化，甚至成为一种所谓的时尚。新型毒品亚文化迎合了青少年崇尚个性张扬、叛逆家庭与社会、追求人生享乐的心理。近年来，尤其是当演艺界人士、名人吸毒事件被曝光后，给整个社会文化带来广泛而严重的负面影响。

总之，新型毒品的疯狂娱乐性、对人性底线的毁灭性、对价值理性的冲击性，正在破坏人类文明的基础。这种破坏将在潜移默化中腐蚀人类的信仰和理想，摧毁文明社会的理性基础。

实训项目

实训情境：

（现在吸毒的人）都是新潮的现代一族的人、赶时髦的人，这些人也是好奇心强的人，多数是这样。像安安分分、稳稳当当的人，本身性格上就不追求刺激，这些人也不会玩新型毒品。……我觉得合成毒品绝对比海洛因厉害多了，接触海洛因的多数是社会底层的人，但是合成毒品就不是了，涉及的人越来越多，像文艺圈里面的好多人都是最早接触到合成毒品的。像青少年、未成年人，接触合成毒品的这些孩子太多了。还有就是社会的中上层、上层，也接触这个。

实训任务：

请思考分析，相比海洛因等传统毒品，合成毒品的危害有什么新特点？

第二单元

毒品形势与治理

项目四　毒品问题及禁毒形势

任务一　全球毒品形势概览

教学情境

2012 年 3 月 16 日，联合国麻醉品委员会（UNCND）通过第 55/1 号决议，正式在国际上引入“新精神活性物质”一词，随后联合国毒品和犯罪办公室（UNODC）将其定义为“不受《1961 年麻醉品单一公约》或《1971 年精神药物公约》管制，以纯药物或制剂形式滥用，但可能对公众健康构成威胁的物质”。同时特别强调，“新”一词不一定指新的发现，而是指新近可以在市场上获得的物质。它们是不法分子为了逃避打击，对管制毒品进行化学结构修饰而得到的毒品类似物，具有与管制毒品相似的作用，或给人带来更强烈的兴奋、镇静、致幻、麻醉的效果。

世界各国向联合国毒品和犯罪办公室累计报告的新精神活性物质数量从 2012 年年中的 251 种增至 2019 年年底的 950 种，而《1961 年麻醉品单一公约》《1971 年精神药物公约》列管的物质从 2012 年的 234 种增加至 2019 年的 282 种，列管的缺口巨大，“第三代毒品”来势汹汹。

工作任务

20 世纪初以来，毒品问题作为全球性问题已经引起了国际社会的高度关注，1909 年上海“万国禁烟会”的召开更是启动了全球禁毒合作。然而，国际社会经过一个多世纪的努力，毒品问题不但未能得到有效遏制，反而愈演愈烈，日趋严峻，并对国家安全、地区稳定、世界和平与发展构成重大挑战。接下来我们的任务包括：

1. 了解全球毒品滥用的情况；
2. 了解全球毒品的主要“生产”基地；

3. 了解全球的毒品犯罪情况。

一、全球毒品滥用情况

（一）吸毒者人数持续增多，引起一系列的公共卫生问题

在全球范围内，吸毒人数、数量持续增多，这不仅对个人身心健康和家庭幸福构成威胁，而且已经成为严重的公共卫生、公共安全问题。根据联合国毒品和犯罪问题办公室（UNODC）发布的统计数据显示，吸毒者的数量从 2006 年的 2.08 亿增至 2016 年的 2.75 亿，以年均 600 万人的速度在增加。不断增加的需求，加之越来越多元的供应，令吸毒问题从小众行为变成大众行为，在全球 15 岁到 64 岁人口中，过去一年曾经吸食过毒品的人数逐渐攀升，2016 年吸毒者占全球人口的比例已经高达 5.6%。《2021 年世界毒品问题报告》显示，全球约有 2.75 亿人使用毒品。

一方面，吸食毒品正在对吸食毒品者构成健康甚至生命的威胁。加之世界各国政府多把禁毒工作重心放在了打击毒品供应方面，而在减少毒品需求即给吸毒成瘾者提供治疗方面的投入明显不足，导致了一系列的因吸毒而引起的公共卫生问题，主要是因吸毒感染疾病及因吸毒导致死亡。

根据联合国毒品和犯罪问题办公室发布的《2018 年世界毒品问题报告》显示，全球 1063 万人通过注射滥用毒品，其中 126 万人因注射毒品感染了艾滋病，其比例高达 11.8%。另有 610 万人感染丙型肝炎病毒，550 万人既感染丙型肝炎病毒又感染艾滋病毒。《2020 年世界毒品问题报告》显示，在 1100 万注射毒品的人中，有一半人患有丙型肝炎，140 万人感染艾滋病毒。

另一方面，全球因吸毒而导致死亡的人数一直居高不下。据世界卫生组织报告，2015 年大约有 45 万人因吸毒死亡，其中主要因过量吸毒致死的人数就高达 167 750 例，因吸食鸦片毒品致死人数占比 76%。而这一数字在 2000 年仅为 105 000 例。另，根据全球疾病负担研究（The Global Burden of Disease Study）的调查数据，2017 年鸦片类成瘾者增长数量史无前例，新增 400 万例，死亡人数达 11 万例，仅次于丙型肝炎引起的肝硬化和其他慢性肝炎（175 000 例）以及丙型肝炎引起的肝癌（127 000 例），成为位列第三的死亡原因。而且特别值得关注的是，因吸毒致死的人的平均年龄为 37 岁，其峰值是 30 岁到 34 岁，而丙肝作为最主要的杀手，其患者死亡年龄是在 55 岁到 59 岁之间。[1]

毒品需求的大幅增加使吸毒人数激增，而现有的医疗卫生设施和条件又无法满足成瘾者治疗的需求，必然带来诸多公共卫生防控的漏洞，公共卫生安全必然面临诸多

〔1〕 张勇安主编《国际禁毒研究报告（2019 年）》，社会科学文献出版社 2019 年版，第 69 页。

的不确定性。

（二）滥用毒品种类情况

一般来说，吸毒者对毒品的选择有一定的偏好，每个地区吸食哪类毒品是有选择的。比如，在传统上，美洲国家的吸毒者更加喜欢吸食可卡因、大麻，欧洲国家的吸毒者更加追求时髦，各类新出现的毒品更受欢迎，亚洲国家的吸毒者则更倾向于使用鸦片类的毒品。不过，现在这种选择偏好已经逐渐被打破，好奇心使得吸毒者吸食的毒品种类呈现多样化，并日趋同质化，鸦片类毒品也不再是亚洲毒品，欧洲、美洲、大洋洲等地区的形势同样非常严重。下面是几个主要毒品种类的吸食情况：

1. 大麻。根据联合国全球毒品消费地理信息系统（GIS）的观测数据显示，大麻仍然是全球吸食量最多的毒品种类，而且这一数字逐年攀升，2006 年到 2016 年十年间增加了 16%，2016 年一年里有 1.92 亿人至少使用过一次大麻，几乎所有的大洲都有大麻的身影，世界上几乎每个国家都有生产大麻。在我国，近几年大麻的吸食者数量也有增加的趋势。

2. 阿片类毒品。阿片类毒品是指从罂粟植株中提取出来的精神活性物质，包括鸦片、吗啡、海洛因、可待因等。根据《2019 年世界毒品问题报告》，全球有大约 5300 万人使用过阿片类药物。阿片类毒品主要出自三个地区：阿富汗、东南亚（主要是缅甸）和拉丁美洲（主要是墨西哥和哥伦比亚），阿富汗是世界上最大的鸦片和海洛因生产国及出口国，同时也是一个主要消费国。海洛因的主要消费国（地区）主要包括欧洲、俄罗斯、东亚和东南亚、印度、中国、美国及加拿大等。

3. 安非他明类合成毒品。安非他明类毒品包括安非他明兴奋剂（主要是苯丙胺、甲基苯丙胺、甲卡西酮等）和致幻剂类物质（主要是 MDMA 和类似物，俗称“摇头丸”）。安非他明物质在第二次世界大战期间，被士兵们大量使用，并且广泛流入市场。近年来它因原料易于获取、制作工艺和设备简单、自然环境要求不高、易于携带、价格便宜而迅速增长，受到全球各阶层青年的青睐。如果说其地区分布范围和密集程度有所差别的话，则是亚洲地区远高于其他的地区。美国是北美地区最大的冰毒消费市场，欧洲是全球最大的摇头丸消费市场，东亚和东南亚的冰毒使用量近年来持续上升，在东亚和东南亚的许多国家，冰毒已经是吸食数量最大的毒品。在全球的查获毒品中，近些年安非他明类新型毒品的增长数量是非常惊人的，根据联合国毒品和犯罪问题办公室发布的《2020 年世界毒品问题报告》，2009～2018 年苯丙胺的缉获量增加了四倍。在我国也显示出类似的趋势，登记在册的吸毒人员中吸食冰毒等新型毒品的比例已经超过了海洛因等传统毒品。

4. 可卡因。可卡因吸食者的全球分布不再集中于美洲地区，欧亚地区的吸食人数、贩运数量也越来越多，而且越来越多的可卡因正在通过海上通道走私到亚洲地区。《2018 年世界毒品问题报告》的数据就显示，2016 年可卡因的产量达到历史新高，年产量1410吨，其中哥伦比亚最多，达866吨。可卡因缉获量增长幅度最大的是亚洲和非洲，反映了可卡因贩运和消费正在向新兴市场蔓延，虽然起始水平远低于北美洲，但亚洲缉获可卡因的数量在2015年到2016年间增加了三倍，南亚地区增加了十倍。

（三）新精神活性物质成为全球新威胁

新精神活性物质（New Psychoactive Substance，NPS）又称“策划药”或“实验室药品”，已经成为一种新的全球威胁。2009年到2019年，全球合计报告的新精神活性物质数量已经多达950种，超过120个国家报告存在新精神活性物质。根据联合国毒品和犯罪问题办公室发布的《2020年全球合成毒品评估报告》显示，近年来非法药物市场出现了1000多种新的精神活性物质。

新精神活性物质是继传统毒品、新型合成毒品之后，21世纪以来流行全球的“第三代毒品”。近年来，新精神活性物质已经有越来越多的拥趸，尤其在年轻人中间非常流行。在欧洲和北美的夜店、酒吧里，这些新兴的毒品大有取代传统毒品的趋势，它们会产生和传统毒品相同的快感，同时种类非常多，因此受到了吸毒者的广泛欢迎，越来越多的毒贩和卖家也将他们的经营重点放到了新精神活性物质上面。

在这些不断增多的新精神活性物质当中，芬太尼近年来尤其受到关注。实际上，它是一种被批准作为止痛药和麻醉剂合法使用的药物，其效力约是海洛因的50倍、吗啡的100倍。20世纪70年代，芬太尼作为静脉麻醉剂用于临床；20世纪90年代初，芬太尼被批准用于治疗重度疼痛，通常是用于晚期癌症患者，并且从那时起，芬太尼成了常见的处方止痛药。因为芬太尼的药效更强而价格又相对低廉，这使得芬太尼的非法滥用越来越普遍，还被吸毒者有意无意地与海洛因或可卡因混合使用。

与传统毒品相较，新精神活性物质具有更新换代更快、法律地位模糊、规避毒理学测试、迅速适应法律限制的能力强、全球互联网营销模式新以及公众认知普遍存在误区等特性，致使他们的制贩滥用成为全球新威胁。每年滥用或过量使用该物质死亡的人员数以万计。部分国家已经将此宣布为严重的公共卫生事件，对全球公共卫生地区和国家安全、稳定、公众健康构成越来越大的挑战，受到国际社会的高度关注，成为全球面临的新挑战。

二、毒品犯罪概览

（一）毒品生产、供应情况

当今世界毒品的主要“生产”基地有三个：“金三角”地区、“金新月”地区以及“银三角”地区：

1. “金三角”地区。“金三角”地区包括缅甸、泰国、老挝三国的边境地区，面积大约为20万平方公里，主要种植的是罂粟。第二次世界大战以来，它一度成为世界上最大的毒品生产基地，现在是当今世界第二大的毒品生产基地。20世纪50年代形成了第一个毒品生产高潮，接着出现60年代的“黄金时代”，产量从数十吨上升到200吨左右，到80年代初，产量已达700吨左右，1988年增至1200吨，1989年翻一番，产量达2400吨，1991年已突破3000吨大关。金三角地区贩运的海洛因数量曾一度占世界总量的60%～70%。在20世纪90年代，国际社会在“金三角”地区实施替代种植政策，使得“金三角”地区毒品种植面积持续下降，鸦片产量也在逐年降低。

缅甸是“金三角”地区罂粟种植面积最大、产量最多的国家。联合国毒品和犯罪问题办公室2014年12月8日发布的《2014年东南亚罂粟调查报告》显示，2014年东南亚两大罂粟生产国缅甸和老挝的罂粟种植面积达到63 800公顷，自2006年以来连续八年呈现扩大趋势。但因近年来缅甸国内出现政局不稳，政府军与该国民族地方武装冲突频繁发生，加之受疫情影响，使缅甸国内经济大幅下滑，毒品成为民族地方武装的主要经济来源。缅甸仍然是仅次于阿富汗的全球第二大罂粟生产国，整个“金三角”地区的罂粟生产量已经占到全球罂粟总产量的22%。

近年来，“金三角”地区的罂粟种植面积有所下降，但是冰毒等新型毒品正逐渐成为“金三角”地区的主要毒品种类，这也对中国的毒品形势带来了巨大的冲击和挑战。根据联合国毒品和犯罪问题办公室发布的《2021年世界毒品问题报告》，“金三角”地区种植面积由大到小依次为缅甸、老挝、泰国。近年来，缅甸非法种植罂粟面积持续减少，2020年非法种植罂粟面积仅达到29万公顷，比2019年下降了11%，老挝、泰国非法种植罂粟面积也有所下降。单就2020年来看，缅甸、老挝、泰国分别缴获冰毒晶体17 363公斤、5564公斤、25 072公斤，另还分别缴获甲基苯丙胺片剂32亿片、1860万片、36亿片。

根据《2020年中国毒品情形势报告》，“金三角”地区传统毒品和合成毒品全面渗透我国。2020年，中国缴获来自“金三角”地区的海洛因、鸦片6.3吨，占全国总量的96.2%，冰毒、氯胺酮18.8吨，占全国总量的83.1%。该地区毒品产能巨大、供应充足，是中国毒品的主要来源地。

2. “金新月”地区。“金新月”地区主要包括阿富汗、巴基斯坦、伊朗三国交界地带，因地形近似新月，又因盛产利润极高的毒品鸦片，故被称为“金新月”。该地区是目前世界上最大的毒品产地，其中阿富汗是全球最大的鸦片生产国和输出国。该地区气候干燥，人口稀少，交通不便，主要居住着以尚武和彪悍著称的帕坦族。长期以来，他们保持着传统的民族风格与个性，比较自由地来往于三国边界地带。阿富汗、巴基斯坦和伊朗三国政府均未对其进行有效的行政管理，为了生存，当地居民大量种植罂粟，使该地区发展成为世界上最主要的鸦片产地。

由于独特的地理位置，“金新月”地区生产的毒品很容易被运输到欧洲，因此，该地区的毒品在欧洲占有率一度达到90%以上。另外就是这里出产的海洛因纯度很高，几乎可以达到80%以上。据统计，美国国内消费的海洛因约60%来自“金新月”地区，欧洲毒品交易市场的海洛因则有80%来自“金新月”地区。

3. “银三角”地区。“银三角”地区是指拉丁美洲毒品产量集中的哥伦比亚、秘鲁和玻利维亚所在的安第斯山和亚马逊地区。这一带总面积在20万平方公里以上，由于盛产可卡因、大麻等毒品而闻名，人们称之为“银三角”。

哥伦比亚是世界上最大的大麻产地，年产量在7500到9000吨。同时，哥伦比亚又是一个古柯叶生产基地，这里生产的大麻和古柯叶提炼的可卡因主要是走私贩运到美国。秘鲁是世界上最大的可卡因生产基地，古柯叶植面积达8万公顷以上，年产古柯叶6万吨左右。玻利维亚年产古柯叶5万吨左右，居世界第二位。据玻利维亚官方统计，在全国600万人口中，从事古柯叶种植加工的农民约有50万，从事古柯叶贩运和贸易的也不少于10万，每年外销古柯叶的收入一般在10亿美元左右。

一直以来，哥伦比亚、秘鲁和玻利维亚政府坚持扫毒，努力打击毒品犯罪活动，重点是摧毁古柯作物，铲除毒品来源。但是，这三国毒品生产和贩毒活动由来已久，随着古柯种植技术和可卡因生产技术的提高、贩毒集团跨国化程度的加强，以及贩毒中转站国家的日益增多，这些国家的扫毒任务仍然任重道远。

（二）毒品贩运问题

1. 传统路线。“金三角”地区生产的毒品主要是通过东南亚的重要港口，分别运往日本、马来西亚、澳大利亚等地，其中要转口的部分则从曼谷、科伦坡、新加坡、中国香港、新德里等走私到欧美的一些国家。通过中国云南边境小镇、山区偷运至云南省境内，或者由曼谷经过海路至新加坡、中国香港等地再转往我国广东以及东南沿海地区等。

“金新月”地区对外贩毒主要是阿富汗贩毒路线，包括：从阿富汗过境中亚转运至俄罗斯和欧洲其他地区；从阿富汗到伊朗，经土耳其和巴尔干半岛到达西欧（即所谓的“巴尔干通道”）；从阿富汗到巴基斯坦中转，再从巴基斯坦运往非洲、北美、东南亚、南亚和中国等。

“银三角”地区生产的大麻、可卡因等毒品经过墨西哥和加勒比尔诸国的中转，进入美国市场，经过西班牙等地中转销往欧洲等。

另外，美国国家药品管制政策办公室于2020年发布的《国家药品管制战略》表明，墨西哥是美国海洛因和甲基苯丙胺的主要来源国，是中国生产的合成类阿片和南美生产的可卡因运往美国的主要过境国，近期也成了芬太尼的主要来源地。根据检测统计，美国查获和检测的海洛因当中约有91%来自墨西哥。

2. “暗网”：新的毒品贩运模式与交易平台。自互联网建立之初，在线买卖非法毒品就相伴而生。互联网的出现引起了非法毒品市场的快速变化，提供了高效的全球市场和销售渠道。传统的执法策略和治安技术促进了“暗网”（dark web/net）上毒品交易平台在技术（特别是加密技术）领域的不断创新，毒品交易和贩运日益“去中心化”。技术上的优势和创新，让非法毒品交易变得更为安全，交易规模迅速增长。欧洲当局估计，2011 年 11 月 22 日至 2015 年 2 月 16 日期间，“暗网”上的毒品销售额每年大约有 4400 万美元。另有一项研究估计，2016 年初，“暗网”上的毒品销售额为每月 1400 万到 2500 万美元，相当于每年 1.7 亿到 3 亿美元。[1]

“暗网”上的非法毒品交易市场的兴起，对执法构成了独特的挑战。正如国际刑警组织在 2014 年 9 月对网络犯罪组织的评估中所概述的那样，地下市场买卖双方的关系是纯粹的交易关系。与传统犯罪中通常有犯罪现场不同，网络空间中的犯罪不需要与犯罪现场亲密接触，他们甚至从未到过毒品生产国，就可以进行跨国活动，隐藏身份，用最小的努力和风险进行犯罪。面对新的威胁，国际社会包括美国政府采取了一系列的严厉管控和打击措施，然而效果“尚不明朗”。欧洲毒品和毒瘾监测中心（EMCDDA）与欧洲刑警组织的研究表明，2011 年到 2017 年，全球共有 103 家“暗网”交易平台，其平均活跃期为八个月，这些交易平台销售清单显示，62% 的产品是毒品或药物相关的物质，而其中非法毒品占 77%。

全球毒品调查（Global Drug Survey）的调查数据也发现，通过“暗网”购买毒品的人员比例已经从 2014 年的 4.7% 增至 2017 年的 9.3%。2017 年 7 月，多国警察部队合作取缔了“暗网”上两家最大的毒品交易平台 AlbhaBay 和 Hansa，这两个平台，加上“俄罗斯匿名市场（RAMP）”，三个平台的交易量占了整个“暗网”交易总量的 87%。[2]

更为简便的毒品制作方法、无处不在的先进的通信和互联网技术、全新的更为复杂的贩运模式，让毒品犯罪分子能够通过将毒品生产者、贩毒者、毒品本身和毒资相分离的方式，实现风险最小化、信息化和去中心化，让毒品生产制造和交易变得更加难以追溯和查缉，加速了毒品犯罪的全球流动，任何区域和国家都可能成为新的毒源地。涉毒犯罪的信息化与去中心化，要求国际社会必须更加注重运用新技术、新方法推进毒品问题的治理。

（三）毒品犯罪恐怖主义化

“毒品战”和“反恐战争”过去往往相互割裂开来，各自行动。1982 年，秘鲁前总统费尔南多·贝兰德·特里在描述恐怖分子袭击其国家的缉毒警察时发明了“麻醉品恐怖主义”一词，意指毒贩企图通过暴力和恐吓影响政府或者社会政策，并通过系统性威胁或使用暴力来阻碍禁毒执法。此后，该术语被越来越多地用于指称通过从事毒品种植、生产、制造以及参与贩运毒品活动来获利，进而资助其招募新兵扩充力量、购置武器装备、从事非法暴力活动的恐怖组织。

2011 年“9·11”恐怖袭击事件发生后，国际社会慢慢意识到，麻醉品恐怖主义不只局限于拉美地区，而正在向西非、中亚、东南亚、中东地区，特别是向“金新

---

〔1〕 张勇安主编：《国际禁毒研究报告（2019）》，社会科学文献出版社 2019 年版，第 10～11 页。
〔2〕 张勇安主编：《国际禁毒研究报告（2019）》，社会科学文献出版社 2019 年版，第 10～11 页。

月”地区扩散。有研究者指出，“塔利班”“基地组织”，甚至近年来的“伊斯兰国”等恐怖组织都不同程度地卷入了毒品犯罪活动。2003 年美国缉毒署报告称，美国指定为外国恐怖组织的 36 个组织中，有 14 个（占 39%）在“某种程度上”涉及非法毒品活动。

就我国而言，“枪毒合流”涉毒案件日渐增多，严重影响了社会安全稳定和人民安康幸福。2011 年 10 月 5 号，“华平号”和“玉兴八号”两艘中国货船在湄公河“金三角”地区水域遭到武装人员劫持，13 名中国籍船员被残忍杀害并抛尸水中，该案正是特大武装贩毒集团“糯康集团”所为。国家禁毒委员会办公室发布的《2016 年中国禁毒报告》显示，2016 年，全国破获涉枪贩毒案件 446 起，涉及全国 29 个省区市，广东、四川、贵州、云南涉枪贩毒活动高发。

任务二　我国的禁毒形势

教学情境

2020 年，中国禁毒部门认真贯彻习近平总书记关于禁毒工作重要指示精神和党中央、国务院决策部署，统筹推进疫情防控和毒品治理，持续开展“净边”“平安关爱”等专项行动，全面推进重点整治、示范创建和禁毒扶贫工作，推动禁毒工作取得明显成效。国内涉毒违法犯罪得到遏制，毒情形势呈现持续向好态势，并进一步巩固拓展，呈现出现有吸毒人数减少、规模化制毒活动减少、制毒物品流失减少、外流贩毒人数减少等“四个减少”的积极变化。但受国际毒情和新冠疫情影响，中国毒情形势出现一些新特点新变化，禁毒工作面临新的风险挑战。

工作任务

在习近平总书记关于禁毒工作重要指示精神下，我国的毒情形势呈现持续向好态势，但受国际毒情影响，禁毒工作仍然面临新的风险挑战，本部分的工作任务包括：

1. 熟知我国滥用毒品情况；
2. 了解我国毒品的来源情况；
3. 掌握我国的毒品犯罪形势。

一、毒品滥用情况

（一）毒品滥用人员情况

1. 吸毒人员数量平稳上升，总量增速放缓。从 2000 年至 2020 年的 20 年间，中国的吸毒人员总数总体呈上升趋势。但最近，经过多年持续开展青少年毒品预防教育和吸毒人员排查、吸毒人员集中收戒收治等工作，推进吸毒人员“平安关爱”行动，中国毒品滥用治理工作成效明显，每年新增吸毒人员增幅减缓，根据国家禁毒委员会办公室2023年6月发布的《2022年中国毒情形势报告》，现有吸毒人员连续5年下降，戒断三年未发现复吸人数连续10年上升。

截至2021年底，全国现有吸毒人员148.6万名，同比下降17.5%，连续第三年减少；戒断三年未发现复吸人数340.3万名，同比上升13.4%。新发现吸毒人员12.1万名，下降21.7%。截至2022年底，现有吸毒人员112.4万名，同比下降24.4%，占全国人口总数的0.8‰；戒断三年未发现复吸人员379万名，同比上升11.4%；新发现吸毒人员7.1万名，同比下降41.7%。现有吸毒人数和新发现吸毒人数连续5年下降。

表3－1　2010年～2022年全国登记在册吸毒人数[1]

年份	登记吸毒人员（万名）	新发现登记吸毒人员（万名）
2010年	154.5	21.4
2011年	179.4	23.5
2012年	209.8	30.5
2013年	247.5	36.5
2014年	295.5	48
2015年	234.5	53.1
2016年	250.5	44.5
2017年	255.3	34
2018年	240.4	25.3
2019年	214.8	22.3
2020年	180.1	15.5
2021年	148.6	12.1
2022年	112.4	7.1

注：自2015年起，我国官方公布的吸毒人员统计数据的口径由原来的登记在册吸毒人员总数（即查获总人数）调整为现有吸毒人员总数（即不含3年内未发现复吸的人数、死亡人数和离境人数）。

2. 吸毒人员以青少年为主，低龄化。根据国家禁毒委员会办公室公布的数据，吸毒人群中过半数系35岁以下的青少年。如截至2016年底，全国现有250.5万名吸毒人员中，不满18岁的2.2万名，占0.9%；18岁到35岁的146.4万名，占58.4%；36岁到59岁的100.3万名，占40%；60岁以上的1.6万名，占0.7%。滥用人群低龄化趋势明显。

---

〔1〕 数据来源：国家禁毒委员会办公室历年发布的《禁毒报告》《毒品形势报告》。

自2016年起，青少年吸毒人数出现下降，全国新发现的35岁以下吸毒人员占新发现吸毒人员总数比例同比下降2.6%，新发现的35岁以下吸毒人员总数同比下降19%，查获35岁以下青少年吸毒人数同比下降4.1%，青少年毒品预防教育成效初显。

3. 吸毒人群多元化。吸毒人员主要是社会闲散人员、无业人员、娱乐服务业人员等，并逐渐扩散到公司企业老板、白领、演艺人员、农民、学生、公务员、军人等，呈现出多元化的特点。

（二）滥用毒品种类

随着国际毒潮的持续泛滥和国内多种因素的影响，我国毒品滥用种类呈现“三代”毒品交织的复杂情形，以海洛因为主的传统毒品基数大、根绝难，以冰毒为首的合成毒品猖獗，新精神活性物质问题开始凸显。

1. 以海洛因为主的传统毒品“尾大不掉”。鉴于：第一，在各级党委、政府、各禁毒职能部门以及社会各界的长期大力宣传下，海洛因等传统毒品的危害已为广大群众所了解，消费群体进一步萎缩，新增群体增长率低于合成毒品；第二，传统毒品以相应的原植物为生产基础，而我国对毒品原植物的种植与加工都有严格限制，非法种植行为受到了严厉打击；第三，制造传统毒品所需要的易制毒化学品受到了越来越严格的管制，流入非法渠道越发困难，在一定程度上遏制了传统毒品的制造；第四，各禁毒职能部门不断加强对毒品犯罪的打击力度，强化完善相互间的协作，在全国范围内形成对毒品的高压态势。在这种情况之下，海洛因等传统毒品蔓延势头得到了一定程度的遏制，全国滥用海洛因人员占在册吸毒人员总数的比例逐年下降，传统毒品问题日益缓和。截至2020年底，滥用阿片类毒品73.4万名，占现有吸毒人员总数的40.8%。截至2021年底，滥用海洛因的人数为55.6万名，同比下降19%，占现有吸毒人数总数的37.4%。

2. 以冰毒为首的合成毒品“风头正劲”。近年来，冰毒、摇头丸等苯丙胺类合成毒品在全球泛滥，其中亚洲、欧美等地区最为突出，亚欧周边国家和地区的苯丙胺类毒品消费市场不断扩张。受全球“毒潮”的影响，20世纪90年代中期以来，境外贩毒组织利用我国既是天然麻黄素生产地，又是化工大国的有利条件，与境内不法分子勾结，在我国境内疯狂生产冰毒。国内生产的冰毒大量走私出境，严重损害了我国声誉，1999年、2000年、2004年联合国麻管局年度报告均把中国列为冰毒来源国。

自2014年以来，中国国内吸食合成毒品的人数第一次超过了吸食传统毒品的人数。截至2020年底，滥用合成毒品的人数为103.1万名，占现有吸毒人员总数57.2%；截至2021年底，滥用冰毒的人数为79.3万名，占现有吸毒人员总数的53.4%；截至2022年底，滥用冰毒的人数为58.8万名、滥用氯胺酮人数为3.2万名，约占现有吸毒人员总数的55.2%。

3. 以合成大麻素等为代表的新精神活性物质“来势汹汹”。近年来，新精神活性物质（NPS）在全球迅速蔓延。由于吸食该类物质容易诱发极端暴力犯罪，滥用新精神活性物质的社会危害程度远高于海洛因、冰毒等毒品，新精神活性物质也因此成为各国政府关注的焦点。由于：第一，大多数新精神活性物质属于非列管物质，不具备毒品的法律属性；第二，新精神活性物质的合成工艺极为简便，只要将某种管制物品的分子结构稍作改动，就能够合成一种与原药品相似的新精神活性物质；第三，新精神活性物质滥用危害潜力更大，新精神物质不仅能够产生强烈的兴奋和（或）致幻作用，吸引毒品消费人群，同时还具备了较强的药物依赖性，吸食者极容易吸食过量从而导致自伤自残或暴力攻击他人等行为，诱发恶性暴力事件。另外，新精神活性物质的滥用人群也更为隐蔽。

根据《2020年中国毒情形势报告》，我国新精神活性物质滥用时有发现，花样不断翻新，包装形态不断变化，有的甚至伪装成食品饮料，出现“毒邮票”“毒糖果”“毒奶茶”，极具伪装性、隐蔽性、诱惑性。《2022年中国毒情形势报告》显示，受毒品供应大幅度降低影响，国内常见毒品价格居高不下，部分吸毒人员为缓解毒瘾，转而寻求其他麻精药品、新精神活性物质及未列管物质进行替代滥用。

表3-2　2010年~2022年滥用海洛因等阿片类、冰毒等合成毒品人员情况[1]

年份	滥用海洛因等阿片类毒品		滥用冰毒等合成毒品	
	人数（万名）	占比（%）	人数（万名）	占比（%）
2010年	106.5	69	43.2	27.9
2011年	115.6	64.5	58.7	32.7
2012年	127.2	59.3	79.8	38
2013年	135.8	54.9	108.4	43.8
2014年	145.8	49.3	145.9	49.4
2015年	98	41.8	134	57.1
2016年	95.5	38.1	151.5	60.5
2017年	97	38	153.8	60.2
2018年	88.9	37	135	56.1
2019年	80.7	37.5	118.6	55.2
2020年	73.4	40.8	103.1	57.2
2021年	滥用海洛因55.6	37.4	滥用冰毒79.3、氯胺酮3.7、大麻1.8	57.1

〔1〕国家禁毒委员会办公室历年发布的《禁毒报告》《中国毒品形势报告》《中国毒情形势报告》。

续表

年份	滥用海洛因等阿片类毒品		滥用冰毒等合成毒品	
	人数（万名）	占比（%）	人数（万名）	占比（%）
2022 年	滥用海洛因 41.6	37	滥用冰毒 58.8、氯胺酮 3.2	55.2

注：2021 年、2022 年《中国毒情形势报告》显示的滥用毒品种类的统计口径由原来的“阿片类毒品”“合成毒品”变为更加具体的“海洛因”“冰毒”“氯胺酮”“大麻”等。

（三）滥用场所

滥用场所更加隐蔽，利用网络平台在线吸毒增多。公安机关在 KTV、酒吧等公共娱乐场所查获吸毒人员数量越来越少，私人住宅、出租屋、机动车内等隐蔽场所逐渐成为查获吸毒人员的主要场所。越来越多的吸毒人员通过网络视频聊天聚众吸毒，涉案人数众多，发现查处难度大。

（四）毒品滥用引发公共安全风险

滥用毒品引发的自杀自残、劫持人质、戕害亲子、弑父杀母、集体淫乱、毒驾肇祸等事例频发，对公共安全造成了巨大的风险。2015 年，全国报告发生因滥用毒品导致的暴力攻击、自杀自残、毒驾肇事等极端案件、事件 336 起，查获涉案吸毒人员 349 名。

根据《2020 年中国毒情形势报告》，滥用毒品的社会危害有所减轻，但影响公共安全的风险依然存在。随着戒断三年未发现复吸人数和现有吸毒人数的“一升一降”，滥用毒品引发的毒驾、伤人等极端案件、事件和吸毒人员参与的“两抢一盗”案件大幅减少，但由于滥用合成毒品人员基数仍然较大，吸毒人员肇事肇祸影响公共安全的风险依然存在，预警防范难度大。一些大城市出现滥用“犀牛液”“零号胶囊”等色胺类物质的吸毒群体，多为 18 ~35 岁、学历较高且拥有稳定职业的人员，传播艾滋病风险极高。

二、毒品来源

毒品主要来自境外、绝大多数来自“金三角”地区，仍是现阶段中国毒情的主要特征。2020 年，全国缴获海洛因、冰毒、氯胺酮等主要毒品 26.3 吨，其中来源境外的 22.4 吨，占全部主要毒品的 84.9%。中国国内毒品制造呈现萎缩之势，制毒规模、产量和工厂窝点持续减少，在国内毒品消费市场所占份额明显下降。

（一）境外毒品渗透

从地理因素方面来看，我国处于世界主要毒源地和毒品生产加工国、地区的包围之中，西南地区接壤“金三角”毒源地，西北边境邻接“金新月”的毒品原产区，东北边境则毗邻朝鲜和俄罗斯合成毒品源产区。从毒品来源方面来看，我国毒品消费市场的海洛因、冰毒片剂主要来自“金三角”缅北地区，“金新月”海洛因、南美可卡因也占据了部分市场。

“金三角”地区传统毒品和合成毒品全面渗透。2020 年，中国缴获来自“金三角”地区的海洛因、鸦片 6.3 吨，占全国总量的 96.2%，冰毒、氯胺酮 18.8 吨，占全国总量的 83.1%。2021 年，缴获来自“金三角”地区海洛因 1.78 吨，占缴获总量的 98.8%；冰毒 13.4 吨，占缴获总量 89.3%。2022 年，缴获来自“金三角”地区海洛因 1.29 吨，占缴获总量的 98.8%；缴获冰毒 8.4 吨，占缴获总量的 92.1%。该地区毒品产能巨大、供应充足，是中国毒品的主要来源地。

“金新月”海洛因和南美可卡因渗透有所加剧。2020 年，中国缴获“金新月”海洛因 186 公斤、南美可卡因 582 公斤，同比分别上升 1.4 倍和 2.5 倍。“金新月”海洛因主要从广东走私入境，已形成分工明确、较为稳定的贩毒团伙网络。南美可卡因主要藏匿于远洋货轮集装箱中，中国东部沿海等地多次发生查获来自南美的可卡因案件。

北美大麻走私入境增多。2020 年，中国查获北美大麻走私入境案件 59 起、缴获大麻 16.9 公斤，同比分别上升 20.4% 和 1.6 倍。大麻主要来源于北美地区，国内买家利用境外通讯软件或暗网下单，国外卖家将大麻夹藏在国际邮包中，从东南沿海走私入境，涉及中国 17 个省份。

（二）国内毒品制造活动得到遏制

国内毒品制造主要集中在制造冰毒晶体、氯胺酮等上。国内制毒活动呈现由南向北、由东部沿海向内陆地区迅速蔓延的态势，呈现出团伙化、专业化的特征，其中团伙作案占此类案件的八成以上，犯罪活动的亲缘化特征明显，侦查人员很难打入团伙内部，给缉毒工作带来了很大的难度。

20 世纪 90 年代，国内不法分子开始加工制造合成毒品，特别是进入 21 世纪以来，受国际“毒潮”的影响，加工制造合成毒品在国内部分地区兴起，对广东陆丰博社村的重点整治仅仅揭开了国内制毒问题的一角。在受到国家严厉打击之前，晶体冰毒主要产自国内，主要产地为广东、四川，经过打击整治，广东、四川等地制毒蔓延势头得到一定程度的遏制，制毒活动不断向内陆其他地区转移。

早期制造氯胺酮活动多与制造冰毒、摇头丸交织在一起，氯胺酮常常被用做冰毒和摇头丸的掺杂剂出现。氯胺酮成瘾性弱、尿检难以认定、法律界定模糊，加上其药效温和、价格又相对低廉，市场需求不断扩大，地下非法制造氯胺酮的工厂纷纷批量生产、销售。据估算，国内氯胺酮年均生产规模约 40 吨。

近年来，在“除冰肃毒”和制毒物品管制等多重手段作用下，国内制毒活动总体保持萎缩态势，尤其是制毒规模锐减，但仍然存在反弹风险。2020 年，全国共破获制造毒品案件 294 起，与上年基本持平，捣毁制毒窝点 167 个、缴获冰毒和氯胺酮 1.1 吨，同比分别下降3.5%和54.8%，其中缴获百公斤以上毒品案件仅2起。2020年内，全国有27个省份发现制毒活动，总体呈现规模小型化、工艺简单化、分布零散化等特点，国内毒品产量和消费市场所占份额持续减少。

2021年，全年摧毁制毒窝点123个，缴毒1.2吨，同比分别下降26.4%和89%。规模化制毒活动得到遏制，缴获毒品公斤级以下的案件70起，占64.2%；10公斤以上案件6起，占2.2%；未发生50公斤以上制毒案件。少数省份制毒活动零星偶发，呈现出选址隐蔽、规模小型、分段加工、多点合成等特点。

2022年，全年共缴获毒品656千克，同比下降12.4%，制毒活动在部分省份零星散发，呈现出选址隐蔽、规模小型、分段加工、多点合成等"零、小、散"特点。

易制毒化学品流失得到遏制，但对其前体管控难度大。通过持续推进易制毒化学品清理整顿、深入开展"净边"专项行动，国内制毒物品流失问题得到有效整治，列管化学品流入非法渠道明显减少。2020年，全国共破获走私、非法买卖、运输及生产制造制毒物品案件307起，同比下降7.5%，缴获各类化学品2335吨。不法分子为逃避打击，分散购买非列管的易制毒化学品前体，在制毒环节再加工成所需的原料，导致非列管化学品流入制毒渠道的越来越多，监管、堵截、查处难度加大。针对这种情况，2020年中国将α-苯乙酰乙酸甲酯等6种化学品列入管制。

三、毒品犯罪形势

（一）毒品犯罪总体形势

1. 毒品犯罪活动高发多发，近十年禁毒工作成效显著，毒品违法犯罪活动有所下降。受国际毒潮持续泛滥和国内多种因素影响，我国处于毒品犯罪高发期和毒品治理攻坚期，禁毒斗争形势严峻复杂。党的十八大以来，全国公安禁毒部门认真贯彻习近平总书记关于禁毒工作重要指示精神和党中央决策部署，持续开展禁毒严打整治行动，创新完善毒品治理体系，大力整治突出毒品问题，推动禁毒工作取得显著成效。总体来看，在高压打击整治等多种因素作用下，全国毒情形势整体向好、持续改善。截至2022年，全国毒品违法犯罪活动下降至近十年来的最低点（详见表3-3），毒品供应、毒品消费和毒品滥用规模持续减少。但是，全球毒潮持续泛滥，毒品产量、吸毒人数持续增多，毒品走私贩运活动持续加剧，我国禁毒斗争形势仍然十分艰巨和复杂多变。

表3-3　2010年~2022年全国破获毒品犯罪案件及抓获犯罪嫌疑人情况[1]

年份	破获毒品犯罪案件数量（万起）	抓获毒品犯罪嫌疑人人数（万人）
2010年	8.9	10.1

〔1〕国家禁毒委员会办公室历年发布的《禁毒报告》《毒品形势报告》《毒情形势报告》。

续表

年份	破获毒品犯罪案件数量（万起）	抓获毒品犯罪嫌疑人人数（万人）
2011 年	10.17	11.24
2012 年	12.2	13.3
2013 年	15.09	16.83
2014 年	14.6	16.9
2015 年	16.5	19.4
2016 年	14	16.8
2017 年	14	16.9
2018 年	10.96	13.74
2019 年	8.3	11.3
2020 年	6.4	9.2
2021 年	5.4	7.7
2022 年	3.5	5.3

另根据最高人民法院的统计数据，毒品犯罪案件数量总体呈上升趋势。2012 年至 2016 年，全国法院一审审结毒品犯罪案件数、判决发生法律效力的毒品犯罪分子人数总体呈上升趋势，案件数从 2012 年的 76 280 件增至 2016 年的 117 561 件，增幅为 54.12%；犯罪分子人数从 2012 年的 81 030 人增至 2016 年的 115 949 人，增幅为 43.09%。其中，2015 年毒品犯罪案件结案数和生效判决人数达到历史最高点，分别为 139 024 件和 137 198 人，2016 年小幅回落。同时，毒品犯罪案件在全部刑事案件中的比例也从 2012 年的 7.73% 增至 2016 年的 10.54%。毒品犯罪成为增长最快的案件类型之一，其增长幅度是全部刑事案件总体增幅的 4.12 倍。[1]

根据《2022 年中国毒情形势报告》，2022 年全国共破获毒品犯罪案件 3.5 万起，抓获犯罪嫌疑人 5.3 万名，缴获各类毒品 21.9 吨，查处吸毒人员 19.7 万人次，同比分别下降 28.6%、24.3%、18.7% 和 39.7%。

2023 年 6 月 21 日，公安部在北京召开新闻发布会[2]，通报党的十八大以来，全国公安禁毒部门全面贯彻落实党中央关于禁毒工作决策部署，全力推进禁毒人民战争，扎实做好新时代禁毒工作所取得的新成效。发布会介绍，党的十八大以来，全国公安禁毒部门持续开展“百城禁毒会战”“两打两控”“净边”“清源断流”等专项行动，

〔1〕 数据来源：最高人民法院《人民法院禁毒工作白皮书》（2012—2017），2017 年 6 月 20 日发布。

〔2〕 “党的十八大以来禁毒工作取得显著成效 十年破获毒品犯罪案件 107 万起、缴获毒品 651.9 吨”，载中国禁毒网，网址：http://www.nncc626.com/2023－06/21/c_1212236688.htm，最后访问日期：2023 年 6 月 22 日。

有力遏制了境外毒品渗透，狠狠打击了贩毒团伙网络。2013 年至 2022 年，全国共破获毒品犯罪案件 107 万起，抓获毒品犯罪嫌疑人 128 万名，缴获毒品 651. 9 吨。全国破获毒品犯罪案件已从最高峰时期的 16 万余起，降至 2022 年的 3. 5 万起。

2. 毒品犯罪主体多元化。毒品犯罪呈现团伙化、职业化的特征。毒品犯罪团伙的发展壮大与毒品蔓延的态势基本一致，起初境外的贩毒势力与境内贩毒团伙相互依托，将毒品供应网络延伸至我国境内，由此形成了“内外勾结、逐级分销、遍布城乡、延伸海外”的供销网络。这一庞大供销网络多是以地缘、家族和血缘关系为纽带的职业贩毒团伙，内部组织严密，分工明确。一些长期从事跨境、跨区域大宗毒品贩运活动的团伙，已经完成了资金原始积累，开始由网络人员向职业化贩毒集团发展，这些贩毒集团组织化程度高，分工明确，专人负责货源、改装、运输、收取毒资和洗钱等活动。

为逃避风险，毒贩利用组织特殊人群（包括怀孕和哺乳期妇女、严重传染病患者、残疾人及未成年人等）进行贩运毒品的现象日益增多，还出现了外籍人员贩毒增多的情况。外籍人员贩毒问题涉及亚洲、欧洲、非洲、澳洲等多个国家和地区，抓获地集中在云南、广东等地，呈现出涉案人数多，缴毒量大的特点。西非裔涉毒犯罪嫌疑人中，以尼日利亚、加纳籍人员为主的涉毒人员已经在我国广州及周边形成了一个长期盘踞的贩毒团伙。

3. 犯罪手段多样化。

第一，犯罪手段智能化。贩毒犯罪分子常将现代化的生产、交通和通信设备用于制贩毒活动，制贩毒数量大增，反侦查能力大幅提高。在我国境内发生的大宗过境贩毒活动，通常由国际贩毒集团或黑社会性质组织在境外遥控进行。犯罪集团周密策划、严密分工，采用单线联系方式贩运毒品。此外，毒品犯罪分子还常常采取“反跟踪”“防技侦”“防打入”等各种措施逃避打击，反侦查意识和技能日趋成熟。

第二，犯罪手段暴力化。由于毒品犯罪风险大、处罚重，且贩运过程中还可能面临其他暴力因素袭扰，毒品犯罪枪毒同流、武装贩毒现象频频发生。随着武装掩护走私贩毒的暴力对抗程度不断提高，缉毒执法工作将面临更加严峻的考验。

第三，犯罪手段隐蔽化。一是贩运手段更加隐蔽，比如将毒品藏在汽车备用轮胎、汽车门层夹、油箱、空气滤清器内等，还比如遥控操纵玩具飞机偷运毒品等等；二是运作方式更为周密，贩毒分子会综合利用陆路、海路、空路和邮路等贩毒路线，使用海事电话、多机多卡、暗网等通信方式进行联络；三是多种途径洗钱，掩饰犯罪收益。

4. 毒品犯罪国际化趋势明显。随着经济全球化的发展和世界贸易通道的打开，毒品流通链条几乎遍及世界各地。更为严重的是，毒品问题与恐怖主义、洗钱、有组织犯罪等紧密相连，对人类社会的和平和发展构成极大的威胁。境外的贩毒势力与境内的贩毒集团相互依托，事实证明，毒品犯罪活动从非法贩运到消费，已经是一个国际化的犯罪循环体系。

另外，我国的毒情也影响世界毒情的发展。一是易制毒化学品流失到境外，二是境内制造的毒品在逐渐满足国内毒品消费市场的同时，也不断流出境外。比如，境内生产的冰毒、氯胺酮经越南流向东南亚、经我国香港地区流向大洋洲等。

（二）毒品贩运的特点

1. "互联网＋物流寄递"贩毒活动增多。互联网涉毒违法犯罪活动更为突出，已从单纯的视频吸毒发展为传播制毒技术、贩卖制毒原料、销售毒品和聚众吸毒等全链条涉毒活动，形成"网络联系、银行打款、物流销售"的贩毒模式。通过网上发布、订购、销售毒品和制毒原料，物色、诱骗、招募"马仔"运毒，熟人介绍"入伙"；通信联络使用隐语、暗语，开设虚假网店完成网上毒品交易；通过微信、支付宝、Q币、比特币等在线支付方式，完成毒资转移支付，交易两头不见人，贩毒活动在互联网上更加隐蔽；再通过物流、寄递、国际邮件等渠道进行走私贩运，伪装邮寄毒品、制毒原料和吸毒工具及设备，手段隐蔽、交易便捷，给执法机关监管打击带来困难和挑战。不仅加速了贩毒活动扩散蔓延，而且极大增加了贩毒活动的隐蔽性和发现查处难度。

2020年，物流寄递渠道贩毒案件持续上升，全国共破获物流寄递渠道贩毒案件3011起，缴获毒品4.3吨，分别上升9.5%和1.1%。全国共破获网络毒品案件4709起，抓获犯罪嫌疑人8506名，缴获毒品856.9公斤，分别占全国总数的7.4%、9.2%和1.5%。[1] 2022年，全年共破获涉互联网贩毒案件2761起，缴获毒品1.2吨，缴毒数量同比增长119%。[2]

2. 跨国跨境贩毒持续高发，贩毒活动国际化特点突出。受中国毒品消费市场的刺激，国际贩毒集团和贩毒人员不断加剧向中国的毒品渗透，通过云南、广西边境地区进行的贩毒活动突出。受缅北、西非、南美等地国际贩毒集团雇佣，一些外国籍人员充当运毒工具，携带毒品走私入境。港台籍毒枭和华裔不法分子充当毒品犯罪幕后组织者、资金提供者，通过网上招募雇佣、指挥操纵内地不法分子走私贩毒。

境外毒品经云南辐射全国仍是主流。云南是"金三角"毒品主要的渗透入境地和中转集散地，贩毒群体云集。一些境内外贩毒团伙盘踞西南边境，坐大成势，利用暗网勾连、移动支付、卫星定位和通讯等技术手段实施犯罪，将"金三角"毒品从西南边境走私入境后内流全国，其主要贩运路线有：沿沪昆高速贩往湖南、湖北的华中线和江西及"长三角"地区的华东线，经四川、重庆贩往陕西、河北等地的华北线，经四川、甘肃等地贩往新疆、宁夏等地的西北线。

3. 武装暴力贩毒时有发生。武装贩毒案件时有发生，贩毒活动的暴力性特点突出。贩毒集团和贩毒人员暴力对抗程度加剧，枪毒同流、暴力抗法、武装护毒趋势更加明

[1] 国家禁毒委员会办公室：《2020年中国毒情形势报告》。
[2] 国家禁毒委员会办公室：《2022年中国毒情形势报告》。

显，涉枪贩毒案件不断增多。贩毒活动暴力程度加剧，缉毒执法工作风险加大。

4. 海上走私贩运案件增多。海上大宗毒品走私贩运增多。贩毒渠道涉及“海陆空邮港”缴毒，海运运毒量大、隐蔽性好、机动性强，不法分子租用货船、渔船或利用集装箱藏匿大宗毒品，成为大宗毒品走私贩运的主要途径，2017 年全年破获海上贩毒大案 35 起，缴获毒品 7 吨多、制毒原料近 4 吨，2018 年破获的 5 起特大海上走私贩毒案，每起案件缴获量都超过 1 吨。2020 年，受新冠肺炎疫情扩散等因素影响，传统渠道贩毒活动出现变化，全国破获陆路贩毒案件 3.3 万起，同比下降 25.7%，破获航空、铁路等渠道贩毒案件明显下降。海上运输受疫情防控影响较小，大宗毒品走私过境情况突出，福建等地联合海警部门连续破获多起海上贩毒大案，缴获各类毒品近 1 吨。[1]

实训项目

请根据近 10 年国家禁毒委员会办公室发布的《禁毒报告》《中国毒品形势报告》，整理近 10 年毒品滥用状况的变化，包括滥用毒品人数、滥用毒品种类、青少年滥用毒品的情况，总结该变化的特点，并分析发生变化的原因。

项目五　禁毒法律政策

任务一　禁毒法律法规

教学情境

中外第一部“禁烟法典”：《钦定严禁鸦片烟条例》

清朝时期，鸦片的泛滥极大地摧残了吸食者的身心健康。长此以往，国贫民弱，国家无可御敌之兵，中华民族将面临灭亡的危险。1821 年，处在危机四伏、由盛转衰时代的清王朝，迎来了年轻有为、励精图治的新皇帝——道光皇帝，道光皇帝上台后一再提出严禁鸦片，从此清代历史真正进入了实行禁烟的时期。1838 年 12 月 31 日，道光帝下定决心，任命林则徐为钦差大臣，专职禁烟，全国禁烟行动就此开始。1939 年，道光帝颁布《钦定严禁鸦片烟条例》，将清廷历次发布的有关禁贩、禁吸、禁种的规定合编为 39 条，成为我国历史上第一部综合性的禁烟法典。《钦定严禁鸦片烟条例》亦被称为史上最严厉的“禁毒法”，惩治措施极为严厉：所有吸毒人员，在一年半之内必须戒烟，不能戒烟者将被判刑，绞监候（死缓）。鸦片烟贩，就地正法，斩立决；所有开设烟馆、提供吸烟场所，以及包庇贩毒的官员，就地正法，绞监候（死缓）。为国

---

〔1〕 2017 年~2020 年《中国毒品形势报告》。

内走私提供货源的洋人，就地正法，首犯斩立决，从犯绞立决。除了吸毒人员是死缓以外，其他凡是参与鸦片销售的相关人员，无论洋人还是中国人，都要就地正法。

工作任务

1. 了解我国禁毒立法沿革；

2. 熟悉我国禁毒法律体系，识记不同涉毒行为所涉法律关系；

3. 了解《禁毒法》的立法进程，阐释《禁毒法》的立法意义。

一、我国禁毒立法的历史沿革

对于毒品管控问题，世界不同国家施以不同的法律政策，针对中国的毒品禁控问题，政府在不同的时期亦采取不同的禁控政策。

（一）新中国成立前的禁毒立法

1. 清末禁控毒品的立法概况。罂粟最早在我国唐朝时期作为药物引进，至宋元时期始终被作为药材来治疗疾病。明朝时期李时珍的《本草纲目》即有以罂粟炼制鸦片的制作方法，其时将鸦片称“阿芙蓉”，至明末清初贩卖和吸食鸦片的人与日俱增，对国人的身心健康和生产生活造成了非常严重的危害后果，并且危及到清政府的财政收入状况。

1729 年，清朝雍正颁布了我国历史上第一道查禁鸦片的谕令——《惩办兴贩鸦片烟及开设烟馆条例》，将贩卖鸦片、开设鸦片烟馆、引诱良家子弟吸食鸦片等行为规定为犯罪，予以严惩，但其时未确定吸食鸦片的罪名，也没有禁止鸦片进口。

乾隆年间（1736～1796 年），朝廷再次严令禁止鸦片：“国内商人贩卖者，枷一月，杖一百，遣边充戍卒三年。侍卫官吏贩者罢职，枷二月，杖一百，流三千为奴。”

嘉庆在位的 20 多年里，对鸦片采取了一系列严禁措施。1796 年，嘉庆降谕查禁从外洋输入鸦片和国内种植罂粟。1813 年，清政府颁布了关于官吏、兵弁及百姓吸食鸦片治罪条例，这一立法开辟了反毒禁烟的另一重要领域，也是中国禁毒史上第一次对吸毒行为加以禁止，首开以刑罚手段制裁吸毒者的先例。1814 年，嘉庆再颁谕令重申对买食鸦片者和查处不力的海关监督予以重惩。1815 年，嘉庆发布单行法规《查禁鸦片章程》，同时还确立了官吏禁烟奖惩办法。

道光时期，清朝处在危机四伏、由盛转衰的阶段。1821 年，道光皇帝上台后，即发布上谕，禁止鸦片进口。并颁布了一系列的禁烟法令。道光十年（1830 年）以后，鸦片流毒由于得不到有效遏制而开始泛滥成灾，其严重性突出表现为走私进口的鸦片数量急剧增加。道光十八年（1838 年），在道光帝与各省督抚的共同推动下，中国历史上也是世界历史上的第一次大规模禁烟运动轰轰烈烈地在全国展开。1938～1939 年，道光帝颁布的有关禁烟谕令共计200多道，其内容涉及禁烟的方方面面。1839年，道光帝颁布《钦定严禁鸦片烟条例》，将清廷历次发布的有关禁贩、禁吸、禁种的规定合编为39条，成为我国历史上第一部综合性的禁烟法典。

1909年清政府在上海召开万国禁烟会议，形成了决议案九款，这也是世界上第一次禁毒的多边合作会议。

从世界范围来看，中国是颁布禁毒令最早、最多的国家，也是禁毒法律体系最为严密的国家。尽管从整体上看，中国近代清朝的禁毒史基本上是一场悲剧，但是其开启了我国早期的禁毒法制实践，客观上也为中国禁毒法的发展与完善积累了宝贵的经验。

2. 民国时期禁毒立法。辛亥革命胜利后，民国政府继续推行禁烟政策。

南京临时政府时期：1912年孙中山发布《大总统令内务部通饬禁烟文》严禁种植及吸食鸦片，孙中山阐明鸦片是帝国主义侵略中国的产物，危害极大，“小足以破身损业，大足以亡国灭种”。

北洋政府时期：1912年6月，袁世凯发布了《通饬禁种鸦片文》禁种鸦片；1912年颁布《中华民国暂行新刑律》对于鸦片犯罪列有10条规定；1914年4月，北洋政府专门制定了《吗啡治罪条例》，就吗啡的制造、运输、销售及施打吗啡的量刑幅度做了规定；1914年5月，颁布了《禁种罂粟条例》。

南京国民政府时期：国民政府于1928年公布《中华民国刑法》（又称中华民国旧刑法），专章规定了鸦片罪，该刑法规定的毒品犯罪种类繁多，处罚毒品犯罪的犯罪未遂行为；罚金刑在惩治毒品犯罪中得到广泛适用，毒品犯罪处罚进一步轻刑化。1929年，制定并颁布了《禁烟法》，与《中华民国刑法》互为补充，成为禁烟的根本大法。1929~1930年，国民政府还颁布了《麻醉药品管理条例》《禁烟法施行细则》等一系列法令，从各个不同的方面对禁烟政策做了补充。1935年至1939年，国民政府颁布了《禁毒实施办法》《禁烟实施办法》《禁烟治罪暂行条例》《禁毒治罪条例》等一系列具体的禁烟法规，这些法律规范涉及禁种、禁贩、禁售、禁吸等各个方面，内容系统全面，为禁烟禁毒提供了全面、系统的法律保障。1935年颁布《中华民国刑法》（又称中华民国新刑法），依旧保留了专章鸦片罪名，对毒品犯罪罪名进行调整，删除走私吸食鸦片器具罪，增加包庇烟毒犯罪分子罪、运输烟毒罪、运输吸食鸦片器具罪、公务员强迫他人种植罂粟，贩卖、运输罂粟种子罪等，大幅度提高罚金惩罚的数额，对于毒品犯罪的处罚明显重于中华民国旧刑法。

3. 革命根据地时期立法。陕甘革命根据地时期，中共成立禁烟局，规定禁烟办法，建立戒烟所；实施土地改革，禁种鸦片，规定：赤区奖励种植有益身体之谷物，一律禁止种植鸦片；禁止民众吸食烟毒，发放药品予以治疗。

中共第五次反围剿失利后，实行战略性转移，史称红军长征。长征途中对俘虏的士兵进行戒烟行动，对自愿参加红军又染毒的俘虏兵进行限期戒烟，再入编。在长征途中经过的地区开展劝说群众戒烟的禁毒活动。

抗日战争时期，抗日根据地为了肃清根据地内的毒品问题，粉碎日军的毒化阴谋，先后成立禁毒机构，出台了各项法规：1939年的《晋察冀边区行政委员会关于严禁播种罂粟的命令》、1941年的《晋冀鲁豫边区毒品治罪暂行条例》、1941年的《晋西北禁烟治罪暂行条例》、1945年的《晋察冀边区鸦片缉私暂行办法》和《苏北区禁烟禁毒暂行办法》、1946年的《辽吉区禁烟禁毒条例》、1949年的《华北区禁烟禁毒暂行办法》、1949年的《绥远省戒吸毒品暂行办法》。这一时期颁布的禁毒条款，内容概括起来主要有：规定毒品犯罪种类，严禁种植罂粟，禁止吸食或注射烟毒。

（二）新中国成立后禁毒立法概况

1. 新中国成立初期禁毒立法。新中国成立后，政府采取坚决措施，在全国范围内开展了禁毒运动，收缴毒品、禁种罂粟、封闭烟馆、严厉惩办制贩毒品活动。党和政府凭借对社会的有效控制、强大的政权力量和廉洁、高效的干部队伍，动员各种社会力量参与、周密部署，使困扰中国百余年的毒品问题得以解决。我国在此后的30年时间内基本没有出现过毒品问题，成为世界瞩目的“无毒国家”，是世界禁毒史上的一次奇迹。

这一时期的立法形式包括：中国共产党的政策、指示；政务院（国务院）及其所属部门的通令、通知、指示；各大行政区的条例、指示、命令、通知、办法；省、市、自治区政府的公告、决定、办法；最高人民法院的司法文件等。立法特点上呈现出以中国共产党和各级政府的相关政策、文件为主的禁毒规范；各大行政区的立法是新中国成立初禁毒立法的重心；数量极多，但条款内容比较粗糙，如规定种植毒品、制造毒品、非法持有毒品等八种罪名，却未对处罚内容作出明确规定。

这一时期比较重要的禁烟毒法令有：1950年2月24日中央人民政府政务院发布的《关于严禁鸦片烟毒的通令》（以下简称“《通令》”），拉开了新中国第一次禁烟毒运动第一期战役的序幕。《通令》颁布之后，按照政务院提出的要求，各级人民政府与各人民团体紧密配合，积极行动起来，根据各行政区的实际情况相继制定了禁绝烟毒的办法与措施。1952年4月15日，中共中央在《关于肃清毒品流行的指示》中明确指出“首先集中解决贩毒问题”，各地要利用“三反”“五反”运动中发现、揭露出来的线索情况，穷追不舍，开展一场声势浩大、规模空前的肃毒运动，对于重要案件，要组织专案侦查。为了打击烟毒犯，保护人民，1952年10月3日，中央人民政府政务院第153次会议通过了《惩治毒犯条例（草案）》，并迅即颁发给各级人民政府施行，为审查和处理烟毒犯提供了明确的法律依据。

2. 1960年至1979年刑法颁布前的禁毒立法。经过50年代初期的严厉惩治毒品犯罪后，毒品犯罪在中国一度几近灭绝。故整个60年代中国禁毒立法没有大的发展，且这一时期的禁毒立法主要体现在党的政策和行政法规上。70年代以后，由于世界上毒品泛滥日趋严重，对我国造成了不利的影响，毒品犯罪活动在我国一定区域内得以复发。鉴此，1973 年 1 月 13 日国务院颁发了《国务院关于严禁私种罂粟和贩卖、吸食鸦片等毒品的通知》，该通知指示各省、市、自治区人民政府应重申 1950 年 2 月 24 日政务院《关于严禁鸦片烟毒的通令》，发动广大人民群众同私种罂粟和贩卖、吸食鸦片等毒品的违法犯罪行为作斗争。并强调必须对偷运、贩运毒品犯罪分子依法严惩，同时规定对吸毒人员强制戒毒。

3. 改革开放后的禁毒立法（1979 年～1990 年）。进入改革开放时期，随着 1979 年我国第一部《刑法》（以下简称“1979 年《刑法》”）的颁布，以及以“严打”为政策导向，禁毒领域逐渐建立了以刑法为主、行政法与地方立法为辅的立法体系，主要法律形式有刑事法律、行政法律、行政法规、部门规章及其他规范性文件、“两高”司法文件、批准、签署的反毒国际公约和条约、地方性立法及其他规范性文件、民族自治地方的立法等。主要的立法如下：

（1）禁毒刑事立法方面。包括 1979 年《刑法》，1981 年国务院颁布的《关于重申严禁鸦片烟毒的通知》，1982 年中共中央、国务院联合发布的《关于禁绝鸦片烟毒问题的紧急指示》，1982 年全国人大常委会颁布的《关于严惩严重破坏经济的罪犯的决定》，1986 年全国人大常委会颁布的《治安管理处罚条例》，1987 年全国人大常委会颁布的《海关法》，1988 年全国人大常委会《关于惩治走私罪的补充规定》等。

1979 年我国第一部《刑法》颁布时，由于毒品犯罪的数量少，毒品问题并不突出，立法者对毒品犯罪的社会危害性及迅速扩散的趋势缺乏预见，因此该部《刑法》规定的涉毒罪名较少，量刑一般较轻，注重经济上予以制裁，如仅规定了制造、贩卖、运输毒品罪和走私毒品罪两种；对制造、贩卖、运输毒品罪区分情节，分别予以“可以并处罚金”与“可并处没收财产”；制造、贩卖、运输毒品罪的最高法定刑为有期徒刑 15 年；而走私毒品的，最重也仅至有期徒刑 10 年。

1982 年全国人大常委会《关于严惩严重破坏经济的罪犯的决定》，将贩毒罪的最高法定刑提高至死刑，规定国家工作人员进行贩毒情节严重的，从重处罚。

1986 年人大常委会《治安管理处罚条例》规定对吸食鸦片、注射吗啡、种植罂粟等毒品原植物等予以处罚。

1987 年《海关法》规定单位犯罪，为惩治以单位名义走私毒品犯罪提供了法律依据。1988 年全国人大常委会《关于惩治走私罪的补充规定》提高走私毒品的最高法定刑至死刑，明确走私毒品罪的量刑档次。

（2）禁毒行政法规。1987 年国务院发布《麻醉药品管理办法》；1988 年国务院发布《精神药品管理办法》。

（3）禁毒国际条约。1985 年加入联合国修正后的《1961 年麻醉药品单一公约》及《1971 年精神药物公约》；1990 年加入联合国《1988 年禁止非法贩运麻醉药品和精神药物公约》。

4. 禁毒工作新时期的立法（1990 年至今）。1990 年 12 月 28 日全国人大常委会通过《关于禁毒的决定》，决定以一部专门针对毒品的单行法的形式来立法，这标志着我国的禁毒立法进入了一个重要阶段。《关于禁毒的决定》吸收国内外有关禁毒立法的合理规定，以刑法规范为主，也有少量行政法规范，详备规定毒品犯罪及其处罚。

2007 年全国人大常委会颁布《禁毒法》，并于 2008 年 6 月 1 日正式开始实施，其将强制戒毒与劳动教养戒毒转型为强制隔离戒毒，并衍生出社区戒毒和社区康复的戒毒措施。这是我国首部全面规范禁毒工作的根本大法，它明确了禁毒工作领导体制、工作机制和保障机制，以及“预防为主、综合治理，禁种、禁制、禁贩、禁吸并举”的禁毒工作方针，它的实施是我国禁毒法制建设史上的一个重要里程碑。同时，其亦标志着《关于禁毒的决定》历史使命的完成。

在禁毒刑事立法方面，1997 年 3 月 14 日，第八届全国人民代表大会第五次会议修订新《刑法》（以下简称“1997 年《刑法》”），对毒品犯罪进行修改和调整。至此我国毒品刑事法律基本稳定下来，规定的毒品犯罪种类齐全，体现重典治毒的立法精神，重点惩治走私、贩卖、运输、制造毒品的行为，明确规定对单位犯有毒品犯罪的处罚。

在禁毒行政立法，1995 年国务院颁布《强制戒毒办法》（已失效）；1998 年国家药品监督管理局颁布《罂粟壳管理暂行规定》；1999 年国家药品监督管理局颁布《戒毒药品管理办法》（已失效）；1999 年国家药品监督管理局颁布《麻黄素管理办法（试行）》（已失效）；1999 年对外贸易经济合作部颁布《易制毒化学品进出口管理规定》（2006 年由商务部重新修订）；2000 年公安部颁布《麻黄素运输许可证管理规定》（已失效）；2001 年国家药品监督管理局颁布《咖啡因管理规定》（已失效）；2002 年卫生部、国家药品监督管理局颁布《苯丙胺类兴奋剂使用相关障碍的诊断治疗指导原则》（2018 年由国家卫生健康委员会修订）；2005 年国务院颁布《麻醉药品和精神药品管理条例》；2005 年国家食品药品监督管理局颁布的《麻醉药品和精神药品生产管理办法（试行）》；2005 年国务院颁布《易制毒化学品管理条例》；2009 年公安部颁布《吸毒检测程序规定》；2010 年公安部颁布《吸毒成瘾认定办法》；2011 年国务院颁布《戒毒条例》等。

二、我国禁毒法律体系

（一）禁毒法律体系的定义

禁毒法律体系是指适应我国禁毒工作基本国情，与社会、经济发展相一致，以宪法为根本原则，在禁毒领域以禁毒法为中心，由各层级立法主体与法律部门制定的，与公民、法人和其他组织发生各种法律关系的现行禁毒法律法规的总和。对于我国禁毒法律体系，可从以下几方面理解：其一，禁毒法律体系是我国全部现行禁毒法律法规所构成的整体；其二，禁毒法律体系由禁毒工作法律部门分类组合而成；其三，禁毒法律体系是与我国禁毒工作的基本国情相适应，是客观与主观建设的有机统一；其四，禁毒法律体系包括国内法以及被我国承认并执行的国际法与国际条约。

（二）我国禁毒法律体系的特征

1. 调整对象范围广泛。我国禁毒法律体系调整的是禁毒领域的各种社会关系，其主要包括禁毒刑事法律关系和禁毒行政法律关系。刑事法律关系调整国家与犯罪人之间因贩卖毒品、走私制毒物品、强迫吸毒等行为而产生的、受刑法规范调整的权利和义务关系。行政法律关系调控因吸食、注射毒品等行为而形成的行政管理关系。

2. 具有特殊的强制性。我国禁毒法律体系具有严厉和系统的强制手段，其包括以五大主刑四大附加刑为内容的刑事处罚手段；《刑事诉讼法》所规定的五种刑事强制措施：拘传、取保候审、监视居住、拘留、逮捕；行政处罚手段包括以强制隔离戒毒和行政拘留为主要形式的人身自由罚，责令停产停业、吊销许可证、执照等形式的行为罚，以及没收非法财物和违法所得的财产罚等。

3. 规范形式具有多样性和层级性。禁毒法律体系包括除宪法外的所有法律形式，呈现多样性的特征；禁毒法律体系的各种法律规范形式分别由不同级别的立法机关制定，分属于不同的层级，不同层级的法律规范形式之间具有不同的效力，由立法机关制定的规范高于行政机关制定的规范，上级机关制定的规范高于下级机关制定的规范，呈现法律体系的层级性。

4. 结构基本合理，内容较为完备。我国现行的禁毒法律体系以《禁毒法》为专门的禁毒法典，构成禁毒法律体系的基础，《刑法》和《治安管理处罚法》为惩治毒品违法犯罪行为的主线，以行政法规和地方性法规等单行禁毒专门法律法规、我国加入的禁毒国际公约为具体内容，以非禁毒专门法中涉及禁毒的法律规范为补充，形成互相配套的法律法规体系。

（三）我国禁毒法律体系的组成

以立法主体为划分标准则禁毒法律体系可分为：禁毒国际公约、法律、行政法规、部门规章、司法解释、地方性禁毒规章和禁毒法规、单行条例等组成部分。

1. 国际公约。时至今日，国际社会关于毒品与毒品犯罪的国际公约、协定及议定书约 17 个。其中尤以联合国《1961 年麻醉药品单一公约》（简称“61 公约”）、《1971 年联合国精神药物公约》（简称“71 公约”）、《联合国禁止非法贩运麻醉药品和精神药物公约》（简称“88 公约”）这三大公约最为重要，且我国业已加入，属于我国现行的禁毒法律体系的重要组成部分，我国有责任和义务遵守和执行。

2. 法律。法律是全国人大及其常委会制定并通过的基本法律，其法律效力仅次于宪法，适应于全国范围。禁毒法律包括四部：1997 年修订的《刑法》、2001 年修订的《药品管理法》、2005 年出台的《治安管理处罚法》、2008 年施行的《禁毒法》。

3. 司法解释。禁毒司法解释是指国家最高人民法院和最高人民检察院在涉毒案件适用法律过程中对具体应用法律问题所作的解释，包括审判解释和检察解释两种，如：

最高人民法院2000年发布的《全国法院审理毒品犯罪案件工作座谈会纪要》《关于审理毒品案件定罪量刑标准有关问题的解释》等；最高人民检察院1991年发布的《关于贩卖假毒品案件如何定性问题的批复》、2012年发布的《关于公安机关管辖的刑事案件立案追诉标准（三）》等。

4. 行政法规。由国务院制定并施行于全国的法律规范，其法律效力低于法律。《禁毒法》在我国禁毒领域属于专门法，其在立法思路上力求简略，规定较为笼统概括，其通过授权国务院根据现实社情，制定细致的规则，主要包括：2005年制定的《麻醉药品和精神药品管理条例》与《易制毒化学品管理条例》、2006年出台的《娱乐场所管理条例》、2011年出台的《戒毒条例》。

5. 部门规章。国务院部委制定的禁毒部门规章是指国务院有关部门，依法按照部门规章制定程序制定发布的关于禁毒类行政规范性文件的总称。国务院部门的规章制定权源自1982年现行宪法。《宪法》第90条规定，国务院各部、各委员会根据法律和国务院的行政法规、决定、命令，在本部门的权限内，发布命令、指示和规章。《立法法》和2001年公布的《规章制定程序条例》，对国务院部门规章的制定机关、制定权限、制定程序和监督程序作出了统一明确的规定。重要的部门规章有：2011年公安部和卫生部联合制定发布的《吸毒成瘾认定办法》，2011年公安部颁布的《公安机关强制隔离戒毒所管理办法》，2013年司法部发布的《司法行政机关强制隔离戒毒工作规定》等。

6. 地方性禁毒规章和禁毒法规。地方性禁毒法规是地方人大制定的与其立法权限相符的禁毒规范性文件，如《云南省严禁毒品的行政处罚条例》《广东易制毒化学品管理条例》《四川省禁毒条例》《江苏省禁毒条例》《安徽省禁毒条例》《湖南省禁毒条例》等；地方性禁毒规章亦称地方政府禁毒规章，是指省、自治区、直辖市和较大的市的人民政府根据法律和法规，并按照规定的程序所制定的普遍适用于本行政区域的禁毒类规定、办法、细则、规则等规范性文件的总称，如《湖北省戒毒管理办法》《吉林市易制毒化学品管理办法》《广东省戒毒所管理办法》《广东省人民政府关于禁毒的通告》等。

7. 禁毒单行条例。禁毒单行条例，在我国主要是指只适用于民族自治地区的禁毒规范性文件，其由民族自治机关根据民族特点对国家禁毒法律、法令作出的变通的或补充的规定。如《云南省大理白族自治州禁毒条例》《云南省德宏傣族景颇族自治州禁毒条例》《云南省西双版纳傣族自治州禁毒条例》等。

三、《禁毒法》的立法进程与立法意义

《禁毒法》于2007年12月29日，在第十届全国人大常委会第三十一次会议通过并颁布，2008年6月1日起施行，它是我国第一部全面规范禁毒工作的禁毒单行法典。

（一）制定《禁毒法》的立法进程

禁毒工作的开展关系到我国社会管理、经济建设与人民群众的生命健康，因而禁毒工作是我国一贯的方针和立场，从解放初的禁烟运动到经济建设新时期的禁毒斗争，我国已经在实践探索中逐步积累了经验，形成了一套行之有效的政策、措施和工作模式，需要以法律的形式固定下来，以适应依法治国的发展需要。因此，在当时历史背景下制定一部综合性的《禁毒法》是开展禁毒斗争的迫切需要。

1. 将《禁毒法》的制定，列入立法规划。为应对国内外严峻的毒品形势，2002 年国家禁毒委办公室起草了关于“五年禁毒工作规划稿”，提出起草《禁毒法》的讨论，开始禁毒法立项研究，并将其列入十届全国人大立法规划之中；2003 年全国人大内司委工作人员率队分赴四川、云南、甘肃、广东开展禁毒工作的视察任务，与各地人大、政府和禁毒部门讨论关于毒品形势的问题，并强烈呼吁制定禁毒法；2004 年国务院亦在各地调研考察的基础上，决定将《禁毒法》列入当年立法工作计划，并明确由公安部负责起草基本内容。

2. 加强研究，加快进程。2004 年 4 月 15 日，中共中央政治局常委会在听取国家禁毒委员会关于禁毒法立法调研工作汇报后，做出“加快禁毒立法步伐、争取禁毒法提前出台”的指示。同年 4 月 23 日，公安部邀请全国人大法工委、国务院法制办等部门研究禁毒法起草工作，成立起草工作领导小组，下设办公室，该办公室并于同年 5 月下旬启动起草工作事项。

3. 正式开始《禁毒法》的立法工作。起草工作领导小组从两方面开展《禁毒法》的立法起草工作：其一，赴国外实地考察了解各国禁毒工作情况；其二，收集世界上多个国家和地区禁毒立法的相关资料，分析各国禁毒立法模式，确定禁毒法基本体例。

（1）汇总各国禁毒立法模式。国际上禁毒立法的模式大致可分为三种。其一是综合性立法，其规模庞大，规定了几乎所有的禁毒事务，体例详尽。例如规范性文件内规定毒品定义、毒品分级管制、类似物管制、毒品列管程序，毒品犯罪刑事处罚、从业者登记注册、毒品专家咨询委员会等内容，呈现出规定详细、体例完备的特征。其二是禁毒特别法，也就是在刑法、药品管理法等相关法律之外，另行制定禁毒特别法，但不设置《禁毒法》法典。其三是制定单行禁毒法，但条文简略，只确定禁毒事务的法律地位和涉及范围，以上位法的形式，授权其他法律分别规定禁毒事务，与《刑法》等法典形成平行关系，《禁毒法》统一规定抽象的禁毒工作事项，但具体如何开展则交由其他法律予以明确规定。

（2）依据《联合国禁毒法律范本》，确定我国禁毒立法体例。联合国禁毒机构根据国际禁毒公约和国际禁毒立法经验，编撰《联合国禁毒法律范本》，提供给各国禁毒立法时参考。该套法律范本内容包括对麻醉药品、精神药物和易制毒化学品的分类管制的法律范本；关于打击毒品犯罪的法律范本；关于戒毒的法律范本；关于打击贩运毒品和易制毒化学品的国际司法合作的法律范本；关于涉及毒品犯罪洗钱及收益没收的国际合作法律范本等。同时，联合国专家建议各国在立法时要结合国情，不必照搬范本，但在专门的禁毒法律中，有几点是必须要有的：一是要涉及组织机构，明确协调跨部际、多部门活动的专门机构和职责，这是禁毒工作的保证；二是要有对麻醉药品和精神药物根据医疗使用价值和滥用危害性分类管制；三是要对涉毒财产和资金的追缴作出具体规定，“让毒犯失去财产比失去自由更有效”；四是要有对药物滥用和戒毒的规定，应当为吸毒成瘾者提供必要的医疗康复服务；五是要有国际合作的规定。

我国禁毒立法注重与本国已批准加入的国际禁毒公约相衔接，同时结合我国禁毒法律规范的现状，明确我国禁毒立法模式是制定单行禁毒法，并在《联合国禁毒法律范本》的指引基础上，初步确定我国禁毒立法体例。

（3）体例和总则内容的调整变化。《禁毒法》正式出台前，经历了立法体例和总则内容的调整变化。2005 年 10 月，《禁毒法（送审稿）》送国务院法制办审议，此时送审稿立法体例共 11 章，82 条；2006 年 6 月，国务院审议通过《禁毒法（草案）》，并提前报全国人大常委会审议，此时草案立法体例共 9 章，72 条；2006 年 8 月全国人大常委会进行第一次审议；2007 年 10 月全国人大常委会进行第二次审议；2007 年 12 月，进行第三次审议并通过，最终确定《禁毒法》共 72 个条文，包括总则、禁毒宣传教育、毒品管制、戒毒措施、禁毒国际合作、法律责任以及附则等七个部分。

（二）《禁毒法》的立法意义

《禁毒法》是多年来我国禁毒工作实践的经验总结和法律概括。既有紧扣时代脉搏、反映时代特点的改革创新，也有对理念思路、体制机制等重大问题的明确规定，其出台施行对我国禁毒事业发展具有重大的立法意义。

1. 明确禁毒委的地位与职责，明晰禁毒工作领导体制。1990 年 11 月 3 日，国务院第七十二次常务会议决定成立国家禁毒委员会，对内称国家禁毒工作领导小组。国家禁毒委员会由外交部、公安部、最高人民法院、最高人民检察院、司法部、民政部、教育部等 25 个部委成员组成。该委员会主任由公安部部长担任，委员会的办公室设在公安部禁毒局。由于当时其法律地位的不明确，在国家机构改革中曾被撤销，也给当时的禁毒工作带来了一定的不利影响，因而《禁毒法》在立法初期即考虑到禁毒工作所涉部门与领域的广泛，迫切需要一个机构统筹禁毒工作，并最终明确禁毒委员会作为统筹禁毒各部门的领导机构，将禁毒工作领导体制写入法律，同时规定其职责，国家禁毒委员会成为我国最高禁毒领导机构。

2. 重构我国戒毒模式，开创戒毒一体化的新局面。1990 年出台的《全国人大常委会关于禁毒的决定》，构建了我国强制戒毒的管理体系，即公安机关主管强制戒毒，司法行政部门负责劳教戒毒。强制戒毒作为当时中国政府解决因吸毒而衍生的一系列社会治安问题的手段而出现，有着特殊的必要性，它使得戒毒管理工作有了新的方向。

但是，实践过程中其存在的问题也日益凸显。第一，缺乏相应法律法规的约束，强制戒毒所的设置与管理一度非常混乱，出现医疗条件简陋、虐待戒毒人员等乱象；第二，强制戒毒期限短，戒毒效果差；第三，部分地区对吸毒人员在科处一年的强制戒毒期限后，根据现实需要，随意转介吸毒学员进入到劳教戒毒场所进行戒毒。这些对于吸毒人员人身自由限制的随意性举措，使其成了劳教戒毒的争议焦点，进而引起社会对于劳教制度本身的质疑。而2007年12月29日，审议通过的《禁毒法》，坚持以人为本的理念，从解决实践问题出发，对戒毒工作作出重大改革，即对原有戒毒体系进行了修改，一方面明确了自愿戒毒的地位，另一方面则将原来司法行政部门举办的劳教戒毒与公安机关的强制戒毒措施进行整合，将两者统一为强制隔离戒毒措施。同时，新设社区戒毒和社区康复措施，把社区戒毒作为我国整个戒毒工作体系的基础和主要环节，规定了社区康复是强制隔离戒毒的后续，是巩固强制隔离戒毒的成效和做好戒毒人员过渡性回归社会的重要环节。《禁毒法》对戒毒模式的重新设计，符合国际公认的戒毒病理学基本规律，形成完整的戒毒周期，开创戒毒一体化的新局面。

3. 明确吸毒人员的身份定位。长久以来，对于吸毒人员的身份定位，一直是人们所关注的焦点，因为吸毒人员的身份认定，不仅关系到戒毒措施的执行方式，而且牵涉到吸毒人员在社会中的身份和大众的观念判断及其自身权利的自我维护。社会普遍存在吸毒行为是品行不足和自律不强的结果，是吸毒人员难以约束自身的越轨选择，因此吸毒者不但应当受到责罚，还应当在社会观念上被排斥。然而事实证明，吸毒的原因是复杂的，既有吸毒者自身的因素，也有社会不良因素甚至社会多元观念的影响，因此，亟须从法律层面对吸毒人员的身份予以明确的阐释。《禁毒法》的出台，明确吸毒人员既是违法者，又是病人和受害人。其一，吸毒行为直接违反《治安管理处罚法》，并且在客观上还诱发了许多违法犯罪行为，所以吸毒人员是违法者。吸毒人员违法的程度仅仅限于行政法，吸毒行为并不构成犯罪，说明了国家将吸毒的违法程度确定在了危害社会秩序的行政处罚层级，并没有以更严厉的措施去处罚吸毒者。其二，吸毒人员是病人，戒毒措施须围绕“教育和矫正”来展开，戒毒措施的执行首要的目标是希望通过戒毒措施和行政处罚等手段，让吸毒人员戒除毒瘾回归社会，而不是为了处罚。其三，吸毒人员是被害人，这一身份在禁毒法中的明确，表明立法者希望通过法律作用的施展，引导社会公众不应歧视吸毒者，而是以平等的态度对待他们。也正因为如此，《禁毒法》第52条规定，“戒毒人员在入学、就业、享受社会保障等方面不受歧视。有关部门、组织和人员应当在入学、就业、享受社会保障等方面对戒毒人员给予必要的指导和帮助”。

4. 明确禁毒工作的基本机制，破除困扰禁毒工作有序有效开展的问题。毒品问题是一个复杂的社会问题，禁毒工作是一项社会系统工程，是全社会的共同责任。然而，《禁毒法》出台以前，由于戒毒措施开展的不规范性，确实给禁毒工作带来了系列的问题，而这些归根结底是禁毒工作机制的不健全引起的。《禁毒法》第4条第2款规定：

"禁毒工作实行执法统一领导，有关部门各负其责，社会广泛参与的工作机制"。明确了国家机关、社会团体、企事业单位以及其他组织和公民的禁毒责任，强调各级政府、有关部门和全社会的禁毒职责和义务，形成政府统一领导，禁毒委员会主管并组织、协调、指导，有关部门各负其责，社会广泛参与的禁毒工作格局。禁毒法的出台，使得禁毒工作机制能够有法可依，并在依法执行的表达上，加强工作机制的建设，加强禁吸戒毒工作，切实解决一些长期困扰禁毒工作的机制性、体制性、保障性问题。例如，禁毒立法鼓励一切社会组织和个人对禁毒工作的社会捐赠，这是建立社会广泛参与禁毒工作机制的重要内容。国家鼓励公民举报毒品违法犯罪行为，并对举报人予以保护，表彰和奖励举报毒品违法犯罪行为的有贡献的单位和个人，这是公民参与禁毒工作的重要途径。国家鼓励志愿者参与禁毒宣传和戒毒社会服务工作，宣传毒品的危害和毒品违法犯罪行为的危害，教育人们远离毒品，协助司法机关和专门的戒毒机构，对本社区的吸毒人员进行帮助戒毒，这是动员社会力量参与戒毒的重要方面。禁毒工作作为政府的一项重要工作，通过立法被纳入国民经济和社会发展总体规划，县级以上人民政府要将禁毒经费列入财政预算，为禁毒工作提供充足的经费保障。

任务二　毒品治理政策

教学情境

教学情境一：

打赢新时代禁毒人民战争

习近平总书记曾多次在国际禁毒日前夕就禁毒工作发表重要讲话、作出重要指示。习近平总书记指出，完善治理体系，压实工作责任，广泛发动群众，走中国特色的毒品问题治理之路，坚决打赢新时代禁毒人民战争。[1]

2014年6月26日，习近平总书记对加强禁毒工作保护人民身心健康作出重要指示[2]，提出要标本兼治、多管齐下，坚持源头治理、系统治理、综合治理、依法治理，统筹运用法律、行政、经济、教育、文化等手段，综合采取禁吸、禁贩、禁种、禁制等措施，加强宣传引导，广泛发动群众，最大限度减少毒品的社会危害。坚持预防为主，增强全民意识，完善综合治理体系，严打和惩戒教育并举，创新体制机制，务实开展国际合作，坚决遏制毒品问题蔓延发展。

2015年6月25日，习近平总书记在会见全国禁毒工作先进集体代表和先进个人时

〔1〕张天培："打赢新时代禁毒人民战争（建设更高水平的平安中国）"，载《人民日报》2022年6月28日，第11版。

〔2〕"习近平对禁毒工作作出重要指示　李克强作批示"，载中国政府网，网址：https://www.gov.cn/guowuyuan/2014-06/25/content_2708073.htm? cid=303。

指出：禁毒工作造福人民，我们共产党人应该有信心、有能力把这项工作做好，并且把禁毒工作作为象征中华民族伟大复兴的义举善举来做好。保持对毒品的“零容忍”，锲而不舍，常抓不懈，坚定不移打赢禁毒人民战争，不获全胜决不收兵。

2020年6月，习近平总书记对禁毒工作作出重要指示：以对国家、对民族、对人民、对历史高度负责的态度，坚持厉行禁毒方针，打好禁毒人民战争。

教学情境二：

湄公河惨案

2011年10月5日上午，“华平号”和“玉兴8号”两艘商船在湄公河金三角水域遭遇袭击，此事件造成“华平号”上的6名中国船员和“玉兴8号”上的7名中国船员全部遇难，其中1人失踪。

2011年10月28日下午，泰国表示，嫌犯是隶属于泰国第三军区“帕莽”军营的9名士兵。2012年4月25日，“10·5”案件联合专案组在老挝波桥省抓获案件主犯糯康。2013年3月1日，案件主犯糯康、桑康·乍萨、依莱、扎西卡在云南昆明被执行死刑。

2011年9月底10月初，为报复中国船只被缅甸军队征用清剿该集团，被告人糯康先后与被告人桑康·乍萨、依莱及翁蔑、弄罗（均另案处理）预谋策划劫持中国船只、杀害中国船员，并在船上放置毒品栽赃陷害。按照糯康的安排，依莱在湄公河沿岸布置眼线、选定停船杀人地点，并和弄罗与泰国不法军人具体策划栽赃查船等事宜。

2011年10月5日晨，根据糯康授意，在桑康·乍萨指挥下，翁蔑带领温那、碗香、岩湍、岩梭（均另案处理）等人，携带枪支驾乘快艇，在湄公河“梭崩”与“散布岛”之间的“弄要”附近劫持中国船只“玉兴8号”“华平号”，捆绑控制船员，并将事先准备的毒品分别放置在两艘船上。被告人扎西卡与扎波、扎拖波（均为同案被告人，已判刑）接到翁蔑等人通知后赶到“弄要”参与武装劫船。两船被劫至泰国清莱府清盛县央区清盛－湄赛路1组湄公河岸边一棵鸡素果树处停靠，翁蔑、扎西卡、扎波等人在船上向中国船员开枪射击后驾乘快艇逃离。按照与依莱、弄罗的约定，在岸边等候的泰国不法军人随即向两艘中国船只开枪射击，尔后登船继续射击，并将中国船员尸体抛入湄公河。

案发当天经现场勘查，在“玉兴8号”驾驶室发现被害人杨某甲尸体，在“玉兴8号”“华平号”上共查获919 600粒毒品可疑物。同月7日至11日，在清盛港附近陆续打捞出被蒙眼、蒙嘴、捆绑双手的黄某（甲）、王某甲、邱某某、蔡某某、杨某乙、李某（甲）、杨某丙、文某某、王某乙、曾某甲、何某甲、陈某甲等12具被害人尸体。经鉴定，上述13人均为枪弹伤导致死亡；查获的毒品可疑物系甲基苯丙胺，净重84 516.01克，含量在9.7%～22.14%之间。

工作任务

毒品是人类社会的一大公害，是涉及公共安全的重要问题。当前，全球毒品问题持续泛滥，制毒、贩毒、滥用毒品问题严重，治理毒品问题已成为一个世界性难题。进入新世纪以来，受多种因素影响，我国毒品问题进入加速蔓延期，毒品犯罪日益猖獗，禁毒斗争形式严峻复杂。毒品问题如何治理？新中国成立以来，党和政府在不断摸索实践的基础上，不断创新戒毒工作机制，不断完善毒品的治理体系，本任务中，我们来认识和分析：

1. 新中国成立以来禁毒的简要历史；
2. 我国禁毒工作方针的发展演变历程；
3. 我国毒品治理体系。

一、新中国成立以来禁毒简史

（一）新中国成立初期的毒品问题、禁毒运动

1949 年新中国成立之初所面临的禁烟禁毒形势是极为严峻的。一是种植烟毒情况严重。全国罂粟种植面积高达2000 万亩，种植罂粟的农民达1000 万人以上，有的省份种植罂粟面积竟达耕地面积的一半左右。二是制毒贩毒猖獗，全国以制贩毒品为业的有数十万人；各个大行政区均有不少毒贩相对集中且活动十分猖獗的典型城市。如当时的广州，因为毗邻港澳，又与西南各区接近，因而不仅是毒品的销售点，也是毒品出入口的总口岸、贩运毒品的重要中转站，是华南地区走私毒品的中枢，有大批的贩毒集团利用各种各样的方式进行贩毒活动。三是吸烟毒现象随处可见。新中国成立之初，全国总人口 4 亿多，而吸食鸦片等毒品的烟民约有 2000 多万人，占当时全国总人口的 4.4%，二十几个中国人中就有一个瘾君子。当时的广州被形容为“烟馆林立”，有“烟馆多于米铺”之称，《文汇报》1949 年 4 月 15 日登载的消息说“目前广州已成了烟毒世界”。为了巩固新生政权，保护人民健康，恢复发展生产，彻底扫除长期祸华的烟毒流害，中央人民政府采取了一系列措施，开始了严厉的禁烟毒运动。

1. 颁布禁烟毒法令，加强禁烟毒领导。1950 年 2 月 24 日，中央人民政府向全国发布了《政务院关于严禁鸦片烟毒的通令》（以下简称“《通令》”），中国共产党领导人民群众开展了声势浩大的禁毒斗争。《通令》颁布之后，按照政务院提出的要求，各级人民政府与各人民团体紧密配合，积极行动，根据各行政区的实际情况相继制定了禁绝烟毒的办法与措施。另外，烟毒泛滥比较重的省市，如贵州、甘肃、内蒙古、湖南等省，贵阳、西安、重庆、南京、天津、武汉、广州等市先后颁布了适用于本省市的禁烟禁毒条例。

1952 年 4 月 15 日，中共中央在《关于肃清毒品流行的指示》中明确指出“首先集中解决贩毒问题”。各地要利用“三反”“五反”运动中发现、揭露出来的线索情况，穷追不舍，开展一场声势浩大、规模空前的肃毒运动。

1952 年 10 月 3 日，中央人民政府政务院第 153 次会议通过了《惩治毒犯条例（草案）》，并迅即颁发给各级人民政府施行，为审查和处理烟毒犯提供了明确的法律依据。

为了加强对禁烟禁毒工作的领导，各地方政府还先后成立了禁烟禁毒组织。禁烟禁毒组织的人员来自政府、公安、部队、政协、工会、青年团、妇联、法院、交通运输、卫生、财政、税务等部门。在中央和各级人民政府的领导下，各地区相继开展了各种禁烟禁毒活动，一场轰轰烈烈的禁烟禁毒的群众运动在全国范围内开展起来。

2. 严厉禁种罂粟，断绝鸦片源头。《通令》颁布后，各地区相继开展了铲除种植的罂粟活动，并严厉禁止种植罂粟。在坚决铲除烟苗的同时，各级人民政府不误农时，帮助种烟农民改种当地适宜的农作物，并以贷款、贷种子的方式，及时解决弃烟种粮的烟农所面临的困难。

根据中央内务部的统计，到 1951 年春，各地在禁种方面已取得很大成绩。到 1952 年上半年，全国除边疆少数民族地区和内地的偏僻地区尚有少量偷种外，其余大部分地区已不再种植大烟。

3. 查缴毒品，严惩毒贩。各地纷纷采取不同措施严惩一批制造、贩卖毒品的首要分子，大张旗鼓地公开宣判，在社会上形成“过街老鼠人人喊打”的声势。经过一段时间的毒贩打击工作，到 1952 年，东北、华北、华东、西北 4 个地区共缴获毒品（折合鸦片）约 24 473 308 万两，迫使大量公开的贩毒分子洗手不干，少数冥顽不化分子转入地下；公开的烟馆经过严厉取缔，在全国很少见了。

1952 年 8 月，公安部召开全国禁烟毒工作会议，部署统一行动，全国 1202 个禁烟禁毒重点地区开始了第一期大破案、大逮捕行动。在这次集中大破案、大逮捕中，全国共发现制造、贩毒、运送毒品的烟毒犯近 37 万人，正式逮捕 8 万余人，占已掌握毒贩的 22%；共缴获毒品（折合鸦片）近 400 万两，各种制、贩、运、藏毒工具 26 万多件。

在审查处理阶段，法院按照禁烟禁毒政策，对不同情节、不同表现、不同程度的烟毒犯作不同的处理。经过两个月的审查处理，到 1952 年 12 月，在正式逮捕的 8 万多名烟毒犯中，共处理了 51 627 名，其中判处各种徒刑（包括死刑、无期徒刑）39 122 名，劳改 2138 名，管制 6843 名，教育释放的 3524 名。

4. 改造烟民，消除鸦片烟毒的消费市场。在严厉打击制贩毒品的同时，各地还加紧进行烟民改造，采取的主要措施有：在规定的日期内登记烟民；限定日期收缴散存于民间的烟土毒品；建立戒烟所，强制烟民戒除毒瘾；对戒毒烟民辅以相应的医疗卫生保障；研制戒毒药品，宣传戒毒药方；对生活困难的烟民减收或者免收医药费等。为了改造烟民，督促戒烟，各大城市普遍进行了烟民登记工作，并以“公办”“私办”

“互助”等多种形式成立戒烟所或戒烟小组，实行集体戒烟。各地政府在组织烟民戒烟的过程中，一方面体恤烟民在戒烟时生活困难，拨款、拨物救济；另一方面，让他们参加劳动改造，自食其力。

1952 年 12 月 18 日，中共中央转发了公安部长罗瑞卿《关于全国禁毒运动的总结报告》，对 1952 年全国禁毒运动的特点和经验做了总结。报告提出，这次禁毒运动的特点是“准备充分，计划周密，政策界限明确，纪律严明，控制严密，督导及时，工作紧张，威力充沛”。就运动发展的迅速、健康、效果以及各地对中央肃毒指示体会贯彻的精神看来，这次运动可以说是“一次比较精彩的运动”。

从新中国成立到 1952 年，中国政府在短短的 3 年时间里将 8 万多名毒品犯罪分子绳之以法，使 2000 万名吸毒者戒除了毒瘾，基本解决了旧中国烟毒泛滥流行的态势。又经过 10 多年的努力，中国政府对西南、西北一些偏远山区与少数民族地区的烟毒祸患进行了持续的治理，一举禁绝了为患百年的鸦片烟毒，创造了举世公认的“无毒国”奇迹。1953 年，中国政府宣告中华人民共和国为无毒国。此后至改革开放前，境内的烟毒祸害有所抬头，种植罂粟，制造、贩卖、吸食烟毒现象偶有发生。我国西南边境地区曾零星发生过走私毒品案件，但数量极少，且多为偶发的个案，与其他犯罪相比，其比例小到完全可以忽略不计，在此期间我国没有再进行大规模的禁毒运动，也没有发布中央文件改变毒品犯罪刑事政策。

（二）改革开放至《禁毒法》实施前的禁毒斗争：严厉打击

20 世纪 80 年代初，我国改革开放起步，伴随着国门打开而来的毒品走私与贩运，毒品的违法犯罪现象死灰复燃，毒品的贩卖、制造、运输、走私等违法犯罪活动日益猖獗。受国际毒潮持续泛滥和国内多种因素的影响，我国登记在册的吸毒人员数量庞大，吸毒人员低龄化与多元化趋势明显。因吸毒引发的抢劫、盗窃、自伤自残自杀、暴力伤害、暴力攻击、毒驾肇事等极端案件、事件不断增多，毒品走私、网络涉毒、物流寄递贩毒、特殊人群贩毒、零星毒品销售活跃等问题突出，武装贩毒时有发生，“暗网”毒品交易活跃，毒品犯罪组织化、暴力化、武装化特点明显，合成毒品变异加快，毒品市场花样多，新类型毒品不断出现。同时，非法制造合成毒品犯罪、制毒物品流失问题和制造走私新精神活性物质问题突出，非法生产、买卖、运输和走私制毒物品违法犯罪活动依然活跃。国际毒品形势错综复杂，全球毒品制造、贩运、滥用问题突出，国外毒品主要来源于“金三角”“金新月”和南美等地，贩毒人员流窜境外走私毒品入境增多、境外毒品输入以及过境毒品问题尤为严重。面对日益严峻的国内外禁毒形势，我国始终坚持以“零容忍”的态度打击走私、贩卖、运输和制造毒品等犯罪行为。

面对国际毒潮侵袭，我国毒品问题死灰复燃并日趋严重，1981 年、1982 年党和政府接连发出指示，要求各地坚决查禁毒品。在 1983 年开始的持续三年多的“严打”斗争中，毒品犯罪被列为打击重点。从80年代末开始，我国几个毒品问题严重的省份，如广东、广西、甘肃、四川、云南、青海等根据各自不同情况，开展了形式多样的扫毒行动，取得了显著成果。自1996年开始，全国每年都要进行禁毒的专项行动，或者在“严打”斗争中将毒品列为重点整治的对象，充分发挥集中打击的优势。从此，全国范围内的禁毒专项斗争，成为我国打击毒品犯罪的一个十分有效的手段。

（三）《禁毒法》实施以来的禁毒斗争：从严打到综合治理

自改革开放以来，我国政府对毒品坚持“零容忍”的态度，开展了各种禁毒专项行动。在毒品犯罪司法规制方面，为了协调和总体掌握全国毒品犯罪刑事打击的工作情况，最高人民法院先后专门召开了三次毒品犯罪案件工作座谈会并发布了三个会议纪要。其中，最高人民法院于2000年4月4日发布的《全国法院审理毒品犯罪案件工作座谈会纪要》（以下简称“南宁会议纪要”）要求，坚持“严打”方针，依法从重从严惩处毒品犯罪分子；对依法应当判处死刑的，必须坚决判处死刑，狠狠打击毒品犯罪分子的嚣张气焰。

2007年通过的《禁毒法》对禁毒宣传教育、毒品管制、戒毒措施、禁毒国际合作等作出了一系列规定，毒品治理开启了以预防为主的综合治理与禁种、禁制、禁贩、禁吸并举的治理模式。

2008年，最高人民法院发布的《全国部分法院审理毒品犯罪案件工作座谈会纪要》（以下简称“大连会议纪要”）明确“贯彻宽严相济的刑事政策，充分发挥刑事审判职能，严厉打击严重毒品犯罪，积极参与禁毒人民战争和综合治理工作”。2015年5月18日，最高人民法院发布的法〔2015〕129号《全国法院毒品犯罪审判工作座谈会纪要》（以下简称“武汉会议纪要”）则要求“为全面发挥刑罚功能，也要贯彻好宽严相济刑事政策，突出打击重点，体现区别对待”。从“南宁会议纪要”的极端高压、一律从重从严态势到“大连会议纪要”的宽严相济、重点从严，再到“武汉会议纪要”的综合治理、毒品犯罪分类区分、规范和限制缓刑适用的毒品犯罪打击思路，体现出我国开始由“刑法武器化”观念向刑罚惩治作为治理毒品问题的重要手段、禁毒综合治理观念的转化。

但为达到震慑毒品犯罪分子的目的，实践中还是过分依赖刑事处罚，以刑事手段制裁毒品犯罪分子和以刑罚惩罚作为震慑毒品犯罪分子的主要手段。据2018年《司法大数据专题分析报告之毒品犯罪》显示，2017年全国法院判处5年以上有期徒刑、无期徒刑至死刑的毒品犯罪分子21 733人，重刑率为21.93%，高出同期全部刑事案件重刑率7.89个百分点，[1] 2012～2016年我国毒品犯罪重刑率为21.91%，各年度的重刑

〔1〕罗书臻、孙航：“最高人民法院发布毒品犯罪司法大数据”，载中国法院网，网址：https://www.chinacourt.org/article/detail/2018/06/id/3371760.shtml。

率均高于同期全部刑事案件重刑率十几个百分点[1]。

二、我国的禁毒工作方针演变

为了有效遏制毒品犯罪活动，多年来我国政府禁毒部门制定并实施了一系列严厉禁毒的政策和措施。禁毒政策随着形势的变化而不断调整，变化主要体现在禁毒工作方针的表述上。禁毒工作方针，是指贯穿于禁毒工作始终并对禁毒工作具有指导意义的基本准则。它来源于禁毒工作实践以体现对实践的适应性，同时又必须高于禁毒工作实践以体现对实践的指导性。

（一）91禁毒工作方针：禁吸、禁贩、禁种并举，堵源截流，严格执法，标本兼治

20世纪80年代，新中国成立后一度禁绝的毒品问题在我国死灰复燃。我国政府秉持严厉禁毒的一贯立场，展开相应的禁毒工作，并于1990年成立了由公安部、卫生部和海关总署等25个部门组成的国家禁毒委员会，负责组织、协调、指导全国的禁毒工作。1991年6月24日至26日，国家禁毒委员会主持召开了全国禁毒工作会议。为了使全国禁毒工作有纲可循，国家禁毒委员会在总结十多年禁毒工作实践经验的基础上首次提出了我国的禁毒工作方针——禁吸、禁贩、禁种并举，堵源截流，严格执法，标本兼治。

当时我国的毒品形势主要是作为毒品过境国，许多不法分子利用中国西南特殊而相对便利的边境条件，借道我国进行贩毒。我国境内虽有种植罂粟等毒品原植物以提炼毒品的现象，但相较境外毒品渗透而言，其规模和数量微乎其微。国家禁毒委员会提出的禁毒工作方针反映了当时我国毒品形势的特点，能满足禁毒的工作需要。

（二）99禁毒工作方针：禁吸、禁贩、禁种、禁制并举，堵源截流，严格执法，标本兼治

我国的毒品形势到了20世纪90年代后期发生了重要变化，新型毒品问题日趋严重。到1999年，我国大部分省份均查获新型毒品地下加工厂，且查获的新型毒品数量日渐上升。随着新型毒品的迅猛增长，1999年8月，国家禁毒委员会于第三次全国禁毒工作会议上，将“禁制”列入禁毒工作方针的内容，禁毒方针由“三禁并举”调整为“四禁并举”，旨在打击、禁绝制造冰毒、摇头丸等苯丙胺类毒品犯罪，并在2000年6月国务院发布的《中国的禁毒》白皮书中明确提出“禁吸、禁贩、禁种、禁制并举，堵源截流，严格执法，标本兼治”的禁毒工作方针。

（三）04禁毒工作方针：禁吸、禁贩、禁种、禁制并举，预防为本，严格执法，综合治理

2004年4月15日，中共中央政治局常委会听取全国禁毒工作的汇报，时任总书记

---

[1] “《人民法院禁毒工作白皮书》（2012—2017）”，载《人民法院报》2017年6月21日，第3版。

的胡锦涛同志指出："禁毒工作必须全社会共同参与，各部门通力合作，综合治理。第一要抓教育，第二要抓戒毒，第三要抓打击，第四要抓管理，最后要抓法制，加强立法"。以前被放到首位的"打击"，在最高领导人的讲话中被降到了第三位。91禁毒方针和99禁毒方针，重点均在打击毒品违法犯罪，但是随着禁毒工作日渐科学和深入开展，我国认识到毒品问题的真正解决必须更加依赖于事先性预防，这才是禁毒工作的根本。此外，禁毒工作是系统性工程，不能仅仅依赖有关机关打击和严禁毒品，更需要综合应用社会各个方面的力量，形成多元禁毒主体共同参与的新局面。在此形势下，国家禁毒委员会在2004年召开的第四次全国禁毒工作会议上，明确提出"禁吸、禁贩、禁种、禁制并举，预防为本，严格执法，综合治理"的禁毒工作方针。

（四）07禁毒工作方针：预防为主，综合治理，禁种、禁制、禁贩、禁吸并举

2007年12月29日，第十届全国人民代表大会常务委员会第三十一次会议通过《禁毒法》，其中第4条明确了我国禁毒工作实行"预防为主，综合治理，禁种、禁制、禁贩、禁吸并举"的方针。此方针肯定了"04禁毒工作方针"的科学性和对实践的有效性，并做了进一步的调整和优化。一是将"预防"放在首位，反映出新的禁毒理念的变化，也表明了我国意识到预防对于减少毒品需求战略的重要性；二是将"综合治理"表述提前；三是按照禁种、禁制、禁贩、禁吸的自然顺序进行了调整。

三、新时期的毒品治理措施

近年来，各地区各有关部门认真贯彻落实《禁毒法》和党中央、国务院决策部署，深入开展禁毒人民战争，全面落实综合治理措施，禁毒工作取得了阶段性成效。但是，受国际毒潮持续泛滥和国内多种因素影响，我国毒品问题已进入加速蔓延期，毒情形势严峻复杂。在这样的背景下，2014年6月25日，中共中央、国务院印发《关于加强禁毒工作的意见》（中发〔2014〕6号文，以下简称"《意见》"），要求各地区各有关部门把禁毒工作纳入国家安全战略和平安中国、法治中国建设的重要内容，按照"源头治理、以人为本、依法治理、严格管理、综合治理"的基本原则，坚持"预防为主，综合治理，禁种、禁制、禁贩、禁吸并举"的工作方针，立足当前，长期治理，突出重点，多管齐下，不断创新禁毒工作体制机制，进一步完善毒品问题治理体系，深入推进禁毒人民战争，坚决遏制毒品问题发展蔓延。我国新时期的禁毒工作措施主要有以下五大方面：

（一）深入推广禁毒宣传教育，增强公民识毒拒毒防毒意识和能力

《禁毒法》第11条第1款规定，"国家采取各种形式开展全民禁毒宣传教育，普及毒品预防知识，增强公民的禁毒意识，提高公民自觉抵制毒品的能力"，以立法的形式对禁毒宣传工作作出了明确的规定。实践中，我国一致坚持把毒品预防教育作为治本之策，组织各地、各有关单位紧紧围绕禁毒核心工作、重要节点，主动谋划宣传，探

索运用新渠道、新平台、新手段，开展了形式多样、内容丰富的宣传教育活动，禁毒宣传教育工作取得了重要成效。

《意见》要求，要深入开展毒品预防教育。建立由各级禁毒部门牵头、党委宣传部门协助、有关部门齐抓共管、社会各界广泛参与的全民毒品预防教育工作体系。把毒品预防教育作为国民教育和社会主义精神文明建设的重要组成部分，纳入平安城市、文明城市（村镇、单位）创建内容，倡导健康生活方式，在全社会营造珍爱生命、远离毒品的禁毒氛围。发挥学校主渠道作用，重点针对青少年等易染毒群体开展毒品预防教育，实现普通中小学校、中等职业学校和高等学校毒品预防教育全覆盖。建立学校、家庭和社区毒品预防教育衔接机制，普及家庭防毒知识，强化社区禁毒宣传教育。有针对性地对涉毒高危行业从业人员开展毒品预防教育，在重点地区广泛开展禁种毒品原植物宣传教育。

（二）创新吸毒人员服务管理，提高毒品戒治效果

1. 加强完善吸毒人员动态管理机制。运用全国信息共享、动态监控和网上跟踪等手段，规范和强化各地对吸毒人员的排查、登记等环节的管理；加强对流动人员的管理控制，及时掌控吸毒人员的各项情况，在全国范围内建立吸毒人员调查登记制度；规范维护吸毒人员动态管控系统信息质量，不断完善吸毒人员动态管控系统。依法严厉查处吸毒行为，鼓励吸毒人员主动到公安机关登记，把吸毒人员纳入网格化社会管理服务体系，通过风险评估实施分类、分级管理和动态管控，严防吸毒人员肇事肇祸。

2. 不断提高戒毒工作水平，完善戒毒人员康复体系。积极探索科学有效的戒毒康复模式，构建戒毒治疗、康复指导、救助服务相结合的戒毒工作体系。第一，大力加强自愿戒毒工作，加快推进戒毒医疗机构建设，引导吸毒成瘾人员主动接受戒毒治疗。第二，形成政府统一领导、有关部门齐抓共管、乡镇（街道）共同实施、社会力量共同参与的工作格局。全面推进社区戒毒、社区康复工作，明确责任部门，完善工作机制，加强工作力量。第三，规范强制隔离戒毒工作，加强戒毒治疗、康复指导和职业培训，戒毒工作水平不断提高，取得了积极的社会效果。做好强制隔离戒毒与社区康复的衔接，提高戒毒实效；研究完善戒毒康复场所管理体制，完善功能设计，改进管理方式，提高使用效率；探索建立病残吸毒人员的专门场所或区域。第四，扩大戒毒药物维持治疗覆盖面，各地禁毒部门坚持把戒毒药物维持治疗作为降低毒品危害的有效途径，积极配合卫生部门深入推进美沙酮药物维持治疗工作。

经过多年的努力，戒毒工作成效明显，截至 2019 年底，戒断三年未发现复吸人员 253.3 万名，同比上升 22.2%，首次超过现有吸毒人数（214.8 万名）；截至 2020 年底，戒断三年未发现复吸人数 300 万名，同比上升 18.4%。

3. 落实戒毒人员帮扶保障措施。加大对戒毒康复人员就业帮扶力度，促进其尽快融入社会。完善促进戒毒康复人员就业政策，加强就业登记和失业登记。组织开展职

业培训，对符合就业困难人员认定条件的戒毒康复人员给予政策扶持，采取多种形式促进戒毒康复人员实现就业。加强戒毒康复人员社会保障工作，按规定将戒毒康复人员纳入社会保险范畴，对符合条件的戒毒康复人员提供社会保险补贴；按规定将生活困难的戒毒康复人员家庭纳入最低生活保障或特困人员供养范围，对因特殊原因导致基本生活暂时困难的戒毒康复人员家庭给予临时救助，努力保障戒毒康复人员有学可上、有业可就、有病可医、困有所帮。

4. 加强戒毒人员艾滋病防治救助工作。有针对性地对吸毒人员开展艾滋病预防咨询教育和检测，及时发现艾滋病感染者。对感染艾滋病的吸毒人员按照有关规定提供临床治疗，加强跟踪治疗和行为干预。在强制隔离戒毒场所、戒毒康复场所和戒毒医疗机构开展艾滋病预防教育和筛查检测，对感染艾滋病人员提供免费抗病毒治疗，并按有关政策规定提供救助服务。

（三）严厉打击毒品违法犯罪活动

根据《意见》，加强毒品来源重点方向省份的毒品查缉工作，严格物流寄递行业禁毒管理，构建覆盖全国陆海空邮及互联网的毒品立体堵截体系。严厉打击制毒、跨境跨区域贩毒和互联网涉毒等违法犯罪活动，严厉打击幕后组织者、团伙骨干和“保护伞”，严厉打击毒品洗钱犯罪和为毒品犯罪提供资金的活动。严格落实禁种铲毒工作责任制，严厉打击非法种植毒品原植物行为。完善突出毒品问题重点整治工作机制，强化分级预警、通报约谈、挂牌整治和督导考核。强化对公共娱乐场所的综合治理，加大对涉毒场所的查处力度。

近年来，我国深入开展堵源截流战役，在西南、西北、东北边境地区和东南沿海地区建立陆海空邮立体防控体系，加大堵源截流工作力度，最大限度地减少毒品的入境和内流。深入开展禁毒严打战役，进一步完善多警种参与侦办毒品犯罪案件工作机制，组织开展跨境跨区域贩毒、打击制贩新型毒品、打击零星贩毒、禁种铲毒等一系列行动。

继 2001 年第三次全面“严打”活动结束之后，国家及各省市公安机关开始改用专项治理的方式应对毒品问题。在不同规模的专项整治活动中，除公安部统一部署以外，各省市公安机关或者针对辖区内毒品趋重的态势展开专项打击，或者在社会治安综合整治中重点展开扫毒活动。在国家层面，早期由公安部部署的专项行动有“打击冰毒犯罪和加强易制毒化学品管理专项整治活动”“禁毒严打整治专项斗争”“打击金三角毒品入境和跨区域贩毒活动专项行动”“打击制贩和跨国走私苯丙胺类毒品犯罪专项行动”“全国遏制毒源专项行动”等。

（四）加强易制毒化学品和麻醉药品、精神药品管理

易制毒化学品，又称制毒物品，是指用于非法生产或者合成麻醉药品和精神药品的化学物品。严格易制毒化学品管制，从源头上防止易制毒化学品和麻醉药品、精神

药品流入非法渠道。建立非列管易制毒化学品、新精神活性物质及其他非药用物质临时列管机制和监管责任追究制度，建立健全易制毒化学品流失追溯制度。加快易制毒化学品管理信息系统建设和应用。建立麻醉药品和精神药品药用类与非药用类分类列管制度，加强对麻醉药品和精神药品生产、运输、经营、使用等环节的监管。

（五）积极开展禁毒国际合作

中国政府一贯支持并积极参与国际禁毒合作，先后签署加入了经1972年议定书修正的联合国《1961年麻醉品单一公约》《1971年精神药物公约》《联合国禁止非法贩运麻醉品和精神药物公约》。中国政府认真履行国际禁毒公约义务，积极推进禁毒国际合作向多层次、宽领域发展，维护和发展双边及多边合作机制，服务和支持禁毒执法案件合作，促进和丰富对外交流和人员培训，为维护国家安全和社会稳定营造了良好的禁毒国际环境。具体而言，国际禁毒合作活动包括：

第一，不断深化完善双边、国际和区域禁毒合作。通过政治会晤、签署协议、互派联络官等多种方式开展禁毒合作。巩固与老挝、缅甸、泰国、越南、柬埔寨等国家既有的双边合作机制，巩固、深化和俄罗斯、哈萨克斯坦、塔吉克斯坦等周边国家禁毒部门的传统合作关系，推动中美、中澳、中新禁毒合作稳中有进。继续深化与“金三角”地区国家的禁毒合作，创造性倡导开展中老缅泰“平安航道”联合扫毒行动，精心构建堵截“金新月”毒品走私和易制毒化学品流失防线，探索发展“金砖国家”禁毒合作新平台。开创性地运用国际合作手段服务国内禁毒工作，充分展示了我国禁毒工作的成果。

第二，促进和丰富对外交流和人员培训。充分利用国内国外资源，促进各级禁毒部门加强能力建设，有针对性地加大外警培训力度，不断提高培训实效。公安部、卫生部、海关总署与联合国禁毒署、世界卫生组织、亚太经社理事会合作承办了多期国际禁毒培训班、研讨班，在禁毒执法、减少需求、艾滋病预防方面做了大量的工作。

第三，加强与有关国家和地区禁毒执法部门的情报交流和执法合作。多年来，我国公安机关协同武警部队，不仅在国内严厉打击毒品犯罪活动，而且与国际禁毒组织和各国、地区密切协作，摧毁了若干制贩毒品集团和窝点，捕获众多的制、贩毒品犯罪分子，缴获了大量的海洛因、冰毒等毒品及各种易制毒化学品，收缴了许多用于贩毒的枪支，有力地震慑了毒品犯罪，取得了显著的效果。例如，与有关国家密切合作，成功侦破“10·5”湄公河大案，将长期横行于“金三角”地区，在湄公河流域制贩毒、绑架杀人的大毒枭糯康及其骨干成员全部抓获归案，这也是我国首次将境外抓获的外籍犯押回国内公审公判，极大地震慑了“金三角”地区的毒枭毒贩。主导建立了中老缅泰湄公河流域执法安全合作机制，持续开展联合扫毒行动，共同打击跨国毒品犯罪。

第四，积极支持和促进联合国倡导的平衡、综合、替代开展战略和减少毒品需求计划。云南一些边境地区政府帮助缅甸和老挝北部传统鸦片种植区开展农作物替代活动，推动了邻国边境地区的经济发展，减少了这些地区对毒品经济的依赖程度。

四、综合治理

（一）综合治理思想的产生

综合治理这个概念脱胎于“社会治安综合治理”，在过去仍然带有浓厚的“管理”的色彩。从“治理”理念的兴起到作为治国理政的主导思想被确立，到最后形成“党委领导、政府负责、社会协同、法治保障”社会治理格局，经历了一个长期的发展过程。

所谓综合治理，是指在党的领导下，依靠各方面的力量，运用政治、法律、行政、经济、文化、教育等多种手段，打击、防范、教育、管理、建设、服务、改造等多策并举，有效化解和预防社会问题，确保社会稳定和发展的思想及实践的总称。

1981 年 6 月 14 日，中共中央 21 号文件转批中央政法委《京、津、沪、穗、汉五大城市治安座谈会纪要》，这是中央文件第一次提出“综合治理”这个概念，正式把“综合治理”作为解决社会治安问题、实现社会长治久安的方针政策。我国综合治理制度化的过程是通过中共中央颁布规范化文件、全国人大颁布决定，各地颁布条例、工作规划，并建立从中央至地方一系列机构等方式予以实现的，可谓有法可依、有章可循，有机构、制度、机制的保障。

当前的“综合治理”话语，不仅仅针对治安问题，综合治理的范围已经得到了极大的延展，扩散到社会管理方方面面，扩展到包括毒品问题在内的整个社会问题。

（二）毒品问题综合治理的内涵

毒品问题的产生具有复杂性，以及深层次的社会结构方面的原因，毒品问题治理同样是多个部门参与、多个环节着手的系统工程。“04 禁毒方针”第一次确立了“综合治理”的方针，2007 年 12 月通过的《禁毒法》进一步明确了“综合治理”的禁毒方针。在毒品问题治理体系中，综合治理既是解决毒品问题的战略方针，也是毒品治理的有效途径。毒品问题的综合治理的具体内涵包括：

第一，预防和控制理念有机结合。对毒品犯罪保持严厉打击的态势，能有力震慑毒品犯罪活动。但毒品问题是一个由多种因素相互交织而产生的复杂社会现象，不同国家、不同时期的严禁措施都很难彻底根除这个社会毒瘤。而坚持关口前移、预防为先，大力倡导健康人生、绿色无毒理念，提升全民识毒拒毒防毒能力，更能有效降低毒品问题的严重程度。《禁毒法》第 1 条规定：“为了预防和惩治毒品违法犯罪行为，保护公民身心健康，维护社会秩序，制定本法。”第 4 条又明确了“预防为主”的禁毒方针。事实证明，预防是最为经济且有效的禁毒策略之一，我国近年来坚持的预防为主与严厉打击有机结合，效果明显。2018 年，中国现有吸毒人数占全国人口总数的

0.18%，首次出现下降；新发现吸毒人员同比减少 26.6%。2019 年戒断三年未发现复吸人员 253.3 万名，同比上升 22.2%，首次超过现有吸毒人数。2020 年，呈现出现有吸毒人数减少、规模化制毒活动减少、制毒物品流失减少、外流贩毒人数减少等“四个减少”的积极变化；截至 2020 年底，全国现有吸毒人员 180.1 万名，同比下降 16.1%，连续第三年减少。截至 2021 年底，全国现有吸毒人员 148.6 万名，同比下降 17.5%。截至 2022 年底，现有吸毒人员 112.4 万名，同比下降 24.4%，占全国人口总数的 0.8‰。现有吸毒人数和新发现吸毒人数连续 5 年下降。[1]

第二，毒品治理力量的综合性。毒品问题的复杂性，决定了禁毒工作的艰巨性和长久性，单纯依赖政府的力量尤其是警方的工作，已经被实践证明为不可能达成禁毒目标的选择。而毒品问题的公共性决定了禁毒工作能够将国家、社会和公民结成利益共同体，因为三方都有消除毒品危害、实现良好社会秩序的共同诉求。在大禁毒观下，让政府、社会、公民共同成为禁毒工作的主体，从而使禁毒真正成为人民战争。《禁毒法》第 3 条规定：“禁毒是全社会的共同责任。国家机关、社会团体、企业事业单位以及其他组织和公民，应当依照本法和有关法律的规定，履行禁毒职责或者义务。”第 4 条第 2 款规定：“禁毒工作实行政府统一领导，有关部门各负其责，社会广泛参与的工作机制。”

第三，禁毒手段的综合性。在与毒品作斗争的过程中，人们逐渐意识到应对毒品问题需要采取综合性的措施和手段。联合国在 1987 年 6 月举行的“麻醉品滥用和非法贩运问题”国际会议上通过了《控制麻醉品滥用今后活动的综合性多学科纲要》，明确提出了“减少毒品非法供应”和“降低毒品非法需求”并重的禁毒战略。多数国家在毒品问题的处理上采取综合管制的模式，但差别仅仅是因为刑事政策与公共卫生安全的侧重点不同而做出不同的政策取向。治理手段的综合性要实现从运用单一的行政手段向综合运用多种手段的转变，多种手段包括道德教育手段、行为规范自律手段、社会矛盾调节手段等，只要有利于防控毒品犯罪的手段均应被采用。

第四，职能的综合。根据禁毒工作范围，“打防管控”构成的综合治理是一个科学、完整的社会工程系统。其中“打”是对毒品违法犯罪的打击；“防”是指对毒品滥用的防范；“管”是指对禁毒工作的管理；“控”是指对毒品、易制毒化学品的控制及涉毒行为的控制。

任务三　戒毒措施

教学情境

2014 年 4 月，习近平总书记在听取司法部工作汇报时作出重要指示，明确指出：

[1] 国家禁毒委员会办公室历年发布的《中国毒品形势报告》《中国毒情形势报告》。

“戒毒工作是新时期司法行政工作的重点之一”，“要不断提高戒毒工作水平”。

工作任务

我国的戒毒措施制度从无到有，从有争议的劳教戒毒、强制戒毒到《禁毒法》的以强制隔离戒毒为主的戒毒体系，逐步成熟、完善。本任务中我们将：

1. 了解我国的戒毒措施体系；
2. 掌握社区戒毒、强制隔离戒毒、社区康复戒毒措施的基本概念、适用情形等。

一、我国的戒毒措施体系概述

在《禁毒法》正式颁布实施之前，我国实际上已经形成了医疗机构负责的自愿戒毒、公安机关负责的强制戒毒，以及司法行政部门负责的劳动教养三种戒毒模式。但这种戒毒措施体系存在诸多弊端，早已无法适应我国戒毒工作发展的需要。

2007 年 12 月颁布的《禁毒法》重构了我国戒毒措施体系，2011 年 6 月国务院公布的《戒毒条例》（于 2018 年修订）进一步对戒毒措施予以了明确和规范。《禁毒法》《戒毒条例》将强制戒毒和劳动教养戒毒整合为强制隔离戒毒，同时赋予了在实践中探索形成的社区戒毒、社区康复、场所戒毒康复、戒毒药物维持等戒毒措施以法律地位。由此，形成了以自愿戒毒、社区戒毒、强制隔离戒毒、社区康复的戒毒措施为主，以戒毒药物治疗、戒毒康复为补充的戒毒措施体系。

二、自愿戒毒

所谓自愿戒毒是指自行、自动接受戒毒医疗机构治疗、戒毒药物维持治疗、戒毒场所治疗或者其他戒毒方式戒毒。

我国《禁毒法》《戒毒条例》对自愿戒毒作了相关的规定。根据《禁毒法》的规定，广义的自愿戒毒形式包括：一是自行到具有治疗资质的医疗机构接受戒毒治疗；二是申请参加戒毒药物维持治疗；三是自愿进入强制隔离戒毒所戒毒；四是自行采取其他戒毒方式，如家庭戒毒、亲属帮助戒毒等。根据《戒毒条例》的规定，主要包含前述的第一、二种戒毒措施。

自愿戒毒特别是戒毒医疗机构的戒毒，有一定的优势，一是戒毒医疗机构能够为戒毒者提供戒毒服务，有利于在一定程度上减轻强制戒毒模式和社区戒毒模式的压力，减少国家在禁毒戒毒方面开展工作的财政压力。二是一些戒毒医疗机构专业化程度高，实力雄厚，在脱毒治疗、心理治疗等方面有一定的优势。

同时，自愿戒毒也存在不少弊端，主要有：①管理不严格，强制性不足，缺乏强有力的监督；②戒毒费用较高，很多戒毒者无法承担；③大多数侧重脱毒治疗，忽视心理矫治与回归社会，导致复吸率较高；④跟现有的其他戒毒措施衔接不到位；⑤客观上能够帮助吸毒人员逃避法律制裁。

三、社区戒毒

（一）社区戒毒的概念与特征

社区戒毒是2008年6月1日实施的《禁毒法》确立的一种戒毒措施，是指一种将符合社区戒毒条件的吸毒人员以社区为依托，由基层政权组织及公安机关负责实施，由相关社会团体和民间组织以及社会志愿者积极协助，戒除其毒瘾、康复其身心并最终促使其恢复正常社会生活的戒毒措施。社区戒毒具有以下特征：

1. 非禁闭性。社区戒毒改变了以往强制戒毒将戒毒人员长期置于封闭的戒毒场所治疗的方法，让戒毒人员可以在社区较为宽松开放的环境下接受戒毒治疗。非禁闭性是社区戒毒的一大特色和优势。

2. 社会参与性。社区戒毒吸纳了民间组织、社会工作者和专业人士等社会力量，并调动社区居民也参与到戒毒工作治疗中，从而缓解了政府负责强制戒毒的压力，也降低了戒毒工作的行政色彩。

3. 戒毒过程的完整性。从基本脱离吸食毒品的需要看，戒毒人员在戒毒中要经历脱毒、康复和再社会化三个相互紧密关联的戒毒过程。同时，社区戒毒与强制隔离戒毒等其他戒毒措施也构成了一个整体，相互之间可以过渡转化。例如，当戒毒人员在社区戒毒期间出现复吸或其他法律规定的情形，则将被移送到场所强制隔离戒毒，社区戒毒（康复）又是戒毒人员从场所强制戒毒向正常生活过渡的必经阶段。

（二）社区戒毒的适用对象

根据《禁毒法》《禁毒条例》的规定，对下列吸毒成瘾人员，公安机关可以责令其接受社区戒毒：

1. 吸毒成瘾被初次查获，未曾接受过社区戒毒、强制隔离戒毒等戒毒措施，且成瘾不严重的。

2. 怀孕或者正在哺乳自己不满一周岁婴儿的妇女。

3. 患有严重疾病（残疾）且生活不能自理的。

4. 年龄未满16周岁或者70周岁以上，并且有家庭监护条件的。

（三）社区戒毒的决定机关、执行主体

社区戒毒的决定机关：县级、设区的市级人民政府公安机关。

执行主体：戒毒人员户籍所在地或者现居住地的城乡街道办事处、乡镇人民政府。其职责主要包括以下内容：组建社区戒毒和社区康复工作组成员，为社区戒毒和社区康复工作提供财政保障；指派有关基层组织负责落实社区戒毒和社区康复措施；广泛开展宣传教学；积极探索建立集生理脱毒、身心健康和回归社会于一体的戒毒工作模式；鼓励社会力量以各种方式参与到社区戒毒和社区康复工作中来。

（四）社区戒毒的执行场所

根据《禁毒法》第33条规定，社区戒毒在户籍所在地，或者现居住地执行。

对于社区戒毒的执行地，应当本着既有利于社区戒毒管理，又不妨碍戒毒人员正常生活、学习的原则进行。根据我国现行的社会管理制度，公民在户籍所在地可以享受到入学、就业、医疗、民政、劳动和社会保障等各方面的政策。而且，户籍所在地的街道办事处或者乡镇人民政府一般来说对吸毒人员较为熟悉，便于管理，因此社区戒毒在户籍所在地较为适宜。但是，随着经济的发展深入，人口的流动日益频繁，外出就业、经营、求学、工作的人员越来越多，户籍所在地和居住地分离的情况比较常见，为了不影响戒毒人员正常的生活、工作和学习，《禁毒法》规定了可以在现居住地执行。

（五）社区戒毒的执行期限

社区戒毒的期限为三年，自到社区戒毒执行地乡（镇）人民政府、城市街道办事处报到之日起计算。

被责令社区戒毒人员擅自离开社区戒毒执行地的，离开时间不计入其实际执行期限，并按离开执行地的时间有一日顺延一日。

社区戒毒人员的户籍所在地或者现居住地发生变化，需要变更社区戒毒执行地的，社区戒毒时间自报到之日起连续计算。

社区戒毒人员被依法拘留、逮捕的，社区戒毒中止，由羁押场所给予必要的戒毒治疗，释放后继续接受社区戒毒，期限自释放之日起连续计算。

四、强制隔离戒毒

（一）概念与特征

强制隔离戒毒是指根据法律规定的条件和程序，对吸毒成瘾人员依法通过强制隔离的方式，将其活动范围限制在一定的区域范围内进行戒毒治疗，并依法为强制隔离戒毒人员提供科学规范的戒毒治疗、心理治疗、身体康复训练和卫生、道德、法制教育，开展职业技能培训的戒毒措施。

（二）适用条件

吸毒成瘾人员有下列情形之一的，由县级、设区的市级人民政府公安机关作出强制隔离戒毒的决定：

（1）拒绝接受社区戒毒的；

（2）在社区戒毒期间吸食、注射毒品的；

（3）严重违反社区戒毒协议的；

（4）经社区戒毒、强制隔离戒毒后再次吸食、注射毒品的；

（5）吸毒成瘾严重，通过社区戒毒难以戒除毒瘾的；

（6）吸毒成瘾人员自愿接受强制隔离戒毒，并经强制隔离戒毒场所所在地县级、设区的市级人民政府公安机关同意的。

（三）执行场所

强制隔离戒毒由强制隔离戒毒场所执行。

根据《戒毒条例》规定，被强制隔离戒毒的人员在公安机关的强制隔离戒毒场所执行强制隔离戒毒 3 个月至 6 个月后，转至司法行政部门的强制隔离戒毒场所继续执行强制隔离戒毒。

（四）执行期限

强制隔离戒毒的期限为两年，自作出强制隔离戒毒决定之日起计算。

执行强制隔离戒毒一年后，经诊断评估，对于戒毒情况良好的强制隔离戒毒人员，强制隔离戒毒场所可以提出提前解除强制隔离戒毒的意见，报强制隔离戒毒的决定机关批准。强制隔离戒毒决定机关应当自收到意见之日起七日内，作出是否批准的决定。

强制隔离戒毒期满前，经诊断评估，对于需要延长戒毒期限的戒毒人员，由强制隔离戒毒场所提出延长戒毒期限的意见，报强制隔离戒毒的决定机关批准。强制隔离戒毒的期限最长可以延长一年。

所外就医期间，强制隔离戒毒期限连续计算。

强制隔离戒毒人员脱逃的，脱逃期间不计入强制隔离戒毒期限。

强制隔离戒毒人员被依法收监执行刑罚、采取强制性教育措施或者被依法拘留、逮捕的，由监管场所、羁押场所给予必要的戒毒治疗，强制隔离戒毒的时间连续计算；刑罚执行完毕时、解除强制性教育措施时或者释放时强制隔离戒毒尚未期满的，继续执行强制隔离戒毒。

五、社区康复

（一）概念

社区康复是指根据我国《禁毒法》《戒毒条例》的规定，对解除强制隔离戒毒的戒毒人员，继续到社区康复场所接着进行戒毒康复，以巩固前期的戒毒治疗和康复效果，恢复其社会功能和正常生活的一种戒毒措施。

（二）社区康复的期限

社区康复的期限不超过三年，期限自报到之日起计算。

（三）社区康复执行地点

社区康复在当事人户籍所在地或者现居住地乡（镇）人民政府、城市街道办事处执行，经当事人同意，也可以在戒毒康复场所中执行。

（四）社区康复的内容

社区康复参照社区戒毒的规定执行。

实训项目

实训情境：

2015 年 6 月 25 日，习近平总书记会见全国禁毒工作先进集体和先进个人并发表重要讲话。他强调："禁毒工作事关国家安危、民族兴衰、人民福祉，厉行禁毒是党和政府的一贯立场和主张。"各地区各有关部门要"坚持严打方针不动摇，坚持多策并举、综合治理，坚持部门协同、社会共治，保持对毒品的'零容忍'，锲而不舍，常抓不懈，坚定不移打赢禁毒人民战争，不获全胜决不收兵"。

——习近平："增强做好禁毒工作政治责任感 坚定不移打赢禁毒人民战争"，《人民日报》2015 年 6 月 26 日，第 1 版。

实训任务：

毒品治理千头万绪，打赢禁毒人民战争需要各地区各部门齐心协力，需要全社会关心、支持禁毒工作，结合本项目学习内容：

1. 梳理我国禁毒方针的变化，以及变化背后的意义；
2. 解释禁毒"综合治理"的内涵及具体措施。

项目六　禁（戒）毒执法

任务一　禁（戒）毒执法主体

教学情境

教学情境一：

京州市光明分局禁毒大队侦破涉毒"减肥药"案件

9 月 18 日，光明公安分局禁毒大队发现辖区内有一名男子长期通过寄快递渠道非法贩卖"减肥药"，该"减肥药"中可能含有国家管制的物质，这一情况引起局领导的高度重视，并按照国家禁毒办、公安部禁毒局对涉含管制物质"减肥药"违法犯罪行为打击治理的工作要求，立即对涉毒"减肥药"进行调查。

9 月 23 日，按照局领导指示，成立涉毒"减肥药"专案组开展初步走访、侦查工作，通过对嫌疑男子的讯问得知，贩卖涉毒"减肥药"的供货商是一名京州籍女子贺某，而该男子只是负责帮助邮寄药品的快递员，其他情况概不了解，于是专案组通过这一线索，顺藤摸瓜找到贺某。随后，专案组以此为线索，经过多日缜密侦查，抓获涉案犯罪嫌疑人4人，共缴获含国家管制成分的“减肥药”29箱，成功摧毁了一个跨境“家族式”贩卖含国家管制成分“减肥药”的网络犯罪团伙。

教学情境二：

“美丽心灵”艺术教育

2020年新冠疫情防控期间，广东省女子强制隔离戒毒所积极响应习总书记“齐心协力打赢疫情防控阻击战”的号召，依据疫情防控工作要求，充分考虑女性戒毒人员的身心特点，因时因地制宜，创新“小空间·趣教育”戒治理念，通过深入开展以“美丽心灵”为主题的系统室内艺术教育活动，扎实做好疫情防控期间教育矫治工作，使教育戒治助力疫情防控，实现了场所安全稳定的戒治秩序，确保了戒毒人员的身心健康，提升了教育戒治的质量，效果明显。[1]

工作任务

通过以上两个事件，我们可以看出，在我国禁毒和戒毒的执法主体是不同的，本节我们的任务是：

1. 了解禁毒执法的履职主体；
2. 熟知戒毒执法的履职主体。

一、禁毒执法的履职主体

《禁毒法》第4条规定：“禁毒工作实行预防为主，综合治理，禁种、禁制、禁贩、禁吸并举的方针。禁毒工作实行政府统一领导，有关部门各负其责，社会广泛参与的工作机制。”第5条规定：“国务院设立国家禁毒委员会，负责组织、协调、指导全国的禁毒工作。县级以上地方各级人民政府根据禁毒工作的需要，可以设立禁毒委员会，负责组织、协调、指导本行政区域内的禁毒工作。”

《禁毒法》的这一规定，是对我国长期以来禁毒领导体制的总结。我国的禁毒实践和国际禁毒斗争的经验表明，禁毒工作必须坚持强有力的统一领导。同时，禁毒工作几乎涉及政府管理的方方面面，从易制毒化学品的管理，到麻醉药品药用原植物的种植、麻醉药品、精神药品的科学研究、生产、运输、储存、使用等方面的管制，从对走私、贩卖、运输、制造毒品行为的预防、查处和打击，再到禁毒宣传教育、吸毒成瘾人员戒毒康复工作等等。只有所有这些相关部门切实履行自己的职责，相互配合、

[1] 广东省戒毒管理局：《广东省司法行政戒毒系统优秀戒毒案例选集》（内部资料）。

相互协作，形成管理合力，才能够将各项禁毒法律法规和禁毒工作落到实处。禁毒工作的复杂性决定了不可能采取设立一个专门机构专司禁毒的工作方法，而必须建立一种能够有效整合各部门管理资源，形成管理合力，又能够及时协调部门间合作，能够统筹全局、指导各个相关部门的禁毒工作的领导体制。

1950 年，政务院《关于严禁鸦片烟毒的通令》第 2 条规定："各级人民政府为使禁烟禁毒工作进行顺利，得设禁烟禁毒委员会。该会由政府民政、公安部门及各人民团体派员组织，民政部门负组织之责。"此后，国家还先后设立过国家禁毒工作领导小组、国家禁毒委员会等。1989 年 11 月 23 日，在国务院召开的常务会议上，讨论了成立全国禁毒工作领导机构问题。1990 年 11 月 23 日，国务院第七十二次常务会议决定成立国家禁毒委员会负责研究确定禁毒方面的重要政策和措施，协调有关重大问题，统一领导全国的禁毒工作。该会议后，中国政府成立了由公安部、卫生部和海关总署等 25 个部门组成的国家禁毒委员会，统一领导全国的禁毒工作，负责禁毒国际合作，办事机构设在公安部。1998 年，国务院批准公安部成立禁毒局，该局同时又作为国家禁毒委的办事机构。1999 年，国务院批准组建了由 25 个成员单位组成的新一届国家禁毒委员会。近年来，国务院又充实了国家禁毒委员会的组成，现有成员单位包括：公安部、中央宣传部、最高人民法院、最高人民检察院、外交部、教育部、国家卫生健康委员会、海关总署、中央网信办、国家发展和改革委员会、科技部、工业和信息化部、国家安全部、民政部、司法部、财政部、人力资源和社会保障部、生态环境部、交通运输部、农业农村部、商务部、文化和旅游部、应急管理部、中国人民银行、国家市场监督管理总局、国家广播电视总局、国家国际发展合作署、国务院港澳事务办公室、国务院台湾事务办公室、国家移民管理局、国家林业和草原局、中国民用航空局、国家邮政局、国家食品药品监督管理局、国务院扶贫开发领导小组办公室、中央军委联合参谋部作战局、海警局、全国总工会、共青团中央、全国妇联、中国铁路总公司。

（一）国家禁毒委员会办公室

国家禁毒委员会的办事机构为国家禁毒委员会办公室，设在公安部。办公室负责执行禁毒委员会的各项决定，开展日常工作。具体任务是：

（1）掌握全国各地区和政府各部门禁毒工作情况，就禁毒工作的政策、措施、计划、项目向禁毒委员会提出建议和方案；

（2）协调政府各部门之间在禁毒工作中的合作事项；

（3）对地方禁毒工作的开展提出指导性意见；

（4）组织禁毒宣传工作；

（5）补助地方的禁毒经费、装备的统筹安排和落实；

（6）与外交部及有关部门配合，组织国际合作，负责与联合国组织、其他国际组织和各国政府间的禁毒合作业务；

（7）办好《禁毒工作情况反映》《禁毒工作简报》对上对下两个刊物；

（8）有关禁毒委员会的其他日常工作。

国家禁毒委员会每年召开两次全体会议，讨论和决定重大事项。必要时召开临时会议。

国家禁毒委员会以报告、文件形式，禁毒委办公室以反映、简报形式，报告反映情况，交流信息，指导工作。

（二）公安机关

公安机关是我国政府禁毒组织体系的基础和核心。根据国家禁毒委员会各成员单位具体职责的规定，公安机关的职责包括：第一，在毒品犯罪方面，掌握毒品违法犯罪动态，研究制定预防、打击对策；组织、指导、监督毒品犯罪案件的侦查工作，以及因毒品犯罪被判处有期徒刑交付执行剩余刑期在1年以下的和被判处拘役的罪犯的监管改造工作；第二，在戒毒工作方面，负责毒品预防教育、禁吸戒毒、禁种铲毒工作，麻醉药品、精神药物安全管理和易制毒化学品管制等工作；负责所辖的强制隔离戒毒场所和戒毒康复场所管理、社区戒毒和社区康复指导和支持等工作；履行国际禁毒公约义务，统一协调禁毒国际合作。基于公安机关在禁毒中的作用，国家禁毒委员会的办事机构也设在公安部，各地禁毒委员会的办事机构也大都设在了相应的公安局。当然，也有将禁毒办的机构设在政法委的情况。

（三）司法行政部门

司法行政机关在政府禁毒模式中起着重要作用，尤其在戒毒体系中占有重要地位。1990年，全国人大常委会《关于禁毒的决定》规定对经过公安机关强制戒毒后又复吸的吸毒成瘾者实行劳动教养，并在劳动教养中强制戒除毒瘾，这一规定使劳动教养所在教育改造违法犯罪人的同时兼有强制戒毒的职能。2013年12月28日，第十二届全国人大常委会第六次会议决议废止劳动教养制度。此后，原劳动教养场所逐渐改变职能，根据《禁毒法》的相关规定，转型为强制隔离戒毒所，承担了强制隔离戒毒工作。此外，司法行政部门还负责禁毒法治宣传教育、所辖的戒毒康复场所管理、社区戒毒和社区康复指导和支持等工作。

（四）卫生健康管理部门

卫生健康管理部门负责监督地方各级卫生行政部门对戒毒医疗机构的设置审批工作，组织协调地方各级卫生行政部门取缔非法设立的戒毒医疗机构；制定戒毒治疗的规章制度和工作规范，对强制隔离戒毒所、戒毒医疗机构从事医疗和护理工作的人员进行资格认证；贯彻“预防为主”的方针，积极开展健康教育工作，对由吸毒引起的传染性疾病依法进行监督管理，并对治疗工作提供业务指导和技术服务；加强对医疗机构内部麻醉药品和精神药品的管理和规范使用，加强处方管理；指导戒毒治疗科研工作，鼓励积极探索新的临床戒毒治疗方法；配合公安机关、司法行政机关开展强制隔离戒毒工作。

（五）市场监督管理部门

市场监督管理部门负责对麻醉药品、精神药品及药品类易制毒化学品的相关监督管理、药物滥用监测等工作。对非法贩运化学物品的处理，配合公安机关查处流通领域及娱乐场所中发生的毒品违法犯罪行为；对查实参与贩毒、非法贩卖易制毒化学品、麻醉药品、精神药品的经营单位，依法吊销营业执照等。

（六）人民检察院、人民法院

在缉毒体系中，检察机关对涉毒犯罪案件进行审查批准逮捕、审查起诉和抗诉工作；法院对毒品犯罪案件进行审判。两院还负责与其他国家和地区进行具体刑事司法协助事宜。

（七）其他部门

工会、共产主义青年团、妇女联合会应当结合各自工作，组织禁毒宣传教育、社会帮扶、志愿活动等，协助开展相关禁毒工作。

教育、民政、财政、农业农村、商务、文化旅游、广播电视、市场监督管理、人力资源社会保障、科技、交通、新闻出版、邮政、海关、人民银行以及机场、铁路部门和禁毒委员会其他成员单位，按照各自职责协同做好相关禁毒工作。

二、戒毒执法的履职主体

强制隔离戒毒，是我国《禁毒法》规定的一种具有行政性和强制性的戒毒措施，是由公安机关对吸毒者依法作出强制隔离戒毒的决定，由公安机关、司法行政机关通过强制隔离戒毒所对决定强制隔离戒毒者收容执行、并在强制隔离条件下进行综合性戒治康复工作的具体行政行为。

戒毒执法，是指国家公安机关、司法行政机关强制隔离戒毒所及其工作人员根据法律规定，为帮助吸毒人员戒断毒瘾并顺利回归社会而执行禁毒、戒毒相关法律法规的具体行政行为。

（一）戒毒执法履职主体类型

戒毒执法的履职主体主要包括各职级的从事强制隔离戒毒管理工作的人民警察、从事戒毒治疗工作的医护人员、从事诊断评估和心理治疗与康复工作的专业人员等。

1. 从事强制隔离戒毒管理工作的人民警察。在戒毒机关工作的人民警察肩负着维护戒毒场所秩序、帮助戒毒人员回归社会的艰巨使命，是戒毒执法工作的主要实施者，是评估戒毒人员行为表现、保障戒毒人员权益的第一责任人。目前，从戒毒工作实际情况来看，该类型的人民警察从事的工作主要包括戒毒执法、生活和行政事务管理，同时，他们也承担着教育和职业辅导等工作。

2. 从事戒毒治疗工作的医护人员。在强制隔离戒毒所从事戒毒治疗工作的医护人员也属于警察编制，他们具有更强的专业性，在戒毒工作中承担着医学检查与诊断、开具处方、紧急处理与救护、日常护理等多项职责，也是戒毒执法主体之一。

3. 从事诊断评估和心理治疗及康复工作的专业人员。根据《禁毒法》的要求，诊断评估是一项重要的戒毒执法工作，围绕该项工作，需要专业的心理诊断、治疗与康复等，这就要由具备心理咨询与治疗执业资格的专业人员实施。因此，在戒毒工作法治化、科学化、专业化发展的过程中，要通过引进和培养相结合的方式，加强该类专业人员队伍建设。一方面，要积极引进和吸收有志于从事该项事业的相关专业毕业生；另一方面，要积极鼓励场所已有一定专业背景的人民警察从事与此相关戒毒执法的专业工作。

（二）戒毒工作人民警察的权力和义务

1. 戒毒工作人民警察的权力。

（1）依法履行职责。从事强制隔离戒毒工作的人民警察的职权包括：对戒毒人员的考核权和行政奖惩权，人身和物品检查权，申诉、控告、检举的处理权，提出变更社区戒毒的建议权，提出提前解除强制隔离戒毒、延长强制隔离戒毒期限的意见权，解除强制隔离戒毒权等。警察履行法定职责受法律保护。《人民警察法》第 5 条规定："人民警察依法执行职务，受法律保护。"第 35 条规定："拒绝或者阻碍人民警察依法执行职务，有下列行为之一的，给予治安管理处罚：（一）公然侮辱正在执行职务的人民警察的……以暴力、威胁方法实施前款规定的行为，构成犯罪的，依法追究刑事责任。"同时，《人民警察法》第 20 条规定："人民警察必须做到：（一）秉公执法，办事公道；（二）模范遵守社会公德；（三）礼貌待人，文明执勤；（四）尊重人民群众的风俗习惯。"

（2）依法使用警械。警察依法定情形可以使用武器和警械。《人民警察法》第 10 条规定："遇有拒捕、暴乱、越狱、抢夺枪支或者其他暴力行为的紧急情况，公安机关的人民警察依照国家有关规定可以使用武器。"第 11 条规定："为制止严重违法犯罪活动的需要，公安机关的人民警察依照国家有关规定可以使用警械。"部分戒毒人员由于认知偏差，有的存在暴力抗拒执法的倾向，有的因易激怒而打架斗殴，有的因突发精神症状可能对其他人的安全构成威胁，甚至出现预谋逃脱或自伤自残的现象。在遇到类似情况时，法律允许戒毒工作人民警察在一定限度内使用警械。

（3）正当防卫。警察享有依法定情形进行正当防卫的权利。根据《关于人民警察执行职务中实行正当防卫的具体规定》第 1 条的规定："遇有下列情形之一，人民警察必须采取正当防卫行为，使正在进行不法侵害行为的人丧失侵害能力或者中止侵害行为：……（六）聚众劫狱或看守所、拘役所、拘留所、监狱和劳改、劳教场所的被监管人员暴动、行凶、抢夺武器时；（七）人民警察遭到暴力侵袭，或佩带的枪支、警械被抢夺时。”

（4）依法检查。《禁毒法》第42条规定：“戒毒人员进入强制隔离戒毒场所戒毒时，应当接受对其身体和所携带物品的检查。”司法强制隔离戒毒场所对戒毒人员实施入所体检和物品检查，身体检查合格的予以收治。戒毒人员的物品经过检查，属于违禁物品和违规物品的依法收缴。戒毒人员外出就诊、探视回所时要进行尿检；戒毒人员来往邮件应由强制隔离戒毒工作人民警察进行检查，防止夹带毒品和其他违禁物品，邮件的检查应由2名强制隔离戒毒工作人民警察和戒毒人员本人在场。

（5）日常管理。司法强制戒毒场所应当根据吸食毒品的种类、戒毒人员的性别、年龄和吸毒史的长短等因素对戒毒人员进行分类管理；根据戒毒人员医疗监护期、脱毒管控期、戒断康复期、回归适应期进行分期分区管理；根据戒毒人员的日常行为表现进行分级管理和分级处遇；要以事实为依据，依法依规对戒毒人员进行表扬、嘉奖、记功的奖励和警告、严重警告、记过等惩罚；对戒毒人员严格使用保护性约束措施和单独管理；对患有严重疾病的戒毒人员办理所外就医，对不适宜回所继续执行强制隔离戒毒的所外就医戒毒人员依法办理变更社区戒毒。

（6）组织戒毒人员生产劳动。根据《禁毒法》第43条第2款的规定：“根据戒毒的需要，强制隔离戒毒场所可以组织戒毒人员参加必要的生产劳动，对戒毒人员进行职业技能培训。组织戒毒人员参加生产劳动的，应当支付劳动报酬。”司法强制隔离戒毒场所组织戒毒人员参加生产劳动要严格遵守劳动保护的相关规定，不得延长劳动时间和增加劳动强度，保障戒毒人员休息的权利。

2. 戒毒工作人民警察的义务

（1）依法接受监督的义务。宪法和法律都对司法强制隔离戒毒场所和戒毒工作人民警察依法接受监督进行了明确规定。《人民警察法》第42条规定，“人民警察执行职务，依法接受人民检察院和行政监察机关的监督”；第43条规定，“人民警察的上级机关对下级机关的执法活动进行监督，发现其作出的处理或者决定有错误的，应当予以撤销或者变更”；第44条规定，“人民警察执行职务，必须自觉地接受社会和公民的监督。人民警察机关作出的与公众利益直接有关的规定，应当向公众公布”。

（2）对戒毒人员进行戒毒治疗、康复训练的义务。强制隔离戒毒场所应当根据戒毒治疗的需要配备执业医师。在医师指导下，根据戒毒人员吸食、注射毒品的种类及成瘾程度，进行有针对性的治疗和康复训练。强制隔离戒毒场所对有严重残疾或者疾病的戒毒人员，应当给予必要的看护和治疗；对患有传染病的戒毒人员，应当依法采取必要的隔离、治疗措施；对可能发生自伤、自残等情形的戒毒人员，可以采取相应的保护性约束措施。同时，戒毒场所具有麻醉药品和精神药品处方权的医师可以按照有关技术规范对戒毒人员使用麻醉药品、精神药品。

（3）维护戒毒人员人身安全，保障其合法权益的义务。尊重和保障人权是我国宪法规定的原则，体现了社会主义制度的本质要求。公民的人格尊严不受侵犯，禁止用任何方式方法对公民进行侮辱、诽谤和诬告陷害。“强制隔离戒毒场所管理人员不得体罚、虐待或者侮辱戒毒人员”的法律规定，体现了对戒毒人员人权的尊重和保障。禁止体罚、虐待、侮辱，主要是指对戒毒人员强迫从事过度劳动、殴打、捆绑、冻饿、罚站、罚跪、嘲笑、辱骂、滥用械具等行为。强制戒毒工作人民警察违反上述规定的行为，应当承担法律责任。司法部《司法行政机关强制隔离戒毒工作规定》指出，从事强制隔离戒毒工作的人民警察应当严格、公正、廉洁、文明执法，尊重戒毒人员人格，保障其合法权益。

（4）依法回避的义务。戒毒工作人民警察在戒毒执法过程中如果出现了可能影响公正行为的情况，应参照《公务员法》《人民警察法》的相关规定进行回避。《公务员法》除规定了任职回避和地域回避外，还特别要求公务员在执行公务时，凡是可能影响公正执行公务的，都必须回避，即公务回避。《公务员法》作为行政组织法将回避范围扩大到所有公务员，将监督制约机制渗透在公务员管理的各个环节。《人民警察法》第45条也规定了人民警察公务回避的情形，强制隔离戒毒工作人民警察也应参照执行，特别是戒毒人员或戒毒人员亲属申请强制戒毒工作人民警察回避时要予以充分考虑，对申请回避理由充分的要实施回避。

（5）提供真实资料的义务。作为戒毒执法监督对象，在发生戒毒执法监督关系时有向监督主体提供真实材料的义务。提供的材料包括戒毒执法相关法律文书、笔录、基础台账等。对监督主体指出的戒毒执法行为有如实举证的义务，强制隔离戒毒场所或戒毒工作人民警察作为被监督客体要在规定期限提供证据材料，证据必须全面、客观，不得隐瞒，不得提供伪证，不得作虚假陈述。

任务二 执法理念与执法能力

教学情境

教学情境一：

政法队伍建设

2016年全国政法队伍建设工作会议指出：要认真学习贯彻习近平总书记重要指示精神，牢牢把握政治过硬、业务过硬、责任过硬、纪律过硬、作风过硬的总要求，坚持中国特色社会主义政法队伍正规化、专业化、职业化方向，以深化司法体制改革为动力，以现代科技手段应用为支撑，以制度建设为保证，着力破解制约政法队伍建设的体制性、机制性难题，深入推进思想政治、业务能力、纪律作风建设，努力建设一支信念坚定、执法为民、敢于担当、清正廉洁的政法队伍。

教学情境二：

践行执法理念 保障合法权益[1]

2015 年 1 月 22 日，某某市某某区法院熊法官致电某某强制隔离戒毒所法制科，询问该所戒毒人员张某父母火灾事故死亡赔偿款领取情况。法制科立即安排专人调查核查：张某系四川人，随父母从四川来本市打工，父母租赁居住的房子因电线老化失火，父母罹难双亡。张某与房东打官司要求赔偿，房东赔偿能力有限，经过去法院多次调解，达成赔款 7 万余元的协议。后张某因吸毒被送到强制隔离戒毒所戒毒，张某的同父异母姐姐伪造张某的委托领款签字，欲从法院领取赔偿款。法制科长让张某写出书面材料并传真至区法院，希望熊法官对戒毒人员负责，关爱弱势群体，把执行款处理好。熊法官十分慎重负责，2 月 6 日亲自到某某强戒所。法制科长与熊法官一同来到五大队找张某调查核实情况：张某根本没有委托姐姐领款，也没有签字。法制科长要求法院冻结执行赔偿款，待张某解除强戒后再行处理。熊法官听取了张某和科长的意见，随后该院对该赔偿款暂予冻结，待张某解除强戒后依法处理。

工作任务

要建设一支信念坚定、执法为民、敢于担当、清正廉洁的戒毒民警队伍，必须树立正确的执法理念，具备过硬的执法能力。本部分的任务：

1. 熟知戒毒民警应该树立怎样的执法理念；
2. 熟知戒毒民警应该具备怎样的执法能力。

一、执法理念

执法理念是执法的指导思想，是影响和制约执法行为的思维、意识。司法行政强制隔离戒毒工作属于行政执法的范畴，广大戒毒工作民警务必树立正确的执法理念，将执法理念内化于心、外化于行，司法行政戒毒工作才能沿着法制化的轨道科学、健康地向前推进。在戒毒工作执法实践中，尤其要强化以下几个方面的执法理念：

（一）坚持依法行政秉公执法

依法行政，是指行政机关的组织、权限、手段、方式和违法后果均由法律作出规定，行政机关的行政行为必须严格遵守法律的规定并积极保证法律的实施。在现代社会，“依法行政”范畴是一个中心明确、内容丰富、层次复杂、协调统一的价值和规则体系，具体内容包含合法行政、合理行政、程序正当、高效便民、诚实守信和权责统

[1] 司法部戒毒管理局组编：《司法行政强制隔离戒毒执法实务》，法律出版社 2017 年版，第 250 页。

一六个方面。依法行政、秉公执法是戒毒工作执法的本质要求。

（二）坚持法律面前人人平等

要坚持以事实为依据，以法律为准绳，法律面前人人平等。在戒毒执法中，要严把证据关，尤其涉及戒毒人员的诊断评估及奖惩事项，要坚持基本事实清楚、基本证据确凿、对应标准明确、实事求是。要严把法律关，在戒毒人员入所收治、所外就医、变更处罚、提前解除等执法环节要严格把好法律适用关。

（三）坚持实体公正与程序公正并重

执法公正包括实体公正和程序公正，两者是辩证统一的。坚持实体公正与程序公正相结合，既重视实体公正，又保证程序公正。要摒弃“重实体轻程序”“程序虚无主义”的观念和做法。违反程序所做的结果，不仅达不到实体公正，容易授人以柄，甚至还会导致冤假错案，损害了法律的权威和戒毒机关的形象。遵循法定程序，执法公正才能得到有效保障。

（四）坚持公正与效率并重

公正与效率是法治社会所追求的重要价值，二者是相互依赖、相互制约的统一体。公正是评价法律效率的基本尺度，效率是实现法律公正的重要条件。戒毒执法中要正确处理公正和效率的关系，努力追求公平和效率的最佳结合，而不应该把二者割裂开来，对立起来。如亲属会见、诊断评估、所外就医、按期解除等执法过程中，既要严格执行相关法律法规，务求公平公正，又要注重办事效率，防止一切不必要的拖延。

（五）坚持以公开促公正

司法行政戒毒机关要认真落实和严格执行执法公开的规定，坚持阳光执法、以公开促公正。在做好保密工作的同时，要创新所务公开的形式、载体和内容。要通过便捷、最容易为社会公众所接受和知晓的方式、途径将应公开的内容公之于众，自觉接受戒毒人员亲属及人民群众的监督。

二、执法能力

戒毒工作民警具备过硬的执法能力是推进依法治国进程、维护社会和谐稳定的必然要求，是实现司法为民、执法为民价值和目标的必然要求，是素质强警、让人民群众切实感受到公平正义的必然要求。戒毒工作民警需要具备的执法能力包括以下几个方面：

（一）公正执法能力

司法行政戒毒工作职业的特殊性，决定了这个职业并不是简单的法律条文的对照和运用，而是一种需要具有相应专业技能的职业。它需要借助民警具有独特的大局观、丰富的社会阅历，以及正确的法治理念与灵活运用法律知识于一体的特殊能力。

在现代社会，司法公正作为一种价值、一种精神、一种理想，被倡导和追求。“公正”是司法干警的价值追求，公正执法是我国法治化进程中司法干警的职责和职业道德核心，既要求执法结果的公正，也要求司法程序的公正。作为一名戒毒民警，如何做到执法公正呢？首先，执法公正要体现在每一次执法的活动中，在戒毒人员的收治、管理、教育、劳动习艺、生活卫生、奖惩等方方面面都做到执法公正。其次，要做到程序公正，只有程序公正才能真正实现实体公正，没有程序公正，即使做到实体公正也容易引人非议，会让戒毒人员及其亲属怀疑这个民警的主观偏向，从而影响执法的社会效果。最后，树立执法公正形象，一方面应树立一批公正司法的模范，加强正面宣传引导，让人民群众感觉到社会公平正义就在身边；另一方面，应利用因司法不公引发的涉法涉诉信访、个人极端事件、群体性事件以及舆论炒作的案例，对广大戒毒人员进行经常性的警示教育。

（二）廉洁自律能力

廉洁是司法行政戒毒工作民警的基本操守，自律是民警遵守法律法规和职业道德规范的要求所能达到的能力和水平。对司法干警廉洁自律的要求，我国《公务员法》《监察法》均有原则性的规定，对公务员廉政行为具有规范性的明确要求，公务员要做到克己奉公、不以权谋私，公正廉洁、不贪赃枉法，艰苦奋斗、不奢侈浪费。

近年来，全国政法系统发生的贪污受贿、以权谋私、枉法裁判等违法违纪案件并不少见，这些司法腐败行为，已严重损害了司法干警的社会形象和执法公信力。古人云：“勿以善小而不为，勿以恶小而为之”，任何事物都有一个由量变到质变的演变过程，在小事上不注意，小节上不检点，久而久之就会出大格，甚至走上蜕变的道路。在现实社会，司法干警要在职业上取得一定成就，可能要面临着许多考验。如果在工作中经不起物质利益的诱惑，挡不住人情风的侵蚀，理不清关系网的危害，就会使公正的天平倾斜，轻者使人民群众的利益受损，重者使党和国家的形象受损。因而，我们司法机关一定要加强对司法干警的廉洁从政教育、职业道德教育、纪律作风教育，筑牢拒腐防变的思想道德防线。

（三）群众工作能力

群众工作能力，是领导干部了解、熟悉和掌握民情，关心群众生产、生活，理顺群众情绪，化解社会矛盾，维护群众利益，带领群众科学发展的综合素质。群众工作能力是社会管理的重要手段，是各级领导干部肩负的重要职责和历史使命。

作为司法行政戒毒工作民警，我们的群众工作能力高低直接决定戒毒工作的成败。在戒毒人员的管理教育和戒治工作中，将掌握民情、吸纳民意、改善民生、集中民智贯穿始终尤为重要。戒毒人员是一个个鲜活的个体，戒毒民警要学会从事件本身出发，整体地去思考问题、去解决问题，不得运用机械、粗暴的工作态度和简单单一的工作方法，采取强迫命令的方式，甚至出现过激行为，这些不仅不利于做好教育戒治工作，反而还会激发新的矛盾，引发新的事端，进而形成新的对抗。要尊重和保障戒毒人员的合法权益，不得打骂、体罚和虐待戒毒人员。要畅通沟通渠道，构建信用关系，让戒毒人员真实客观地表达自己所思、所喜、所忧、所愿、所盼，充分行使权利、反映诉求、检举监督、建言献策。另外，也要善于做好戒毒人员家属的工作，充分利用亲情教育等方式对戒毒人员进行教育戒治，从而使其顺利回归社会。

（四）安全稳定研判能力

安全稳定研判是戒毒场所一项常态化的工作，对有效防范场所安全稳定风险，确保场所安全起到重要作用。戒毒民警的安全研判能力主要体现在以下三个方面：

一是树立正确的安全稳定观。安全稳定是指戒毒场所改造环境和秩序的安全稳定，改造环境除了包括场所的内部环境，如硬件设施、规章制度、民警队伍等，还包括戒毒场所外部的环境及舆论环境、场所的安全稳定及包括传统意义上的“六无”安全（无毒品流入、无戒毒人员脱逃、无非正常死亡、无所内案件、无生产安全事故、无重大疫情），任何可能引发重大事故的安全隐患，引起社会广泛关注的事件，都是场所安全防范工作的重点。要拓宽安全稳定视野，更新安全稳定观念，高度重视“六无”之外可能影响安全稳定的各类因素。

二是掌握正确的安全稳定研判方法。戒毒场所安全稳定研判包括安全风险信息收集和信息分析判断。在安全风险信息收集上要尽可能全面、准确、详细地收集各类安全风险信息。收集方法主要有：①调查法。通过深入细致的调查，从而了解和掌握风险信息。②谈话法，通过找特定人员谈话的方式来了解和掌握风险信息，这里的特定人员既包括戒毒人员，也包括民警职工。③检查法。通过经常性的检查来了解掌握风险信息，检查可采用明查、暗查、夜查、定时查、突击查等多种方式。④监控法。监控包括技术监控和人员监控，技术监控就是充分发挥戒毒场所监控指挥中心的“天眼”作用；人员监控主要是充分发挥戒毒人员信息员的作用，同时要安排专人通过电视、报纸、网络媒体等渠道对舆论信息进行监控，及时发现问题。在安全风险信息上主要采用基于知识的分析方法和定性分析法。基于知识的分析方法又称经验方法，就是通过多种途径采集相关信息，识别场所安全稳定风险的所在和当前的安全措施，与上级的工作要求和标准进行比较，找出不符合要求的地方；定性分析法就是要对安全风险进行等级划分，风险等级的划分应按场所内的风险（所情）、外部风险（舆情、外部人员冲击、干扰等）的危害和紧急程度，按一般、严重、特别严重划定。

三是科学高效处置安全风险信息。对照安全风险信息的分析结果，科学、合理、高效地进行处置。处置基于知识的分析法确定的安全稳定风险，主要方法是按照上级规定的要求和标准进行整改，以达到消除和控制安全风险的目的。处置基于定性分析法确定的安全稳定风险，主要方法是戒毒所根据信息的等级划分，采取不同的应对措施进行有效处置，防范各类安全事故。对一般等级的风险信息要认真调查，采取措施，逐步消除隐患或影响；对严重等级的风险信息，要立即展开调查，全面掌握情况，随时启动应急处置预案，消除隐患和影响；对特别严重的风险信息，要立即展开调查，掌握详细信息，迅速采取措施，立即启动应急处置预案，消除隐患或影响。

（五）所政管理能力

所政管理的重点在于安全事故和风险的防范，是戒毒场所实现安全稳定而组织各种资源进行的计划、组织、指挥和控制的一系列活动。戒毒民警只有具备相应的所政管理能力，才能担当自己在此安全目标管理系统中的责任，提高场所安全工作管理绩效。

一是筑牢安全稳定思想防线。确保戒毒场所安全稳定是戒毒工作的硬任务、第一责任，是确保戒毒工作取得进展的基本条件，是戒毒场所的永恒主题。广大戒毒民警要增强政治敏锐性，从服务大局的角度出发，认真落实严格依法、科学文明管理，不断强化安全责任意识和忧患意识，恪守底线标准，强化底线责任。

二是严格执行安全管理制度。制度落实是保障安全稳定的关键所在。对安全管理制度，戒毒民警要在掌握上做到入脑入心，在执行中要做到不折不扣。要增强做好戒毒工作的责任心、事业心，爱岗敬业、无私奉献、忠诚履职，要杜绝到岗不履职、工作不尽责的现象，做到令行禁止、政令畅通。

三是科学掌控管理重点。对戒毒工作安全管理中的重点部位、重点环节、重点人员做到心中有数、精细控制。本着科学、高效、精准的原则，细化管理措施，严格管理标准，确保安全实效。

四是熟练使用现代物防、技防手段。随着科学技术的发展进步，安全防范技术设备的使用已成为现代安全管理的重要特征之一。戒毒民警要学习掌握视频监控、智能报警、门禁等操作，以及安防软件使用、安全信息处理等技能，做好物防技防设施的日常维护和保养，及时反馈安全信息，及时处理危险信息，将安全隐患消除在萌芽状态。

（六）教育戒治能力

对戒毒人员的教育戒治是戒毒工作的中心任务。教育矫治、戒毒医疗和康复训练是教育戒治的内容和基本手段。从这个意义上讲，戒毒民警的教育戒治能力即是掌握对戒毒人员开展教育矫治、戒毒医疗和康复训练的知识和技能。

教育矫治能力主要是对戒毒人员开展思想道德、法律常识、体能康复、心理健康、职业技术及毒品危害等教育的能力。通过教育矫治，帮助戒毒人员树立正确的道德、法治观念，从思想认识、知识储备、心理准备、方法技术等方面适应戒毒要求；帮助戒毒人员掌握戒毒知识、认识毒品危害、坚定戒毒信心。

戒毒医疗能力主要是对戒毒人员进行疾病预防、生理脱毒、医疗救治的能力。通过戒毒医疗，帮助戒毒人员普及生活卫生知识、摆脱对毒品的生理依赖、疾病得到及时治疗等。

康复训练能力主要是组织开展符合戒毒人员生理特征的训练项目、文体活动等，帮助戒毒人员降低吸毒造成的身体损害，逐步恢复身体健康机能，巩固教育矫治及戒毒医疗工作成效。

（七）应急处置能力

应急处置能力，是戒毒民警对戒毒场所发生的突发事件及时处置的能力。场所随时可能发生管教安全事件、安全生产事故、公共卫生事件、群体性上访事件、重大舆情事件、自然灾害事件等各种危机事件，这就要求戒毒民警必须具备较高的应急处置能力。要时刻提高警惕，保持足够的忧患意识；要坚持常规性的安全措施不放松，做到主动防御，措施到位；要熟悉掌握各种突发事件应急预案，并经常演练，做到未雨绸缪，防患于未然；发生突发事件时，要反应迅速、沉着冷静，立即进入预警和临战状态，妥善应对和处置。

实训项目

实训情境：

某省某市A强制隔离戒毒所（以下简称“A所”）学员冯某，收治入所不到四个月的时间里多次无故殴打民警和戒毒学员，经市精神病医院诊断鉴定其患有精神病，冯某有家族遗传病史，其母亲患精神病已故，该所依法为其办理了所外就医手续。然而，在联系其父亲将冯某接回家治疗时，其父亲断然拒绝，并说：“我儿子好好的，是你们把他搞神经了。”后又多次联系仍无进展。于是A所在请示上级之后，决定由大队派三名民警护送冯某回家。当晚6时许，民警到达冯某所在乡镇派出所，详细介绍了冯某的情况，希望公安机关能接受冯某，派出所表示接收有困难，愿意派一名干警到冯家做工作。当晚9时30分左右，A所民警与派出所干警一道来到了冯某家，因冯某父亲不在，大门紧锁，一行人又辗转找到了冯某的妹妹家，并将冯某的情况向其妹妹作了介绍，希望她能接收，不料其妹听完介绍后大吵大闹，不许冯某下车，还鼓动不明真相的街坊群众围攻。在公安干警的帮助下，A所民警和车辆才冲出围攻人群。当晚11时许，护送民警让冯某在其家附近下车，要其自己回家。不料意外发生了，冯某当晚在离家400米处的水塘溺亡。

冯某的父亲向A所提出了巨额赔偿要求，被拒绝后，先后到市政府信访办、市检察院、省政府信访办、省检察院上访，诉称：冯某强制戒毒期间被民警殴打致其精神失常，所外就医时将其子殴打致死，抛进水塘。经区、市、省三级检察院全面调查，出具调查结论为：A所无执法过错责任，冯某在强制隔离戒毒期间无人对其殴打，所外就医手续符合规定，冯某系溺水死亡的法医鉴定结论合法有效，但在冯某的交接问题上有欠妥之处。

实训任务：

该案例中，从执法能力的角度来看：在办理冯某的所外就医的交接工作过程中，有哪些方面需要改进、改善？

项目七　吸毒人员管控

任务一　吸毒检测、吸毒成瘾的认定与处置

教学情境

教学情境一：

毛发检测：让隐性吸毒无处遁形〔1〕

某县公安局禁毒大队接到群众举报，对3名涉嫌吸毒人员进行常规尿检。由于被举报人的吸毒时间在7天前，尿检结果全部为阴性，案件由此陷入了僵局。随后，根据国家毒品实验室的建议，禁毒大队采集了嫌疑人的头发样品，3份头发样品中均检出冰毒，表明其近期存在吸毒行为。

毒品一经吸食，会相应地在尿液、血液、唾液等生物检材中留下痕迹，成为认定吸毒违法行为的证据。不同种类的检材具有不同的吸毒追溯期。例如，毒品在尿液中的追溯期一般不超过3天，一旦尿检呈阳性，通常表明被检测人员在3天内使用过毒品；血液检测毒品呈阳性，能表明被检测人员在几小时（一般不超过24小时）内使用过毒品。一旦超过期限，血液、尿液中便检测不到毒品成分。那么，如何探究更长一段时间的吸毒情况？人体中存在能够反映更长吸毒史的生物检材吗？这里就要提到毛发。与尿液、血液等检材相比，毛发样品最显著的优势体现在延长了吸毒追溯期，可以挖掘更长时间内的吸毒信息，几十厘米长的发丝甚至可以反映几年内的涉毒情况。

教学情境二：

歌手陈某吸毒被拘

2018年11月28日，新浪微博用户“平安石景山”发出“情况通报”：2018年11月26日，石景山公安分局根据群众举报，在本市某小区抓获2名涉毒违法人员陈某（男，43岁，歌手）和何某某（女，25岁，无业），现场查获冰毒7.96克、大麻2.14克。经尿检，陈某呈冰毒类和大麻类阳性，何某某呈大麻类阳性。陈某因吸毒、非法

〔1〕 宋米亚：“毛发检测：让隐性吸毒无处遁形”，载《中国禁毒报》2018年9月10日，第4版。

持有毒品，何某某因吸毒均被行政拘留。

2018 年 12 月 5 日，石景山公安分局公布了陈某的毛发检测结果，认定为吸毒成瘾，责令陈某接受社区戒毒三年，期间必须不定期到社区进行尿检和谈话，如果在三年内复吸，将被执行强制隔离戒毒。

工作任务

执法机关在抓获涉嫌吸毒的人员后，通过什么方式方法来确认其有吸毒行为？认定其有吸毒行为后，将做怎么样的处理？本节的任务：

1. 认识吸毒检测的方法、程序。
2. 熟知吸毒成瘾的认定。
3. 熟知吸毒成瘾的处置。

一、吸毒检测

（一）吸毒检测概念

根据公安部发布的《吸毒检测程序规定》第 2 条规定，吸毒检测是运用科学技术手段对涉嫌吸毒的人员进行生物医学检测，为公安机关认定吸毒行为提供科学依据的活动。如果更广义理解吸毒检测，是指公安机关、医疗机构或者其他受委托单位通过物理、化学等技术手段对人体内毒品或其代谢物进行定性或定量分析的过程。

吸毒检测主要用途：第一，公安、司法机关等执法部门执法需要。作为认定吸毒人员成瘾情况、缉毒、打击毒品相关犯罪活动及司法取证、审判量刑方面的重要辅助手段。第二，医学相关机构专业需要。无论是明确患者诊断、了解患者曾使用物质与临床症状的表现的关系，还是根据滥用物质制定针对性治疗措施，吸毒检测均有重要意义。

（二）吸毒检测检材

吸毒人员滥用毒品后，进入人体的毒品经过多种途径吸收后在体内分布，再经肝代谢分解为代谢产物，最后通过排泄途径（如汗液、尿液、粪便等）排出体外。由于在毒品吸收与代谢过程中产生的代谢产物往往有更稳定的状态和更高的浓度，因此常常被用于吸毒检测。通过检验涉嫌吸毒人员的生物检材，可确定被检测人员体内是否有毒品或者毒品代谢物，这是确定被检测人员是否有吸毒行为的重要科学手段。

生物检材可包括被检测人员的尿液、血液、毛发、指甲、呕吐物，以及中毒死亡者的胃、肝脏、肾脏等，对于活体生物检材来说，检测样本主要是被检测人员的血液、尿液、口腔液体或者毛发等。

1. 血液。毒品无论是以哪种途径进入体内，都会进入血液，通过血液分布到全身，因此，血液是重要的吸毒生物检材。作为生物检材，血液具有稳定、可靠、真实性高的特点，血液样本更适用于实验室检验。

血液作为检测材料，其可检出的时间段范围较为局限，阿片类、苯丙胺类毒品与可卡因在血液中的可检出时间不超过 24 小时，而且使用血液检材是一种有开创性的检验方法，采样、备检、检测等程序在实际工作中均不甚便利，所以一般不作为常用的检材。

2. 尿液。尿液是最常见、应用最广泛的吸毒检测生物检材。毒品进入体内后大部分由肝脏代谢，经肾脏由尿液排出体外，少部分由粪便、乳汁、汗液等排出体外，所以，尿液是含毒品和毒品代谢物最多的排泄物。

尿液作为检测具有诸多优点：可获得性高、可采集量大；易于采集，且可在短时间内反复采集；对人体无创的检测方法，较易为检测对象接受；操作简便，尿液样本前期处理简单等。所以，尿液是体内毒品确定性试验的首选样本，无论是现场快速筛查还是用于实验室检测样本，尿液都是目前吸毒检测最常用的检材。

尿液作为检材的缺陷是检测窗口时间较短、检测结果易受干扰、取样涉及隐私等问题，因此目前多用于筛查使用。

3. 口腔液体。20 世纪 70 年代，把口腔液体作为生物基质研究毒品的方法逐渐被应用于法医实践过程中。通常情况下，口腔液体仅用于现场的毒品初步筛查，毒品的定量分析则需要通过后续的血液样品进行。口腔液体中毒品的浓度与血液中游离毒品的浓度存在一定的关系，这为毒品的测定以及对吸毒者身体和控制力潜在损害程度的评估提供了重要的药理学依据。

与尿液和血液相比，口腔液体作为样本进行吸毒检测具有如下优势：容易获取，不需要专业的收集装置；收集过程便于监控，可以有效防止作弊；口腔液体样品易于净化，杂质对于目标物的干扰较小；可以使用口腔液体样品检测药物原体及其游离态代谢物的浓度，有利于对药物滥用者个体受损情况的分析评估；通过分析口腔液中药物代谢物的相对含量，可以推断药物的摄取时间。

使用口腔液体作为样本的缺陷在于：口腔液体样品量小，分析物水平低；pH 值的变化会引起口腔液体中毒品浓度发生改变；采用口服或者鼻吸的方式吸毒时，口腔会被污染，从而导致口腔液体与血液中毒品的相对含量发生扭曲；使用口腔液体检测毒品的时间窗口较短，大多数毒品在给药 12 ~ 48 小时后就会从口腔液体中消失。

4. 毛发。近年来，毛发分析已逐渐被应用于吸毒检测生物检材。毒品进入人体后会通过血液分布到全身，同时也会分布到毛囊中，毒品原体及其代谢物会被毛发中的角质蛋白固定，并稳定地保留在毛发中。记录吸毒信息的头发长出头皮后，毒品及其代谢物会随着头发的生长从发根一端往发梢一端迁移，由此，通过分段检验可以反推出被检测人员的吸毒史。

毛发作为吸毒检测的检材，具有以下优势：一是具有很宽的检测窗，药物及其他代谢物存在于头发中，随时间推移甚少有降解现象，提供了很宽的检测窗，可达数周或数月，而血液和尿液中的药物浓度则在相对较短的时间内（几小时至数天）迅速下降；二是取样便捷，随时随地都可以剪取；三是不易掺假，毛发很难鱼目混珠，而尿液则可能使用茶水等液体冒充；四是不侵犯被采集人员的个人隐私，而尿液采集则需要现场监督；五是储存方便，毛发室温保存即可，而尿液、血液等检材一般需要低温冷冻储藏。

（三）瞳孔检测

研究显示瞳孔动态特性检测是进行精神和神经疾病研究的有用工具。通过眼睛生物特性的研究，可以无损伤地探索中枢神经系统的信息加工与控制机制，其中瞳孔的动态特性检测是一种无创的检测方法。国内外许多科学家一致致力于脑疾病和瞳孔变化的关系研究，毒品吸食成瘾者也是一种脑疾病患者。眼睛的动态变化过程包含着大量的科学信息，人吸毒后中枢神经系统会被破坏，这些信息会通过瞳孔反应出来，用光来刺激瞳孔，就能通过瞳孔的变化来初步判断被检测者是否为吸毒人员。科学准确地获取这些数据并进行有效的分析判别是进行毒品吸食者界定的技术关键。

2006 年，“吸毒人员瞳孔快速检测鉴定仪”通过公安部的鉴定。由公安部在云南省昆明市组织多学科专家对中科院昆明动物研究所、云南省公安厅禁毒局和昆明依利科特科技有限公司共同研制的“吸毒人员瞳孔快速检测鉴定仪”进行了技术鉴定。与会专家认真审阅了项目组提交的鉴定材料，仔细听取了项目组的工作汇报，并对中试产品进行了实际应用检测。通过答疑和认真讨论，专家组一致认为：该产品属国内首创，在阿片类吸毒人员瞳孔检测研究和技术开发领域达到国际先进水平，同意通过技术鉴定。

瞳孔快速检测仪能快速对检测对象是否吸毒作出初步判断，有效避免了检测对象尿检取样带来的尴尬和麻烦，且瞳孔检测只需 30 秒左右就能快速筛查出结果，大大提高了检测效率。目前，被公安机关用于快速筛查吸毒行为。

二、吸毒检测程序

根据公安部发布的《吸毒检测程序规定》（2009 年 9 月 27 日中华人民共和国公安部令第 110 号发布，根据 2016 年 12 月 16 日公安部令第 141 号《公安部关于修改〈吸毒检测程序规定〉的决定》修订），吸毒检测的程序要点如下：

1. 吸毒检测对象。吸毒检测的对象，包括涉嫌吸毒的人员、被决定执行强制隔离戒毒的人员、被公安机关责令接受社区戒毒和社区康复的人员以及戒毒康复场所内的戒毒康复人员。

2015 年 3 月 20 日，公安部印发了《关于加强重点违法犯罪嫌疑人员吸毒检测工作的通知》（公禁毒〔2015〕203 号），要求各级公安机关将重点违法犯罪嫌疑人员检测工作作为一项常态化执法工作，不断提高排查发现吸毒人员，特别是隐性吸毒人员能力。各级公安机关在日常执法办案工作中，要加强对涉嫌吸毒人员的排查发现工作，重点要注意排查发现七类涉嫌吸毒的重点违法犯罪嫌疑人员，包括：①涉毒违法犯罪前科人员、涉毒违法犯罪嫌疑人员；②盗窃、抢劫、抢夺、敲诈勒索违法犯罪嫌疑人员；③涉黄赌违法犯罪嫌疑人员；④寻衅滋事、聚众斗殴违法犯罪嫌疑人员；⑤故意杀人、故意伤害致人重伤或者死亡、强奸、劫持、绑架、放火、爆炸、投毒等犯罪嫌疑人员；⑥危险驾驶、交通肇事犯罪嫌疑人员；⑦群众举报吸毒或者公安机关认为有吸毒检测必要的其他人员。

2. 吸毒检测实施主体。吸毒检测由县级以上公安机关或者其派出机构、公安机关指定的取得检验鉴定机构资格的实验室或者有资质的医疗机构进行。

3. 检测样本的采集、送检。公安机关采集、送检、检测样本，应当由两名以上工作人员进行；采集女性被检测人尿液检测样本，应当由女性工作人员进行。

采集的检测样本经现场检测结果为阳性的，应当分别保存在 A、B 两个样本专用器材中并编号，由采集人和被采集人共同签字封存，采用检材适宜的条件予以保存，保存期不得少于六个月。

4. 检测。吸毒检测分为现场检测、实验室检测、实验室复检。

（1）现场检测。现场检测由县级以上公安机关或者其派出机构进行。

现场检测应当出具检测报告，由检测人签名，并加盖检测的公安机关或者其派出机构的印章。

现场检测结果应当当场告知被检测人，并由被检测人在检测报告上签名。被检测人拒不签名的，公安民警应当在检测报告上注明。

（2）实验室检测。被检测人对现场检测结果有异议的，可以在被告知检测结果之日起的三日内，向现场检测的公安机关提出实验室检测申请。公安机关应当在接到实验室检测申请后的三日内作出是否同意进行实验室检测的决定，并将结果告知被检测人。

实验室检测由县级以上公安机关指定的取得检验鉴定机构资格的实验室或者有资质的医疗机构进行。

公安机关决定进行实验室检测的，应当在作出实验室检测决定后的三日内，将保存的 A 样本送交县级以上公安机关指定的具有检验鉴定资格的实验室或者有资质的医疗机构。

接受委托的实验室或者医疗机构应当在接到检测样本后的三日内出具实验室检测报告，由检测人签名，并加盖检测机构公章后，送委托实验室检测的公安机关。公安机关收到检测报告后，应当在二十四小时内将检测结果告知被检测人。

（3）实验室复检。被检测人对实验室检测结果有异议的，可以在被告知检测结果后的三日内，向现场检测的公安机关提出实验室复检申请。

公安机关应当在接到实验室复检申请后的三日内作出是否同意进行实验室复检的决定，并将结果告知被检测人。

实验室复检由县级以上公安机关指定的取得检验鉴定机构资格的实验室进行。实验室检测和实验室复检不得由同一检测机构进行。

公安机关决定进行实验室复检的，应当在作出实验室复检决定后的三日内，将保存的 B 样本送交县级以上公安机关指定的具有检验鉴定资格的实验室。

接受委托的实验室应当在接到检测样本后的三日内出具检测报告，由检测人签名，并加盖专用鉴定章后，送委托实验室复检的公安机关。公安机关收到检测报告后，应当在二十四小时内将检测结果告知被检测人。

三、吸毒、吸毒成瘾的认定与处置

吸毒，从医学的角度来说，就是以非医疗目的，以不正常的方式，以不同的途径（吸毒、注射等）使用鸦片、海洛因、甲基苯丙胺等国家规定管制的麻醉药品和精神药品的行为。从法律上来说，通过一定的程序来认定吸毒人员存在吸毒行为，那么认定了一个人有吸毒行为，就说明其吸毒成瘾了吗？如何来认定和区别吸毒及吸毒成瘾？

（一）吸毒行为的认定与处置

一般来说，公安机关在办案时，涉嫌吸毒人员具有下列情形之一的，可以认定为有吸毒行为：

（1）被公安机关现场查获，当场缴获毒品或吸食、注射毒品器具且本人供认的；

（2）有举报，本人供认且有其他旁证材料能够相互印证的；

（3）本人供认且其临床表现经县级以上公安机关委托指定的县以上医院具有相关知识的医师认定符合吸毒人员特征，并出具相应证明材料的；

（4）本人供认且其尿样经检测含毒反应呈阳性的；

（5）本人不供认，但经尿样检测含毒反应呈阳性，并有其他旁材料印证的；

（6）本人不供认，但经尿样检测含毒反应呈阳性，且用其他检测手段检测证明当事人有戒断症状的。

根据《治安管理处罚法》的规定，对吸食、注射毒品的，无论成瘾与否，处以十日以上十五日以下拘留，可以并处 2000 元以下罚款；情节较轻的，处五日以下拘留或者 500 元以下罚款。

（二）吸毒成瘾的认定与处置

1. 概念。根据《吸毒成瘾认定办法》的规定，吸毒成瘾是指吸毒人员因反复使用毒品而导致的慢性复发性脑病，表现为不顾不良后果、强迫性寻求及使用毒品的行为，常伴有不同程度的个人健康及社会功能损害。

吸毒成瘾认定，是指公安机关或者其委托的戒毒医疗机构通过对吸毒人员进行人体生物样本检测、收集其吸毒证据或者根据生理、心理、精神的症状、体征等情况，判断其是否成瘾以及成瘾是否严重的工作。

2. 吸毒成瘾的认定。根据《吸毒成瘾认定办法》的规定，吸毒人员同时具备以下情形的，公安机关认定其吸毒成瘾：

（1）经血液、尿液和唾液等人体生物样本检测证明其体内含有毒品成分；

（2）有证据证明其有使用毒品行为；

（3）有戒断症状或者有证据证明吸毒史，包括曾经因使用毒品被公安机关查处、曾经进行自愿戒毒、人体毛发样品检测出毒品成分等情形。

戒断症状的具体情形，参照原卫生部制定的《阿片类药物依赖诊断治疗指导原则》和《苯丙胺类药物依赖诊断治疗指导原则》《氯胺酮依赖诊断治疗指导原则》进行确定。

3. 对吸毒成瘾人员的处置。根据《禁毒法》《治安管理处罚法》的规定，吸毒人员无论是否成瘾，都可以处以拘留和罚款。

根据《禁毒法》的规定，国家采取各种措施帮助吸毒人员戒除毒瘾，教育和挽救吸毒人员。吸毒成瘾人员应当进行戒毒治疗。同时，根据具体的吸毒情节和相关情况对其采取社区戒毒或强制隔离戒毒措施。

对吸毒成瘾人员，公安机关可以责令其接受社区戒毒。对于有下列情形之一的吸毒成瘾人员，公安机关作出强制隔离戒毒决定：

（1）拒绝接受社区戒毒的；

（2）在社区戒毒期间吸食、注射毒品的；

（3）严重违反社区戒毒协议的；

（4）经社区戒毒、强制隔离戒毒后再次吸食、注射毒品的。

（三）吸毒成瘾严重的认定与处置

吸毒成瘾人员具有下列情形之一的，公安机关认定其吸毒成瘾严重：

（1）曾经被责令社区戒毒、强制隔离戒毒（含《禁毒法》实施以前被强制戒毒或者劳教戒毒）、社区康复或者参加过戒毒药物维持治疗，再次吸食、注射毒品的；

（2）有证据证明其采取注射方式使用毒品或者至少三次使用累计涉及两类以上毒品的；

（3）有证据证明其使用毒品后伴有聚众淫乱、自伤自残或者暴力侵犯他人人身、财产安全或者妨害公共安全等行为的。

对于吸毒成瘾严重，通过社区戒毒难以戒除毒瘾的人员，公安机关可以直接作出强制隔离戒毒的决定。

任务二　吸毒人员特征

教学情境

药物滥用监测统计

根据原国家食品药品监督管理总局于2017年发布的《国家药物滥用监测年度报告（2016年）》，药物滥用的基本情况为：

药物滥用人群中，男性占85.9%，女性占14.1%；35岁及以下年龄青少年占51.7%，其中25岁及以下人群占15.5%；初中及以下文化人员占81.5%；无业人员占61.6%。值得注意的是涉及一些敏感职业和人员，其中包括448名公务员、348名在校学生和212名演艺业人员。

按“过去12个月曾经滥用药物”统计，滥用物质（药物）前五位为“冰毒”（占47.9%）、海洛因（占45.0%）、“麻谷丸”（占7.2%）、“K粉”（占2.5%）和美沙酮口服液/片（占1.2%）。“冰毒”和“麻谷丸”的主要成分为甲基苯丙胺，二者合计占比为55.1%，比2015年度增加3.2个百分点。甲卡西酮滥用例数和比例有所增加，2016年（707例）是2015年（246例）的2.9倍。

药物滥用者现居住地前5位的省份是广东（12.6%）、湖南（8.8%）、四川（8.0%）、云南（6.3%）、上海（6.2%）。

工作任务

药物滥用在不同的年份会呈现出一些新特点、新趋势，但也会有些相对稳定的情形和因素。认识药物滥用人群的一些基本特征，有利于我们更好地开展戒毒、禁毒工作，接下来我们的主要任务是：

1. 掌握吸毒人员的社会学特征。
2. 了解吸毒人员的心理（个性）特征。

一、吸毒人员的社会学特征

1. 性别上，男性吸毒人员比女性多。就我国的滥用情况而言，女性吸毒人员比例约在10%～20%之间，司法部于2019年6月25日发布的《中国司法行政戒毒工作发展报告》显示，截至2018年12月，全国司法行政戒毒场所在册强制隔离戒毒人员21.43万人，男性占总数的89.69%。另根据调研报告，2013年广东省男性吸毒359 057人，占全省登记在册人数的90.08%，女性39 542人，占9.92%。2014年，男性吸毒435 125人，占全省登记在册人数的89.54%，女性50 839人，占10.46%。

2015年，男性吸毒520 900人，占全省登记在册人数的89.41%，女性61 700人，占10.59%。近3年来，广东省女性吸毒人员稳中略有上升，但女性占比总体低于全国比例（全国女性比例为2013年16.42%、2014年16.93%、2015年16.56%）[1]其他的研究及报告也显示相同的特点，如2004年中国药物滥用监测中心首次披露了年度《药物滥用监测报告书》，指出2003年新发药物滥用者中，药物滥用者男性比例大大高于女性，具体为男性占81.7%，女性占18.3%。《国家药物滥用监测年度报告（2016年）》显示，药物滥用人群中，男性占85.9%，女性占14.1%。

2. 年龄上，以青少年为主。国家禁毒委员会办公室历年发布的年度《禁毒报告》《中国毒品形势报告》显示，吸毒人员中，35岁及以下青少年吸毒人数过半以上。《国家药物滥用监测年度报告（2016年）》显示，35岁及以下年龄青少年占51.7%，其中25岁及以下人群占15.5%。近年来，国家加强了青少年毒品预防教育，新发现的青少年吸毒人数逐年下降，如2017年，全国查获35岁以下青少年吸毒人数同比下降19%，其中新发现人数同比下降29.3%，占新发现人员总数的比例同比下降2.2%，青少年毒品预防教育成效得到巩固。但是，青少年滥用新型毒品的形势依然比较严峻。

表6-1　2014~2019年中国青少年（35岁及以下）吸毒人员情况[2]

年份	人数（万名）	占比（%）
2014年	168.8	57.1
2015年	146.3	62.4
2016年	146.4	59.3
2017年	143.4	56.2
2018年	126.0	52.4
2019年	105.2	49.0

3. 受教育程度偏低，多数为初中文化以下。受教育程度明显偏低，《国家药物滥用监测年度报告（2016年）》显示，初中及以下文化占81.5%。

4. 职业及身份地位，以无业为主，呈多元发展趋势。吸毒人员以无业人员为主，占了近七成。但近年来，吸毒群体由过去的无业人员、农民、个体经营者、外出务工人员为主逐渐向企业事业职工、自由职业者、演艺界人士甚至公务人员等人群扩散，呈现多元化的趋势。《国家药物滥用监测年度报告（2016年）》显示，无业人员占61.6%，另外值得注意的是涉及一些敏感职业的人员，其中包括448名公务员、348名在校学生和212名演艺业人员。《2015年毒品形势报告》显示，在明确登记职业信息的

[1] 邓时坤、翁胜强："广东省吸戒毒人员趋势变化调研报告"，载《犯罪与改造研究》2017年第4期。
[2] 国家禁毒委员会办公室2014~2019年《中国毒品形势报告》。

吸毒人员中，无业人员占69.5%，农民占17.3%，工人占4.7%，个体经营者占3.4%，自由职业者占3.2%，职员占1%，学生占0.5%，专业技术人员、企业管理人员以及公职人员、演艺界明星等占0.4%。

二、心理（人格）特征

（一）认知方面的特征

吸毒人员在认知方面常常有一种特殊的病态选择，带有很大的片面性和极端的特点，认知错误使他们形成了错误的价值观、扭曲的道德观。

有的吸毒人员对毒品、吸毒行为存在错误认知，错误的是非观念，认为毒品是自己摆脱烦恼、逃避现实的工具，而且毒品不会如宣传的那么可怕，觉得吸毒没什么，甚至天真地认为吸不吸毒是自己的事情，社会和政府不应该干涉，并建议吸毒“合法化”。有的吸毒者存在享乐心理，认为人生在世主要是为了享乐，什么都要去尝试一下，好奇特征明显，为了不给以后留下“遗憾”而去尝试毒品，不然“到死的时候都不知道毒品的味道”。

部分吸毒人员道德观念缺失，为获取毒资不择手段，比如很多的女性吸毒人员存在“以淫养吸”的行为，并且在谈及卖淫行为的时候，大多数表现出不屑或无所谓的态度。还有不少的吸毒人员都有过盗窃、抢劫、强奸、猥亵等违法犯罪行为。这些认知特征，一部分吸毒人员是在吸食毒品之前已经具备的，正是由于这些认知特征导致他们出现了对毒品的认识误区，从而走上吸毒的道路。一部分吸毒人员在吸食毒品形成瘾癖后，逐渐转变认知特征，形成错误的认知，导致价值观念和道德观念的扭曲。如有的吸毒人员在吸毒前是优秀工作者，甚至是对社会做出过贡献的人，但在吸食毒品后，人格特征发生了极大的转变，特别是在人生观、价值观方面变化明显。

吸毒人员的价值观念混乱，行为缺乏准则，对社会责任心淡薄，对人生的态度放纵而颓废；他们崇尚所谓的个人价值，迷恋个人自由、享乐人生，追求前卫的价值观。在他们看来现实是恐怖的，只有沉迷于毒品给他们带来的一种迷幻心理状态之中才能“想什么就有什么，想要怎样就能怎样”。

（二）情绪、情感特征

1. 情绪消极，依赖心理顽固。吸毒使吸毒人员在忧虑、焦虑、敌意、恐怖、偏执等方面的指数都显著高于正常人。吸毒人员在没有接触毒品前，往往都不同程度地患有抑郁症或焦虑水平高于常人。在生活中，他们往往会莫名其妙地感到焦虑或恐惧，甚至会出现幻觉。在吸食毒品形成瘾癖后，这种症状更为明显，特别是在毒瘾发作的时候，更是坐卧难宁。一些吸毒人员看待问题的角度和方法存在问题，他们感受到的总是事物的消极面，而往往忽略事物的积极面，一旦形成这种消极的认识很难改变，由此导致他们郁郁寡欢、消极悲观。另外，由于他们形成了生理和心理的依赖，对毒品表现出强烈的渴望，毒瘾使他们情绪异常低落，特别是戒断反应症状让他们非常痛苦。

2. 情绪不稳定。吸毒人员的情绪起伏波动大，很难自我调节和控制，并且敏感多疑、多愁善感，把一些消极因素扩大化，并且这种情绪往往能长时间左右他们的意识和行为。他们情绪忧郁、喜怒无常，有时狂妄自负、忘乎所以，有时焦虑紧张、惊恐不安，稍遇到不顺心的事，就暴跳如雷。

3. 情感冷漠、偏激。吸毒人员常常表现为情感冷漠、易激惹，倾向悲观，对家庭、社会缺乏责任感和同情心，不关心人，常抱有敌意和攻击性倾向，焦虑紧张抑郁，敏感多疑，常感觉困扰不安。吸毒成瘾者的理智狭隘而肤浅，他们所关心的只是割舍不掉的毒品，其对美感和幸福感的认知是扭曲的，认为“毒品是最好的物品，罂粟花是最美的花朵”，沉浸在如云似雾的“仙境”是人生最大的快事。

（三）意志特征

吸毒使吸毒者的意志特征呈现两极性，一方面，他们在为寻找毒品而进行的各种违法犯罪活动中往往是积极的、顽固的，甚至是偏执的；另一方面，在戒除毒瘾时，其意志活动却极为薄弱、坚持性差、控制和支配自己行为的抑制能力差，甚至是带有病理性的意志缺乏。

大部分吸毒人员在接触毒品之前，在意志上就存在一定的缺陷。有的做事盲目冲动，一旦形成某种欲念都会很快付诸行动，在遭遇挫折的时候往往手忙脚乱、不知所措，甚至一错再错；有的吸毒人员任意放纵自己，生活奢靡腐败，但同时生存能力又很弱；有的吸毒人员依赖性强，对父母或身边的人过分依赖；有的吸毒人员异常顽固，对外界的批评和劝诫很难接受，对自己的错误观点和错误行为一味地坚持。吸毒人员在形成毒品瘾癖后，其意志特征往往会发生恶性转变，在接触毒品前所具备的良好的意志特征往往会被淡化，出现顽固、冲动、放纵等特征。特别是在毒瘾发作的时候，其寻求毒品的顽固性异常坚强。

（四）个性倾向性特征

所谓个性是指一个人比较稳定的、具有一定倾向性的各种心理特点或品质的独特组合。人与人之间个性的差异主要体现在每个人待人接物的态度和言行举止中，行为表现更能反映一个人真实的个性。个性倾向性特征包括需要、动机、兴趣、理想、信念、世界观等，表明人对周围环境的态度，是个性心理结构中最活跃的成分，是个性的重要心理构成部分。吸毒人员的个性倾向性特征表现为：

（1）自控力差、易受诱惑和暗示、回避矛盾、逃避现实、较被动、多依赖、贪图享受、丧失事业心和责任感，生活中缺少符合现实的目标，只注意内心的迫切需要而不顾客观实际，对挫折的容忍力降低，经不起失败的打击和别人的批评，不能适当地用积极的心理去战胜挫折和烦恼，在遭遇挫折的时候性格变得更加脆弱。

（2）有明显的躯体不适感和疑病倾向，甚至会出现疑病妄想。这种疑病倾向往往会影响他们的情绪特征，使他们悲观绝望、对现实不满。

（3）冲动鲁莽、任性利已、不遵守制度和法律、难以接受社会的价值观及行为规范、判断力及自控力差、有敌意、好寻衅。表现为撒谎、诈骗、盗窃、乱性等；个性外露、虚伪做作、不体谅人、无真情、好享受、爱出风头、欺骗。

（4）退缩、冷漠、怪癖，并经常感到孤立、被疏远，不被身边的人接受，自闭、回避与人打交道，缺乏对社会环境的所属感，经常以空想逃避现实。

任务三　吸毒人员动态管控

教学情境

建立吸毒人员动态管控机制

2006 年 8 月 28 日，公安部召开电视电话会议，部署全国公安机关建立吸毒人员动态管控机制。时任国家禁毒委员会副主任、公安部副部长张新枫出席会议并讲话。张新枫指出，建立吸毒人员动态管控机制，是深入推进禁毒人民战争，有效解决我国毒品问题尤其是海洛因问题的客观需要。各地要充分认识其重要意义，把建立吸毒人员动态管控机制作为有效减少国内毒品需求、推动禁毒人民战争深入开展的重要举措，作为坚持以人为本、最大限度地教育戒治挽救吸毒人员的重要举措，作为有效减少吸毒人员违法犯罪、维护社会和谐稳定的重要举措，作为深化“三基”工程建设、提升禁毒工作水平的重要举措。

工作任务

吸毒人员动态管控机制是我国政府有关部门在多年工作经验的基础上，建立的一种对吸毒人员有效的管控机制，本部分的任务包括：

1. 了解什么是吸毒人员动态管控机制；
2. 了解吸毒人员动态管控机制的工作对象；
3. 掌握吸毒人员动态管控机制的主要内容。

一、吸毒人员动态管控概念

吸毒人员动态管控是指在信息化时代下，以“全国禁毒信息管理系统”等数据库为平台，建立对系统“吸毒人员信息”的实时维护机制，把所有吸毒人员信息及时纳入计算机系统的查询与统计范围，实现信息共享、网上跟踪、有效管理、动态监控。

吸毒人员动态管控机制的出现，一方面是为了打击吸毒人员“以贩养吸”的现象，即当吸毒者进行跨区域流动犯罪时，经公安大数据碰撞比对成功，管控系统将对当地辖区的派出所进行预警，从而帮助公安机关及时掌握其行踪而加以预防和打击；另一方面则是为了确保吸毒人员的戒毒效果，在此机制下，当吸毒人员进行跨区域流动时，辖区民警应根据系统预警判断而加以管控（通常为尿检），以辨认其近期是否吸食毒品，由此判断戒毒效果，达到约束、遏制复吸行为的目的。

从国际和国内情况来看，禁毒工作难以取得根本性突破的一个重要原因，就是吸毒人员流动性大、隐蔽性强，管控、帮教难、复吸率居高不下。为深入推进禁毒人民战争，有效管控吸毒人员，切实减少毒品供应和毒品需求，公安部于 2006 年 8 月召开会议，部署建立吸毒人员动态管控机制。

根据 2011 年 6 月 26 日国务院发布实施的《戒毒条例》第 4 条第 2 款规定，县级以上地方人民政府公安机关负责对涉嫌吸毒人员进行检测，对吸毒人员进行登记并依法实行动态管控。第 7 条第 2 款规定，对戒毒人员的个人信息应当依法予以保密。对戒断 3 年未复吸的人员，不再实行动态管控。对戒毒人员的动态管控被正式写入法律文件中。

二、吸毒人员动态管控工作对象

吸毒人员动态管控的工作对象主要包括在控吸毒人员和失控吸毒人员。在控吸毒人员是指纳入公安机关管控措施范围的吸毒人员，包括正在执行强制隔离戒毒、社区戒毒、社区康复、正在戒毒康复场所戒毒康复、正在参与社区药物维持治疗、已被纳入社会帮教（已经认定戒断巩固 3 年以上的除外）和看守（拘留）场所、监狱在押、服刑的吸毒人员。凡是不在公安机关上述管控措施范围且不属于戒断巩固 3 年以上、死亡或已出国（境）的吸毒人员均为失控吸毒人员。

实行吸毒人员动态管控的任务目标是：通过对吸毒人员的全面排查，切实掌握吸毒人员的底数和现实表现，及时发现新滋生吸毒人员，全力查找失控吸毒人员，最大限度地将吸毒人员纳入管控范围，提高对吸毒人员的发现、控制能力；依托吸毒人员信息数据库，建立动态信息维护制度，实现对吸毒人员的动态管理和跨区域核查，提高对吸毒人员的查控能力；切实落实对吸毒成瘾人员的收戒治疗、康复和帮教措施，提高戒断巩固效果。

三、动态管控的主要内容

对戒毒人员的动态管控，主要涉及三个环节：

（一）对吸毒人员进行排查、信息登记、分类管理

1. 深入开展排查。对吸毒人员进行详细而缜密的排查，是建立科学的吸毒人员

动态管控机制的基础，努力提高毒品犯罪人员的发现率，弄清吸毒人员的真实底数。与此同时，要建立科学的监测体系，准确推测毒品滥用情况，才能有效提高动态管控的质量。在这个过程中，要做到坚持见面排查、查清真实身份，这样才能为数据库采集到高质量的数据。

2. 信息采集、登记。切实做好吸毒人员信息采集和上网入库工作。对吸毒人员的登记是公安部门依法确认吸毒人员并对其生活现状、吸毒情况、有关部门对其的处理情况以及变更情况等加以记录和整理的活动，要如实采集现状信息、高质量录入信息数据。

3. 分类管控。分类管控是有效开展吸毒人员动态管控的核心。分类管控的核心理念是，对发现有吸毒行为的人员，要依据吸毒史、戒毒治疗和成瘾程度等情况，依法决定采取社区戒毒、强制隔离戒毒等收戒措施；对有吸毒经历、检测呈阳性人员依法做好法制教育和提醒告诫，防止其重新沾染毒品；对于生活、就业有困难或者病残的吸毒人员，协调相关的资源，解决其困难，等等。

（二）对吸毒人员进行信息维护

动态管控的特点在于灵活机变，如果没有及时的信息维护机制，这种管控必然是滞后和僵化的，也不能称其为真正意义上的动态管控。因此，要实时更新、维护信息，在排查发现、戒毒康复、出所和尿检、社区药物维持治疗方面，不断完善吸毒人员信息数据库，真正把“死的信息”变成“活的信息”，把“无用的信息”变成“可用的信息”。

（三）动态管控机制的应用

充分发挥吸毒人员动态管控机制在实战中的作用，积极为查控吸毒人员服务、为打击毒品犯罪服务、为完善防控体系服务。要按照边建设、边应用的原则，逐步加大系统的应用深度与广度。要与人口系统、在逃人员系统、重点人口系统、旅店业管理系统等相结合来加强系统的应用。在系统应用过程中加强数据质量和数量的考核力度，通过系统提供的信息交流功能提高各地在数据交流方面的时效性，使禁毒信息管理系统在禁毒工作中能够充分发挥作用。

当然，动态管控机制是一把双刃剑，为公安部门切实管控吸毒人员、维持社会治安、打击违法犯罪，创造了良好治安环境的同时，也给既往吸毒人员工作、婚姻生活、家庭幸福、自身身体健康带来了许多障碍，吸毒者的自我认同和社会认同程度都显著低于一般人群，而社会缺乏对戒毒人员有效的社会支持是导致复吸的危险性因素。因此，相关主管部门要完善吸毒人员动态管控机制，为成功戒毒人员回归社会提供有力的政策保障。

实训项目

实训情境：

2014 年 3 月 18 日下午，《中国好声音》歌手李代沫因吸毒被抓捕，经毒品检测呈阳性，且被抓捕的8人均对违法行为供认不讳。3月19日上午，北京市公安局官方微博“平安北京”发布微博称，歌手李代沫因涉嫌容留他人吸毒罪被北京市公安局朝阳分局依法刑事拘留，5月27日上午，李代沫被北京市朝阳区人民法院判决有期徒刑9个月。此外，该案被抓获的其余7名嫌疑人中，1人因涉嫌贩卖毒品罪被刑事拘留，6人因吸毒被行政拘留。

实训任务：

1. 分析说明为什么李代沫受到刑事处罚，而一起吸毒的另外6人只是被行政拘留？
2. 李代沫被抓后，检测其吸毒行为的手段有哪些？
3. 假如李代沫仅仅自己吸毒，未容留他人吸毒，经检测后：

第一，吸毒未成瘾；第二，吸毒成瘾；第三，吸毒成瘾严重。

李代沫在上述三种情况下将受到什么处罚？依据是什么？

项目八　毒品犯罪防控

任务一　毒品犯罪的刑事规制

教学情境

教学情境一：

吸毒引发次生犯罪〔1〕

近年来，随着我国吸毒人数的增长，为获得购毒资金而实施的抢劫、抢夺、盗窃等侵财型犯罪，以及因吸毒后行为失控而诱发的杀人、伤害、以危险方法危害公共安全、交通肇事等次生犯罪频发，严重危害了人民群众的生命财产安全和社会和谐稳定。针对这一现状，人民法院注重依法严惩因吸毒诱发的故意杀人、故意伤害、抢劫、以危险方法危害公共安全等严重犯罪，对于其中犯罪情节恶劣、社会危害大、后果和罪行严重的被告人，依法适用重刑直至死刑。广西法院审理的宁钢抢劫一案，宁钢因毒瘾发作无钱购毒，伙同他人闯入商铺抢劫，并致1人死亡，犯罪情节特别恶劣，社会危害大，罪行极其严重。湖南法院审理的龚兴富故意杀人一案，龚兴富吸食毒品后杀死同居女友和年仅4个月的幼子，犯罪情节特别恶劣，手段特别残忍，后果和罪行极其严重。最高人民法院先后于2012年和2013年依法对以上二被告人核准死刑。

〔1〕 引自最高人民法院：《人民法院禁毒工作白皮书》（2012—2017），标题为编者所加。

教学情境二：

“混合”海洛因案

2009年10月13日，张某打电话给北京的洪某（另案处理），问能否搞到40克高纯度的白粉（即海洛因），洪某说，其认识的一个卖家赵某（另案处理）有货，10月15日，张某从赵某处购得高纯度的海洛因40克。为牟取暴利，张某将该40克高纯度的海洛因同去痛片混在一起制成285.6克的混合物。10月26日，张某携带80克该混合物向他人贩卖时，被公安人员当场抓获。随后，公安人员在其住处搜出其余的205.6克毒品。

在本案中，海洛因是混合的，而且是和大量的去痛片混合，毒品的实际数量只是混合药物数量的1/7。如果按毒品混合物的总量计算，这个克数非常大，应该判死刑立即执行。但本案中的毒品和大量普通药物相混合，与完全高纯度的毒品相比，造成的危害还是有差别的，与判处死刑立即执行“罪行极其严重”的标准还有些距离。毒品纯度作为重要的犯罪情节，应当是量刑的重要根据之一。因此，最后人民法院判决张某犯贩卖毒品罪，判处死刑缓期二年执行，既体现了对毒品犯罪从严的一面，也考虑到了行为整体的社会危害性，做到了罚当其罪。

工作任务

毒品诱发了大量的刑事犯罪和社会治安问题，严重影响了社会秩序，引发了一系列的社会问题，社会危害性极大。随着毒品带来的问题逐渐增多，考察、了解我国刑法对毒品犯罪的规定，有利于地预防打击毒品犯罪。本部分的任务：

1. 熟知哪些有关毒品的行为纳入了刑法的规制。
2. 了解刑法对毒品犯罪的刑罚有哪些。
3. 明辨毒品犯罪的疑难问题，比如毒品的数量、纯度的计算问题，毒品再犯的问题，司法实践上是怎么处理的。

一、毒品犯罪概念与构成特征

从刑法视野考察，毒品犯罪是指违反我国刑法规定的，破坏我国关于毒品管制秩序，危害严重，依法应受刑罚处罚的行为，是我国刑法第六章“妨害社会管理秩序罪”中的第七节“走私、贩卖、运输、制造毒品罪”规定的一类犯罪。毒品犯罪具有以下构成特征：

1. 客体特征。毒品犯罪的客体是国家对毒品的管制秩序。国家为防止毒品危害人民身心健康，维护社会秩序，制定了有关的法律、法规，对毒品实行严厉管制。毒品犯罪违反了国家有关毒品管制的规定，破坏了国家对毒品管制的秩序。

作为类罪，毒品犯罪的对象主要是毒品，除了毒品外，还包括与毒品有关的物或与毒品犯罪有关的人，如制造毒品的原料或者配剂，毒品原植物种子、幼苗，毒品犯罪分子、毒赃等。

2. 客观方面。毒品犯罪的客观方面表现为刑法第六章第七节规定的“走私、贩卖、运输、制造毒品罪”中的犯罪行为，这些行为可以分成三个类型：第一，非法生产、经营毒品的犯罪行为；第二，刺激毒品滥用的犯罪行为；第三，妨碍司法机关关于禁毒活动的犯罪行为。

3. 主体特征。毒品犯罪的主体多是一般主体。个别犯罪的主体是特殊主体，如非法提供麻醉药品、精神药品罪的主体是依法从事生产、运输、管理、使用国家管制的麻醉药品、精神药品的人员，其他人只能成为该罪的教唆犯和帮助犯。有些犯罪的主体，既可以由自然人构成，也可以由单位构成。

4. 主观方面。毒品犯罪的主观方面，只能是故意，过失行为不能构成此类犯罪。所谓“故意”，是指明知自己的行为会发生危害社会的结果，并且希望或者放任这种结果发生。包括直接故意和间接故意。

二、毒品犯罪的类型

刑法规定的毒品犯罪有 12 个罪名，可以将其分成以下三类：

（一）非法生产、经营毒品的犯罪

非法生产、经营毒品的犯罪包括：走私、贩卖、运输、制造毒品罪，非法生产、买卖、运输制毒物品、走私制毒物品罪，非法种植毒品原植物罪，非法买卖、运输、携带、持有毒品原植物种子、幼苗罪，非法持有毒品罪。

走私、贩卖、运输、制造毒品罪，是指《刑法》第 347 条规定的，违反毒品管理法规和海关法规，逃避海关监管，非法运输、携带、邮寄国家禁止进出口的毒品进出国（边）境，或者违反毒品管制法规，贩卖、运输、制造鸦片、海洛因、甲基苯丙胺、吗啡、大麻或者其他毒品，破坏国家毒品管制的行为。

非法生产、买卖、运输制毒物品、走私制毒物品罪，是指《刑法》第 350 条规定的，违反国家规定，非法生产、买卖、运输醋酸酐、乙醚、三氯甲烷或者其他用于制造毒品的原料、配剂，或者携带上述物品进出境，情节较重的行为。制毒物品除《刑法》第 350 条列举的几种物品以外，还包括其他可能用于制造毒品的原料、配料，具体品种范围按照国家关于易制毒化学品管理的规定确定。其他重要的制毒物品如制造冰毒的原料麻黄碱，根据最高人民法院、最高人民检察院、公安部 2012 年 6 月 18 日发布的《关于办理走私、非法买卖麻黄碱类复方制剂等刑事案件适用法律若干问题的意见》（以下简称“《麻黄碱案件意见》”），以加工、提炼制毒物品为目的，购买麻黄碱类复方制剂，或者运输、携带、寄递麻黄碱类复方制剂进出境的，将麻黄碱类复方制剂拆除包装、改变形态后进行走私或者非法买卖，或者明知是已拆除包装、改变形态后进行走私或者非法买卖，或者明知是已拆除包装、改变形态的麻黄碱类复方制剂而进行走私或者非法买卖的，以及利用麻黄碱类复方制剂加工、提炼制毒物品的，均以本罪论处。根据最高人民法院、最高人民检察院、公安部、农业部、食品药品监管总局2013年5月21日发布的《关于进一步加强麻黄草管理严厉打击非法买卖麻黄草等违法犯罪活动的通知》（以下简称“《麻黄草管理通知》”），以提取麻黄碱类制毒物品后进行走私或者非法贩卖为目的，采挖、收购麻黄草，涉案麻黄草所含的麻黄碱类制毒物品达到相应定罪数量标准的，应以本罪论处。

非法种植毒品原植物罪，是指《刑法》351条规定的，明知是罂粟、大麻等毒品原植物的，且数量较大，或者经公安机关处理后又种植的，或者抗拒铲除的行为。“种植”是指播种、育苗、移栽、插苗、施肥、灌溉、割取津液或者收取种子的行为。

非法买卖、运输、携带、持有毒品原植物种子、幼苗罪，是指《刑法》第352条规定的，非法买卖、运输、携带、持有未经灭活的罂粟等毒品原植物种子或者幼苗，数量较大的行为。需要注意的是，行为人非法种植毒品原植物后又非法买卖、运输、携带、持有的，以非法种植毒品原植物罪论处。

非法持有毒品罪，是指《刑法》第348条规定的，明知是毒品而非法持有且数量较大的行为。持有毒品，是指行为人对毒品的事实上的支配，持有是一种事实的支配，行为人与毒品之间存在一种事实上的支配与被支配的关系，具体表现为直接占有、携带、藏有或者以其他方式支配毒品。

（二）刺激毒品滥用的犯罪

刺激毒品滥用的犯罪包括引诱、教唆、欺骗他人吸毒罪，强迫他人吸毒罪，容留他人吸毒罪，非法提供麻醉药品、精神药品罪，妨害兴奋剂管理罪。

引诱、教唆、欺骗他人吸毒罪，是指《刑法》第353条规定的，引诱、教唆、欺骗他人吸食、注射毒品的行为。引诱、教唆，都属于在他人本无吸食、注射毒品的意愿的情况下，通过向他人宣扬吸食、注射毒品的感受、传授或示范吸毒方法、技巧以及利用金钱、物质等进行诱惑的方法，引起他人产生吸食、注射毒品的意愿或者欲望的行为；欺骗，是指隐瞒真相或者制造假象，使他人吸食、注射毒品的行为。行为人开设网站、利用网络聊天室等引诱、教唆、欺骗他人吸毒的，应以本罪论处。引诱、教唆、欺骗的对象没有任何限制，不管对方是否达到法定年龄，是否具有责任能力，也不论是否曾经吸过毒。

强迫他人吸毒罪，是指《刑法》第353条规定的，使用引诱、威胁等生理强制或心理强制方法，迫使他人吸食、注射毒品的行为。采用某种方法使他人暂时丧失直觉或者利用他人暂时丧失知觉的状态，给他人注射毒品的，应认定为强迫他人吸毒罪。

容留他人吸毒罪，是指《刑法》第354条规定的，容留他人吸食、注射毒品的行为。容留，是指允许他人在自己管理的场所吸食、注射毒品或者为他人吸食、注射毒品提供场所的行为。

非法提供麻醉药品、精神药品罪，是指《刑法》第355条规定的，依法从事生产、运输、管理、使用国家管制的麻醉药品、精神药品的人员与单位，违反国家规定，向吸食、注射毒品的人提供国家规定管制的能够使人形成瘾癖的麻醉药品、精神药品的行为。

妨害兴奋剂管理罪，是指《刑法》第355条之一（《刑法修正案（十一）》）规定的，组织、强迫运动员使用兴奋剂，以及引诱、教唆、欺骗运动员使用兴奋剂参加国内、国际重大体育竞赛，或者明知运动员参加上述竞赛而向其提供兴奋剂，情节严重的行为。

（三）妨碍司法机关关于禁毒活动的犯罪

妨碍司法机关关于禁毒活动的犯罪包括包庇毒品犯罪分子罪，窝藏、转移、隐瞒毒品、毒赃罪。

包庇毒品犯罪分子罪，是指《刑法》第349条规定的，包庇走私、贩卖、运输、制造毒品的犯罪分子的行为。包庇，是指作假证明，使毒品犯罪分子的身份不能或者难以被发现的行为。

窝藏、转移、隐瞒毒品、毒赃罪，是指《刑法》第349条规定的，为走私、贩卖、运输、制造毒品的犯罪分子窝藏、转移、隐瞒毒品或者犯罪所得的财物的行为。

三、毒品犯罪的处罚

（一）毒品犯罪的刑罚

立法上将毒品犯罪视为严重危害社会管理秩序，并采用从严厉打击的立场，因此，毒品犯罪的刑罚在总体上呈现出重刑的特征。

首先，从立法的配刑角度来看，刑法所规定的毒品犯罪法定刑包括了死刑、无期徒刑、有期徒刑、罚金、没收财产等刑种。在毒品犯罪罪名中，走私、贩卖、运输、制造毒品的法定最高刑为死刑，并且在司法实践中成为死刑适用频率最高的罪名之一。

其次，从司法量刑的角度来说，贯彻了从严处罚的原则，例如①在数量的认定上，对走私、贩卖、运输、制造毒品罪，规定无论数量多少，都应追究刑事责任；对毒品数量的计算，以查证属实的数量为准，不以纯度计算，且按照最高人民法院2015年“武汉会议纪要”在毒品认定部分的明确规定，在制造毒品犯罪案件中，毒品的成品、半成品的数量应全部认定为制造毒品的数量；对于废料、废液，除非经过分析判断或鉴定之后，认为无法加工成毒品成品或半成品，否则也应计算成毒品的数量。②在刑罚的适用上，从重处罚，如对于毒品犯罪，一般均应适用财产刑；在累犯制度上，另外设了毒品再犯从重处罚制度，从严适用立功、缓刑。“武汉会议纪要”规定对于毒品罪犯，一般不得适用缓刑，对于不能排除多次贩毒嫌疑的零包贩毒被告人，因认定构成贩卖毒品等犯罪的证据不足而认定为非法持有毒品罪的被告人，实施引诱、教唆、欺骗、强迫他人吸毒犯罪及制毒物品犯罪的被告人，应当严格限制缓刑适用。2008 年最高人民法院“大连会议纪要”规定，对毒品犯罪立功从宽处罚的把握，应当采取功过相抵的标准来认定，对于从同监犯那里获得犯罪案件线索而检举揭发同监犯或者他人的，立功的认定应当区别于非毒品犯罪的立功。

最后，从刑罚执行的角度看，“武汉会议纪要”明确规定：对于具有毒枭、职业毒犯、累犯、毒品再犯等情节的毒品罪犯，应当从严把握减刑条件，并对其假释作出限制，对于刑法未禁止假释的前述毒品罪犯，应当严格掌握假释条件。

（二）毒品再犯

毒品犯罪的再犯规定具体指我国《刑法》第 356 条：“因走私、贩卖、运输、制造、非法持有毒品罪被判过刑，又犯本节规定之罪的，从重处罚。”该条规定体现了我国对毒品犯罪从严惩处的刑事政策，对于控制该类犯罪的发生具有重要意义。根据该条规定，构成毒品犯罪的再犯，要求前后罪必须都是毒品犯罪，且前者必须是走私、贩卖、运输、制造、非法持有毒品罪的这几种毒品犯罪，后罪是本节规定的任何毒品犯罪，而关于前后罪的刑度、间隔时间、主观方面都没有要求。

对于同一毒品犯罪前科同时构成累犯和毒品再犯的被告人，在裁判文书中应当同时引用刑法关于累犯和毒品再犯的条款，但在量刑时不得重复予以从重处罚。对于因不同犯罪前科同时构成累犯和毒品再犯的被告人，量刑时的从重处罚幅度一般应大于前述情形。

（三）毒品的纯度问题

关于毒品犯罪数量的与纯度计算问题，我国法律上对此的态度表述是：法律界采取绝对主义的立场，不以毒品纯度折算；司法解释作出变通，在量刑中考虑毒品纯度。

我国《刑法》第 357 条第 2 款明确规定：“毒品的数量以查证属实的走私、贩卖、运输、制造、非法持有毒品的数量计算，不以纯度折算。”这一规定的初衷是严格规制毒品犯罪，对彰显从严的刑事政策有积极的意义。但是，由于这一规定过于严苛，随着毒品犯罪数量的增长导致对毒品判处死刑的案件也水涨船高；另外，随着近年来现实中毒品掺杂、掺假，新型混合毒品存在被稀释或者加入大量其他材料，导致原毒品含量极低、纯度极低的情况增多，如果完全不考虑纯度，毒品数量将相当大，但其危害性却远没有那么大，如果完全不以纯度折算，那么这个犯罪的数量将会非常的大，而直接适用刑法规定，那就有可能直接会判处死刑立即执行。

根据最高人民法院 2008 年发布的“大连会议纪要”，对可能判处被告人死刑的毒品犯罪案件，涉案毒品可能大量掺假或者系成分复杂的新类型毒品的，应当作出毒品含量鉴定。毒品数量达到实际掌握的死刑数量标准，但是经鉴定毒品含量极低，掺假之后的数量才达到实际掌握的死刑数量标准的，或者有证据表明可能大量掺假但因故不能鉴定的，可以不判处被告人死刑立即执行。该纪要其实已对传统的毒品犯罪不计纯度的做法进行了一定的变通指出在毒品大量掺假时应鉴定毒品的含量。当然，这种变通只限于量刑的意义，且对死刑的裁量更为重要。我国刑法规定，适用死刑的标准是“罪行极其严重”，具体指犯罪性质特别严重、犯罪情节极其严重、行为人的人身危险性极大等。在当前形势下，限制与废除死刑已成为世界潮流，我国也坚持慎用死刑的刑事政策。因此，对社会危害性没有达到特别严重的掺假贩毒行为，要特别慎重选择是否适用死刑。

最高人民法院、最高人民检察院、公安部于2007年12月颁布的《办理毒品犯罪案件适用法律若干问题的意见》中第四部分“关于死刑案件的毒品含量鉴定问题”指出，可能判处死刑的毒品犯罪案件，毒品鉴定结论中应有含量鉴定的结论。可见，随着实践的经验积累，毒品鉴定结论从可有可无已走向“应当”了。

“武汉会议纪要”指出：“办理毒品犯罪案件，无论毒品纯度高低，一般均应将查证属实的毒品数量认定为毒品犯罪的数量，并据此确定适用的法定刑幅度，但司法解释另有规定或者为了隐蔽运输而临时改变毒品常规形态的除外。涉案毒品纯度明显低于同类毒品的正常纯度的，量刑时可以酌情考虑。”

上述规定可以说是对原有的毒品纯度不予折算规定的变通，也是面对新型混合毒品出现的无奈之举。因为混合毒品成分不同，本来就无法简单相加计算，而新型毒品的花样翻新，毒品类型也不再局限于传统的几类，没有了固定的标准。以危害大、成瘾性强的毒品来作为主毒品，参考确认毒品种类，并计算数量，抓住了问题的主要矛盾，是恰当的做法。当毒品种类众多时，有条件折算为海洛因的，以海洛因的数量计算，这便统一了标准，对比的结论也更合理。

任务二　毒品犯罪的原因与防控

教学情境

“831”特大网络吸贩毒案件——我国首例网络吸贩毒案

2011年9月2日至10月27日，在公安部孟建柱部长和张新枫、黄明副部长的直接指挥下，全国公安机关先后调集禁毒、网安、技侦等多个警种的10.3万人次警力，经过56个昼夜艰苦奋战，成功侦破“831”特大网络吸贩毒案，查获涉毒违法犯罪嫌疑人员12 125名（其中吸毒人员6112名），破获制贩毒案件496起，打掉制贩毒团伙144个、吸毒窝点340个、制毒工厂（点）22个，缴获毒品308千克。

该案涉及全国31个省、自治区、直辖市，是全国首例利用互联网视频交友平台进行涉毒犯罪活动的新类型毒品案件。涉案的视频聊天网站目前注册用户达数千万个，平时在线人数几十万人，开设有3000多个“房间”，设有可容纳10人至500人不等的

“十人房”“百人房”，吸毒活动主要存在于涉毒人员申请开设的“十人房”中，部分“百人房”也存在吸毒问题。在吸毒“房间”里，大批青年男女伴随着网站播放的音乐节奏，呈现出吸食合成毒品特有的亢奋状态，大量吸毒人员在网站设立的虚拟“十人房”“百人房”从事吸毒活动，表演吸毒行为，交流吸毒感受，甚至在网上进行毒品交易。

工作任务

当前，毒品犯罪在中国政府的严厉打击和综合治理下，情况有所好转，但形势依然严峻，也出现了新的特点和问题，了解和掌握毒品犯罪的规律和形势，对预防和控制毒品犯罪的发生具有重大意义。本部分的任务：

1. 了解当前我国毒品犯罪的状况。
2. 分析和掌握毒品犯罪的原因。
3. 掌握毒品犯罪的防控措施。

一、当前我国毒品犯罪的状况

1. 近十几年，毒品犯罪的数量和涉案人数呈现由高至低的特点，毒情形势持续向好。毒品刑事案件方面，2007 年至 2013 年，我国毒品犯罪案件数量和涉案人数持续增长，全国法院审结毒品犯罪案件 433 128 件，判决发生法律效力的犯罪分子 471 302 人。2014 年 1 月至 10 月，全国审结毒品犯罪案件数、判决发生法律效力的毒品犯罪分子的人数分别是 81 169 件和 84 910 人。案件数从 2007 年至 2013 年，年均增长 16. 27%，犯罪分子从 2007 年至 2013 年，年均增长 14. 81%。同时，毒品犯罪案件在全部刑事案件中所占比例也从 2007 年的 5. 34% 增至 2013 年的 9. 98%，毒品犯罪案件成为增长最快的案件类型之一，其增长幅度是全部刑事案件总体增幅的 4. 54 倍，并远远超过盗窃、故意伤害两类常见、多发犯罪的增长幅度。

表 7 – 1 2007 年 ~ 2014 年全国法院审结毒品案件及判决生效毒品犯罪分子情况表〔1〕

年份	2007	2008	2009	2010	2011	2012	2013	2014（1 ~ 10 月）
案件数（件）	38 500	43 726	50 928	59 234	69 244	76 280	95 216	81 169
犯罪分子人数（人）	43 360	50 315	56 134	66 300	74 677	81 030	99 486	84 910

〔1〕 高贵君、马岩、李静然：“当前我国毒品犯罪的主要特点与加强禁毒工作的对策和建议”，载《人民法院报》2014 年 6 月 26 日，第 5 版。

近几年，中国禁毒部门在党中央、国务院坚强领导下，按照国家禁毒委员会统一部署，认真贯彻习近平总书记关于禁毒工作重要指示精神，推动禁毒人民战争取得新成效，毒品犯罪的数量和涉案人数呈下降趋势。

2018 年，深入推进“禁毒 2018 两打两控”专项行动、禁毒重点整治和示范城市创建等重点工作，持续深化毒品预防宣传教育，推动禁毒人民战争取得重要阶段性成果。大力开展打击制毒犯罪专案工作，严厉打击了制造合成毒品犯罪活动；创新完善堵源截流工作机制，有力遏制了毒品入境内流；集中打击网络涉毒违法犯罪活动，有效遏制了网上涉毒问题的快速蔓延；务实开展禁毒国际合作，深度参与国际缉毒事务和跨国禁毒执法行动，有力服务了禁毒斗争全局。2018 年，共破获毒品犯罪案件 10.96 万起，抓获犯罪嫌疑人 13.74 万名，缴获各类毒品 67.9 吨。

2019 年，中国禁毒部门深入推进“禁毒 2019 两打两控”专项行动，深入开展“除冰肃毒”打击制毒犯罪专项行动，部署开展“净边”专项行动，集中打击网络涉毒违法犯罪活动，严厉打击制造合成毒品犯罪活动，集中打击网络涉毒违法犯罪活动，严厉打击制造合成毒品犯罪活动，全国共破获毒品犯罪案件 8.3 万起，抓获犯罪嫌疑人 11.3 万名，缴获各类毒品 65.1 吨。

2020 年，中国禁毒部门统筹推进疫情防控和毒品治理，持续开展“净边”“平安关爱”等专项行动，全面推进重点整治、示范创建和禁毒扶贫工作，推动禁毒工作取得新的明显成效。全国共破获毒品犯罪案件 6.4 万起，抓获犯罪嫌疑人 9.2 万名，缴获毒品 55.49 吨。受疫情严控和严打高压双重影响，国内涉毒违法犯罪得到遏制，毒情形势持续向好态势进一步巩固拓展，呈现现有吸毒人数减少、规模化制毒活动减少、制毒物品流失减少、外流贩毒人数减少等“四个减少”的积极变化。

2021 年，中国禁毒部门统筹推进禁毒重点整治、示范城市创建和农村毒品治理等中心工作，围绕“清源断流”战略，持续加大打击整治工作力度，全年共破获毒品犯罪案件 5.4 万起，抓获犯罪嫌疑人 7.7 万名，缴获毒品 27 吨，查处吸毒人员 32.6 万人次，同比分别下降 16.3%、16.7%、51.4% 和 23.6%。通过一年努力，全国毒情整体向好态势继续得到巩固拓展，呈现境外毒品输入数量和国内制毒产量“双减”，国内毒品供应量和流通量“双降”，毒品走私贩运和制毒物品流失问题得到遏制，毒品滥用规模和涉毒犯罪案件连续多年下降的良好态势。

2022 年，中国禁毒部门认真贯彻习近平总书记关于禁毒工作重要指示精神和党中央、国务院决策部署，深入实施“清源断流”战略，全力开展“百日行动”，全面整治突出毒品问题。全年共破获毒品犯罪 3.5 万起，抓获犯罪嫌疑人 5.3 万名，缴获各类毒品 21.9 吨，查处吸毒人员 19.7 万人次，同比分别下降 28.6%、24.3%、18.7%、39.7%。全国毒情形势整体向好、持续改善，毒品违法犯罪活动下降至近 10 年来的最低点，毒品供应、毒品消费和毒品滥用规模持续减少。

表 7－2　2018～2022 年毒品案件查处情况表[1]

年份	案件数（万件）	抓获犯罪嫌疑人（万人）	缴获各类毒品数（吨）
2018	10.96	13.74	67.9
2019	8.3	11.3	65.1
2020	6.4	9.2	55.49
2021	5.4	7.7	27
2022	3.5	5.3	21.9

2. 毒品犯罪的区域主要集中在边境、沿海地区，同时全方位蔓延、渗透。从毒品犯罪的地域分布情况来看，我国边境、沿海地区，包括云南等省市的西南地区、新疆等省区的西北地区和包括广东在内的东南沿海地区仍然是高发地带。与此同时，毒品犯罪正向周边地区及内陆地区多渠道、全方位蔓延，另外，毒品犯罪也呈现出向农村及经济欠发达地区不断扩散的趋势。在整个中华大地，已经很难找到一块未受毒品污染的净土。根据法院的统计数据，2013 年，全国审结毒品犯罪案件排名前 10 的省份、案件数量及占比见下表。其中，广东的毒品犯罪数量自 2007 年至 2013 年一直位居全国首位，是全国最大的毒品制造地和集散、消费市场。云南是缅北毒品向我国渗透的主要通道，大宗毒品犯罪案件多，海洛因和甲基苯丙胺片剂的缴获量居全国之首，目前仍然是国内毒品的主要来源地。广西中越边境地区已成为"金三角"毒品走私入境的第二大通道。新疆则是"金新月"毒品渗透我国的主要通道。

表 7－3　2013 年全国法院审结毒品犯罪案件情况表[2]

排名	省份	案件数（件）	占比（%）
1	广东	14 923	15.67
2	浙江	6936	7.28
3	重庆	6410	6.73
4	湖南	6039	6.34
5	贵州	5689	5.97
6	广西	5260	5.52
7	云南	5188	5.45
8	四川	4962	5.21

〔1〕国家禁毒委员会办公室发布的历年《中国毒品形势报告》《中国毒情形势报告》。

〔2〕高贵君、马岩、李静然："当前我国毒品犯罪的主要特点与加强禁毒工作的对策和建议"，载《人民法院报》2014 年 6 月 26 日，第 5 版。

续表

排名	省份	案件数（件）	占比（%）
9	江苏	4263	4.48
10	辽宁	4206	4.42
其他	其他21省份	31 340	32.91

3. 毒情形势不容乐观，境外毒品“多头渗透”，境内制贩毒活动高发，形成“内外夹击”之势。当前，全球毒品持续泛滥，毒品产量居高不下，国际毒情特别是“金三角”“金新月”地区毒情的发展对我国的影响不断加大。同时，国内制贩毒的犯罪形势也不容乐观，并形成了境内外犯罪分子互相勾结，形成制造、贩卖、运输、走私毒品“一条龙”的情形。

（1）境外毒品“多头入境，全线渗透”。位于东南亚的泰国、缅甸、老挝三国边境地区的“金三角”地区是世界上最大的鸦片、海洛因类毒品产地，尽管缅北地区目前罂粟种植面积处于历史较低水平，但是近年来呈持续反弹态势。云南、广西边境受“金三角”毒品渗透形势严峻，“金三角”地区仍是我国最主要毒源地，合成毒品入境增多。据中国国家禁毒委员会办公室与缅甸中央肃毒委员会、老挝禁毒委员会合作开展卫星遥感监测数据显示，2018年至2019年生长季，缅北、老北地区罂粟种植面积共56.3万亩，同比下降2.5%，可产鸦片500多吨。缅北地区在保持较大规模海洛因和冰毒片剂产量的同时，开始大量制贩晶体冰毒和氯胺酮等合成毒品。2018年，中国共缴获“金三角”各类毒品29.6吨，同比上升17.6%，其中晶体冰毒4.6吨、氯胺酮1.4吨，分别占两类毒品全国缴获总量的43.6%和23.9%，同比分别增长4.2倍和35倍。2021年全年缴获海洛因1.81吨，同比下降52.1%，其中来自“金三角”地区1.78吨、“金新月”地区22公斤，分占缴获总量的98.8%和1.2%。缴获冰毒15吨，同比下降29.3%，其中来自“金三角”地区13.4吨，占缴获总量的89.3%。

“金新月”地区的毒品渗透进一步加剧。2020年，中国缴获“金新月”海洛因186公斤、南美可卡因582公斤，同比分别上升1.4倍和2.5倍。“金新月”海洛因主要从广东走私入境，已形成分工明确、较为稳定的贩毒团伙网络。

南美大宗可卡因过境中转情况突出，缴获量增长迅猛。2018年，中国缴获南美可卡因1.4吨，同比上升3.4倍，占全国年缴获境外毒品总量的4%。南美可卡因经海路从东南沿海港口贩运入境后再采取“蚂蚁搬家”等方式贩往香港、欧洲、澳大利亚、新西兰等地。虽近3年被我国查获数量年均超过1吨，损失巨大，但仍在不断调整路线入境中转。与此同时，也有少量可卡因通过航空等渠道向中国渗透。2021年南美地区可卡因向我国走私中转依然较多，全年缴获可卡因690公斤，同比上升18.6%，主要来自南美地区，多藏匿在船舶和集装箱中经我国过境中转，以大宗案件居多。北美大麻走私入境上升明显，对我国构成新的威胁。加拿大宣布大麻“合法化”以及美国多数州宣布娱乐和医用大麻"合法化"以来，从北美洲向中国走私大麻案件增多。2018 年，中国共破获通过国际邮包从广州、上海、成都等地入境的大麻案件 125 起，缴获大麻及各类大麻制品 55 公斤。嫌疑人多为在华外籍留学生、留学归国人员或有境外工作经历的人员，他们多通过互联网从境外毒贩处订购，再通过国际快递贩运至国内。部分国内不法分子还利用境外网站学习大麻种植技术，通过非法渠道获取大麻种子在境内进行种植并贩卖。2020 年，中国查获北美大麻走私入境案件 59 起、缴获大麻 16.9 公斤，同比分别上升 20.4% 和 1.6 倍。大麻主要来源于北美地区，国内买家利用境外通讯软件或暗网下单，国外卖家将大麻夹藏在国际邮包中，从东南沿海走私入境，涉及中国 17 个省份。2021 年全年缴获境外大麻 308.9 公斤，同比上升 4.5 倍，主要来自北美地区，多通过国际邮包量少、次多、分散入境，涉及我国 23 个省份。

（2）境内制贩毒品活动得到一定程度的遏制，但形势仍然严峻。2010 年以来，境内制造毒品犯罪形势严峻，据《2013 年禁毒报告》，2012 年，全国共破获制毒案件 579 起，同比上升 10.9%，共打掉制毒窝点 326 个，22 个省区市发现制毒窝点，特别是广东汕尾、惠州以及四川成都周边地区制毒问题突出，所产晶体冰毒、氯胺酮占国内市场主要份额。另据《人民法院报》，2013 年，全国破获制造毒品犯罪案件 773 起，同比增长 33.5%，境内制造的甲基苯丙胺晶体、氯胺酮的缴获量与入境毒品缴获量已基本持平。广东、四川的制造毒品犯罪最为严重，其中广东 2013 年破获制造毒品犯罪案件 275 件，占全国 30% 以上。

近年来，在持续打压下制毒活动出现萎缩。2018 年，中国共破获国内制毒案件 412 起，捣毁制毒窝点 268 个，缴获毒品 14.7 吨，同比分别下降 30.8%、15.5% 和 37%。经过持续严打整治，国内制毒犯罪活动受到重创，传统制毒重点省份广东出现源头性收缩，全年共破获制毒案件 42 起，打掉制毒窝点 28 个，缴获毒品 1.65 吨，同比分别下降 70%、56% 和 71%，制毒活动不断向其他管控薄弱地区转移，以往较少发现制毒活动的西北、东北地区制毒活动上升明显。合成毒品和制毒物品的获取难度加大，出现掺杂掺假、多点拼货、价格上涨等情况。2019 年，经过持续不断推进打击制毒"除冰肃毒"专项行动和易制毒化学品清理整顿，国内制毒犯罪受到严厉打击，地下制毒活动得到有效遏制。全年共破获制毒犯罪案件 290 起，捣毁各类制毒厂点 173 个，缴获冰毒、氯胺酮等主要毒品 2.7 吨，同比分别下降 30%、35.5%、50.5%。制毒活动出现新变化，呈现规模小型化、分布零散化、工艺简单化的特点，有的在家庭作坊、小型货车内流动制毒，大宗制毒活动减少，产能大幅下降。2020 年，在"除冰肃毒"和制毒物品管制等多重作用下，国内制毒活动总体保持萎缩态势，尤其是制毒规模锐减。全国共破获制造毒品案件 294 起，与上年基本持平，捣毁制毒窝点 167 个、缴获冰毒和氯胺酮 1.1 吨，同比分别下降 3.5% 和 54.8%，其中缴获百公斤以上毒品案件仅 2 起。随着疫情防控常态化，从下半年开始国内制毒活动出现反弹，破案、捣毁窝点数同比分别上升 26.2% 和 33.6%。年内，全国有 27 个省份发现制毒活动，总体呈现规模小型化、工艺简单化、分布零散化等特点，国内毒品产量和消费市场所占份额持续减少。2021 年通过持续推进“除冰肃毒”专项行动，创新完善全链条打击模式，国内制毒活动延续萎缩态势。全年摧毁制毒窝点 123 个，缴毒 1.2 吨，同比分别下降 26.4% 和 89%。规模化制毒活动得到遏制，缴获毒品公斤级以下的案件 70 起，占 64.2%，10 公斤以上案件 6 起，占 2.2%，未发生 50 公斤以上制毒案件。少数省份制毒活动零星偶发，呈现出选址隐蔽、规模小型、分段加工、多点合成等特点。

制毒物品流入、制毒渠道问题受到遏制，但流失风险依然很大。2018 年，中国各级有关行政主管部门对制毒物品流失问题加大严格监管、严密追查、严厉打击的力度，全年共破获制毒物品案件 1157 起，缴获各类制毒物品 1.1 万吨，同比分别上升 1.6 倍和 3.5 倍。但受制毒原料需求旺盛的影响，国内非法生产、买卖、运输和走私制毒物品违法犯罪活动依然活跃，一些不法分子注册化工类“皮包公司”“空壳公司”，并开设贩卖化学品的网店，通过网上联系获得各地化学品买家订单，再从网上订购各地化工产品经销企业的原料直接发往下家，或租用无证经营的“黑仓库”对管制化学品改换包装后，通过物流发往各地。2019 年，全年共破获制毒物品案件 332 起，缴获各类化学品 2313.6 吨，同比分别减少 39.3% 和 78.3%。受境内外存在制毒原料需求影响，非法制贩和走私制毒物品活动仍较活跃，订单式研发生产非列管化学品用于制毒的问题日益突出。一些不法分子注册“皮包公司”，通过骗取经营资质和许可备案证明等方式，违规交易、运输、储存、进出口化学品，几经倒手即流入非法渠道。2020 年，全国共破获走私、非法买卖、运输及生产制造制毒物品案件 307 起，同比下降 7.5%，缴获各类化学品 2335 吨。不法分子为逃避打击，分散购买非列管的易制毒化学品前体，在制毒环节再合成加工成所需的原料，导致非列管化学品流入制毒渠道越来越多，监管、堵截、查处难度加大。针对这种情况，2020 年中国对 α－苯乙酰乙酸甲酯等 6 种化学品列入管制。2021 年，全年破获制毒物品案件 230 起，缴获制毒物品 1282 吨，同比分别下降 25.1% 和 45.1%。不法分子为逃避法律监管，对毒品合成路径进行改进，寻求非列管化学品用于制毒。

4. 从毒品类型来看，新型毒品犯罪案件逐年上升，新型毒品滥用问题突出。在海洛因等传统毒品尚未得到有效控制的情况下，经由人工化学合成的致幻剂、兴奋剂类毒品，包括氯胺酮（K 粉）、冰毒、摇头丸为代表的新型毒品案件增长趋势更为明显。

新型毒品易制造、易携带、易服食、易隐藏，为新型毒品犯罪迅速蔓延提供了便利。据《人民法院报》，2007 年至 2013 年，全国法院审结的所有毒品犯罪案件中，涉海洛因案件所占比例从 77.7% 降至 39.01%，涉甲基苯丙胺案件所占比例则从 11.58% 增至 44.51%，甲基苯丙胺所占比例已超过海洛因。我国已列管 431 种毒品和整类芬太尼类物质，但新类型毒品不断出现。如含 LSD 成分的“邮票”、向学生兜售的“聪明药”以及逐渐蔓延的“0 号胶囊”“G 点液”“犀牛液”等色胺类物质，品种五花八门。有的变换包装，伪装成食品、香烟等，如“奶茶”、巧克力形态的毒品；有的是未列管的毒品替代品，如号称“改良K粉”的氟胺酮；还有新精神活性物质作为第三代毒品，在国内迅速扩张，且花样不断翻新，如合成大麻素“娜塔莎”等，据国家毒品实验室检测，全年检测出新精神活性物质41种，其中新发现5种。2020年，在180.1万名现有吸毒人员中，滥用合成毒品103.1万名，占现有吸毒人员总数57.2%，滥用阿片类毒品73.4万名，占现有吸毒人员总数40.8%。海洛因、冰毒等滥用品种仍维持较大规模，大麻吸食人数逐年上升，新精神活性物质滥用时有发现，花样不断翻新，包装形态不断变化，有的甚至伪装成食品饮料，出现“毒邮票”“毒糖果”“毒奶茶”，极具伪装性、隐蔽性、诱惑性。疫情防控下，常见毒品难以获取，吸毒人员转而寻求其他物质替代，各地查处滥用杜冷丁、安眠酮等管制药物，吸食含合成大麻素、“笑气”、氟胺酮等替代物质情况增多。

案例：贩卖新型毒品“裸盖菇”案

罪犯米某某（已判刑）自2016年底开始种植含有赛洛西滨成分的裸盖菇，并将种植的裸盖菇直接贩卖，或者加工成巧克力贩卖。2019年9月至2020年6月间，被告人陈某某先后7次向米某某购买上述裸盖菇35克、用裸盖菇制作的巧克力152块重约1520克，然后贩卖给他人，非法获利5360元。2020年4月，被告人吴某某为对外贩卖，通过中间人向米某某购买，并由米某某将5块重约50克的用裸盖菇制作的巧克力直接邮寄给买家，吴某某从中获利200余元。

在滥用新型毒品方面，由于公众对冰毒片剂、氯胺酮等新型毒品的危害普遍存在模糊的认识，以青少年为消费主体，以追求刺激为目的的新型毒品滥用问题发展很快，我国面临巩固海洛因治理成果和遏制合成毒品快速蔓延的双重压力。

5. 从犯罪主体来看，青少年涉毒犯罪突出，女性涉毒犯罪呈上升趋势，外籍在华人员涉毒犯罪成新问题。青少年涉毒犯罪在呈高发态势的同时，还表现出：①低龄化趋势明显；②吸毒现象严重；③重新犯罪率和戒毒人员复吸率高等特点。

有的毒贩为了逃避打击，大肆组织、雇佣孕妇、哺乳期妇女当马仔，孕妇、哺乳期妇女已经成为毒品犯罪的“新生力量”。

案例：孕妇、哺乳妇女也疯狂

2006年7月27日，昆明市公安局侦破一起以孕妇和哺乳期妇女为主的新疆籍妇女携带大量毒品案，查获嫌疑人员30名，其中就包括孕妇19名，未成年儿童4名。

目前，由农民、进城务工人员、无业人员、下岗职工等弱势群体实施的毒品犯罪在犯罪中所占的比例很大，他们没有工作和收入来源，往往生活艰难，而毒品犯罪能够带来巨大的利润就成为他们实施犯罪的主要动因。

此外，西非裔涉毒人员在广东等地落地生根，治理难度加大。同时，一些地方外籍人员贩毒、外流贩毒以及利用孕哺期妇女、病残人员贩毒问题仍很突出，遏制毒品犯罪活动的难度依然很大。

6. 从犯罪方式上看，呈现组织化、智能化、武装化、国际化等特点。随着毒枭制毒技术的不断提高和毒品消费者对各种毒品需求的增多，毒品犯罪分子在高额利益的驱动下，开始大胆地实施大案、要案，并且其涉案人员、毒品数量越来越多。为了追求超高利润，犯罪分子开始寻求更多的办法来对抗越来越严厉的禁毒斗争，这些犯罪组织不仅运用现代科技手段，使犯罪过程越来越隐蔽，并且开始使用武装暴力手段对抗缉毒执法，有的甚至在贩运新型毒品的过程中，既贩毒又贩军火，成为双料的犯罪组织，以武装护毒；有的境外制贩毒分子主动勾结境内制贩毒分子，成立制贩毒组织，相互分工合作，相互弥补对方毒源、消费市场的不足；有的具有高学历的化学生物知识分子，或从事有关化学、生物、医学研究等具有一定工作经验的专业人员，受到利益、虚荣心的驱使，转而研究毒品，进而勾结制贩毒分子，从事与毒品有关的犯罪活动。这些运用科学知识研制出制造毒品的新配方或制造出新类型的毒品，由于相对滞后的法律未来得及管制，禁毒工作人员未来得及认识，从而一度蒙骗过关。

案例：新中国成立以来缴获最大数量氯胺酮案件

2005 年 9 月 19 日，在公安部的统一指挥协调下，山东、广东和香港警方联合侦破了“801”特大跨国走私贩运氯胺酮案件，抓获 6 名犯罪嫌疑人，缴获产自印度的氯胺酮 1010 千克、汽车 2 辆、毒资 8 万元，该案是新中国成立以来一案缴获氯胺酮数量最多的案件。

案例：高度组织化的陆丰“毒村”

2013 年 12 月，我国警方动用了警用直升机、边防快艇和防暴犬，“清剿”了广东涉毒“第一大毒村”陆丰市博社村，摧毁 18 个特大制贩毒犯罪团伙，抓捕 182 名，缴获冰毒近 3 吨、制毒原料 23 吨，该村分工明确，老弱妇孺全参与，可谓组织性极强。

7. 从犯罪方式来看，贩毒方式不断翻新，日趋多样化、隐蔽化。具体而言，表现为如下几种：

（1）运输毒品的方式越来越隐蔽诡秘。犯罪分子为将毒品运到指定交易地点，在运输方式上动足了脑筋。在大宗贩毒活动中，主要利用公路和铁路运输进行集散，其藏毒的方式更加隐蔽，出现了利用地毯、汽车底轴、PVC 管、化妆品等藏毒方式。

邮路和水路渠道贩运增多。贩毒渠道涉及“海陆空邮港”，2018 年全年破获陆路贩毒案件 5. 12 万起，占全国案件总数 4 成以上，缴获各类毒品 28. 7 吨，占全国缴毒总量 6 成以上；铁路渠道缴毒 203 公斤，占 0. 29%；航空渠道缴获 621 公斤，占 0. 91%。海运运毒量大、隐蔽性好、机动性强，成为大宗毒品走私贩运的主要途径，2018 年破获的5起特大海上走私贩毒案，每起案件缴获量都超过1吨。2020年全国破获陆路贩毒案件3.3万起，同比下降25.7%，破获航空、铁路等渠道贩毒案件明显下降。海上运输受疫情防控影响较小，大宗毒品走私过境情况突出，福建等地联合海警部门连续破获多起海上贩毒大案，缴获各类毒品近1吨。2021年破获邮路贩毒案件3741起、水路贩毒案件18起，同比分别上升24.2%和63.6%。因国内毒品供应减少和疫情影响，传统渠道毒品贩运活动大幅减少，邮路、水路受影响较小，水路特别是海上贩毒活动以大宗毒品案件居多，东南沿海地区接连破获多起海上贩毒大案。

（2）通过“互联网+物流寄递”贩毒活动增多。近年来，国内邮包速递公司迅速增多，并不断拓展业务。由于有关部门对多数邮包公司的邮递、速递业务缺乏有效监督，境内外贩毒分子利用邮政和物流渠道方便、经济、畅通的特点，通过巧妙伪装、包裹夹藏，秘密贩卖毒品的案例呈增多趋势。

物流寄递渠道贩毒案件持续上升，2020年，全国共破获物流寄递渠道贩毒案件3011起，缴获毒品4.3吨，分别上升9.5%和1.1%。其中，破获物流货运渠道贩毒案件414起、缴获毒品2.7吨，邮寄快递渠道贩毒案件2303起、缴获毒品1.6吨，“大宗走物流、小宗走寄递”特点明显。

疫情形势下，互联网虚拟平台、论坛、群组等成为涉毒活动聚集地。不法分子利用大众网络平台发布涉毒信息，采用数字货币支付毒资，使用邮寄、同城快递等方式或小众物流快递公司运送毒品，中途变更收货地址，交易两头不见人，加大了发现、查处、取证难度。

网络贩毒手段多样，全国共破获网络毒品案件4709起、抓获犯罪嫌疑人8506名，缴获毒品856.9公斤，分别占全国总数的7.4%、9.2%和1.5%。2021年破获网络贩毒案件0.5万起、抓获犯罪嫌疑人0.8万名、缴毒0.5吨，分占全国总数的9.2%、10.4%和2%。毒品市场继续向线上延伸，更多采用钱毒分付、人物分离交易模式，“互联网+物流寄递”非接触式贩毒手法增多。勾连交易由大众聊天工具向小众社交工具、二手交易平台、游戏平台甚至暗网发展；毒资流转由网上银行转账向虚拟货币和游戏币扩展；运送毒品由“大宗走物流、小宗走寄递”向大宗毒品交专业团队组织运输、小量毒品交未严格执行实名制要求的寄递公司代送演变。

2022年全年共破获涉互联网贩毒案件2761起，缴获毒品1.2吨，缴毒数量同比增长119%。[1]不法分子越来越多通过互联网进行勾连，利用大众网络平台发布涉毒信息，使用小众社交软件组群通联；联络中使用隐语、暗语，聊天记录“阅后即焚”；交易资金采用虚拟货币、游戏币在线支付；交货采用雇佣专业运毒组织、物流货车代送，或通过邮包寄递、同城快递、“埋雷”等方式寄送，交易两头不见人。

这种全新的犯罪方式使原本隐蔽性就比较强的毒品犯罪更加虚拟，突破了犯罪时

〔1〕国家禁毒委员会办公室：《2022年中国毒情形势报告》。

空的限制，其次，由于在很多网络平台上注册并不要求实名，这种匿名性大大增加了作案者隐秘性，为行为人逃避打击提供了最佳掩饰，同时也对之后的调查取证工作制造了障碍。此外，由于在网络上实施毒品犯罪成本低，经济效益高，也成为更多毒品犯罪分子所青睐的方式之一。

案例：归国留学生通过网络走私毒品案

被告人王某某在美国上大学期间接触到毒品大麻。2020 年 12 月，被告人王某某回国后，通过网络联系美国一出售毒品大麻的男子，向对方支付 467 美元购买大麻油。对方收款后，将 1. 19 克大麻油及吸食毒品工具由美国快递至济南市某小区速递易。2021 年 1 月 20 日，被告人王某某至速递易取件时被公安人员当场抓获。法院经审理认为，被告人王某某的行为构成走私毒品罪。鉴于被告人王某某到案后如实供述自己的罪行，认罪态度较好，且自愿认罪认罚，确有悔罪表现，依法以走私毒品罪判处被告人王某某拘役 3 个月，缓刑 3 个月，并处罚金人民币 5000 元。尽管大麻类产品在某些国家和地区可以公开销售，但鉴于大麻类产品自身的成瘾性和对身体的危害性，在我国属于毒品范畴。被告人王某某回国后通过从海外快递邮寄的方式从境外购买大麻油到国内，根据我国刑法的相关规定，其行为构成走私毒品罪，依法受到法律的制裁，在人生中留下一个抹不去的污点。在此提醒到国外留学的年轻人或者去国外旅游的公民，不管国外对买卖成瘾性产品是否认定为犯罪，一定要遵守我国毒品管理的相关规定，切记要远离一切毒品，珍爱自己的生命和健康。

（3）通过人体藏毒的方式运输毒品时有发生。所谓人体藏毒，即将毒品放置在包装物内，然后吞噬存放在胃里或用胶带将毒品裹在腰、腹、腿部进行运输。人体藏毒虽然每次携毒的数量不大，但参与人数众多，毒品积少成多，而且直接进入内地毒品消费市场，危害很大。

案例：海洛因吞入腹中运输

2006 年 11 月 8 日，乌鲁木齐机场公安局发现一名欲乘乌鲁木齐至广州航班的黑人男青年可疑，通过 X 光透视检查，其胃内有疑似毒品物体，经讯问，这名加纳籍犯罪嫌疑人是在乌鲁木齐从一名巴基斯坦籍人那里接到 72 粒包装好的海洛因并吞入腹中。

二、毒品犯罪的原因分析

随着社会改革的深入、城市化建设的加快、产业结构的调整，流动人口迅速增长，社会管理的压力大，相对地使得毒品犯罪案件数在整体上也处于上升的态势。从当前的毒品情况来看，涉毒犯罪泛滥的原因主要有：

（一）巨额利润的驱使

毒品禁而不止的主要原因是制毒贩毒等活动能获得巨额利润，这一方面是由毒品的特性决定的，另一方面则是由人的逐利本性决定的。

19 世纪，英国人看到了鸦片贸易的巨大利润，在其殖民地实施一系列以毒品谋求利益的活动。1825 年，英国东印度公司把罂粟的种子运进了金三角；1886 年，英国占领缅甸以后，强迫他们种植罂粟。之后法国人也如法炮制，强迫其占领的越南老挝柬埔寨人种植罂粟。

毒品的巨额利润，使一些人不惜以生命、自由做赌注铤而走险，传统的毒品产区迅速扩大种植面积，不少农产主放弃一般作物的种植而种植毒品原植物，大量农民也涌入毒品种植业。在哥伦比亚，农民每卖 500 公斤古柯叶可得 500 美元，等同于同等面积柑橘的 24 倍，而毒枭将 500 公斤古柯叶加工成 1 公斤纯可卡因，在美国市场上批发价为 18 000 美元，零售价则超过 20 万美元。面对巨额利润的诱惑，有些人为了赚更多的钱，也有些人为了脱贫致富，走上了生产、贩卖毒品的犯罪道路。为了金钱，他们无暇顾及伦理道德，无心关注他人生命健康，也不再留恋自己的生命，甘愿冒极刑之风险进行贩毒之罪行。

还有一些人，贩毒的原因，起初并非纯粹获利，而是在已经走上吸毒道路之后，为了获取毒资而开始贩卖毒品，开始以贩养吸。

（二）特殊的地理位置以及国际毒品犯罪的影响

由于我国处于特殊的地理位置，从 20 世纪 80 年代开始，国际毒品犯罪分子利用我国改革开放之际以及毗邻“金三角”“金新月”等地的“优越”地理位置，通过我国将境外毒品贩运到国际毒品市场，开辟了一条“中国通道”。

中国西南边境毗邻于全世界最主要的毒源地“金三角”地区，该地区毒品产能巨大、供应充足，是中国毒品的主要来源地。国际贩毒集团及贩毒分子与国内不法分子勾结，将“金三角”的毒品贩运到我国境内的云南、广西、四川、贵州等地，一部分在中国境内“消化”，一部分则经由中国境内至香港、澳门出境，转运到美国等西方国家。

西北境外的“金新月”及中亚地区也由于政府更替以及恐怖组织的日益猖獗，已经逐渐取代“金三角”成为全球最大的鸦片类毒品产地，除生产鸦片外，还生产大量的大麻和可卡因。“金新月”地区的毒品传统流向是欧美，近年也开始流入中国，其中新疆、甘肃等地已成为毒品走私的目标。

正因为我国处于国际贩毒线上的关键位置，境外贩毒分子把我国作为贩毒活动的重要地区加以利用，我国的毒品犯罪开始呈现国际化趋势，到 20 世纪末我国已经由毒品过境国发展成为毒品生产、消费与毒品过境并存的受害国。这也是我国毒品犯罪形成并数量增长的一大重要原因。

（三）庞大的毒品消费市场是毒品犯罪持续呈高发态势的重要原因

近年来，我国非法使用毒品，特别是吸食毒品的人数庞大，是毒品犯罪的重要诱因之一。

根据联合国2000年报告，全球有10%的人口卷入了毒品的生产与消费中，并以每年3%～4%的速度增长，迄今约有1.8亿吸毒人员，每年有10万人因吸毒死亡，1000万人因吸毒丧失劳动力。全球毒品每年的非法交易额已高达8000亿～10 000亿美元，与纺织品的贸易额不相上下，仅次于军火交易。

根据《2020年中国毒情形势报告》，截至2020年底，全国现有吸毒人员180.1万名，全年共查处吸毒人员42.7万人次；其中新发现吸毒人员15.5万名。虽然受疫情严控和严打高压双重影响，国内涉毒违法犯罪得到遏制，毒情形势持续向好，态势进一步巩固拓展，呈现现有吸毒人数减少、规模化制毒活动减少、制毒物品流失减少、外流贩毒人数减少等“四个减少”的积极变化，但是，总体而言，吸毒人员的基数仍然较大，由此刺激的毒品消费市场依然庞大。

（四）历史遗留的余毒影响

鸦片制品是在唐代传入中国的，人们早期只是发现了鸦片具有药用价值，并未认识到它的毒性。五代和宋元期间人们开始利用罂粟治病，直到明朝末年葡萄牙商人向中国输入鸦片，人们不但用鸦片治病，也掌握了提炼鸦片的方法。明末清初，鸦片吸食法的传入使鸦片开始泛滥，当时鸦片泛滥给中国造成极其严重的后果。自此，我国遭受了百余年的毒品侵害，毒品对广大中国人民毒害极深，范围极广。

由于历史余毒的影响，人们甚至在心理上对毒品产生了相容性。这是由于：首先，毒品在很多人头脑中已经根深蒂固，虽然受到20世纪50年代的禁毒活动的打击，不敢公开贩毒，但并未改变他们靠毒品赚钱的思想；其次，目前毒品犯罪较为严重的地区大部分是旧社会毒品犯罪较多的地区，在这些地区的人们大都认为种植毒品、贩卖毒品是祖辈维持生计的本事，并不是犯罪。从微观上看，这些贩毒分子的家庭大多有毒品犯罪的历史，或多或少都受到家庭影响走上毒品犯罪道路。

（五）诱发毒品犯罪的其他原因

诱发毒品犯罪的其他原因还有：

（1）由于生活所迫，不惜铤而走险。由于没有生活来源，没有职业，又没有生存本领，要靠贩毒而生活下去，从而走上犯罪道路，这就是从事毒品犯罪的其中一个原因。

（2）丧失信仰，精神空虚，通过吸食毒品来麻痹自己，从而走上犯罪道路。目前社会上有许多人，从小没有接受良好教育，自律能力极差，受到不良人士的诱导，导致自己的人生观、价值观、世界观扭曲，道德沦丧，希望通过吸食毒品来寻找刺激。又或者由于毒品的价格昂贵，通过吸食毒品来作为个人炫耀甚至作为所谓“时尚”的标签，特别是吸食新型毒品。

（3）娱乐场所为了牟取暴利纵容毒品犯罪。改革开放以来，人们的生活水平不断提高，越来越多的人开始注重物质享受和精神享受。酒吧、歌厅、舞厅和洗浴中心等娱乐场所犹如雨后春笋般激增，成为吸毒、贩毒的重要渠道。近年来，公安部每年都要从禁毒、治安、警务督察等警种抽调人员组成暗访小组对全国各地的娱乐场所涉毒问题进行暗访，发现抽查的歌舞娱乐场所中有90%以上都不同程度地存在吸贩冰毒、摇头丸、氯胺酮等新型毒品的问题，并逐步向茶艺馆、咖啡厅、酒店、宾馆等场所蔓延，甚至出现家庭派对群体吸毒现象。

这些娱乐场所怕得罪顾客断了财路或者为了增加客源、赚取钱财，往往对在其场内从事毒品犯罪活动采取纵容、视而不见的态度，有的还暗中帮助。例如，为犯罪活动通风报信，阻止公安机关查处贩毒吸毒行为等，更有甚者为了牟取暴利，在自己的娱乐场所内直接从事毒品犯罪活动。

三、毒品犯罪的防控对策

毒品给我国乃至全球都造成了严重而深远的影响，如何预防遏制毒品犯罪就成了我们当前严峻而艰巨的任务。要防治毒品犯罪，单靠刑罚的制裁是不够的，我们应当充分认识到当今世界禁毒斗争的艰巨性和复杂性，作好长期准备并且要相应调整我们的禁毒策略。

（一）将禁毒工作作为重要国策

历史的教训告诉我们，禁毒工作关系着国家的兴衰、人民的利益，不容小觑，不能将禁毒工作停留在嘴上，而要使其持续化、深入化，就必须将禁毒上升到我国重要国策的高度上，以示其重要地位。现阶段，毒品的泛滥以及毒品犯罪引发的各种犯罪十分猖狂，已经影响到了国家的稳定、民族的兴衰、人民群众的利益，我们不能把禁毒工作仅仅当成一项工作，要正确认识它的紧迫性。这样不仅有利于引起全社会的高度重视，有利于动员全体人民坚持不懈地与毒品犯罪作斗争，还有利于增强我国人民的禁毒意识，增强地方政府应对禁毒工作的紧迫感，增强各禁毒部门的责任心，搞好缉毒、戒毒工作的基础和配套设施，使禁毒工作与科教兴国等基本国策一样受到应有的重视，团结一切可以团结的力量与毒品犯罪斗争到底，这样才能起到预防毒品犯罪的效果。同时，必须坚持防治毒品的几个原则：一是必须坚持注重预防、防治结合的原则；二是必须坚持综合治理的原则，通盘考虑，注重发挥社会方方面面的积极因素；三是必须坚持“四禁并举”原则，“禁种、禁制、禁贩”是从源头上加强毒品的管制、从而有效遏制毒品的泛滥，“禁吸”则是致力于减少新增吸毒人口，萎缩毒品消费市场，两方面相互促进。

（二）提高禁毒队伍素质，加大禁毒力量、完善科技防治手段

要想对猖獗的毒品犯罪进行有效防控，一支技术过硬、纪律严谨、装备精良的缉

毒队伍是必不可少的。1990 年国务院成立禁毒委员会后，全国各省市陆续建立了许多专业的缉毒队伍，加大了缉毒力度，但是我们的缉毒队伍还存在着较多问题，我们必须进行相应的改善。第一，在更多有需要的地方组建专门的缉毒队伍，增加缉毒编制。具体而言，在毒品泛滥的地区应在当地公安机关内部设立专门的缉毒部门并且加强业务培训，切实加强缉毒工作人员的整体素质，严明纪律，对缉毒人员徇私枉法的行为必须给与严惩，以纯洁队伍，提升缉毒力量。第二，改善缉毒队伍的硬件配备，增加缉毒经费，为缉毒工作提供更有利的条件。贩毒集团经过多年发展壮大拥有大量毒资，交通、通信设施都比较先进，并且有较强的反侦察能力，要同这样装备精良、资金雄厚的犯罪集团斗争仅靠我们现在的条件是不够的，必须为缉毒队伍配备至少与贩毒分子相同的装备，否则根本无法起到预防、遏制毒品犯罪的效果。第三，缉毒部门之间应当加强合作，共同解决毒品犯罪问题，建议禁毒委员会就该问题作出具体规定，总结以往经验教训，制定出一套便于操作的可行性协作程序，力图起到事半功倍的良好效果。第四，充分加强借助科技力量，运用大数据、人工智能等技术，充分发挥技防的作用，形成人防、物防、技防相结合的毒品防治模式。

（三）加大禁毒宣传力度，做好预防教育

禁毒的关键不仅在于事后打击，事先预防和警示也是尤为重要的。我们应当让全体民众都认识到毒品的可怕危害，把提高全体民众禁毒意识上升到战略高度上来。第一，通过各种媒体，特别是各种新媒体形式大力进行禁毒宣传，利用社会舆论威力，让禁毒思想充斥着每个角落。第二，在社会娱乐场所这种人口密集，流动量大的地方进行重点宣传，最大限度的减少新生吸毒人员。第三，在中小学设立有关禁毒方面知识的课程，指导学校开展禁毒教育活动，只有从思想上让人们彻底抵制毒品，才能从根本上消灭毒品，使其永远不再危害我国国民。

（四）加强国际禁毒合作，促进港澳等地的区际禁毒发展

毒品犯罪不仅对中国产生巨大影响，也是全世界深恶痛绝的问题，毒品犯罪的国际化告诉我们，要想使禁毒斗争取得成功，有效预防毒品犯罪，我们必须加入到国际社会的禁毒活动中，与世界各国通力合作，加强国际禁毒协作力度，促进与周边地区禁毒协作的发展，尽可能减少境外毒品对我国的侵害。

（五）加强禁吸戒毒管理，遏制吸毒人员增长，减少毒品需求

毒品违法犯罪活动之所以长期猖獗，其主要的客观原因就是存在大量的毒品消费市场。我国当前有一百多万的登记在册吸毒人员，这一庞大的吸毒群体成了刺激毒品犯罪的重要因素，要有效遏制毒品犯罪的蔓延，必须切实减少毒品需求，萎缩毒品市场，这就需要加强戒毒管理，提高戒毒成功率，降低复吸率，还要加强毒品宣传教育，减少新增吸毒人员。

（六）健全禁毒法律法规，严厉打击毒品犯罪

事实证明要想对某种犯罪的发生起到预防震慑的效果，必须要在法律条文中作出详细严密的规定，特别是刑法，对毒品犯罪这类有严重社会危害性的犯罪行为必须给予严惩，这样才能有效预防和遏制此类犯罪的发生。根据近年来我国毒品犯罪的现状，2007 年 12 月 29 日我国颁布了《禁毒法》，其中对毒品管制、戒毒措施、毒品宣传、国际禁毒合作等方面都作出了详细规定，健全了我国禁毒法律法规，充实了打击毒品犯罪的法律依据。我们应当时刻注意毒品犯罪的发展趋势，适当补充和健全法律法规，不仅要做到严惩毒品犯罪，还应使法律起到预防和震慑犯罪分子的作用，使他们不敢轻易走上毒品犯罪道路。

除此之外，还应当在禁绝非法种植毒品原植物，严惩制造毒品、走私贩运毒品等犯罪行为，加强对精神药品、麻醉药品等药品的管理等方面制定有效措施进行综合治理，加大打击力度。

任务三　毒品犯罪的侦查

教学情境

严打新型毒品 遏制蔓延势头

——东莞市公安局莞城分局侦破贩毒案经验启示[1]

（节选）

2016 年年初，东莞市公安局莞城分局禁毒中队接获特情线索：一伙以彭某为首的贩毒人员在本市城区片、企石镇等镇街大肆贩卖止咳水“奥亭牌复方磷酸可待因口服液”（以下简称“可待因止咳水”），而彭某的上家“湛江佬”日常库存量达 1～2 吨。可待因止咳水属新型毒品，且数量巨大，在青少年群体中大有蔓延之势，引起了公安机关各级领导高度重视，迅速抽调由禁毒支队以及莞城分局刑侦大队、东城派出所精干警力成立专案组展开侦查。

经初步侦查发现，该伙贩毒人员经常在东莞市莞城、南城、寮步、企石等镇街的大专院校、中职学校、网吧等一带大肆贩卖可待因止咳水，其中相当部分购买者是青少年学生，严重危害青少年健康成长，社会危害性极大。在市公安局禁毒、行动技术支队的大力支持下，专案组经过连续 2 个多月的细致摸排，一个以彭某（男，32 岁）、“湛江佬”为首的特大贩毒团伙逐渐浮出水面。通过大量摸排比对工作，专案组成功掌握了该团伙的人员构成、上下关系以及个人基本信息，收网行动随即展开。

---

〔1〕许昆、李灼华主编：《侦查前沿（第八辑）》，中国人民公安大学出版社 2020 年版，第 149～151 页。

2月2日~3月6日，专案组先后抓获贩毒嫌疑人黎某、张某威、罗某源，查获可待因止咳水近3000小袋。通过进一步扩线深挖，3月12日，专案组捣毁了一个在企石镇以士多为掩护的分销点，抓获贩毒嫌疑人吴某泉、杨某容、吴某以及吸毒人员黄某豪、廖某华。

5月10日，专案组在寮步镇百业路抓获了贩毒团伙主要头目彭某以及贩毒嫌疑人梁某冬（男，24岁）、张某峰（男，27岁），在南城街道赖屋抓获吴某（男，22岁），共缴获可待因止咳水6122袋、现金2.8万元、作案汽车3辆。5月17日，专案组在湛江市成功抓获贩毒团伙最上线“湛江佬”陈某强（男，31岁）。至此，贩毒案全线告破。

该案反映出当前新型毒品犯罪的4个新动向：毒品新型化；吸毒低龄化；贩毒“兼职化”；犯罪隐蔽化。

虽然该案案情相对简单，但网络庞大、层次复杂，蔓延迅速、辐射面广，为公安机关进一步加强和改进禁毒工作带来诸多启示。一是要加强宣教防毒害，与时俱进地开展禁毒“3项教育”：禁毒灭毒法治教育、辨毒认毒的认知教育和防毒拒毒的技能教育，占领青少年思想意识阵地，从源头上控制毒品消费主要市场。二是要加强培训辨毒品。当前新型毒品层出不穷、花样翻新，连部分专业禁毒民警都认识不全，普通群众更加容易受其迷惑。公安禁毒主管部门和教育培训部门应与时俱进，及时调研、更新教材，适时组织禁毒民警进行业务培训，提高禁毒民警对新型毒品的识别能力。三是要加强巡查捣毒场。公安机关应与时俱进，结合立体化治安防控体系建设，整合公安业务警种、治安辅助力量、行政职能部门和社区治保干部“4支队伍”全方位巡查、发现、捣毁吸毒场所。四是要加强联动断毒源。毒品的来源多元化、网络化，单靠公安一家之力难以面面俱到，公安机关必须与时俱进完善社会联动工作机制，全面堵毒源、截毒流。

工作任务

毒品犯罪是古老而又特殊的一类犯罪，一直以来，毒品犯罪问题都是世界各国普遍面临的一个难点问题。我国毒品犯罪问题经历了毒品犯罪地域不断扩大、犯罪种类不断增多、犯罪手段不断升级、毒品种类不断翻新、涉毒数量逐年上升、境外渗透多路径、全方位等过程，给人民群众生命安全和财产造成了巨大损失的同时，也对社会的安定和谐、经济的飞速发展带来了前所未有的冲击。国家一直保持着对毒品犯罪高压打击的态势。面对当前毒品犯罪的严峻形势，我国缉毒部门不断总结毒品案件侦查的经验，在打击毒品犯罪中取得了显著成效，对经济的发展和社会的稳定提供了有力保障。本部分的任务包括：

1. 了解涉毒案件的特点。

2. 了解毒品犯罪案件侦查的特殊性。

3. 熟知毒品犯罪案件常用的侦查措施。

一、毒品犯罪案件的特点

与其他类型的案件相比，涉毒犯罪行为及涉毒案件的侦破主要表现出以下特点：

（一）涉毒犯罪行为的特点

1. 犯罪过程隐蔽性强。我国打击毒品犯罪的态度十分明确，《刑法》对于毒品犯罪的量刑标准最高可以到死刑。因此，为了逃避打击，毒品案件的犯罪过程具有较强的隐蔽性。

（1）种毒、制毒隐蔽。种毒人员多在自己的私家庭院或在人烟稀少的荒郊野外种植毒品，甚至有些种毒人员还利用与正常农作物套种的方式掩人耳目。在制毒方面，制度人员多选择偏僻、不易别人发现的地方进行制毒，或者以生产其他产品掩人耳目，如假借开设养鸡场之名制毒。

（2）藏毒手段隐蔽。为了逃避检查，犯罪分子多采用随身、随车方式携带或藏匿毒品，或利用其他物品夹带。曾经有新闻报道过一起地毯藏毒的案件，犯罪分子将藏有毒品的塑料管编织进地毯中，最后过关时被我国海关查处。边境地区还经常使用人体藏毒的方式，实践中还出现了多起雇佣孕妇或租用婴幼儿掩护贩毒的案例。

（3）交易过程隐蔽。主要表现在交易时不断变化时间、地点，而且交易时一般不携带毒品出现，待谈妥交易条件后，再告知取毒方式。如事先将毒品存放在商场的存包柜或者快递柜中，交易达成后再告知其取件密码。随着物流的发达，更是通过“互联网 + 物流快递”的方式进行交易，过程更加隐蔽。

（4）运毒方式隐蔽。大多数犯罪分子在运毒过程中采用人货分离的形式运毒，还有些犯罪分子则雇人运毒，自己则随车押运或在暗地实施监控。

2. 贩毒集团化、职业化、国际化。毒品犯罪一般耗资大，贩毒路线长，且风险因素多，因此团伙作案的多。加之当前全球经济往来频繁，毒品犯罪的形势也呈现境内外勾结及跨国勾结，贩毒网络日益扩大，纵横交错、相互衔接，形成了拥有供货点、窝藏点、销售点、转运点，境内与境外融为一体的四通八达的贩毒网络，呈现出制、运、贩、售的集团化、职业化、国际化形势。

3. 贩毒武装化。在国家高压打击涉毒犯罪的形势下，犯罪分子深知罪行暴露的后果，为确保贩毒成功，往往会使用武器保护贩毒的各个环节。如在运毒及毒品交易等过程中随身携带武器准备必要时和公安机关进行武装对抗。同时，由于贩毒会给犯罪分子带来巨额暴利，犯罪分子之间会经常出现“黑吃黑”的情况，为了在交易过程中避免被“吃”，或实现“吃”掉对方的目的，也会携带枪支等武器。因此，贩毒活动也往往会涉及非法武装的问题。

（二）涉毒案件的特点

1. 没有明确的犯罪现场。由于毒品犯罪的手段多样、方法多变，如运输毒品的犯罪，犯罪分子会利用身体藏毒、交通工具藏毒、人货分离等方式进行，再加上毒品案件大多以运输、携带和贩卖等为表现形式，整个犯罪过程多处于动态过程，如甲地买货，乙地藏匿，丙地躲避，丁地出手等，整个犯罪过程时空跨度大，因此此类案件往往没有明确的犯罪现场。

2. 无可供勘查的犯罪现场。通常一起刑事案件发生后，往往会留下案发现场，警方通过现场勘查，可以提取、固定相关的痕迹物证，作为证明案件事实真相的刑事证据。如现场的手印、足迹、血迹等。虽然毒品案件也有犯罪现场，但作为以交易为主的特殊犯罪形式，现场遗留的手印、足迹等传统的痕迹物证的证据能力大大降低。如走私、贩卖毒品案件，一般交易完成后，犯罪行为即实施完毕，犯罪分子很少会在现场留下有价值的痕迹物证。即便是非法持有毒品犯罪，虽然有藏毒的场所可供勘查，但在此场所中收集到的相关的足迹和指纹，并不能有力说明留下这些痕迹物证的人就是犯罪行为人。因此，涉毒案件中侦查机关想通过现场勘查来搜集证据往往不太可能。

3. 一般无明显的被害人和报案人。毒品犯罪侵害的是社会的利益，除了强迫、欺骗、引诱他人吸毒外，毒品犯罪行为一般不会直接涉及被害人。而有的毒品案件交易双方本来就是不法分子，更不会有人报案。再加上毒品犯罪有着极强的隐蔽性，其涉及的犯罪场所都较为隐蔽，知情人员的范围也较为狭窄，一般民众难以察觉。而且由于涉毒犯罪分子的残暴性，即便有知情的民众也会怕被打击报复而不敢轻易检举。因此，大多数涉毒案件的线索都来自于卧底或特情。

4. 犯罪分子反侦查意识极强。为了逃避公安机关的打击，毒品犯罪分子在非法行为时往往非常狡猾，如相互接触时不留真实姓名，往往用绰号或别名代替；多采取单线联系，且交易对象固定，对陌生人警惕性高，甚至不交易；联系对话时采用隐语、暗语；如有暴露风险，犯罪分子第一时间销毁作为证据的毒品，迅速逃逸。

5. 普遍以贩养吸。毒品问题已经成为全球治理的难题之一，吸毒成瘾人员由于意志薄弱，心瘾难除，复吸率极高，而高额的毒资是吸毒人员难以承担的。因此，大部分吸毒人员为了稳定获取毒品及高额利润，会铤而走险选择以贩养吸。这也对侦查带来了影响，一方面在罪名认定的证据收集上加大了难度，另一方面也要对毒品数量、上下线关系、共犯关系上进行进一步认定。

二、毒品犯罪案件侦查的特殊性

毒品犯罪案件属于刑事案件，对毒品犯罪案件的侦查必须依照《刑事诉讼法》和《公安机关办理刑事案件程序规定》依法进行。然而毒品犯罪案件与其他刑事案件相比，有着自身的特点。因此，在对此类案件侦查的过程中，也表现出了明显的特殊性。

(一) 侦查目的具有特殊性

毒品犯罪侦查的目的与其他刑事案件不同，一般刑事案件侦查的目的是调查事实真相，抓获犯罪嫌疑人，破获案件，维护法律的正义。而毒品犯罪案件的侦查更希望从源头、过程中对毒品犯罪加以控制和制约，及时发现和中断毒品犯罪行为，从而预防或消除毒品对个人、家庭、社会造成的危害，更加凸显的是侦查的防控作用。

(二) 侦查方式具有特殊性

刑事案件侦查一般分为被动型侦查和主动型侦查。被动型侦查是指公安机关对通过受害人或第三人报案，或在工作中发现的犯罪活动，按照法律规定的程序开展的侦查活动。主动型侦查是指侦查机关对尚未开展或正在开展但尚未全部实施完毕的犯罪活动，采取特殊的侦查手段，依据情报线索主动开展侦查活动，发现并及时制止犯罪后果发生的侦查活动。基于毒品犯罪的特点，为顺利实现预防和控制毒品犯罪的目的，毒品犯罪案件的侦查宜采用主动型侦查，及时发现，及时控制。

(三) 侦查手段具有特殊性

从毒品犯罪案件的特点可知，毒品犯罪案件具有较强的隐蔽性，没有具体的被害人，也没有明确的可供勘查的现场，因此，对情报的依赖性较大，一般需采取一些特殊的侦查措施，如诱惑侦查、控制下交付、特情等，才能查明案件事实。

(四) 侦查破案时机具有特殊性

任何刑事案件的侦破都需要把握时机，毒品犯罪案件侦查的目的是为了防控毒品犯罪，防止毒品给社会带来的危害，因此，为了打掉毒源、扩大战果，更需要注重破案时机的选择。收网时机的选择直接影响着案件破获的深度及防控的广度。

(五) 需要广泛的侦查协作

毒品犯罪流动性大，跨区域犯罪明显，当前加大打击毒品犯罪的力度是全国乃至全球的重要需求。就国内而言，我国公安机关虽有专门的缉毒机构，但还需与海关、边防以及铁路、交通、林业、民航等相关部门进行横向的合作，严防毒品犯罪的各个环节。例如，水上警察要联合渔政、水利部门巡查水面，打击水上毒场；交通警察要联合巡警、交通、站场部门巡查路面，打击车中毒场；森林警察要联合林业、畜牧、景区部门巡查山林，打击山头毒场；派出所民警要联合辅警、出租屋管理员、消防巡查员、治保干部巡查高层楼宇和偏僻私人屋、出租屋，打击屋内毒场；治安警种要联合工商、文化、卫生部门巡查娱乐场所，打击场所毒场。同时，国际上也要保持各国、各机构与国际组织之间的合作，协同作战，共同打击毒品犯罪。

三、毒品犯罪案件常用的侦查措施

毒品犯罪案件侦查是一项长期、复杂而又艰巨的工作，必须根据毒品案件的具体特点，对症下药，因案制宜，采取合适的侦查措施，制定周密的侦查计划，才能有效地打击毒品犯罪活动。实践中毒品犯罪案件侦查的主要措施有公开查缉、外线侦查、内线侦查、技术侦查、控制下交付等。

（一）公开查缉

在毒品犯罪案件的侦查过程中，公开查缉的方式应用比较广泛。一般包括人身检查、物品检查、车辆检查及场所搜查。

1. 人身检查。对毒品犯罪嫌疑人进行人身检查时，为确保安全，应当有两名及以上的检查人员执行检查工作，一人检查，一人负责警戒。有多名犯罪嫌疑人的，应当分别进行。检查时，遵循从上到下，从外到里、从前到后的检查顺序，采用触摸、挤压等方法，以发现嫌疑人藏匿在身上的毒品、凶器。在冬季嫌疑人穿着较厚时，应先让其脱掉外套再进行人身检查，并将外套一并检查。对于怀疑存在体内藏毒、运毒等情况时，应对其进行仪器检查。女性犯罪嫌疑人的人身检查应当由女性负责检查。

2. 物品检查。当嫌疑人携带物品时，应当先将人和物品分离开，再进行检查。通常情况下，检查人员也应两人及以上，一人检查一人警戒。特殊情况下，侦查人员只有一人时，应在确保犯罪嫌疑人被控制住的情况下，命令其自行打开箱包，出示其中的物品。

3. 车辆检查。毒品犯罪的流动性大，在实施毒品犯罪行为时，犯罪嫌疑人通常会借助车辆藏毒、运毒。由于车辆结构复杂，对车辆的检查必须在多名检查人员相互配合的条件下合作进行。首先，检查前必须对车辆和驾驶人员实施有效控制，命令其停车、熄火，必要时命令车上全部人员下车待检。其次查验驾驶员身份信息时要逐一核对，并同时注意其有无异常反应。对于可疑车辆，要重点检查可能用于藏毒的重点部位，要注意发现车体上有无新拆卸、焊接和改装等痕迹，车上部件功能是否完备，灰尘厚度是否均匀等。

4. 场所搜查。对于可能藏匿毒品的场所，侦查人员可以依法申请搜查。搜查的过程中要注意搜查程序的依法执行，同时执行警戒的侦查人员要注意安全防控，并关注嫌疑人员的表情。执行搜查的侦查人员要注意重点搜查可能藏匿毒品的位置，如卫生间、厨房、卧室等。

（二）外线侦查

外线侦查是侦查机关和侦查人员通过隐蔽方式从外部监控重大犯罪嫌疑人，掌握其活动情况，获取犯罪证据的秘密侦查措施。具体可以有以下几种方式：

1. 化装侦查。化装侦查是指侦查人员为了适应侦查活动，麻痹侦查对象，实现侦查目的而故意改变自己的装束、语言、身份和行为的一种侦查手段。毒品犯罪案件的嫌疑人极度敏感，警惕性高，通过化装侦查与其进行接触，有利于减轻犯罪嫌疑人的猜疑，使其放松警惕，帮助侦查人员顺利获取相关情报。

2. 跟踪盯梢。跟踪盯梢是指侦查人员以运动方式，对侦查对象进行秘密观察，监视犯罪嫌疑人的行踪，控制其外部活动，获得线索和证据的一项秘密侦查手段。毒品犯罪初期，犯罪线索还不明朗，犯罪证据有待进一步收集和确认，采取跟踪盯梢的方式有助于防止打草惊蛇，摸清犯罪情况，进而收网破案。在跟踪盯梢过程中要尽量防止暴露、脱梢等情况，跟踪方式主要有尾随跟踪、交换跟梢、接力跟梢、迂回跟梢等。

3. 守候监视。守候监视是指在侦查对象的住所、落脚点、经常出入的场所及可能隐身藏赃、接头联络或实施现行犯罪和与案件有关的区域场所周围，选择隐蔽地点，设立秘密监视点，对侦查对象进行监视控制的一种秘密侦查手段。在毒品犯罪案件侦查过程中，采取守候监视的措施有助于收集破案线索及证据，抓住有利时机，扩大战果。

（三）内线侦查

随着毒品犯罪智能化、科技化手段的不断提高，加之其一贯的隐蔽性，外线侦查在毒品犯罪案件侦查中发挥的效用逐渐降低，很难获取案件中如毒品数量、藏匿地点、运输方式、交易时间、涉案人员及有无武装等隐秘情况。而刑事特情、卧底侦查等内线侦查措施基于其自身的灵活性、隐蔽性、智能性等特点，逐渐承担起了更多获取线索、收集证据的任务。

1. 刑事特情。刑事特情是侦查机关领导和指导的，用于侦查刑事案件、搜集犯罪情报、发现和控制犯罪活动的隐蔽力。根据其担负的任务，有专案特情、控制特情、情报特情之分。目前，我国缉毒实践中为缉毒人员提供情报信息的特情人员数量相当庞杂，有关报道指出，在云贵等毒品犯罪的重灾区，平均一名缉毒人员至少拥有 3 名以上保持单线联系的特情人员，整个珠三角地区拥有的专职特情人员已经超过 5000 名，此外，还有很多兼职的特情人员。在毒品犯罪案件的侦查过程中，通过特情深入犯罪分子内部，在调查和了解侦查对象的犯罪活动情况，获取侦查线索和犯罪证据，监视和控制侦查对象等方面发挥了重要作用。

2. 卧底侦查。卧底侦查，又称“潜入侦查”“打入侦查”，是一股主动贴靠的秘密力量。在我国，卧底侦查一般指侦查人员为了获取犯罪嫌疑人或犯罪组织的信任，隐匿真实身份，深入到犯罪组织内部，掌握组织内部的机构，收集犯罪证据并安排适时破案的行为，也是侦破毒品犯罪常用的一项秘密侦查手段。

需要注意的是，在侦查人员隐匿身份实施侦查时，不得引诱他人犯罪，《刑事诉讼法》第 153 条明确规定，为了查明案情，在必要的时候，经公安机关负责人决定，可以由有关人员隐匿其身份实施侦查。但是，不得诱使他人犯罪，不得采用可能危害公共安全或者发生重大人身危险的方法。

（四）技术侦查

技术侦查是指因调查犯罪事实、收集证据、查获犯罪嫌疑人的特殊需要而由法律加以规定和授权的一些经过特别审批手续而秘密采取的侦查方法。包括电子监听、秘拍秘录、通信监控、场所监控等专门技术手段。毒品犯罪分子一般比普通刑事犯罪分子具有更强的反侦查意识，同时因为毒品案件侦破周期长、地域跨度大，在毒品犯罪案件侦查中使用技术侦查手段难度相对较大。具体使用时应注意：

1. 要坚持严格审批制度。毒品案件侦查部门要对各种技术侦查手段的使用有所了解，并且要严格按照使用技术侦查手段的有关规定来办理相关手续，禁止滥用。

2. 交付技术监控的对象要准确。交付给技术侦查部门进行监控的对象，必须是确有毒品犯罪活动或者重大毒品犯罪嫌疑的人员，不能随意滥用。

3. 交付技术侦查的要求要明确。侦查部门在将侦查对象交给技术侦查部门进行监控时，必须要明确监控要求，包括采取何种手段监控、监控对象进行哪些活动等。

（五）控制下交付

控制下交付是指毒品犯罪侦查部门发现有关毒品犯罪线索的前提下，将毒品置于警方的严密监视、控制下，按照毒贩事先计划或约定的贩毒方向、路线、地点和方式，顺其自然交付毒品。采用控制下交付的侦查手段，有助于侦查部门控制毒品贩运的全过程，以此发现所有的贩毒人员并将其一网打尽，是国际上常用且有效的侦破毒品犯罪案件的侦查措施。《刑事诉讼法》第 153 条明确规定，对涉及给付毒品等违禁品或者财物的犯罪活动，公安机关根据侦查犯罪的需要，可以依照规定实施控制下交付。

任务四　毒品滥用与违法犯罪的关系

教学情境

教学情境一：

吸毒人员涉刑案件统计

经吸毒人员数据库与刑事案件数据库比对，2014 年，全国破获吸毒人员引发的刑事案件 14.9 万起，占同期刑事案件总数的 12.1%，其中抢劫、抢夺、盗窃等侵财性案件 7.2 万起，涉毒犯罪案件 4.7 万起，杀人、绑架、强奸等严重暴力案件 300 余起。

——《2014 年中国毒品形势报告》

2015 年，全国报告发生因滥用毒品导致暴力攻击、自杀自残、毒驾肇事等极端案件事件 336 起，查获涉案吸毒人员 349 名；破获吸毒人员引发的刑事案件 17.4 万起，占刑事案件总数的 14%，其中，抢劫、抢夺、盗窃等侵财性案件 7.2 万起，涉毒犯罪案件 7.4 万起，杀人、绑架、强奸等严重暴力案件 716 起；依法注销 14.6 万名吸毒驾驶人驾驶证，拒绝申领驾驶证 1.1 万人。

——《2015 年中国毒品形势报告》

教学情境二：

沈立功故意杀人、容留他人吸毒案[1]

被告人沈立功，男，汉族，1973年3月4日出生，高校教师。2018年以来，被告人沈立功因吸食大麻导致精神障碍，由妻子赵宝玲（被害人，殁年40岁）照顾。其间，沈立功仍吸食大麻。2019年12月13日傍晚，沈立功在其住处因吸食大麻产生幻觉，持羊角锤等工具击打赵宝玲的头部，致赵严重颅脑损伤死亡。沈立功毁坏赵宝玲尸体后，以割腕、跳楼等方式自杀未果。同月16日11时许，沈立功在住处让他人帮忙报警，后被处警的公安人员控制。经鉴定，沈立功在作案期间患有精神活性物质所致精神障碍。另查明，2016年至2019年11月，被告人沈立功多次容留多人在其住处吸食大麻。

法院认为，被告人沈立功在吸食毒品致精神障碍的情况下将妻子杀害，其行为已构成故意杀人罪；沈立功提供场所容留他人吸毒，其行为又构成容留他人吸毒罪。对其所犯数罪，应依法并罚。据此，对被告人沈立功以故意杀人罪判处死刑，缓期2年执行，剥夺政治权利终身；以容留他人吸毒罪判处有期徒刑2年，并处罚金人民币5000元，决定执行死刑，缓期2年执行，剥夺政治权利终身，并处罚金人民币5000元。

工作任务

当我们谈起毒品滥用（吸毒）的危害时，似乎毒品滥用与违法犯罪总是"形影不离"。毒品滥用与违法犯罪之间是怎么样的一种关系？是毒品滥用导致了犯罪行为的发生？还是犯罪行为（现象）促使、导致了毒品的滥用？抑或，两者不存在因果关系？本部分的任务：

1. 熟悉了解关于毒品滥用与违法犯罪关系的理论。
2. 分析毒品类型与违法犯罪的关系。

关于毒品滥用与违法犯罪之间的关系，理论界主要提出了三种理论解释：一是，毒品滥用导致了犯罪行为，可以称之为毒品原因论；二是犯罪导致毒品滥用行为，可以称之为犯罪原因论；三是毒品滥用和犯罪之间有共同的原因，可以称之为共生论。

一、毒品原因论

所谓毒品原因论，是指毒品滥用导致了犯罪行为的发生。具体情况主要体现为三

---

〔1〕 最高人民法院："2021年十大毒品（涉毒）犯罪典型案例"，载 https://www.court.gov.cn/zixun/xiangqing/310731.html，最后访问日期：2023年6月22日。

种情况：

第一种情形是为了获取毒资而产生犯罪行为，有学者称之为毒资所迫的犯罪（Economic－compulsive crimes），即以犯罪行为（抢劫、盗窃、贩卖毒品或卖淫）来维持自己购买毒品时所需的费用，以吸食传统毒品的成瘾者最为常见。由于毒品的耐受性，吸毒人逐渐需要更大剂量的毒品才能获得满足感，毒品价格昂贵，一般收入根本难以维持，即便之前所拥有合法的高收入经济来源，也会由于长期吸毒丧失继续获取高合法收入的能力，最后可能沦落到通过不法手段来获取毒资。由于这些人不是职业犯罪人，大多都是因为缺乏毒资而不得不从事犯罪活动，因此其犯罪行为往往具备很强的侵财性和随意性，反侦查能力较差，但造成的社会影响又极其恶劣，吸毒人为了尽快获取毒资，往往不分时间、地点及其他作案条件就盲目作案。如，相当数量的零包贩毒〔1〕人员本身吸食毒品，系为获得吸毒所需资金而实施毒品犯罪，由此形成“以贩养吸”的恶性循环。

第二种是由于毒品药理性作用所导致的犯罪，有学者称之为精神药理的犯罪（Psychopharmacological crimes），即因为长期服用或短时间的大量服用毒品，直接受精神活性物质影响所导致的犯罪，其中新型毒品较为常见，如冰毒和甲卡西酮等。通常来说，吸食新型毒品会严重损坏个体的脑机制，减弱大脑对人的控制能力，容易引起诸如抑郁、狂躁和精神分裂的症状，使吸毒者显示出异于常人的攻击性，进而可能发生暴力犯罪、危险驾驶等行为。如美国著名的“迈阿密啃脸案”，2012 年 5 月，美国迈阿密一名流浪汉惨遭吸食“浴盐”后的鲁迪尤金啃掉双眼和鼻子，警方接到报案后赶到现场，无法制止其疯狂“啃脸行为”，于是开枪将其射杀，一时震惊世界。这是典型由药物致幻而产生的暴力行为。近年来我国时有发生的因滥用毒品导致暴力攻击、自杀自残、毒驾肇事等极端案件事件，也是这个典型情况。

第三种是毒品滥用导致了毒品犯罪等系统犯罪，有学者称之为毒品系统犯罪（systemic crimes）。毒品的高利润使毒品犯罪分子铤而走险从事毒品犯罪（包括制造、贩卖、运输毒品等等）活动，为了维持毒品犯罪活动，常常又伴随着武力、暴力、贿赂、洗钱等犯罪活动。如毒品犯罪组织在争夺毒品消费市场、组织毒品货源、走私和运输毒品时往往以武力为后盾，即“枪毒同源”；为了使毒品畅行无阻，毒品犯罪集团不惜采取恐吓、绑架、爆炸、杀害等暴力手段来对付竞争者、内部违规者以及执法人员；通过贿赂手段为毒品犯罪活动寻求庇护和便利；利用各种途径和方式进行洗钱活动，使非法收入合法化，以逃避制裁。

---

〔1〕 根据最高人民法院发布的《人民法院禁毒工作白皮书》（2012—2017），零包贩毒案件一般是指涉案毒品 10 克以下的贩毒案件，该类案件毒品犯罪的末端环节，此类案件通常占贩卖毒品案件的一半以上，在全部毒品犯罪案件中也占有较高比例。

二、犯罪原因论

如果说毒品滥用与犯罪是因果关系，即毒品滥用是因，犯罪是果，那么其逻辑关系应为毒品使用在前，犯罪行为在后。但很多犯罪或者越轨行为都是先于吸毒产生的，显然并不是吸毒导致了犯罪。因此，有学者提出，毒品滥用并不必然导致犯罪，也可能是犯罪、越轨行为导致毒品的滥用。关于此，有以下几种解释。

首先，犯罪行为特别是财产型犯罪如抢劫、勒索、诈骗等，为个体提供了额外的资金，个别犯罪还获得超高的犯罪所得，使得他们有能力购买毒品；另外，犯罪后的个体未被逮捕也可能会把吸毒当作一种消遣方式，用来庆祝犯案成功或缓解压力。

其次，吸毒作为众多反社会生活方式的一种，很多人犯罪之后，为了符合某种犯罪亚文化的需求，选择使用毒品和别的犯罪行为人达成新的认同；有研究者认为越轨青少年为了在群体中获得“特殊地位”会尝试更多反社会行为，尝试毒品可能是他们增加自身反社会程度、在同伴中塑造权威的一种方式。国内有研究发现，街头青年帮派与成人涉黑势力产生联系后，会涉足成人涉黑窝点，而这些窝点中往往存在卖淫、吸毒和贩毒等非法行为，使得青年帮派有机会习得成人越轨甚至涉黑犯罪行为。

再次，有的犯罪行为人通过犯罪积累一定资本以后，往往也想染指贩卖毒品这个高风险高回报的行业，于是其犯罪行为渐渐与毒品相关的犯罪挂钩。

最后，很多遭受过暴力犯罪侵害的个体，在受到侵害后，往往一蹶不振，甚至患上创伤后应激障碍（Post - Traumatic Stress Disorder，PTSD），最终选择使用毒品来减少痛苦并获得快感，逐渐沦为一名“瘾君子”。

三、共生论

该观点认为，毒品滥用和犯罪之间没有直接的因果联系，可能是因为一些共同的因素对二者都产生影响，这些共同的因素可能是由某些个人特征（如基因、人格障碍、性别等）和社会因素（如家庭破裂、群体亚文化、不良的社会关系、环境等）所导致的。目前这种理论获得了大多数研究者的认可，因为无论是实证研究还是理论分析都无法断定吸食毒品对犯罪行为的直接作用力。

基因。比如分子基因学研究提示吸毒和犯罪行为可能存在共同的基因易感性，与多巴胺、血清素和肾上腺素等神经递质相关的特定基因，基因多态性与药物成瘾和反社会行为共同相关，在特定环境（如童年创伤经历）下对不良行为存在基因易感性。

人格障碍。也有研究者指出，很多毒品成瘾者犯罪，是因为他们本身就有暴力倾向的人格障碍，如反社会人格障碍和边缘型人格障碍，而毒品只是加速了他们身上人格异常的显露，最终走向犯罪。换言之，是行为背后的人格障碍把吸毒和犯罪联系到了一起。

早期经历。又如，有研究表明毒品成瘾者和犯罪人多在青少年阶段就已经表现出了各式各样的越轨行为，而之后的吸毒行为和犯罪行为只是对这些越轨行为的扩大和延伸。他们可能在青少年阶段就表现出较严重的不良行为，如频繁逃课、打架斗殴、敲诈勒索等，这些人更有可能发展为毒品成瘾者或罪犯这样的社会边缘人群。

毒品成瘾者和犯罪人通常具有一些共同的特殊生活经历，由此形成的心理特点和人格缺陷使得他们同时成为吸食毒品和实施犯罪的高发人群。例如，个人早期遭受家庭暴力、缺乏父母管教，更容易形成易冲动、高风险犯罪的人格特点。

现有的研究证明，毒品和犯罪之间确实存在一定关系，但毒品滥用不一定导致犯罪，部分罪犯也并非吸毒人员，它们相关但并不一定说明两者之间存在因果关系，既有研究证明毒品滥用是犯罪的开端，也有研究证明犯罪增加了毒品滥用的可能性，更有研究认为两者性质相似，是由其他因素共同导致的。由此可见，毒品滥用和犯罪之间似乎存在着多维和动态的关系，我们需要更多的调查和研究去分析其互动机制的可能性；同时，也应注意到，无论是毒品滥用者还是犯罪群体内部都存在巨大的异质性，两者之间的关系有可能因为性别、年龄、种族、社会阶层、吸食毒品种类和数量而不同，很难用单一理论来解释全部的可能性。

实训项目

尽管我国对毒品犯罪是采取严厉打击的策略措施，但毒品犯罪依然猖獗，请结合本项目学习的内容。

1. 说明近年我国毒品犯罪的态势。
2. 分析毒品犯罪猖獗的原因。

第三单元

毒品滥用戒治

项目九　戒毒医学戒治

任务一　医学戒治概述

教学情境

应用臭氧自血回输疗法治疗戒毒人员王某冰毒依赖[1]

戒毒人员王某，男，23岁，因“甲基苯丙胺滥用致依赖4年”于2017年4月到山东省戒毒监测治疗所戒毒康复中心住院治疗。2012年8月，王某经朋友引诱吸食甲基苯丙胺，初期每次吸食0.1g±，2～3个月吸食一次，吸食后自觉兴奋，可连续10余小时不睡，兴奋过后嗜睡，约10余小时。2013年6月，每周吸食一次，每次0.5g±，最频繁时可每日吸食数次，一日吸食0.8g±。2016年曾在家停止吸食甲基苯丙胺半年左右，2017年初复吸，2～3日吸食一次，每次吸食0.5g±。王某记忆力明显下降，体重下降20kg，无幻听、幻视，无恶心、呕吐、抽搐等症状。入院前1个月开始出现无明显诱因的心慌、胸闷、口干、出汗等症状，夜间入睡困难、睡后多梦、易醒，睡眠质量差，脾气暴躁，无自伤、自残及暴力倾向，人际交往时常有烦躁情绪，为戒断毒瘾至康复中心进行自愿戒毒。

目前，臭氧是已知可利用的最强的氧化剂之一，臭氧自血回输疗法可刺激、诱导抗氧化酶的过渡表达，诱导产生多种细胞因子，有利于清除体内过量的反应性氧化产物，可促进甲基苯丙胺代谢，使患者较快、较平稳的度过急性脱毒期，并且对患者的精神障碍、心脏损害、肝肾功能损伤及免疫系统损害具有修复作用。臭氧自血回输疗

〔1〕司法行政（法律服务）案例库，网址：http://alk.12348.gov.cn/LawSelect/Detail?dbID=24&dbName=JDYL&sysID=871，最后访问日期：2020年1月5日。

法主要包含臭氧大自血治疗和直肠灌注治疗两种治疗方式。

缓解甲基苯丙胺依赖患者临床症状，无论是合成药物还是中药治疗，都存在一定的毒副作用。臭氧自血回输疗法是一种安全指数高、操作方便、效果明显、治疗方法，与其它治疗技术不良反应的发生率相比，臭氧治疗的副作用几乎可以忽略不计。臭氧自血回输过程中未使用改善心慌、胸闷、口干、出汗等症状的药物治疗，也未使用促进甲基苯丙胺代谢的药物及清除自由基的药物，单纯使用臭氧治疗就起到了多种药物联合治疗可以达到的效果，臭氧大自血治疗及直肠灌注治疗的疗效明显。

工作任务

戒毒是一个综合“工程”，医学戒治作为其中的一部分，有着重要的意义。本部分的任务包括：

1. 了解什么是戒毒治疗。
2. 熟知戒毒治疗的目的与原则。

一、毒品相关和成瘾障碍的治疗

毒品相关和成瘾障碍的治疗，又可称戒毒治疗，包括毒品使用障碍的治疗与毒品所致障碍的治疗。毒品使用障碍的治疗即吸毒成瘾的治疗，毒品所致障碍的治疗包括中毒、戒断以及毒品所致的精神障碍等。毒品所致的精神障碍，包括毒品所致精神病性障碍、毒品所致双相及相关障碍、毒品所致抑郁障碍、毒品所致焦虑障碍、毒品所致强迫及相关障碍、毒品所致睡眠障碍、毒品所致性功能障碍、毒品所致谵妄和毒品所致神经认知障碍。

戒毒治疗的重点是一方面要停止毒品使用，另一方面要改变影响毒品使用持续存在的行为和生活方式，同时还要治疗毒品所致的障碍。

二、戒毒治疗的目的与原则

（一）戒毒治疗的目的

为了让世界各国的医务工作者对戒毒治疗有一个统一的认识，世界卫生组织（WHO）药物依赖专家委员会提出了戒毒治疗应达到的 3 个目的与戒毒治疗应遵循的 13 条原则。戒毒治疗的 3 个目的如下：

（1）减轻对毒品的依赖，包含躯体依赖与精神依赖；

（2）降低因滥用毒品带来的伤害；

（3）最大可能地增加毒品成瘾者接受戒毒治疗和各种服务的机会，从而达到身体健康、社会活动能力增强，为保持操守、回归社会打下良好的基础。

（二）戒毒治疗的原则

基于上述3个目的，世界卫生组织还提出了戒毒治疗的13条原则：

（1）任何一种单独的治疗方法都不可能适用于所有的患者，与每个患者的问题和需求相对应的治疗环境、干预措施和配套服务非常重要。

（2）治疗机会应该容易得到，若不能迅速地进入治疗程序，则原先愿意治疗的患者很容易流失。

（3）有效的治疗应该考虑患者多方面的问题，而不应仅仅只局限于滥用药物本身，对于患者的用药行为及相关的医学、心理学、社会、职业及法律问题应一并考虑。

（4）该根据患者不断变化的需求，随时评估和调整治疗。

（5）足够的治疗时间对于疗效至关重要，具体取决于病情需要，对于大部分患者来说，3个月或更长的治疗时间会产生更好的效果。治疗计划应包括防止患者过早脱离治疗的措施。

（6）个体和群体咨询及其他行为治疗，对于疗效极为重要，在治疗过程中，应帮助患者树立信心，建立对抗药物滥用和对抗复吸的技能，使其以建设性、奖励性的非药物行为替代用药行为，提高其解决问题、对抗风险的能力，行为治疗也能改善患者的人际关系。

（7）药物治疗是戒毒治疗的重要组成部分，特别是结合咨询及各种行为疗法时更是这样。

（8）对于并发精神障碍的滥用/依赖者，应对两者同时进行整体治疗；因滥用/成瘾同时并发精神障碍的极为普遍，故发现滥用/依赖时必须考虑到精神问题，并进行相应的检查和治疗。

（9）临床脱毒只是戒毒的第一阶段，仅仅脱毒治疗对长期药物滥用患者而言，它只是有效治疗的开始。

（10）治疗并非自愿才能有效，来自家庭、单位和司法部门的督导及压力，可以明显提高接受治疗、操守和成功的概率。

（11）必须连续不断地监测治疗期间可能发生的药物滥用，如经常进行尿样分析检测，不仅可保持压力、预防复吸，也可早期发现已经发生的偷吸行为，及时调整治疗方案。

（12）治疗计划应包括对HIV/AIDS、乙型和丙型肝炎、结核病及其他传染性疾病的检测，提供咨询，帮助患者改变高危行为，帮助已感染患者正确控制其疾病。

（13）依赖的康复是一个长期的过程，通常需要经历多次治疗，与其他慢性疾病一样，在戒毒期间，甚至成功戒毒之后，复吸都可能发生。在戒毒治疗期间和完成之后参加自助项目训练，有助于维持操守。

以上13条原则，是世界各国的戒毒工作者经过数十年戒毒实践的经验总结，对现阶段吸毒成瘾的治疗具有普遍的指导意义。事实已经证明，只有在以上 13 条的指导下的戒毒治疗措施，才是有效的戒毒治疗措施。

任务二 脱毒治疗

教学情境

针灸治疗海洛因脱毒后稽延性戒断症状[1]

强制隔离戒毒人员孙某某，男，42 岁，离异，个体户，初中学历，吸食海洛因 5 年，以烫吸方式为主，每周约 4～5 次，每次约 0.5 克，偶尔采用肌注方式，吸食海洛因当天被公安机关抓获，在拘留所经过 15 天的脱毒治疗后，送至安徽省滨湖强制隔离戒毒所执行强制隔离戒毒。入所时孙某某自诉出现心慌胸闷，感觉忽冷忽热，全身乏力，肌肉酸痛，入睡困难，近期出现腹痛，大便次数明显增多等不适症状，影响正常生活。

吸毒史、既往病史、入所体检及量表评定等情况表明，孙某某有明显的海洛因吸毒史且未间断；吸毒次数频繁、量大；刚刚经历急性脱毒期；出现睡眠障碍、四肢关节肌肉酸痛和心动过速、忽冷忽热、腹痛腹泻等自主神经功能紊乱症状；稽延性戒断症状评定为中度。排除了严重心、肝、肾功能损害，循环、消化、呼吸等系统疾病和重度精神疾患，以及艾滋、肺结核等重大传染病。

稽延性戒断症状的治疗尚无特效药物，以对症处理为主，用于治疗此类症状的多为镇静催眠药和抗焦虑药物，这类药物本身具有一定程度的副作用和依赖性，使用不当会造成新的依赖。针灸治疗稽延性戒断综合征具有安全、有效、方便、副作用小等特点，不会产生依赖性和不良反应，且针灸具有扶正固本的作用，在治疗戒断症状的同时，还可以调理身心，恢复正气，促进康复的作用。基于上述优点，此次治疗采用中医针灸的方式进行。

治疗 4 周后，孙某某乏力和肌肉酸痛症状基本缓解，睡眠明显改善，未出现忽冷忽热症状，心率 82 次/分，行心电图检查为窦性心律，稽延性戒断症状消失，孙某某身体、情绪良好，体重增加，达到 55kg。再次检查肝功能，ALT、AST 均在正常值范围内。

从整个治疗方案的实施情况看，本次治疗取得了良好的效果。4 周针灸治疗结束后，嘱其清淡饮食，多参加康复训练和心理健康辅导，持续巩固疗效。

---

〔1〕 司法行政（法律服务）案例库，网址：http://alk.12348.gov.cn/LawSelect/Detail? dbID = 24&dbName = JDYL&sysID = 2078，最后访问日期：2022 年 8 月 15 日。

工作任务

生理脱毒作为戒毒的第一步，对之后的身心康复治疗有着重要的影响，是整个戒毒治疗不可缺失的重要部分。本节的任务：

1. 掌握什么是生理脱毒。
2. 熟知生理脱毒的主要医学方法。
3. 了解脱毒治疗药物。

一、生理脱毒的概念

生理脱毒指物质依赖的生理脱毒治疗，尤其以阿片类毒品为典型的一些毒品，表现出较强的生理依赖，而合成类新型毒品一般没有太明显的生理依赖症状，所以，常说的生理脱毒治疗一般多指对阿片类药物依赖者的生理脱毒治疗。

戒断症状是客观存在的，任何一个吸毒者在戒毒过程中都必然经历戒断症状的折磨，但是，因为个体体质、毒品种类、使用量和用药史不同，戒断者的戒断症状也有轻有重，如何根据个体的情况不同选择合适的脱毒治疗方法，让治疗者安全、平稳、无痛苦地度过生理脱毒期，可以为接下来实施行为矫正、心理治疗奠定基础。不同的治疗阶段使用不同的戒断方法，有助于保持成瘾者急性或慢性戒断反应、停止或减少非法阿片类物质的使用，或将成瘾者保持在治疗程序中避免复吸。

二、生理脱毒常见方法

生理脱毒治疗是戒毒治疗的第一个关键环节，是后期戒毒康复的基础，所以生理脱毒的成功与否直接影响戒毒者在康复期是否会出现稽延性戒断症状，是否能顺利地摆脱心瘾。而戒毒者在生理脱毒期能否成功脱毒，与所采取的脱毒方法有着必然的关联。常见的医学脱毒方法有自然脱毒法、药物脱毒法、物理脱毒法等。

（一）自然脱毒法

自然戒断法又称硬戒、干戒，在国外又称“冷火鸡法”。是指强制性地中断吸毒者的毒品供应，只给予一定的饮食帮助，使其戒断症状自然消退而达到戒毒的目的。这种方法早在600多年前就曾被泰国人使用，如今泰国有些寺院仍在使用，我国西南地区有些戒毒机构（福音戒毒）也在使用。

由于采用这种方法，是不给予任何的药物帮助，所以戒毒者机体在此过程中会产生严重的戒断症状，出现竖毛、起鸡皮疙瘩、寒战等，需要忍受很大的痛苦，戒毒者往往很难坚持下去。所以，对于老弱病残、成瘾严重、戒断症状明显的戒毒者不适合使用该法。

（二）物理脱毒法

物理脱毒法，指采用一些物理手段进行戒毒治疗，比如针灸、电针、戒毒仪、经颅磁刺激等。这种方法对于部分急性戒断症状和稽延性戒断症状具有一定的辅助治疗作用。

1. 针灸治疗。针灸学是我国独创的一种医疗体系，是中医学中最主要的非药物疗法。针灸可用于多种急性和慢性疾病的辅助治疗，特别是针灸的止痛作用，有时能产生神奇的效果。针灸戒毒，是根据人体经络学原理治疗疾病的机制，通过将银针扎入戒毒者身体的相关穴位，刺激机体生产分泌脑啡肽，从而达到止痛、缓痛控制戒断症状的效果。针灸戒毒是非药物疗法，因安全性高、无毒副作用、成本低等优点而被公众所认可。

2. 韩氏戒毒仪。中国科学院院士、北京大学神经生物学系教授、北京大学神经科学研究所所长韩济生教授根据针灸学镇痛原理研究发明了韩氏戒毒仪（HANS）。这种仪器通过电极模仿针刺，在人体相关穴位上进行高密度的电刺激，以促使大脑分泌内源性阿片肽，从而控制戒断症状。

韩氏戒毒仪的工作原理：在人体的某相关穴位上进行特定参数的电刺激，就能激活机体的内源性阿片肽系统的活性，促使内源性阿片系统释放内源性阿片肽，从而有效地控制戒断症状。经过韩教授的大量动物实验和人体观察结果证明，对解除戒断症状，高频刺激较低频刺激更为有效；对解除心瘾，低频刺激较高频刺激更为有效；低频和高频自动交替的 DD 波则对二者都有效。

（三）药物脱毒治疗

药物脱毒治疗指使用药物对急慢性戒断症状和相关共病及其症状进行治疗的过程。

对戒断症状的药物治疗是戒毒治疗的第一步，是指在隔绝毒品的条件下，通过药物手段消除或减轻毒品依赖者急性戒断症状、恢复自然生理状态为目的的治疗过程。只有在戒断反应得到理想控制的基础上，戒断者才有可能和有条件接受后续的心理行为治疗、家庭治疗和社会支持治疗等其他治疗。由于个体吸食毒品的种类不同、吸食剂量不同、个体反应与并发症状不同，在脱毒治疗过程中需要针对成瘾者个人的具体情况确定治疗药物和治疗方案，以最有效地控制戒断症状和治疗并发症，完成生理脱毒。

三、脱毒治疗药物

（一）脱毒药物的选择

选择脱毒药物时，应考虑以下因素：

（1）药物是否经过国家医药部门审批。只有通过国家医药部门正式审批手续的药物才具有可靠性。目前，国内号称可以用于脱毒的药物很多，但有不少药物并没有通过国家医药部门的审批，有的甚至含有违禁药品，选用时需要注意。

（2）疗效是否确实。疗效是指对戒断症状的控制速度和控制程度，对戒断症状的控制速度越快，控制得越是全面，该药物的优越性就越明显。一般说来，凡是经过国家医药部门正式审批的药物，其疗效基本上是可靠的。但对其他未经国家正式审批的药物，在选用时要持谨慎态度。

（3）自身是否容易成瘾。有些戒毒药物（如美沙酮），虽然可以有效地控制戒断症状，但其自身属于麻醉品，有较强的成瘾性。因此，除非政府批准的、管理完善的治疗机构，否则不应该用它进行脱毒治疗，而非阿片类药物可乐定、益安回生口服液、福康片等因没有成瘾性，则适合门诊戒毒与家庭戒毒。

（4）副作用是否严重。副作用也是考察戒毒药物优劣的因素之一，一般情况下，国家认可的药品，只要在服用时严格遵守医嘱，就可最大限度地减少或避免不良反应。

（5）服用是否方便。多数人在选择戒毒药物时，会考虑药物的服用是否方便。一般说来，采用口服法的药物较受欢迎，而采用注射给药的效果则往往弊多利少。

（6）价格是否昂贵。价格过于昂贵，戒毒者或家人往往难以承受，一个疗程的药物动辄上千元，影响患者对药物的接受程度。这主要是针对现有的中成药戒毒而言，应该说现有的益安回生口服液、福康片、济泰片，对中、轻度阿片类依赖都有比较确切的脱毒效果，但其昂贵的价格影响了它们在脱毒临床的广泛使用。

总之，对药物的选择要审慎，应向有经验的专科医师咨询，根据具体情况合理选用，并且要监督戒断者规范服药，尤其是具有成瘾潜力的替代药物，避免“因医上瘾”的情况。

（二）主要的脱毒药物简介

1. 替代治疗药物。常用有美沙酮、丁丙诺啡、复方丁丙诺啡/纳洛酮替代递减法等。美沙酮是阿片受体激动剂，丁丙诺啡是阿片受体半激动剂、半拮抗剂，两者都具有与阿片类药品相似的药理作用，能产生交叉依赖和交叉耐受，起到替代阿片类药品的作用。两者药物本身也是能使机体产生一定依赖的药品，只是其依赖性较低，对机体的副作用较弱。所以，一般给药方式是在一定的时间内逐渐减少并停止使用该替代药物，以减轻戒断症状的严重程度，是一种梯度递减治疗方法。

美沙酮替代递减治疗是用美沙酮替代海洛因，并通过逐渐减量最终停用的方法。这种方法可通过梯度递减使海洛因依赖者从异常生理平衡状态逐渐过渡到正常生理平衡状态，帮助海洛因成瘾者逐渐消除戒断症状。

丁丙诺啡属于阿片受体部分激动剂，兼具阿片受体激动剂和拮抗剂的特征。丁丙诺啡的止痛效果不如美沙酮，但其依赖性比美沙酮弱，副作用小，安全性高。所以，对毒品成瘾较轻的戒毒者一般优先采取丁丙诺啡法治疗。

2. 非替代治疗药物。非替代治疗是指应用中枢 α2 受体激动剂来降低中枢神经系统去甲肾上腺素的活性，从而减轻阿片类药物依赖的戒断症状。该类药物的代表有可乐宁和洛非西定，这两种药物都是非阿片类成瘾药物，没有欣快作用，没有成瘾性，起效快，其控制戒断症状的作用比美沙酮和丁丙诺啡弱，副作用也比美沙酮和丁丙诺啡轻。在临床上仅适用于轻至中度阿片类药物成瘾患者的治疗。

可乐宁又名可乐定、氯压定、可乐停，它最初是用作抗高血压的药物，后来发现其具有海洛因依赖戒毒治疗作用。可乐宁作为非阿片类戒毒药物，已经受到广泛关注，它作用迅速，不会产生欣快感，不具成瘾性，能较好地抑制海洛因的戒断症状。许多戒毒治疗机构将其作为常规的戒毒药物之一。可乐宁的镇静性和低血压不良反应大于其他成瘾类戒毒药，在治疗过程中要注意血压问题。

洛非西定又名路脱菲，与可乐宁属于一类药物，是中枢神经系统 α2 受体激动剂。洛非西定是一种弱的降压药，因此它的安全性较高，不良反应比可乐宁弱，是继可乐宁后又一比较理想的戒毒药物。当前已被国家批准用于阿片类戒毒治疗的药物之一。

3. 中药。中医认为，阿片类依赖者在毒品的长期作用下，人体元阳之气受损，日久产生虚寒之症，一旦撤除，则出现阳气暴脱，寒邪直中三阴，症见身寒战栗、腹中冷痛；厌食、吐泻或大便虚闭、冷汗、流泪、流涕、哈欠；寒邪阻滞经络而全身骨骼、肌肉酸痛；心悸怔忡、心肝之血不足而焦虑不安、舌淡苔白、脉沉细，或因热毒致心火亢盛而引起烦躁、狂躁、胡语、失眠、舌红、脉细数等复杂多变症候群。中药治疗原则基本上为替代递减法或解毒排毒或扶正去邪或对症治疗，目前经国家药品管理部门批准生产上市的戒毒中药已有十多种，比如福康片、香藤胶囊、灵益胶囊、益安回生口服液、济泰片等，对戒断症状控制的效果也各有所不同。比如有的控制流涕、流泪、多汗等症状好一些，有的控制疼痛好一些，有的解决恶心、呕吐等胃肠症状好一些。就其综合疗效而言，都属于中等强度药效，比美沙酮、丁丙诺啡等阿片类激动剂药物弱，在某些方面的药效又强于可乐定、洛非西定等非阿片类激动剂。总的来说，中药戒毒对中、轻度阿片类依赖者比较适宜。对于重度阿片类依赖者、戒断症状严重的戒毒者来说一般不适合单独使用，可能需要与美沙酮等药物替代治疗相结合治疗，效果可能会更佳。

任务三　药物替代维持治疗

教学情境

美沙酮维持治疗[1]

广州越秀区大东街社区卫生服务中心美沙酮维持治疗门诊位于东华西路永胜街，这个毫不起眼，甚至稍显狭窄的地方，每天却有250人次的“光顾量”。到这里按剂量

〔1〕 陈翔：“广州为戒毒者喝美沙酮替毒品 医生称依赖无妨”，载《广州日报》2012 年 6 月 27 日，转引自搜狐网 http://news.sohu.com/20120627/n346624580.shtml 。

喝一份美沙酮的最大意义在于：患者不用再因毒瘾发作痛不欲生。

在六月下旬的一天上午11时左右，W先生、Q小姐、R先生几乎是同一时间踏上大厦楼梯，到达位于2楼的门诊。他们各自熟练地报出一个三位数号码，并出示有关证明。医护人员在电脑查验后，取出一次性杯子，从一个白色容器里倒出半杯粉红色液体。一口可以顶上一整天。

背上有文身的Q小姐和其他两位先生几乎都是一仰脖子，就把杯子里的美沙酮全部喝完。“谢谢。”他们说。三人之后接着喝了纯净水，掏出10元钱，转身下楼。

“这一口可以顶上一整天。”门诊医生说，在这一天里，患者不用再因毒瘾发作痛不欲生，而且美沙酮不会对患者神经造成伤害。假如没有这半杯美沙酮，W先生、Q小姐、R先生就可能会从非法渠道去买几百元毒品，来度过痛苦的一天，并进一步伤害自己的身体。

大东街社区卫生服务中心美沙酮维持治疗门诊成立于2007年，没有出现过医疗事故。门诊医生说：“有十多人是2007年就一直过来喝的，喝到现在，说明他们坚持下来了，不再吸毒了。”

“如果戒毒人员要喝一辈子的美沙酮呢？”医生表示也没什么问题。“吸毒人员本身就得了脑慢性病了，好像我们高血压、糖尿病患者一样，要长期服药控制的。”

该门诊有块醒目的牌子，要求服用人员喝完后要说“谢谢”。原来，这是防止偷偷用口腔带美沙酮出门的防范措施！“美沙酮是替代药物，可以这样说，在医院喝就是药品，在外面喝就是毒品。”门诊医生告诉记者，其实在广州各区治疗门诊，都陆续发生戒毒人员把美沙酮喝下后，没有吞进肚子，而是留在嘴巴里，然后出门吐在水瓶里，再卖给瘾君子。按照规定，到门诊喝美沙酮必须登记、纳入管理，量也会受到严格控制。有的吸毒人员不愿被纳入管理，就高价买美沙酮。美沙酮在社会上禁止买卖，于是瘾君子就想出这个“口腔偷带”的办法。所以，只要服用人员清晰地说出“谢谢”，就说明他确实把美沙酮喝进肚子里了。为了鼓励吸毒者戒毒，中心还对坚持服药、配合尿检的患者每月定期给予奖励。

一、药物替代维持治疗的概念

广义而言，药物替代维持治疗是针对各种慢性疾病的特点，使用药物控制疾病症状，改善患者生活质量和恢复患者正常功能的一种治疗方法。如长期甚至终生使用药物对高血压、糖尿病等许多慢性疾病的治疗就是典型的维持治疗，其治疗目的并非是要根除这些疾病，而是为了控制其症状和减少疾病对患者机体和社会功能的损害。与此相应，吸毒成瘾的维持治疗就是长期使用某种药物有效控制戒断症状，最大限度降低毒品及吸毒行为对用药者本人、家庭、社会及公共卫生造成的危害。

二、美沙酮替代维持治疗（methadone maintenance treatment，MMT）

美沙酮维持治疗可让成瘾者过上正常、健康和有意义的生活，同时还可减少因注射海洛因而带来的艾滋病、肝炎和各种并发症。足剂量的美沙酮维持治疗可帮助成瘾者打断与毒品情景相关的联想，减轻对毒品的“渴求感”，降低复吸率。美沙酮维持治疗适用于自愿接受治疗的所有阿片类物质成瘾者。

维持治疗包括引入期和维持期：引入期一般为 15 ~ 30 天，主要是以控制戒断症状和调整美沙酮用药剂量（因人而异）为主要目的；维持期一般从 1 个月后开始，是指在美沙酮剂量稳定的基础上，对成瘾者进行的系统和综合性康复治疗，以恢复他们的个人、家庭、职业和社会功能。一般情况下，临床推荐的美沙酮维持治疗的疗程至少应为一年，一年后患者可根据自身的实际情况和所处的环境选择继续维持治疗、减量或停药。然而，众多的研究表明，真正能够做到停止服用美沙酮后不继续使用海洛因者一般不会超过 10%，绝大部分患者会长期喝稳定的剂量，保留在治疗程序中继续接受维持治疗，并从治疗中获益。

三、丁丙诺啡维持治疗（buprenorphine maintenance treatment，BMT）

丁丙诺啡为蒂巴因的衍生物，属于阿片受体的部分激动剂。丁丙诺啡维持治疗具有患者易于接受、控制阿片类戒断症状完全、不良反应轻微、身体依赖潜力低、停药时戒断症状轻微，能显著改善海洛因成瘾者的生命质量，有助于提高患者操守率，值得推广应用等特点。

丁丙诺啡维持治疗适用于自愿接受治疗的所有阿片类物质成瘾者，治疗通常分为诱导、稳定和维持三个时期。诱导期是指医护人员的监护下，根据成瘾者个人的具体情况和临床效果逐步增加丁丙诺啡剂量的时期，一般约为 5 ~ 7 天，直至有效控制戒断症状为止，以避免因剂量不够引起的戒断症状。稳定期是指患者已停止或大大减少了阿片类物质和其他药物的使用、渴求感降低和没有明显的副作用的时期。该时期一般为一周左右，主要目的是依据患者对治疗的反应进行丁丙诺啡剂量的调整，以便得到最佳维持剂量。维持期是指患者用药剂量稳定和表现良好的时期，如没有躯体戒断症状，对海洛因的渴求感被有效抑制和患者职业、家庭和社会功能基本正常的时期。维持期的长短以患者的具体情况而定，研究显示，维持治疗的时间越长其治疗效果越好。若需要结束维持治疗停用丁丙诺啡时，不能突然中断用药，应采用剂量递减方法停药，以免出现戒断症状。

四、赛宝松维持治疗（suboxone maintenance treatment，SMT）

赛宝松为丁丙诺啡和纳洛酮 4∶1 的复方舌下含片，当通过舌下含服给药时，丁丙诺啡的吸收不受影响且生物利用度较高，而纳洛酮的生物利用度则很低，故舌下含服的丁丙诺啡/纳洛酮复方制剂只产生显著的丁丙诺啡效果，而不表现纳洛酮的作用。但是，如果丁丙诺啡/纳洛酮复方制剂被捣碎和溶解后用作皮下或静脉注射时，纳洛酮的阿片受体拮抗剂作用则会立刻显现出来，诱发严重的戒断症状。因此，阿片类物质成瘾者如果注射使用丁丙诺啡/纳洛酮复方制剂，就会出现强烈的阿片戒断症状。丁丙诺非/纳洛酮复方制剂就是为防止阿片类成瘾者将该药物用于注射而研制的。临床实践证明，赛宝松用于维持治疗的效果与丁丙诺啡维持治疗的相同，并无本质的差别，但其优点是防止了患者通过静脉注射方式滥用该药物。

五、纳曲酮维持治疗（naltrexone maintenance treatment，NMT）

纳曲酮为阿片受体的长效拮抗剂，可阻断外源性阿片类物质及其衍生物的阿片样作用，特别是海洛因的致欣快作用，通过消除其正性强化作用而防止用药者再成瘾。纳曲酮长期使用不产生耐受性和依赖性。纳曲酮具有良好的抗复吸作用，有助于患者在不受毒品作用影响的基础上保持正常的生活，恢复患者的职业、家庭和社会功能。

纳曲酮作为一种生物医学干预复吸的方法具有以下特点：对有固定职业、戒毒愿望强烈、家庭关注较多和个人支持系统相对较好的患者效果较好；多数患者愿意接受治疗，但不是所有患者都能进入治疗（其原因可能涉及患者经济状况、个人心理和外界压力的大小等多个方面）；治疗早期的脱失率较高；用药时间越长，抗复吸效果就越明显；抗复吸效果、半年保留率与剂量呈正相关；用药期间可明显地减少对海洛因的渴求感，减少觅药和用药行为，防止再成瘾；毒副反应较少和较轻，可认为该药安全和相对无毒性；有较好的应用前景。纳曲酮维持治疗主要用于达到海洛因脱毒治疗标准的患者，如美沙酮递减脱毒后的 7 ~ 14 天或用其他方法完成脱毒治疗之后，纳洛酮催促试验阴性，尿吗啡类物质检测阴性者。治疗通常分为诱导期和维持期。纳曲酮诱导期一般在 1 ~ 3 天内完成，纳曲酮维持治疗的时间应视患者需要和具体情况而定，建议用药时间最好在半年以上。近几年来，有人将纳曲酮埋置于腹部皮下，此方法一次埋植可将纳曲酮的作用延长到半年以上，大大提高了患者的治疗依从性，改善了治疗效果。

实训项目

实训情境：

戒毒人员孟某，女，27 岁，初中文化。2008 年（时值 16 岁）因好奇吸食冰毒，后成瘾严重。曾先后 5 次被决定强制隔离戒毒。2017 年 9 月因吸食冰毒被公安机关查获，于 2017 年 11 月转至河南省女子强制隔离戒毒所三大队执行强制隔离戒毒。

入所后，孟某情绪不稳，经常嚎啕大哭，连续多日失眠且胸闷气短、注意力不集中，并向管教警察反映经常有自伤自残的想法。警察在与孟某谈话过程中得知，孟某曾有因情绪失控伤害家人的经历，在公安强制隔离戒毒所执行时曾自伤自残，并怀疑自己患有精神疾病。入所心理测试显示孟某情绪焦虑，躯体反映为失眠。

基于孟某的综合表现，结合戒毒所医院及心理咨询中心意见，大队警察准确判断出孟某属于稽延性戒断症状造成的身体不适及严重失眠，同时因家庭关系、环境适应困难等造成心理焦虑。

实训任务：

请根据以上情境，制定一份戒毒矫治方案。

项目十　戒毒心理治疗与干预

任务一　戒毒心理治疗与干预概述

教学情境

潘某某，男性42岁，入所后主观上感到自己身体不适，但经医学检查未发现明显器质性疾病。其害怕到人多的环境中去，容易烦燥激动，和同戒人员关系也不好，总感觉同戒人员针对自己，所以和同戒人员经常发生矛盾，导致时常被民警批评教育。特别是遇到严厉的民警时，潘某某总是特别紧张，手都不知道放哪里，手心出汗，日常的教育矫正、康复训练、习艺劳动等活动不积极。自诉在看电视时等嘈杂环境中会出现内心烦躁、坐不住等现象，有时会借口身体不适向民警提出予以照顾的要求，自己也认识到自己讲话做事有问题，但不能克服。

潘某某1978年出生于贵州遵义农村，从记事起家庭很贫困，温饱问题勉强解决，家中兄弟姐妹6人，排行老五。父亲教育简单粗暴，经常被打骂，义务教育断断续续，对学习没有兴趣，之后外出打工。其印象最深刻的一件事是因其偷吃食物被父亲用猎枪托殴打，2017年受诱惑第一次吸食冰毒。2021年初，潘某某因吸食毒品被公安机关查获，被强制隔离戒毒2年，是其第一次被强戒。

潘某某于近期经精神科专科医生会诊后予以抗焦虑药物治疗，情绪开始比较平稳。但潘某某听同戒人员说服用此药物后人会变傻，内心压力更大，但又不能对抗服药，内心充满矛盾。其情绪出现明显波动，时不时会出现不自主地大声喊叫的情况，容易被激惹，经常与同戒发生口角，所以很多人不愿意理他。由此造成人际关系紧张，影响其日常戒治生活。[1]

工作任务

药物成瘾是一种慢性复发性疾病，具有复杂的心理学、生物学与社会学病因机制，

〔1〕司法行政（法律服务）案例库，网址：http://alk.12348.gov.cn/LawSelect/Detail?dbID=23&dbName=JDJJ&sysID=4636，最后访问日期：2021年12月22日。

复发的原因也涉及躯体、心理、家庭、社会等因素，因此，采取多方面的综合干预来治疗才能促进患者全面健康，心理行为治疗与干预是药物治疗中的重要环节。本节的任务是学习和了解心理治疗和干预的基本原理：

1. 了解心理治疗与干预的基本目标。

2. 了解心理治疗与干预的基本原则。

3. 熟悉掌握心理治疗与干预的重要技巧。

一、心理治疗与干预的基本目标

药物成瘾治疗是一个较长时期的过程，是指利用各种条件纠正其心理行为障碍，提高其生活能力，使之最终摆脱毒品，适应社会生活，而不只是简单的打破他们与毒品的联系。吸毒者长期使用毒品，出现情感、思维和行为模式的改变，包括与毒品相关的态度、信念、价值观和行为等，患者的整个生活方式与正常人比较起来有很大的差异，因此，治疗不仅要关注患者的毒品滥用问题，还要关注患者整个人的各方面的改变，包括其认知、行为模式、生活态度、价值观、生活方式等方面，这些目标都需要通过心理行为治疗来实现。

心理行为治疗的目标，根据吸毒者处于不同的治疗康复阶段，而有不同的侧重点，治疗早期主要以增加治疗动机、提高患者自信心与自我效能为主。治疗康复中后期主要是以矫正吸毒导致的各种心理行为问题，帮助患者学习各种心理技能、提高对毒品的抵御能力、建立健康的生活方式及预防复吸为主。

（一）治疗早期的目标

1. 激发动机的改变。内在想改变的动机是改变药物滥用行为的关键，因此，心理行为治疗的首要目标就是帮助药物成瘾者认识到药物滥用对自己生活造成的影响，戒毒将给自己生活带来的积极意义，帮助其解决对戒毒治疗的矛盾心理，激发其戒毒治疗的动机而接受戒毒治疗。

2. 提高患者的自信与自我效能。患者因药物滥用给自己的生活、家庭和工作带来了许多影响与危害，家人与社会对自己的冷眼与歧视，对自己缺乏自信心，认为自己一无是处，是个失败者，缺乏自我效能，只有增强吸毒者的自信心，相信自己能戒毒，才能帮助患者康复。药物成瘾治疗者要对患者戒毒表示乐观，灌输希望，积极鼓励强化戒毒者在戒毒康复的道路上不断前进。

3. 提高治疗的依从性。对任何疾病的治疗，都需要患者遵从医师的建议，完成各种治疗程序。如美沙酮维持治疗需要患者每天定时定量服药，否则达不到治疗目的。又如，理论上纳曲酮是一种有效的防复吸治疗药物，但因患者依从性不高而不能达到最佳疗效。心理行为可以通过帮助患者改变对治疗的态度与不正确认知，及如何应对药物治疗过程中出现的种种问题，来提高治疗的依从性及治疗效果。研究证实，药物治疗结合心理行为治疗可取得更好效果，而对于目前尚无药物治疗的药物成瘾问题，心理行为治疗就显得更为重要。

（二）治疗中后期的目标

1. 心理行为矫治。药物成瘾者因长期药物滥用，出现一系列的心理行为问题，这是成瘾后的“症状”表现，如情绪不稳、悲观、自卑、冲动、易怒等，应采取相应的心理行为治疗手段对这些问题进行矫正，使成瘾者逐步走向康复。

2. 改善家庭关系。药物成瘾后，严重影响了家庭关系，家庭成员因曾受到药物成瘾者的伤害而对其失去了信心和信任，家庭成员之间缺乏交流与沟通，经常会发生矛盾，互相埋怨，互相伤害，甚至家庭破裂，这些都不利于戒毒康复。家庭支持对戒毒者非常重要，心理行为治疗需要帮助戒毒者制定具体可行的计划，帮助他们改善家庭关系，与家庭成员之间重建相互信任与理解的关系，争取家庭成员的支持。

3. 提高解决问题的能力。患者在戒毒后面临各种问题与危机，如外在应激事件、情绪不良、家庭、失业等问题，如不能有效应对，都可能导致复吸。因此，心理行为治疗的目标之一就是提高戒毒者解决以及应对这些问题与危机的能力，有效抵抗毒品的诱惑，降低复吸的可能性。

4. 提高心理技能。药物成瘾者因缺乏应对挫折与压力、自我情绪调节、做决策与解决问题、自我认识等方面的心理技能而滥用药物，戒毒后又因缺乏这些心理技能而复吸。因此，应对戒毒者进行心理技能训练，提高对毒品的抵抗能力。

5. 预防复吸。戒毒后有许多因素都可能导致复吸，心理行为治疗的一个主要目标就是针对复吸的心理社会因素进行相应的干预，降低复吸的可能性，加强预防复吸的技巧。

6. 建立健康的生活方式。药物成瘾者过着以毒品为中心的生活方式，生活无规律、昼夜颠倒、饮食无规律，孤僻懒散，对家庭、社会无责任心，有多种反社会行为。多与药物滥用者或贩毒者交往，缺乏健康的社交活动与社交圈，生活在主流社会的边缘，过着与健康人完全不一样的生活方式。要戒毒成功，就需要改变这种生活方式。因此，心理行为干预应该把重建健康的生活方式，作为一个重要的目标。

7. 重塑人格。药物成瘾者人格发生了改变，除了毒品别无所求，人格衰退，缺乏正确的道德观，没有责任心，自私狭隘，使得正常人不愿意与其交往，这些均不利于戒毒者康复。因此，应对其进行心理行为治疗，矫正其不健康的人格，重塑健康人格。

二、心理治疗与干预的基本原则

心理治疗需要由受过专业训练的心理咨询师或者心理治疗师、社会工作者、戒毒康复工作者、护士等专业人员实施，进行心理治疗和干预时应遵循以下基本原则：

1. 中立、非批判性态度原则。药物成瘾是一种慢性复发性脑病，心理治疗与干预专业人员应同情、理解药物成瘾者，要具备共情的能力，即设身处地地从成瘾者的角度来理解、接纳他。不能对药物成瘾者表现出厌恶或者鄙视的态度，对成瘾者在治疗过程中表达的观点应该持中立、非批判性态度。不去评判与争论。

另外一个基本的态度是，对成瘾者的改变要表示乐观，相信成瘾者是可以改变的，帮助其建立戒毒的信心。在治疗过程中需要有耐心，态度要灵活。

2. 合作关系原则。药物成瘾咨询师的角色非常具有挑战性。咨询者采取不同的心理行为干预方法，可能扮演不同的角色，可能是教育者、激发者、建议者、指导者、面质者等。但一般认为，药物成瘾者行为改变的主体是患者本人，治疗师与患者是合作关系，药物成瘾治疗中咨询者的主要任务是激发、指导、支持、教育成瘾者，并使药物成瘾者坚持治疗，应尊重患者自己的选择权利，激发患者内在的改变动机，灌输希望，提高自我效能、学习预防复吸的心理行为技能。

咨询者采用以就诊者为中心、问题解决及鼓励技巧，期望起到以下作用：强调患者的长处而非缺点；接受患者的矛盾心理；理解阻抗而不是挑战阻抗；避免攻击性面质与权利对抗；提供非评判性面质与反馈；与患者商讨共同制定治疗目标与治疗计划，而不是给其规定治疗目标与计划，强调患者在改变中应负主要责任，是改变的主体。

3. 保密、尊重隐私原则。在心理行为治疗过程中，会涉及患者的一些隐私，咨询者必须做到保密，尊重患者的隐私，除非影响到患者本人与公共安全的情况，否则，在治疗前需要向患者保证治疗内容的保密性，让患者在治疗过程中有安全感，信任咨询者。

4. 建立良好的治疗关系原则。良好的治疗关系在心理治疗中起着非常关键的作用。药物成瘾者需要感到被人理解，或者有人支持他。治疗师需要向患者表达他们理解其戒毒过程中的艰辛，付出需要得到支持。因此，取得患者的信任，让患者觉得治疗者可以帮助他、支持他，建立良好的治疗关系，是成功心理行为治疗的第一步。后期治疗的效果是通过良好的治疗关系而起作用的，避免让患者感觉处于一种超重性或评判性的治疗关系中。

三、心理治疗与干预的基本技巧

不论采用何种心理治疗模式，下列心理咨询的一些基本技巧都可使用以实现一定的治疗目标：

1. 倾听。倾听是建立治疗性咨询关系的基本要求。倾听体现了咨询师的真诚态度及对患者的尊重与重视。倾听可帮助咨询师准确地了解患者的想法与问题，在心理咨询过程中，“听”比“说”重要，咨询师“说”的越多咨询效果越差。倾听不仅要听懂通过语言表达出来的意义，还要听得出“话外音”，这些话外音往往是患者想表达又难以启齿，想讲明白又要省略或用寓意表达出来的内容，有时“话外音”传递的信息明显重要于明确表达出来的信息。倾听的同时，要密切关注到患者在叙述时的身体语言所传达的信息，比如眼神、表情、姿势、动作、声调、语速等，结合听到的语言对患者传递信息，作出完整的判断。

2. 共情。共情是去接纳和理解患者在讲述过程中的看法、感受和情绪反应，设身处地站在患者的角度去理解他所面临的问题。可以明确向患者表达自己的感受，例如，“我能理解你此时的心情”“受到如此的待遇，我能理解你当时为什么要发脾气”“从你的情绪中，我可以感受到你的委屈”等。咨询师要对患者表现出来的情绪反应表示出有必然理由的接纳，不能站在自己的立场上，以自身的价值观、道德标准和人生经历来评判患者，不能以第三者的态度来冷眼观望患者的情绪反应，也不能由患者的情绪控制自己的情绪，随着他的哭泣而流泪，看着他的愤怒而怒火中烧。

3. 提问与澄清。咨询师对自己关注和感兴趣的问题要进行深入地了解，这主要靠倾听和提问来完成。提问的方式不同可能收到的效果也不同。开放式提问常常运用“什么”“为什么”“怎么”等词在内的语句发问，让患者对有关问题或事件给予较为详细的回答。开放式提问能使患者更多地谈出有关情况、想法和情绪反应。封闭式提问的特征是可以用“是”或“不是”来回答，具有收集信息、澄清事实、缩小讨论范围、让话题集中于探讨某些特定问题上等功能。封闭式提问，可以帮助咨询师把患者偏离主要问题的话题引回到原来的话题上，但过多的运用封闭式提问，会使患者在咨询过程中处于被动回答的地位，对咨询关系可能产生破坏作用。在咨询中，通常把开放式提问和封闭式提问结合起来使用，进一步澄清问题的因果和来龙去脉。这样既能更好地了解患者心理问题发生的原因、背景、发展过程，以便采取针对性咨询方案，同时帮助患者更好地理清思路，提高其认识问题和解决问题的能力。

4. 鼓励和重复。鼓励是对患者所说的话仅以简短的词语进行反应，如“嗯”“讲下去”“后来呢”等词句来鼓励对方继续交谈。可同时结合点头、目光注视等具体语言，使患者真正感受到咨询师在认真地听他讲话，真诚希望他讲下去。重复是指咨询师对患者所说的“关键词语”的注意，抓住其症状的核心，展现对患者的理解；通过强调患者所讲内容的某一词语，可以引导咨询、谈话朝着某一方向纵深发展。

5. 沉默。沉默是患者在咨询过程中，对某一事物或某一观点有了新的想法和领悟时，他的沉默表示他正在思考刚刚领悟到的问题实质。咨询师应该在等待中注视对方，等待对方言语或非言语信息的变化，也表明咨询师了解对方正在进行思考。如果沉默是因为患者不知道自己该说什么好，也不知道咨询师希望自己说什么，咨询师略等片刻后，可以提问的方式打破这种沉默，或者以总结方式提示对方目前谈论的话题，而引导其继续说下去。如果允许沉默持续下去，就会使患者越来越紧张，而且会耽误会谈时间。

6. 简述或反馈。简述或反馈是咨询师把患者的主要言谈内容加以综合整理后再反馈给对方。目的是表现咨询师对患者所谈问题的理解程度，并把患者分散讲出来的问题联系起来，最好引用患者言谈中最有代表性、最敏感、最重要的词语，如果咨询师能以自己的词语对患者的话进行复述，而关键词语仍然使用患者的原话则效果更好，说明咨询师认真倾听并理解了患者的感受与问题。

7. 解释。解释是咨询师运用某一理论或个人经验描述患者情绪、行为问题产生的原因和可能的影响因素。解释实际上是给患者提供一种新的视角，使他们从一个新的更全面的角度来重新认识自己和自己的问题，促使其产生认知或行为的改变。解释是一种具有创造性的技巧，根据患者的不同问题可以创造出不同的解释，解释是咨询技巧中最为复杂的一种，运用得当会促进咨询效果的产生，否则会阻碍咨询的顺利进行。

8. 总结。总结是心理行为治疗中最常用的技巧之一。总结可以体现咨询者在认真倾听，并表示理解及重视对方的谈话。总结有助于澄清咨询的目的和意义。总结常用于治疗结束时对患者的观点、感受与行为等进行小结，可起到升华的作用，让患者更了解自己的问题及下一步的目标。总结还可以用于治疗的开始，治疗开始时总结前期治疗内容，重述治疗目标，能起到承上启下的作用，顺利平稳过渡到本次治疗。

9. 面质。面质是咨询师通过表述或提出疑问的方式，指出患者言行中矛盾或不适合的地方，引导患者了解自己目前行为与目标之间的差距，而认识到自己需要改变，或者引导患者面对他正在回避的问题。

10. 自我暴露。自我暴露是指有时为了患者的利益，咨询师与患者分享自己的个人经历、情感、态度与观点。

任务二　戒毒心理治疗与干预的主要方法

教学情境

小常因猎奇心理，误食冰毒，家人盼其早日戒毒，重获新生活

初见小常，165cm 的身高，身材瘦小，头发蓬松，露出高高的颧骨，眼睛显得特别的大。那是在护士和母亲的照料下，昏睡 2 天之后的一个下午，我作为他住院的心理医生，前去探访。

小常的妈妈告诉我，他们是浙江金华人，小常今年 30 岁，未婚，家中排行第七，是家庭中出生最晚的唯一的儿子。家中前面有六位姐姐，均已经出嫁，所以这个小儿子获得家人的极度宠爱。小常大专毕业后，就被父母安排在镇上接替家人做服装生意，小常很聪明，最开始顺风顺水，生意兴隆。前两年偶然发现小常开始吸食冰毒，小常推脱说是朋友应酬多，偶尔吸，后来形成依赖以后，多次劝说不听，花钱大手大脚，并且精神越来越差，后来干脆离家几月不回家。后来家人听说广州有一家自愿戒毒医院。遂强行带他过来看医生。在小常住院的时候，老母亲几乎寸步不离地跟在小常旁边，一是担心小常跟“病友”聚众聊天；二是，小常母亲是热情而精神的，也是温暖的，反倒让心理医生不知道如何跟她讲小常“吸冰毒”的事实。

小常在面对母亲的担忧时，表达很无奈，一方面，面对如今需要住院的现实，开始自我检讨叙述。坦诚地对我说，每日用毒在2g左右，主要的症状是白天精神不好，朋友交际变窄，生意下滑，注意力不集中；另一方面，坐立难安，心理也偶尔开始出现会担心朋友害自己的想法。这种恐慌的感受让小常最终接受需要看医生（精神科医生）的事实。

小常经心理测试SCL－90抑郁分在3.8，焦虑分4.3。经MMPI测试抑郁分70，偏执分80，小常说自己生意压力很大，平时工作压力都在自己身上。父母年纪都过60。吸冰毒可以让自己提神。有过很短暂的恋爱经历，但是更喜欢冰毒带给自己的兴奋与集中注意力的感受。结交的吸毒圈子，都是镇上的年轻人，用他的话说就是生活奢侈、逆反、不顾社会规则的富二代。

工作任务

戒毒的心理治疗及干预是戒毒重要的方法之一，本节的任务是学习和了解常用的心理治疗和干预方法：

1. 熟悉什么是动机晤谈法以及如何实施。
2. 熟悉什么是认知行为方法以及如何实施。
3. 了解什么是心智化疗法以及如何实施。
4. 熟悉什么是家庭疗法以及如何实施。

一、动机晤谈法

（一）动机晤谈法的概念

动机晤谈法（motivational interviewing，MI）是一种源自于对酒精成瘾者进行治疗的方法，旨在帮助成瘾者建立改变的动机并使其作出承诺与行动。该方法直接对成瘾行为的动机进行干预，协助成瘾者认识到现有的或是潜在的问题，并着手加以处理。它对不情愿或对改变感到犹豫不决的人最为有用。此法的倡导者是挪威心理学家米勒，二十多年来，该方法已经被众多国外学者运用到各种成瘾行为的戒治中，并且收到了较好的成效。

动机式晤谈是如何看待吸毒成瘾心理过程的呢?

动机晤谈是一个分阶段的戒治过程，Prochaska 和 Diclemente 提出一个关于动机改变如何发生的模式——改变轮（wheel of change）。

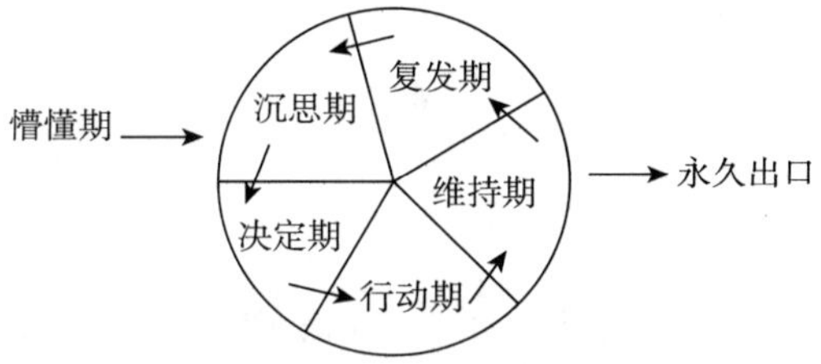

图 9－1　改变轮

所谓改变轮是指改变是一种动态且按一定方向转动和循环的过程，直到来访者在维持阶段及时冲出永久出口。这个轮子的各个层面是：懵懂期为入口，即改变过程的切入点。处于这一阶段的人意识不到自身的问题所在，所以这一阶段的人很少主动或者愿意来接受治疗；从沉思期开始，来访者才真正进入到改变轮中，其改变动机在一定程度上被启动，处于沉思期的人俨然是一位经济学家，在风险与报酬之间精打细算；决定期是对行动的承诺和决心，这一阶段的来访者会信誓旦旦痛下决心，但对于戒瘾患者来说，光说不练不乏其人；只有到了行动期，改变轮才开始正式转动，处于这阶段但来访者会按照自己在治疗师但帮助下所定但步骤实施改变计划，坚持一定但时间后（一般需要 3 ~6 个月）形成新行为模式，而新行为模式是否能长期或永久固定下来，就得靠来访者和治疗师在维持期共同努力，并最终到达永久出口而冲出这一轮回。而复发也是整个改变过程的正常表现，如果真到复发轮，我们该做的是重新开始。

（二）动机晤谈法的实施过程

动机晤谈法在具体操作中分两阶段进行：

第一阶段：改变动机。这一阶段的来访者主要处于懵懂期和沉思期，所以引导他们发掘出他所处情景和想象中情景的落差，使他产生认知平衡的需要，引发他改变的动机成了第一阶段的主要目的。

动机晤谈中最重要的一个问题是避免引起或强化阻抗现象。直到来访者的阻抗现象减少，对问题本身的疑问减少，憧憬未来等征兆出现的时候，这就表明来访者的改变动机已被唤醒。

第二阶段：强化对改变的承诺。当来访者经过漫长的沉思后表达出改变的意图并预备作出承诺时，治疗师应采取一系列的策略对其承诺进行强化：重述摘要以达到过渡和评估下一步操作的目的；针对关键问题得以解决来访者的主要矛盾，再次启发和强调来访者个人责任、自主和选择等问题；进行咨询提出建议，帮助来访者落实具体行为。值得注意的是，第二阶段并不停止于决定期，因为行为改变是一个复杂的过程，这要求治疗师关注从决定期到维持期的每个阶段，不断强化其改变承诺，直到这种承诺变成一种思维定势，固定为一种新的行为模式。当然，对没能转出改变轮的来访者，治疗师更应特别关注，对进入复发期的来访者们定有其新的心理冲突，治疗师应帮助他们制订新一轮动机改变的计划。

二、认知行为疗法

（一）认知行为疗法的概念

认知行为疗法（cognitive - behabioral therapy，CBT）是一种建立在认知和行为理论相结合的基础上的咨询形式。这种形式将成瘾者的行为与其感觉、思想、信念以及大脑中正在进行的合理思维相联系。认知观点不关心大脑的内省或直觉。相反，完全的行为主义者认为，大脑中所发生的事情对个体行为的影响并不重要。

认知行为疗法是如何看待成瘾心理过程的？

Aaron Beck 被认为是认知行为疗法的创立者，此疗法是建立在个人有能力去收集、组织、记忆以及使用信息来指导他或她的行为的基础之上。合理情绪疗法主要关注我们的思想怎样影响我们的情绪，认知行为疗法主要关注思想是怎样影响和指导我们的行为，后者的假定是人们在做任何事情之前，他们要花时间去思考。如果思维中的症结和怪想能够被纠正，则随后的行为就会被改变。认知行为矫正把传统的行为矫正与对先于有害行为的不健康态度和情感所作的评估结合起来。认知行为取向的咨询者通过帮助成瘾者重组他们的思维来摆脱不合理的错误信念。对认知行为的咨询者来说，错误信念如同计算机病毒，他们渗入成瘾者的自我观念、人际关系以及生活。这种错误信念被认为会导致和维持其成瘾行为。

（二）认知行为疗法的工作过程

认知行为疗法取向所聚焦的来访者使用一种由 Beck（1976）发展的被称为认知歪曲模型的认知加工方式。认知歪曲包含以下方面：①过度概括化，即一个人从有限的信息中作出笼统推断的倾向；②个人化，即个体相信自己就是问题所在的倾向；③两分化（di-chotomous），即“全或无”的思维，两极的，“只能二选一”的思想。

Abraham J. Twerski（1997）出版了一本题为《成瘾思维：解析自我欺骗》（Addictive Thinking：Understanding Self - Deception）的专著，书中讨论了成瘾者的错误思维模式。为了更有效地应对和戒治成瘾行为，治疗者必须了解成瘾认知过程的复杂性。

下述问题是在认知行为咨询中提出的：

（1）思想和行为是怎样联系的？

（2）在引起行为方面，情绪的作用是什么？

（3）合理思想怎样比不合理思想更有力？

（4）改变一个人的思想和行为要花多长时间？

（5）思想和行为可以永久改变吗？

（6）有不对认知行为咨询作出反应的戒瘾者吗？

（7）认知行为咨询能给成瘾者提供他们成瘾行为的更多理由吗？

认知行为疗法在成瘾戒治背景中被用来治疗大量不同类型的成瘾者。目前，它被用于成瘾犯罪人群，以个人或团体咨询的形式来解决其认知歪曲，如否认和合理化，这些不合理思维在其成瘾行为中无所不在。

总之，认知行为疗法和咨询试图改变在成瘾者生活中引起问题的不合理信念。这种咨询形式是有生命力的，因为它假定不管是什么信念，成瘾者有能力通过采取正确的行动来改变它。这种咨询包括使用替代性现实、对消极面的积极思考以及制定一种行动计划来改变成瘾者的错误行为等方式。

三、心智化疗法

（一）心智化的概念

心智化（Mentalization）是由英国著名心理学家 Peter Fonagy 在 1991 年提出的，它随后引发了心理学界的强烈关注，并迅速流行起来。Fonagy 将精神分析里的象征化与科学的哲学概念“心理理论（theory of mind）”结合起来，以解决人们理解自己和他人心理的基本能力。该理念试图解释人类如何通过将自身的心理状态（如信念、动机、情绪、欲望和需要）形象化，从而有效地理解和感知世界，并且支持自己和他人在人际互动间的行为表现。心智化是社会认知的一种。它是想象性质的心理活动，可以让我们通过主观的心理状态感知和理解人们的行为。

心智化疗法对成瘾心理的理解是如何的呢？

Fonagy 探讨了心智化能力与毒品成瘾之间的复杂关系，并给出了采用心智化疗法治疗毒品成瘾的指导建议。

心智化能力与毒品成瘾具有非常紧密而又复杂的关系。首先毒品的使用会给吸毒者带来强烈的愉悦感，但随之而来的是个体无法分辨内在与外在现实，失去了真实的现实感。这将会使得个体感到挫败、悲伤、受到伤害以及威胁，这样强烈的情绪唤起就会导致心智化水平的降低，从而进一步导致关注他人心理状态的困难，个体感觉到内在世界与外在世界的极度不平衡，最终又试图通过吸食毒品控制自身的心理状态。这样一来，这个消极的交互作用的恶性循环就形成了，并且很难进行改变。

（二）心智化疗法的操作过程

Fonagy 将心智化定义为：个体在某种有意图的心理状态下（如信念、动机、情绪、欲望和需要），借助于这种心理过程，内隐或外显地对自身和他人的行为作出有意义的理解和解释，也可定义为“对自己和他人意识与无意识心理状态进行构想或想象的能力。”心智化包括无意识/受控制、外部/内部、自我/他人、认知/情感 4 个维度。每一个维度与一个不同的神经生物系统相关，成功的心智化是把它们组合成一个整体。

一般心智化治疗包括以下几个具体的阶段：①对来访者的心智化能力进行测评和

诊断，确保治疗的有效性和针对性；②进行一个团队的会谈，会谈主要是向来访者介绍他们的症状以及治疗的目标；③与来访者签订一个契约，对不同的来访者会有不同的契约模式；④进行案例构建工作，包括来访者怎样看待他们自己以及来访者目前人际关系的困扰；⑤建立一个危机管理的通道，以便鉴别出可能造成危机的情景并帮助来访者度过危机；⑥构建一个合适的治疗联盟；⑦治疗后的评估工作以及后期的跟踪随访。

四、家庭治疗

（一）家庭治疗的概念

家庭治疗（family counseling）将家庭作为一个单元，或作为一个整体来对待。家庭咨询是建立在系统理论的基础上，该理论认为家庭系统、抚养，以及家庭关系对一个人的生活来说是最重要的。对待行为越轨者，起始点必须是作为系统的家庭，而不是家庭的个体成员。如果一个家庭成员是违法者，触犯法律，或表现出其他麻烦的越轨行为，家庭咨询理论假定，这样的行为是犯罪人的家庭中存在某些（通过是不健康的和不正常的）事情的征兆。

家庭治疗是如何看待成瘾心理过程的？

根据 Hadley，Holloway 和 Mallinckrodt 的理论，一个不正常的家庭可以被定义为"经历身体、情绪或性虐待的家庭；或家庭中一个或两个主要照顾者由于精神疾病、慢性身体疾病或药物滥用而不能承担家庭责任的家庭；或具有不一致的并且不可预测的抚养方式；或缺乏照顾、忽视或挑剔的父母—儿童互动关系的家庭。"家庭咨询者的工作就是揭发家庭中所发生的事情，比如无处不在的、无言的前系统规则，通常被认为是造成家庭成员越轨的原因。例如，一个违法的儿童，酗酒的父母，或患疑病症的母亲，无论这个越轨的人在做什么，整个家庭都会适应这种压力和障碍以达到系统的平衡。就是因为如此，家庭成员开始扮演一些可以识别的角色，如无能者、迷失的孩子、替罪羊、英雄或圣人，以及福神等。

（二）家庭治疗的工作要点

功能不良的家庭有一些可以辨别的特征，概括为以下几点：

（1）神秘（secret）。大多数功能不良的家庭隐藏他们不想让外人知道的事情。多数时间里，这些家庭扮作一副故事书的脸孔呈现给外面的世界。这种保持神秘的一些显而易见的例子是酗酒、吸毒、乱伦、虐待以及精神疾病。

（2）贫乏的沟通模式（poor communication patterns）。功能不良家庭成员不知道怎样或不被允许彼此坦率交流，家庭成员通常学会用破坏性的方式进行沟通，交流常常是被动或攻击的、敌意的和间接的。

（3）界限问题（boundary problem）。界限是指一种辨别一个人在什么地方终止和世界从什么地方开始，以及一个人将允许他人离自己有多近的身体和心理的限度。在功能不良家庭中，尊重家庭成员的需要、希望以及意愿是不存在的。

（4）纠缠（enmeshments）。在功能不良家庭中，成员与成员的生活纠缠在一起，他们的关系中缺乏清晰的界限。

（5）被抑制的情感（stifled feelings）。在功能不良家庭中，不允许成员表达他们对食物的真实感觉。表达一个人诚实的感觉是一种禁忌，因此，家庭成员抑制他们的情感，或用不适当的方式表达他们的情感，或变得情感麻木。

（6）缺乏自由与权力（lack of freedom and power）。功能不良家庭中，不允许成员说出他们自己的意见、感受他们自己的情感、听他们之所听、思考他们自己的想法、看他们自己的形象或想他们自己所希望的，不允许它的成员有权力和自由来认识家庭条件的真相。

（7）系统规则（system rules）。功能不良家庭有一种潜在的并且经常是无言的渗透全家的规则，这些系统规则的例子是“禁止说话”“不要质疑权威”“不要挑衅”以及“没有感情”等。

（8）严格的角色（rigid rules）。角色被强加于家庭成员身上，他们不能自由地选择，在家庭中，他们的角色只是作为适应压力的方式出现。典型的角色是控制者、无能者、迷失的孩子、英雄或者圣人等，典型角色的一些变异是明星、完美者、反叛者、小家长以及问题儿童等。

（9）封闭（closed-off）。功能不良家庭倾向于将他们自己与那些非家庭成员隔离，家庭不对非家庭成员开放，其他人不被带到家庭中，形成一种“我们对抗他们”的心理。

（10）无力真实（inability to be real）。功能不良家庭中，成员行为的方式是防止其他人不安或愤怒，成员经常试图保护其他家庭成员，以至于他们丧失自我，因此，家庭成员不学习表现真实以及诚恳。

（11）需要不被满足（needs are not met）。在功能不良家庭中，成员基本的生活需求（如安全、自尊以及爱和归属）经常不被满足，因此，挫折、恐惧、孤独、痛苦以及不幸福在此中家庭中是常见的。

治疗师要帮助成瘾者以及他们的家庭识别上面所列的特征，并且通过咨询过程来帮助这些家庭。

实训项目

实训情境：本项目“任务二　教学情境”。

实训任务：

请根据上述实训情境或者完成案例调研，填写以下的戒毒心理干预的个案工作记录。

心理咨询个案记录表

来访者一般个人资料（保密）

编号：__________________

本次咨询为第____次咨询

<table>
<tr><td>姓名</td><td></td><td>性别</td><td>□男 □女</td><td>出生日期</td><td>年 月 日 岁</td></tr>
<tr><td>家中排行</td><td></td><td>职业</td><td></td><td>籍贯</td><td></td></tr>
<tr><td>本人电话</td><td></td><td>家庭地址</td><td colspan="3"></td></tr>
<tr><td>咨询经历</td><td colspan="5">□否 □是（时间： 地点： 效果 ）</td></tr>
<tr><td colspan="4">父亲年龄：（ ）岁 □健在 □去世 学历（ ）</td><td colspan="2">滥用毒品状况______年</td></tr>
<tr><td colspan="4">母亲年龄：（ ）岁 □健在 □去世 学历（ ）</td><td colspan="2">□海洛因□冰毒□K 粉□摇头丸
□可卡因□大麻</td></tr>
<tr><td>咨询预约方式</td><td colspan="5">□咨询室 □视频 □电话</td></tr>
<tr><td>紧急联系人</td><td colspan="5">姓名： 与来访人关系： 联系电话：</td></tr>
<tr><td colspan="6">近三个月，是否发生对你有重大意义的事件（比如亲友去世，法律诉讼等）：
□有 具体：________________ □无</td></tr>
<tr><td colspan="6">个人既往病史及家族病史情况：</td></tr>
<tr><td colspan="6">戒毒方式：□自愿 □强制 □社区 最长操守时间：__________ 年 第____次戒毒</td></tr>
<tr><td colspan="6">咨询记录</td></tr>
<tr><td>案主
咨询
问题
与目标</td><td colspan="5"></td></tr>
<tr><td>案主
心智
化评
估</td><td colspan="5"></td></tr>
<tr><td>初步评估
结论
（根据每个理
论流派来写）</td><td colspan="5"></td></tr>
<tr><td>咨询效果
评价</td><td colspan="5"></td></tr>
<tr><td>备注</td><td colspan="5">是否下次预约：□是 时间： □否</td></tr>
</table>

咨询师签名：______________ 时间：______ 年____ 月______ 日

项目十一　戒毒的教育矫治

任务一　认识戒毒教育矫治基本原理

教学情境

心声[1]

每一个人都拥有生命，但并不是每一个人都懂得生命，珍爱生命。生命是有限而万分珍馐的，一个不懂得珍惜生命、善待生命的人也必将受到生命的惩罚。

我今年35岁，很愧疚地讲，我有十年的吸毒史。时至今日，我早已尝够了毒品带给自己的切肤之痛，甚至于都不愿再去回想那段堕落的人生轨迹，不愿再去触摸那刻骨的伤痛。可以肯定地说，那时被毒瘾附体的自己不仅仅是一个可悲的人，更是一个可恨的人。

毒品曾经让我面如柴黄，瘦骨嶙峋；让我人格扭曲，面目狰狞；让我丧失了责任心和事业心；让我的家庭支离破碎；让我的亲人为我哭干了眼泪。眼睁睁看着十年的时光就这样灰飞烟灭，更加可恨的是自己被贪婪蒙蔽了眼睛和心灵，让自己一次又一次心甘情愿去成为毒品的奴隶，丧失做人的良知，社会的责任、生命的尊严被毒品磨灭，仅剩下一具没有灵魂的躯壳，终日被黑暗包围，不见阳光，浑身冰凉。

就在前不久，我的父母在给我的一封信中有这样一段让我深受震撼的话："儿啊！都说男人三十而立，而你自己却已经是过了而立之年了，可是你想想如今的你都立了什么？又做了什么？醒醒吧！孩子，青春的时光是一去不复返啊！爹娘生养了你，不图你回报什么，只盼你能健健康康，做一个有用的人。"是的，想想自己的父母亲人，自己深深感到愧疚和悔恨，想想自己虚度的年华和浑身的伤痛，自己更是自责和惋惜，其实走过了这么长的一段弯路，品尝了这么多自己酿的苦酒，应该早已看清了外表娇艳美丽的罂粟花背后所隐藏的那份血腥与罪恶，早已看清了当前新型毒潮身披的那层疑惑伪善的外衣，自己深深知道要战胜毒品定就得战胜自己，根除心魔。

今天的戒毒时光自己应该好好珍惜，在这里有警官耐心的教导和亲人的嘱托和关心，我不再感到孤单和迷茫。在这里我用自己的心血和汗水历练自己，我学了做人，学会了做事，我不再感到懦弱与自卑。在这里，我将重拾生活的信心，用自己的信念和行动与毒品决裂。我相信，明天的自己终将通过不懈的努力彻底战胜毒品，做一个

[1] 李蓓春主编：《强制隔离戒毒人员教育矫治案例精选及评析》，浙江大学出版社2013年版，第88~89页。

真正的珍惜生命、永拒毒品、勇担责任的人。

有志者，事竟成，我相信：戒毒我能行！（某省强制隔离戒毒所宋某）

工作任务

戒毒的教育矫治工作是国家赋予强制隔离戒毒工作的重要内容与主体体现，是国家赋予司法行政机关的一项重要职能，借助教育的重要手段，有助于促进社会治安综合治理的平稳健康发展，社会主义和谐社会，维护社会的长治久安。故而，深入研究强制隔离戒毒人员的戒毒教育矫治工作，探讨强制隔离戒毒工作的管教方法和艺术，可以推动戒毒教育矫治工作更好更快地朝着更优化方向发展。围绕此部分内容，本部分围绕几个基本问题：

1. 掌握什么是戒毒的教育矫治。
2. 了解戒毒教育矫治的目标是什么。
3. 熟知戒毒教育矫治的基本原则有哪些。

一、戒毒教育矫治的内涵及目标

教育具有培养人、塑造人、传承文化、传承生产经验和社会文化的功能。教育的基本属性是对人的培养，从广义上讲，对人们文化知识和生产技能产生影响的思想活动，都发挥出教育的作用；狭义而言，对人们的身心发展产生影响是教育的最终目标。

戒毒教育矫治教育戒治的目标是通过综合运用各种教育矫治方法和手段，帮助戒毒人员认清毒品危害，树立法制观念，提升道德情操和文化素养，改善不良心理，掌握就业谋生技能，增强社会适应能力，戒除毒瘾，成功融入社会。

具体而言，是通过对吸毒成瘾人员的身心施加影响，转变其思想，戒掉吸毒等不良行为，形成健康积极的人格，不至产生对社会的危害性。通过健全配套教育矫治工作设施，不断丰富和创新教育矫治内容，改进教育矫治方式方法，提高教育矫治成效；整合利用资源，利用现代教育科技手段组织戒毒人员开展法律常识、毒品危害认识、培养戒毒技巧、职业技能培训等课堂化教育活动，提升教育矫治成效。开展戒毒人员的教育矫治活动的目标在于综合运用各种有效的教育矫治方法和手段，让戒毒人员实现自我完善、自我成长、自我重建，提高思想道德情操，提升自我文化修养，认清毒品的危害性，改变不良心理状态，恢复健康机能，熟练掌握运用就业职业技能，增强抗毒拒毒能力，提高社会适应力，直到戒除吸毒心瘾，成功社会化，成为一位合格公民。而其教育矫治的短期目标就是戒断生理、心理毒瘾，重新回归社会生活；长期目标则是提高戒毒意愿，延长操守时间，降低复吸率。

二、戒毒教育矫治的基本原则

（一）以人为本原则

马克思主义认为，任何一种事物的产生和发展都是基于一定的社会经济基础和一定的社会需要，立足戒毒人员的戒毒需求，科学安排教育矫治内容，选择有针对性的教育方法，给予戒毒人员人文关怀和必要的社会救助，营造尊重、信任、互助的文化矫治氛围，才能充分调动戒毒人员自觉、主动参与教育矫治的主体意识。在戒毒人员教育矫治过程中注重以理服人是坚持以人为本的关键，以理服人强调戒毒所人民警察在教育改造戒毒人员过程中，要坚持摆事实、讲道理，不以权压人、以势欺人，对戒毒人员开展耐心细致的疏通引导和说服教育，使戒毒人员心悦诚服地接受改造的原则。尊重戒毒人员人格、提高警察自身素质是以理服人的前提；摆事实、讲道理是以理服人的关键；允许戒毒人员陈述和申辩是以理服人的保障。

（二）因人施教原则

戒毒人员教育矫治中的因人施教原则，是指在实施教育矫治过程中，根据戒毒人员的认知规律、心理、生理和行为特点，采用不同的教育内容和方法，确定个性化的教育矫治方案，开展有区别、有针对性的教育工作，帮助个体戒除毒瘾，实现不同程度的改变和成长。全面、详细、准确地掌握戒毒人员信息是因人施教的前提。戒毒所人民警察只有在实施教育行为前充分掌握戒毒人员的基本情况，特别是戒毒人员的吸毒历史、主观恶习、个性特点、家庭状况等，才能在施教中做到有的放矢，从而提高教育效果，否则就有可能会丧失教育良机，造成不可挽回的损失。同时，要根据戒毒人员不同情况，制定出具有针对性的、详细的教育计划，做到“知彼知己”“对症施治”。教育过程中切忌“一刀切”和“一锅煮”。

（三）综合矫治原则

综合矫治原则，是指在戒毒教育矫治过程中，遵循教育矫治工作的客观规律，充分运用管理、生产劳动等手段的教育矫治功能，使场所各类教育活动形成合力，提高综合矫治能力。

戒毒的教育矫治需要戒毒场所依据国家有关法律、法规和政策，从社会稳定与健康发展的需要出发，综合运用管理、教育、医疗、康复训练等多种手段和方法，进行教育矫治、戒毒医疗、康复训练的过程。通过对戒毒人员的戒毒矫治培养其正常、健康的社会实践活动能力，它具有丰富的现实内容，涵盖医疗、管理、教育、心理矫治、生产劳动等多个领域。这套综合性的教育方法体系和工作机制，对戒毒人员进行教育的内容、方式方法和评估戒毒效果相结合，形成了戒毒人员教育矫治体系。

（四）分类教育原则

戒毒人员教育矫治中的分类教育原则，是根据不同类型戒毒人员的特点，分门别类地采取有针对性的教育内容、措施和方法的教育原则。对戒毒人员进行科学、合理的分类是做好分类教育的前提；针对不同类型的戒毒人员，制定出具有针对性的教育计划、采取适宜的教育手段、方法和内容，做到有的放矢，是做好分类教育的关键。针对不同类型戒毒人员的特点，采取适宜的教育内容、教育手段和教育方式、方法，制定科学、合理的教育计划进行施教。

（五）社会化教学原则

戒毒人员教育矫治中的社会化教学原则是指在其教育矫治过程中注重与社会外界的联系，加大与社会的连接度，充分利用社会资源的突出优势开辟新教育矫治途径，增强沟通协作，将教育矫治工作融入社会发展，为戒毒人员的后续帮扶工作做好铺垫，全面提升戒毒场所的教育矫治工作水平，做好解除强制隔离戒毒人员的后续帮扶工作。

（六）科学创新原则

科学创新原则，是指根据戒毒工作发展的需要，研究教育矫治工作中的新问题，探索新方法，不断实现教育矫治工作的理论创新、机制创新和方法创新。

任务二　戒毒教育矫治内容

教学情境

运用传统美德助力戒毒人员德行教育[1]

康某，男，1993年8月生，2017年7月因吸食冰毒被公安局决定强制隔离戒毒2年，为康某首次强制隔离戒毒，2017年8月被送往湖南省白泥湖强制隔离戒毒所进行戒治。

康某入所后，表现一般，参与各项教转活动不积极，从消极戒治到多次对抗民警管理，逐渐由一名较正常的戒毒人员变成一名问题戒毒人员，为防止该员成为难戒治人员，由于康某为首次强戒人员，可塑性较强，管教民警决定对其进行重点帮教。

经了解，该员为家中独子，家庭条件较好，父母对其较为溺爱，形成我行我素性格，对家人颐指气使；读书至初中毕业后便辍学在家，整天无所事事，后与朋友一起混社会，沾染上许多不良社会习气；生活中靠在赌场抽成、收“保护费”为生，法纪

〔1〕司法行政（法律服务）案例库，网址：http://alk.12348.gov.cn/LawSelect/Detail?dbID=25&dbName=JDJZ&sysID=6139，最后访问日期：2022年5月22日。

意识较为淡薄，好逸恶劳，信奉“享乐主义”，价值观扭曲；因吸毒的行为，自己患上肺结核，自述经常肺部疼痛，以此为由拒绝参与戒治；文化水平不高，且为首次强戒，对是非善恶的分辨能力较低，听信一些“多进宫”戒毒人员消极戒治的话，对民警耐心的教育却置若罔闻。

针对戒毒人员康某的情况，大队民警综合施策，决定重点对其进行德行教育，着重利用中华传统美德中的“仁义礼智信”文化，提升其道德水平，培养遵纪守法意识，端正其价值观。

以“仁”理念聚焦关怀。传统美德中，“仁”体现人的高尚情怀，仁的核心，就是要以人为本，一切从关怀人、爱护人、发展人的目标出发。教转过程中，强化对康某的人文关怀，解决实际生活困难，转变其行为认知。在一般的教育转化中，强化“靶向”效应，对康某日常生活中的困难、戒毒疑惑、家庭关怀、行为认知进行重点关注，例如对其肺结核病情等方面，在基础的治疗基础之上，强化民警与其他戒毒人员关怀，突显出关怀感受，让其在生活中融入矫治生活中，缓解自我标签以及错误认知，逐步转变其以自我为中心的理念与思想。

以“义”理念聚焦转变。传统美德中，“义”的核心体现坚持正义，保持节操，由“为朋友两肋插刀”小义观念升华为高于自我超越自我的善。以“义”强化规矩意识，进一步加强对康某的法制教育与所规队纪教育，令其明白什么事情能做，什么事情不能做，什么事情必须做，培养其遵纪守法的意识；引导其认清社会恶习，看清毒友本质面目，认清身边戒毒人员不正当言论，分辨出个人生活中的行为，对于消极戒治言论以及人员的抵制；同时还以优秀戒毒人员典型事迹、难戒治人员转变案例，引导其同不良言论、行为做斗争，培养其形成正确价值观。

以“礼”理念聚焦行为。传统美德中，礼的核心就是“尊重”，注重礼仪，尊重他人。针对康某以自我为中心，容易与他人发生冲突等行为，以“礼”出发，要得到别人的尊重，首先要尊重他人，保持良好的行为规范。康某为首次强戒的戒毒人员，在行为规范上还有一些不足之处。第一步，结合戒毒人员行为规范与传统礼仪行为教育，进行考核，以检测学习效果，加强行为转变；第二步，实施正面鼓励，对于正面转变行为进行重点宣传，置身于好的氛围与他人督导之中，形成“蓬生麻中不扶自直”的行为氛围；第三步，进行礼仪行为专职岗位设立，进行全大队行为礼仪督导，由己及人，逐步提升该员的行为标准；第四步，纳入骨干成员考察范围，让其行为规范达到骨干戒毒人员标准；第五步，纳入协助民警管理的范畴，对其行为进行肯定，加强行为的巩固。

以“智”理念聚焦素质。传统美德中，“智”的核心是提升认知，提高素质。针对康某文化程度不高，在社会上没有良好的认知与行为，沾染众多的社会恶习，价值观发生不良偏向，对康某强化综合素质提升，转变其享乐思想，改变好逸恶劳思维。有针对性的把康某纳入到教育教学小班制课程，聚焦靶向式教育，针对戒毒常识、思想道德、文化素质等方面的再教育，同时收集该员学习欲望强烈的知识点，进行辅导，提升其自身素质；针对其身体现状，带领康某积极参加康复训练，强化身体素质培养，特别强化其他人员在此方面的引导，促进其兴趣；针对其好逸恶劳思想，积极同其家人进行沟通，对其经济支出进行合理的支配，对其康复劳动与日常经济支出进行配比，改变其对家人不良态度，让其逐步认识到自食其力与生活现状的来之不易，转变好逸恶劳的思想。

以“信”理念聚焦未来。传统美德中，“信”的核心是诚信守法，一诺千金。康某对未来信心不足，自认为出所后的前途止步于毒品毒友，内心中长期对自身抱有“破罐子破摔”思想，自身行为、信念毅力不足，抗复吸的能力低下。针对此大队民警首先多次与其家人对接，让其在今后的戒毒过程中内心达成一定的协议，转变其对家人的不良态度，置身于家人的监督之下，信守戒毒过程中的各项行为承诺；对康某在谈话时讲述古今案例，让其明白守信的重要性；其次对于出所后的抗复吸风险进行社区康复等情况进行相关情况介绍，并对违反戒毒承诺、违法社区康复协议付出的惨痛代价案例，进行以案释法，提升该员对未来戒毒生活的良好认知。

经过为期4个月的教育转化，康某在对待教育矫治活动上表现更加积极，较好的做到了服从民警管理，并与其他戒毒人员和睦相处。在逐步的转变过程中，个人行为得到良好发展，并得到了大队其他戒毒人员的认可，被推选为寝室长，成为一名戒毒骨干，并提前解除强制隔离戒毒。该员出所后大队民警对康某进行回访，其母亲对其转变表示十分满意，现在康某跟着父亲在外打工赚钱，完全做到了自食其力，并再也没有与以前的毒友联系，分辨是非曲直的能力大为提高，遵纪守法意识明显增强，现在康某已经保持操守近2年。

工作任务

教育矫治是戒毒工作的核心手段，其根本任务是通过对戒毒人员进行思想道德、法制常识、心理健康、行为养成、文化素质以及劳动和职业技术等教育，将他们改造成为遵纪守法、独立自主、严格自律的合格公民。本部分的任务主要包括：

1. 思想道德教育的内容。
2. 法制常识教育的内容。
3. 心理健康教育的内容。
4. 行为养成教育的内容。
5. 文化素质教育的内容。
6. 劳动和职业技能教育的内容。
7. 回归社会教育的内容。

一、思想道德教育

思想道德教育是对戒毒人员进行教育矫治的核心内容，也是让其主动认识到自身问题的重要前提，该工作重点是让戒毒人员意识到自己吸毒的错误性，能够自觉将其道德观念逐步拉回到正轨上，重新树立正确的世界观、人生观、价值观。把社会主义核心价值观和《公民道德建设实施纲要》教育贯穿始终，强化社会公德、职业道德和家庭美德教育，弘扬民族精神和时代精神，帮助戒毒人员确立正确的世界观、人生观和价值观，引导他们自觉抵制拜金主义、享乐主义和极端个人主义，提倡文明礼貌、助人为乐、诚实守信、尊老爱幼、艰苦奋斗的社会主义风尚。提高戒毒人员的中国传统文化水平和社会主义道德观念，增加社会和家庭的责任感，增强抗诱惑定力。同时，在思想政治教育的过程中，应当更多地从戒毒人员的日常生活出发，从他们熟知的场景向他们进行禁毒戒毒的专题教育，让他们明白毒品给自己与家庭带来的严重危害和沉重代价，知道毒品对人的身体健康造成的损害，进一步帮助他们处理人际关系、改善生活品质，增强生活幸福感。通过对戒毒人员的思想道德教育，帮助戒毒人员回归正确的道德认知，提高他们的道德认知与规范意识。

二、法制常识教育

戒毒人员之所以走上吸毒道路，一定程度上源于其法制意识淡薄，对戒毒人员开展法制教育，普及基本法律常识，这既是建设社会主义法制国家的基本要求，也是开展戒毒人员教育矫治工作的重要内容。通过法制教育，让他们知法，弄清法律的概念，了解法律的权威，知道违法的法律后果；让他们懂法，明白法律的界限是什么，能够清楚辨析哪些可以做，哪些不可以做，提高法律意识。鉴于戒毒人员的特殊身份关系，在开展法制教育的过程中应当关注认错教育，这是整个教育矫治的基础，只有认识到自己违法犯罪的行为事实，才能真正落实教育矫治效果。认错教育主要包括戒毒管理相关的法律法规教育与毒品危害认知教育两方面的内容，戒毒管理相关的法律法规教育是指学习强制隔离戒毒的法律法规、诊断评估条例，让戒毒人员明白其违法犯罪行为的事实，认清自己身份与地位；毒品危害认知教育，是指通过系列毒品危害案例与事实的讲解，让他们了解毒品的危害，正确认识毒品，同时消除心理障碍，知道毒可戒，毒能戒，树立戒毒信心。通过法制教育，让戒毒人员清醒地认识到“吸毒是一种违法行为”的现实事实，会对自身和社会造成严重后果，具有极其严重的社会危害性。

三、心理健康教育

心理健康从广义上讲，是指一种高效而满意的、持续的心理状态。从狭义上讲，心理健康是指人的基本心理活动的过程内容完整、协调一致，即认识、情感、意志、行为、人格完整和协调，能适应社会，与社会保持同步。戒毒人员的心理健康教育就是通过向戒毒人员传播心理健康知识，转变戒毒人员的不健康观念，提高戒毒人员对心理健康的认知能力，提高戒毒人员的心理健康水平和适应社会的能力，促进戒毒人员心理不断发展和完善，从而使戒毒人员自觉地运用心理健康知识及时认识自我心理状况，克服心理障碍，进而消除毒品依赖这一不适应社会生活的行为。在具体时间操作过程中，心理健康教育是指采用课程教育、问卷测试、沟通询问等方式进行心理疏导，针对戒毒人员文化程度低、身体健康情况差、心理抵抗能力弱的整体特点，采用相关心理教育的方式与方法，在戒毒期间不断改善和提高戒毒人员的心理健康水平。并在专业的心理学理论指导下，通过模拟实际可能发生的各种情景，采用团体和个体的方式，遵循一定的流程，运用心理干预的技术，针对强戒人员的心理特征，进行有计划地干预，解决心理问题，调整行为和认知模式，训练情绪调节能力，提升心理素质的目的。针对不同戒治个体，根据各项能力测试结果，了解戒毒人员特殊的心理需要，通过戒毒意志力训练、抗复吸训练、拓展训练、增强人际交往等专题教育，进一步帮助戒毒人员增强抗毒拒毒能力，掌握调控情绪的方法，改变错误认知，学会正确归因，提高应对压力和挫折的能力，学会与人沟通，建立和谐的人际关系，重新塑造积极人格，增强戒毒效果。

四、行为养成教育

行为养成教育就是促使戒毒人员养成良好的生活习惯，改变以往的懒散、自私、萎靡、生活无规律等不良习惯。做这些的最终目的就是养成良好生活习惯。养成良好的行为习惯不但能够促进他们人格结构的重构，更有利于身心朝着健康阳光方向去发展。行为养成教育具有强制性，一般而言，戒毒人员的行为养成教育在封闭的环境中进行，行为养成教育过程中要执行统一食宿、统一队列、统一接受教育，生活作息规律，整体纪律观念、团队配合观念进行养成，戒毒行为准则具有约束性。在戒毒人员进入强制隔离戒毒所初期，不仅要进行生理脱毒，也要同时渗透对《强制隔离戒毒人员守则》《强制隔离戒毒人员行为规范》等规章制度的学习。强调内务整理，培养戒毒人员良好生活习惯，训练戒毒人员折叠摆放被褥、衣服，摆放日用生活用品、鞋子、凳子，保持室内“五条线”。注重礼貌礼节教育，进行报告词训练，训练戒毒人员进入警察办公室、遇见警察及来宾、有事需要警察解决时要学会报告。通过行为养成训练，增强戒毒人员个体自身约束力。

五、文化素质教育

戒毒人员文化素质教育的主要内容包括中国传统文化、自然科学、社会科学以及应用科学等方面的知识，可以通过课堂教育、讲座论坛、小组讨论等多种方式展开。

1. 开展传统文化教育。对戒毒人员进行优秀传统文化宣传，使其不断接受传统文化的熏陶，例如背诵《三字经》《道德经》等形式，使戒毒人员形成内化于心、外化于行的良好解读效果，这对于戒毒人员健康人格的重新塑造有十分重要的意义，进一步强化了戒毒的效果。

2. 举办相关知识讲座等活动。通过在特定戒毒场所举办文化宣传、传统文化知识比赛、知识讲座、分组进行艺术表演、现身说法等形式取代戒毒人员不健康的、错误无知的思想阵地，让他们对人生充满憧憬，对社会充满希望，对生活充满热情。

3. 鼓励参加自学考试。戒毒所可以与社会各种教育机构建立合作关系，根据戒毒人员的实际情况，具体到个人进行再教育，支持他们进行文化课学习，取得相应的文化学历，进一步加强戒毒人员回归社会的生存能力。

六、劳动和职业技能教育

组织戒毒人员进行生产劳动，充分发挥劳动的教育矫治功能，帮助戒毒人员树立正确的劳动态度，改变好逸恶劳的思想和习惯。

开展安全生产知识教育。组织戒毒人员学习安全生产法规、安全生产常识、劳动保护知识，提高戒毒人员安全生产意识，树立劳动观念，养成劳动习惯，掌握劳动技能。

开展职业技能培训。落实国家禁毒委员会办公室等 11 个部门联合下发的《关于加强戒毒康复人员就业扶持和救助服务工作的意见》（禁毒办通〔2014〕30 号），将戒毒人员职业技能培训纳入当地职业技能培训总体规划，根据戒毒人员的特点和社会需求设置职业技能培训项目，帮助戒毒人员考取职业技能资格或等级证书，为就业创造条件。戒毒人员职业技术教育的内容包括岗位技术培训和职业技能教育两个方面，岗位技术培训是指戒毒所基于劳动改造戒毒人员的需要，对戒毒人员进行的针对戒毒所对应的劳动岗位所需的技术培训；职业技能教育是指戒毒所为提高戒毒人员出所后重新适应社会的能力。职业技能教育可以让戒毒人员戒毒回归社会以后为就业、创业创造条件，在其具体教育内容上，职业技能教育应该以应用型应用技术为重点，贴近社会就业形势，紧紧围绕社会就业市场需求，开展生活技能培训和职业技能教育，使戒毒人员出所时能学会生活的本领和掌握一技之长，自食其力，顺利回归社会。通过对戒毒人员进行职业技能教育，有助于戒毒人员树立正确的劳动观念和态度，养成良好的劳动习惯，增强自力更生能力，创造经济价值，减轻家庭负担，早日回归社会。

七、回归社会教育

对即将出所的戒毒人员进行回归社会教育，帮助他们了解社会形势，做好回归社会的准备。回归社会教育时间不少于一周。具体内容包括：

1. 开展形势政策宣传教育。帮助戒毒人员了解国家和社会发展新形势，了解人们生活方式和价值观念的新变化，了解当地市政交通、衣食住行等方面的重大变化，了解出所后办理相关手续的方法。

2. 帮助戒毒人员重建社会支持系统。教育引导戒毒人员建立健康的朋友圈、正确处理与家庭成员的关系、积极参与社会交往。

3. 开展后续照管政策宣传教育。向戒毒人员介绍就业形势和政策，帮助戒毒人员合理选择就业岗位；向戒毒人员介绍戒毒康复、社区康复的机构和流程，动员解除强制隔离戒毒人员到戒毒康复场所体验戒毒生活，帮助戒毒人员了解美沙酮维持治疗等社会公益项目的参与方法，使他们出所后能够及时寻求支持和帮助。

任务三　戒毒教育矫治方法

教学情境

特殊时期的戒毒教育矫治〔1〕

戒毒人员张某，36 岁，自 2019 年年初入所以来，表现良好，积极参加戒毒所内组织的“6. 26”禁毒日、迎中秋、庆国庆等教育活动，通过身体康复训练、课堂化教育，该员在戒毒提高认知的同时，体能方面得到了迅速恢复，通过自己的主动申请，经大队会议评估，该员参加了戒毒人员乐队。平时与家属的亲情电话中，表达了将积极戒治，早日回归社会，能够照顾在独山县某村生活的父母及 8 岁的儿子。但自 2020 年 2 月初未拨通亲情电话后，张某行为上开始出现异常，在平时以寝室为单位的防疫授课中表现心不在焉，夜间休息时，值班民警发现该员夜间上厕所频繁，通过同寝室信息员了解到，该员夜间经常睡不着，平时少言寡语，时有自言自语现象，食量迅速降低。

由于疫情的爆发，根据要求，所内暂停了春节期间的接见探访，同时组织戒毒人员拨打亲情电话，一是让戒毒人员为家人送上新春祝福；二是让戒毒人员了解家属身体情况，并告之家属特殊时期要注重防护；三是通过家属群告知戒毒人员家属所内具体防疫措施及戒毒人员生活保障情况。

戒毒人员张某早年与妻子离婚，二人育有一子，离婚后张某享有儿子的抚养权，妻子仅仅每月给孩子 500 元生活费，其他孩子相关事情不管不问，在张某被决定强制隔离戒毒后，儿子由年迈的父母抚养，家中情况较为困难。虽然张某有一个姐姐，但

---

〔1〕 贵州省戒毒管理局，网址：http://jdglj. guizhou. gov. cn/ztzl/rdzt/jdjdzsxc/jdlljl/cgal/202105/t20210524_68228815. html，最后访问日期：2022 年 8 月 27 日。

已经远嫁外地，且由于张某吸食毒品，已不再与张某来往。2020年年初，张某给父母拨打亲情电话时，父母告诉张某1月29日（大年初五）将带儿子来所看望自己。由于疫情蔓延，取消了接见探访，并先后2次拨打亲情电话，处于关机状态，导致张某无法知晓家中情况，十分担忧父母及儿子的身体情况和生活情况，特别是该员听说老年人是新型冠状病毒易感人群后，心中的焦虑更是加剧，反复向值班民警了解疫情什么时候结束，近期独山有没有出现病例的情况，有没有人被感染。反复向民警倾诉“千不该、万不该去吸毒，在这个特殊的时期，不能在父母和儿子身边陪着，对不起他们”。戒毒大队通过研判，制定了解决方案，一是通过值班民警及同寝室戒毒人员密切关注张某日常生活，防止出现极端行为。二是由心理咨询师对其开展心理咨询，并进行心理测试。三是明确了教育责任民警，对该员日常生活给予更多关心和关怀，并讲解目前国家开展的有关各项防疫措施，并告知病毒可防可治，且目前独山并没有发现病例；四是积极向所外及该员同籍戒毒人员延伸，争取与其家属取得联系；五是鼓励该员积极参加以寝室为单位的康复训练，如打羽毛球、乒乓球及健身运动，并由民警在寝室内，根据时间段，播放各类音乐；六是继续深入开展全所性防疫措施时，重点关注该员。

通过民警及表现较好的毒人员的共同努力下，张某情绪逐步好转。同时，从张某同籍戒毒人员黄某某处了解到，该员的外嫁侄女与张某系同村人员，他表示愿意帮助张某联系其父母，后经多方联系，张某与其父母、儿子通了电话，并拨通了视频。该员父母表示由于自己年龄大，不经常接电话，欠费了也没有缴费，疫情发生后，进村通道都有人卡点，姐姐也回不来了，早晚都有人对路面进行消毒，每天村广播也对疫情发生进行报道，现在家里面生活还算过得去，表示不用担心，戒毒人员张某向父母表达问候的同时，向他们告知了一些基本的防疫措施，与儿子的简单交流中，张某眼中泛着些许泪光，之后民警用自己的钱帮助张某父母在网上进行了缴费，亲情电话也得到了畅通。自此，该员行为和思想得到了较大好转，时常与管教民警交流，发自内心地感谢民警。

工作任务

戒毒教育矫治是一项深远持久的教育矫治活动，具有过程的持续性，其矫治方法也可以根据不同矫治对象的个性特点，有针对性地进行方案设计与方法选择，常见的戒毒教育矫治方法有集体教育与个别教育、教育矫治社会化、身心平衡训练法、情景模拟法、劳动教育等内容，为更好地理解与运用戒毒教育矫治方法，需要厘清以下几个问题：

1. 掌握常见的戒毒教育矫治方法。
2. 熟知选择合适的戒毒教育矫治方法。
3. 辨明如何更好地发挥戒毒教育矫治方法的作用。

一、集体教育与个别教育相结合

集体教育是指在戒毒人员教育改造过程中，为了解决戒毒人员中存在的普遍性和倾向性问题，将戒毒人员集中起来进行教育的方法，具有较强的规范性、权威性和快速传播性。个别教育是指在戒毒人员教育改造过程中，为了解决戒毒人员个体存在的特殊性问题，针对个别戒毒人员所采取的特殊教育的方法，具有较强的针对性、灵活性和特殊性特点。戒毒人员接受教育的过程，既有普遍性和倾向性问题，也有个别性和特殊性问题，只有科学、合理地运用好集体教育和个别教育这两个方法，把它们有机地结合起来，形成合力，才能全面地、行之有效地做好戒毒人员教育工作。

1. 集体教育。集体教育是苏联教育学家马卡连柯教育理论的重要组成部分。在教育学领域中，集体教育是指以集体主义价值观为向导，组织集体、教育集体，并通过在集体中进行教育，以影响集体成员身心发展，尤其是以形成集体成员的集体主义精神为目标的教育。面向戒毒人员的教育矫治是社会教育的有机组成部分，社会教育的相关理论同样可以适用于戒毒人员教育领域。具体到戒毒人员教育领域，集体教育是指强制戒毒执行机关对戒毒人员集中进行的，以解决普遍性问题为目的的思想引导、知识传授和行为养成的教育活动。具体而言，集体教育可适用于法制教育、思想道德教育、形势政策教育、前途教育、文化教育、岗位技术培训、职业技能教育和心理健康教育等多种类型。在目前的戒毒人员教育矫治实践中，集体教育是一种普遍的、常用的教育形式。其形式多样，主要有课堂教学、专题教育和分组教育等内容。课堂教学是按照事先拟定好的教学计划，在规定的时间和地点，对戒毒人员进行系统性的授课活动；专题教育是指针对特定的专题或者任务而进行的教育活动，专题教育具有灵活多样、主题突出的特点；分组教育是根据教育的目的和内容的不同需求，将戒毒人员群体划分为若干小组进行教育的一种集体教育方法。

2. 个别教育。个别教育是指在法律和政策的指引下，在严格管理和环境中，戒毒所工作警察针对戒毒人员个别、特殊、具体的问题，运用个别谈话、个别感化等方式，采取的一种单独的、面对面的思想影响、情感沟通和知识传递的活动。《戒毒条例》第30条指出“强制隔离戒毒场所应当根据强制隔离戒毒人员的性别、年龄、患病等情况对强制隔离戒毒人员实行分别管理；对吸食不同种类毒品的，应当有针对性地采取必要的治疗措施；根据戒毒治疗的不同阶段和强制隔离戒毒人员的表现，实行逐步适应社会的分级管理。”这实际上是提出了个别教育的具体要求，强调戒毒单位根据戒毒人员个体的特殊问题、特定情况以及其自身特点，设计有针对性的个别教育方案，有的放矢。戒毒民警针对戒毒人员的实际问题采取一对一的、面对面的方式进行交流，戒毒民警根据戒毒人员的具体问题来制定教育内容、教育方式，明确教育重点和难点，时间、内容、形式不受限制，更可以使戒毒民警与戒毒人员之间建立起良好的沟通关系，消除代沟，具有很强的教育针对性，更容易达到情感交流的效果，达到教育目的。个别教育应当坚持法制教育与道德教育相结合，以理服人与以情感人相结合，戒之以规与导之以行相结合，内容的针对性与形式的灵活性相结合，解决思想问题与解决实际问题相结合。常见的个别教育方式包括个别谈话、个别感化、个别训练、个案矫治等。

二、教育矫治社会化

发挥社会资源在教育矫治工作中的重要作用。探索教研合作、购买服务、资源共享等多种合作途径，充分发挥社会资源优势，促进强制隔离戒毒工作与社会进一步融合。

一是搭建社会帮教平台。社会帮教是从有利于教育矫治和顺利出所回归社会成为守法公民的目的出发，借助各种社会力量参与和积极影响戒毒人员教育矫治工作的一切措施的总和，具有开放性、易受性特点。建立一个与党、政、军、工、青、妇、团等社会各界共建的帮教基地，定期开展交流活动；每年至少组织一次场所民警或者戒毒人员到社会上进行戒毒公益宣传活动。《戒毒条例》第2条指出，县级以上人民政府应当建立政府统一领导，禁毒委员会组织、协调、指导，有关部门各负其责，社会力量广泛参与的戒毒工作体制。这表明开展戒毒人员教育矫治需要社会各界的广泛参与，社会帮教是提高教育矫治质量，降低戒毒人员复吸率的必要手段，也是戒毒人员重新社会化的重要措施。

二是开展后续帮扶。落实《关于加强戒毒康复人员就业扶持和救助服务工作的意见》，协助做好解除强制隔离戒毒人员关怀救助工作；鼓励在街道、社区建立后续照管站和戒毒工作指导站，帮助完成社区戒毒和社区康复工作；建立戒治质量考查机制，通过跟踪回访、第三方评估等方式，考查场所戒治质量。

三、身心平衡训练法

戒毒人员教育矫治的一个主要任务是，帮助戒毒人员适应戒毒场所环境，逐步恢复各项身体机能与心理健康状态，建立教育矫治档案，身心平衡训练是提升生理机能、完善心理认知的重要方式。主要包括进行体能康复训练、治疗断毒后的不良反应、适应新的环境、学习所规队纪和戒毒人员的日常行为规范。

1. 身体锻炼法。由于吸毒人员受毒品的危害，身体健康状况不容乐观，进入戒毒场所以后，进行适当强度的身体锻炼，有利于提高戒毒人员的身体健康状况，形成良好的戒毒心态，增强戒治期间的意志力。身体素质锻炼法主要是参照《强制隔离戒毒人员体能测试》的内容与标准，根据戒毒人员身体健康状况特性进行体能训练和评估，以开展递进式的身体功能性训练、体能训练、常用健身项目等身体康复训练为主，例如广播体操、队列训练、戒毒康复操、跑步、引体向上、俯卧撑、往返跑等基础性项目。

2. 心理暗示法。心理暗示法是利用心理学上特有的心理暗示功能和信仰情结，通过统一诵读戒毒信条、戒毒三字经、弟子规，传唱精选戒毒歌曲，在戒毒人员中营造出浓厚的学习教育氛围，增强戒毒意愿与信心，强化戒毒意识，慢慢实现从“要我戒毒”向“我要戒毒”的心理转变。具体方法有：在每天开饭前和集体活动时间，统一诵读戒毒信条、戒毒三字经、弟子规，合唱戒毒歌曲等方式。

四、情景模拟法

毒品是一种具有极强依赖性的药物，一旦沾染，很难戒断，其本身所特有的生理依赖性，无形中增加了戒毒教育矫治的难度与力度，戒毒效果的实现需要通过情景模拟、系统脱敏等方式进行。巴甫洛夫条件反射实验，俗称经典条件反射，是指一个刺激和另一个带有奖赏或惩罚的无条件刺激多次联结，可使个体学会在单独呈现该刺激时，也能引发类似无条件反应的条件反应，最著名的例子是巴甫洛夫的狗的唾液条件反射，戒毒人员回归社会以后再次遇见以前的吸毒环境会产生强烈的难以自控的吸毒欲望，建立情景模拟环境，进行不同情景下的心理脱瘾训练，能有效地降低巴甫洛夫条件反射效应，增强戒毒人员抗毒、拒毒的能力。

针对即将出所的戒毒人员，其在康复训练期通过情景模拟法进行过抗毒、拒毒的训练，但由于回归社会体验期更接近社会生活，更需要再次加强和巩固戒毒人员抗毒、拒毒的训练，通过进行模拟环境和情景，对戒毒人员进行脱瘾训练，达到减轻弱化戒毒人员的巴甫洛夫条件反射的作用；联合社会机构进行戒毒互助，邀请戒毒成功的戒毒人员与在所的戒毒人员交流成功戒毒的经历和感受，邀请专家进行戒毒主题培训，增强戒毒人员的戒毒信心。

五、劳动教育

在常规思想文化教育的同时进行强化习艺劳动教育，是矫正戒毒人员恶习的有效方法和手段。习艺劳动教育是戒毒人员教育的重要内容和组成部分，它以操作性、实践性为主导，以培养戒毒人员正确的劳动观念、劳动技术意识和创新思维能力为目的。通过习艺劳动教育，有利于磨练戒毒人员的意志，培养吃苦耐劳精神，有利于培养戒毒人员的团队合作精神，增强集体主义思想观念；有利于增强戒毒人员尊重劳动、珍惜劳动成果的良好风尚；有利于培养戒毒人员的参与奉献精神。对戒毒人员开展劳动技能教育，可以将戒毒人员的精力和聪明才智引导到学习技术上来，激发戒毒人员潜能，把原来对社会的消极、破坏因素转化为积极的建设因素，促进所内生产，为社会创造财富。同时，对内依托所内生产劳动平台，建立相对稳定的技术培训主导项目，对外开发社会资源，建立职业技能培训基地，构建全覆盖的戒毒人员技能教育培训体系。协同人力资源与社会保障部门，积极搭建技能培训、鉴定发证、择业指导、推荐就业全链条服务平台，帮助戒毒人员顺利回归社会，有效减少再次复吸可能性。

实训项目

实训情境：

赵某，男，26岁，初中文化，未婚，河北人，无业。2018年1月因吸毒被强制隔离戒毒2年。该戒毒人员从小被寄养在舅舅家，一直以为舅舅、舅妈就是自己的亲生父母，但长期以来家人对其的差别对待，使其从来没有真正地体验过家庭的温暖，对社会、家庭充满了敌意，感觉社会、家庭都抛弃了他。后来与亲生母亲相认，才得知了事情的真相，但关于父亲，母亲却从不提起，由于长期缺乏家庭的关爱、管教，赵某渐渐染上各种不良嗜好，开始与社会人员混迹，在他人的引诱下染上毒瘾。家庭的经济来源主要靠收房租和舅舅的接济度日，家里生活相对困难。

赵某入所以后一直情绪不稳定，脾气暴躁，时常会出现发呆、紧张的现象，并往往会因为一点点小事就会与他人发生争执，自控力较差，容易顶撞队长，喜欢独处，不愿和他人交往，其暴躁的性格和消极的表现给其他戒毒人员留下不好印象，在集体生活中处于一种“自我孤立”的状态。

心理测试显示：

Scl－90测量结果：人际关系敏感度3.08、焦虑1.9、抑郁0.8、敌对3.7。人际关系分值较高，焦虑症状明显。

EPQ：E：56；P：70；N：52；L：41。测试结果显示求助者的人格特征为胆汁质（外向不稳定），表现为：人格外向、敏感、兴奋、多变，遇到刺激有强烈的情绪反应，易于冲动。

SDS：54（标准分）基本正常；SAS：61（标准分）轻微焦虑。

戒毒人员的主要困扰：一是早期家庭关爱缺失，从小跟随舅舅一家长大，但舅舅一家对其区别对待，疏于管教，缺少家庭的关爱；二是对舅父母、社会心存怨念，认为父母根本对其没有尽到义务，现在的下场都是父母的过错；三是对被强戒后的生活不适应，在社会上沾染的一系恶习，懒散的生活状态使其难以适应现在严格的强戒所生活。四是对父母尤其是对母亲的矛盾心理，父母对其自幼抛弃的恨意与后来母亲与其相认后享受的关怀之间的矛盾体验使其心理冲突严重，引发了某些行为问题。

实训任务：

请根据对以上赵某的情况，为其制定一份切实可行的戒毒教育矫治方案。

要求：正确理解戒毒教育矫治的内容，并根据实际情况选择合适的教育矫治方法。

项目十二　戒毒康复训练

任务一　戒毒康复训练概述

教学情境

戒毒人员严某，男，35岁，原跆拳道项目国家队队员，20××年跆拳道世界公开赛54公斤级冠军。该学员于20××年被投送至浙江省十里坪强制隔离戒毒所执行强制隔离戒毒。入所后，该员在生理脱毒区戒治期间，纪律观念淡薄，不愿与人交流，沉默寡言，有暴力倾向，又因其有跆拳道特长，可能造成潜在人身伤害或脱逃危险被列为所级重点人员。同时鉴于其有运动特长，戒毒所决定成立以康复训练中心领衔的教育转化攻坚小组，对其进行以康复训练为突破口，以运动戒毒为主要手段的攻坚转化。康复训练中心接到任务后，当日就对该员开展了个别谈话，从跆拳道运动文化入手，该学员表示挺有兴趣，也非常配合。

具有专业资质的康复训练师对其体质测试成绩进行分析，发现该学员不管是身体形态还是机能素质，都与国民健康标准存在着较大差距，结合戒毒人员严某的基本情况和体检结果，征得该学员的同意，根据FITT训练原则、动态体质测试结果、该学员的运动状态和自我身体评价，在全国统一戒毒模式四区流转的过程中，康复训练中心为该学员量身定制了一套运动处方，并及时进行动态调整。

在康复训练的过程中，及时介入心理辅导，从心理矫治专业层面了解该学员的心理动态，针对性谈话教育，帮助其重塑信心，确定目标，制定戒治规划。该学员的心理状态经历了从入所到出所“要我戒毒—我要戒毒—我能戒毒”的巨大转变。同时，大队根据该员的运动特长，让其担任大队康复训练辅助小教员，协助民警组织本大队戒毒人员的康复训练，极大地调动了该学员的康复训练积极性，表现更为活跃。

出所后戒毒所利用社区康复指导站定期开展延伸帮扶，跟踪指导，鼓励其考取了体适能教练资格证书。一年后，回访民警看到的是阳光帅气、对未来充满希望的戒毒成功人士。该学员现已成家立业，自己经营了一个跆拳道馆和一家自由搏击俱乐部，并定期到附近幼儿园和学校开展跆拳道志愿教学等。在社会延伸衔接帮扶回访中，回归人员严某告诉民警，“我的成功戒毒离不开戒毒所的民警们，特别是我在戒毒所的帮助下走向运动康复新的人生起点的，是戒毒所给了我第二次生命”。[1]

---

〔1〕司法行政（法律服务）案例库，网址：http://alk.12348.gov.cn/LawSelect/Detail? dbID = 26&dbName = JDKX&sysID = 1454，最后访问日期：2022年5月18日。

工作任务

《禁毒法》第43条明确规定，强制隔离戒毒场所应当根据戒毒人员吸食、注射毒品的种类及成瘾程度等，对戒毒人员进行针对性的生理、心理治疗和身体康复训练。本节的任务是：

1. 掌握什么是戒毒康复训练。
2. 了解戒毒康复的基本原则。
3. 熟知戒毒康复训练的组织与管理。

一、戒毒康复训练概念

戒毒康复训练是指采取科学训练手段，借助一定的康复器械，兼顾相应的营养措施，使戒毒人员身体机能、体能和脑功能得以恢复和改善的一种综合性训练方式。

康复训练在戒毒矫治中具有重要意义。吸毒严重危害戒毒人员的身心健康，使戒毒人员产生失眠、便秘、骨关节疼痛和肌肉震颤等稽延性症状，严重困扰戒毒人员的日常生活，其中对戒毒人员身体运动素质损害尤为明显，戒毒人员在力量、耐力、柔韧、灵敏和平衡素质等方面表现出不同程度的问题。体能康复训练作为一种戒毒治疗手段，能够有效地帮助戒毒人员缓解和消除吸毒行为给身体带来的损害，帮助戒毒人员进行身体功能障碍的恢复，培养戒毒人员健康的生活方式，提高戒毒人员的健康水平，更好地促进戒毒矫治的深入开展。

二、基本原则

（一）科学指导原则

体能康复训练方案的制定必须遵循科学指导。完整的训练计划应包含3个部分：热身、核心训练、放松整理。其中核心训练内容应包含训练频率、训练强度、训练持续时间以及运动类型。

（二）循序渐进原则

进行体能康复训练时，运动强度、持续时间应根据每个戒毒人员的康复阶段、体能水平、健康状况等方面的改善逐步增加。

（三）过程监管原则

依据制定的体能康复训练方案，以心率监测、主观疲劳感觉问卷或身体表现衡量运动强度。结合运动时间，综合监管戒毒人员的运动训练量。

（四）分类实施原则

运动训练方案、运动处方针对每一个戒毒人员的年龄、体质水平、成瘾状况和健康状况等个体特征制定。对患有高血压、骨质疏松症以及肥胖症等疾病的戒毒人员制定特殊的运动方案。

（五）安全防护原则

在制定体能康复训练计划、选择体能康复训练项目和组织体能康复训练时，应注重安全，避免身体损伤，做好安全防护措施，定期开展运动安全教育。

三、戒毒康复训练的组织与管理

（一）组织机构、人员

戒毒场所成立体能康复训练工作领导小组，下设体能康复训练工作办公室，指导体能康复训练工作的开展，负责制定体能康复训练计划，定期开展体能测试，组织、督促场所戒毒人员体能康复训练的开展。

戒毒场所需要培养一支具有较高专业水平的体能康复训练工作指导队伍，需要有具备社会体育指导或国家健身教练员等专业资质的戒毒工作人民警察。另外，场所可以借助社会力量开展体能康复训练工作，聘请大专院校体育教育训练学、运动人体科学、运动医学等相关专业的专家学者为体能康复训练工作顾问。

（二）场地要求

应规划专门的康复训练区域，建立专门的康复训练场地和场馆，并设置相对应的体质健康测试区、康复训练指导区、有氧训练区、力量训练区和神经康复训练区等。室外训练场馆包括但不限于田径场、多功能训练馆、乒乓球馆（室）、篮球场、排球场和羽毛球场等。

（三）设备要求

戒毒康复训练的设备一般可分为测试设备、运动设备、可穿戴监测设备和数字化康复训练系统。

测试设备包括但不限于：身高测试仪、体重测试仪、力量素质测试仪、纵跳测试仪、俯卧撑仪、仰卧起坐测试仪、坐位体前屈测试仪、平衡测试仪、肺功能测试仪、神经反应能力测试仪、人体成分测试仪、心血管功能测试仪等。

运动设备包括但不限于：跑步机、动感单车、椭圆机、有氧健身车、踏步机、室内划船器、力量训练器、健身椅、壶铃、哑铃、球类等。

可穿戴监测设备包括但不限于：手环、脚环、智能检测鞋等。

数字化康复训练系统包括但不限于：戒毒人员建档、问卷调查、体质健康测试、量化评估报告生成、运动风险评估、运动处方生成平台、运动处方执行情况统计、数据统计、系统配置和数据上报等。

（四）康复训练档案管理

戒毒场所体能康复办公室要建立戒毒人员体能康复训练档案，内容包括戒毒人员的基本情况、身体测试数据、训练计划、运动处方及训练效果等。根据训练计划对戒毒人员身体康复情况进行分析评价，及时调整运动处方。

任务二 戒毒康复训练实施

教学情境

科学开具运动处方提升戒毒人员吴某体质的康复训练[1]

戒毒人员吴某，51岁，因吸毒于2019年7月送至某所强制隔离戒毒2年，长期吸毒对其身心产生巨大伤害，生理机能降低，入所后，康复训练中心专职民警根据戒毒医疗中心对吴某进行的病史及健康状况检查情况，并对吴某进行了身体状况、康复训练情况调查和体质测试。对照全国男性戒毒人员体质测评评分表，吴某的入所体质测试总体评分为2.8分，多数项目不合格，同时根据测试结果进行健康风险评估，制订个性的康复训练方案，因人施策科学开具运动处方。

在康复训练中心专职民警的指导下按照持续时间、频率和强度进行调整，逐步达到康复训练目标，分三个阶段实施康复训练方案。

第一阶段为适应期，低等强度，时间为第1～5周。专职民警指导吴某采用高频率、低强度锻炼模式，主要以戒毒康复操、太极拳、慢跑10分钟等形式进行康复训练，通过5周的康复训练，使其逐渐恢复生理机能。

第二阶段为提高期，中等强度，时间为第6～15周。专职民警每周组织吴某与其他戒毒人员开展3次竞技项目，如半场4对4篮球比赛、单足跳、25米接力跑等。通过10周的康复训练，进一步增强了吴某的身体素质，改善情绪状态，实现身心康复。

第三阶段为巩固期，中高等强度，时间为第16～25周。专职民警都会单独指导吴某进行健步走1000米、练习八段锦10分钟和篮球场上折返跑等项目。同时间隔加入蛙跳、高抬腿、平板支撑等。通过10周的康复训练，吴某基本掌握了各个项目的动作技能，体质、体能得到较大程度提高，情绪、行为趋于平稳，参与康复训练工作积极性得到了较大增强，拒毒能力得到了较大提高。

完成第三次康复训练项目后，再次进行体质测试总体评分为3.3分，综合评价达到了合格水平，除了选择反应时没有变化外，其他各项指标均得到了一定的提升。由于身体素质的提高，吴某在所内的戒治生活也发生了明显改变，一是参加康复训练后身体素质和身体机能得到较大提高，身体越来越健康，感冒发热等普通疾病发生次数也相对减少；二是在看到自身的变化后，参加其他教育戒治活动也积极主动；三是与其他戒毒人员地人际关系越来越和谐；四是重新树立起了戒毒信心，增强了拒毒能力，

---

〔1〕 司法行政（法律服务）案例库，网址：alk.12348.gov.cn，最后访问日期：2021年12月22日。

大大降低了毒瘾渴求度。

工作任务

《禁毒法》第43条第1款明确规定："强制隔离戒毒场所应当根据戒毒人员吸食、注射毒品的种类及成瘾程度等，对戒毒人员进行有针对性的生理、心理治疗和身体康复训练"。《戒毒条例》《司法行政机关强制隔离戒毒工作规定》均提及戒毒人员身体康复训练。2018年司法部印发的《关于建立全国统一的司法行政戒毒工作基本模式的意见》，对强制隔离戒毒所基本工作模式为"四区五中心"，即戒毒人员由统一设置的戒毒医疗中心、教育矫正中心、心理矫治中心、康复训练中心和诊断评估中心5个专业机构联合进行矫治、评估，并根据评估结果实时在生理脱毒区、教育适应区、康复巩固区和回归指导区4个功能区流转。因此，在强制隔离戒毒所，身体康复训练应以康复训练中心专业民警为指导，根据4个功能区的划分，对在戒毒场所不同时期的戒毒人员采取不同的身体康复训练手段，本节的任务是：

1. 生理脱毒区应怎样开展身体康复训练？
2. 教育适应区应怎样开展身体康复训练？
3. 康复巩固区应怎样开展身体康复训练？
4. 回归指导区应怎样开展身体康复训练？

一、生理脱毒区的身体康复训练

（一）参与康复训练前的相关准备

1. 信息采集。戒毒人员入所7日内进行基本信息调查，包括但不限于：①年龄、性别、职业、受教育程度等；②吸毒史，如吸食毒品种类、吸食毒品年限、吸毒次数、戒毒史等；③生活习惯，如饮食、睡眠情况，及不良习惯等；④运动史，如运动经历、运动爱好和特长、入所前的运动情况（是否经常参加锻炼、运动项目、运动量、运动时间等）是否发生过运动损伤等。

2. 体质检查。对新收治戒毒人员进行常规入所体检，详细询问戒毒人员既往病史等。根据检查结果，对戒毒人员的健康状态作出初步评价，排除运动禁忌症。

3. 建立档案。基本信息采集和体检后，立即建立康复训练档案，档案内容包括但不限于：①戒毒人员身体健康情况调查表；②戒毒人员体质测试资料；③戒毒人员康复训练方案；④其他相关资料。

4. 开展教育。引导戒毒人员树立对康复训练的正确认识，纠正消极思想，激发参与积极性和主动性；开展康复训练基本理论教学，使戒毒人员对康复训练过程有个初步认知。

（二）生理脱毒期的训练方案

生理脱毒期戒毒人员身体虚弱，免疫力低下，缺乏自信、情绪低落，出现戒断稽延现象如乏力、关节酸痛、失眠、肠胃不适、烦躁不安、固执己见、幻听、自我伤害等。因此，生理脱毒区的训练方案以适应性训练为主。

1. 训练目标。以恢复生理机能、促进生理脱毒为目标，组织戒毒人员开展体能消耗较少、运动强度较低的恢复性训练，逐步恢复身体机能。

2. 训练强度。低强度。主要指标和判断标准为 <57% 最大心率；主观疲劳感觉为分级表 6 ~ 8 级；微微出汗、讲话流畅、能唱歌。

3. 训练频率和时长。生理脱毒期是强制隔离戒毒的第一个阶段，一般为期 7 ~ 15 天。

（1）持续运动：3 ~ 5 天/周，1 次/天，30 ~ 60 分钟/次；

（2）累积运动：3 ~ 5 天/周，3 ~ 5 次/天，8 ~ 15 分钟/次，每天累积达到 30 ~ 60 分钟。

4. 训练项目。

（1）有氧运动：快走、慢跑、动感单车。

（2）平衡稳定性：睁眼走直线、闭眼走直线、金鸡独立。

（3）身体柔韧性：全身及局部拉伸，如正压腿、侧压腿等；筋膜动态拉伸，如交叉蝎蹲、简易瑜伽。

（4）传统养生项目：八段锦、太极拳等。

（5）灵敏协调训练：双臂绕环、弓步转体走、拳掌交替等。

（6）力量训练：跪姿俯卧撑、平板撑、分腿蹲等。

5. 辅助训练。素质拓展，如旗人旗语、代号接龙等；心理团辅，如毒品危害及戒毒常识、身体在诉说等。

（三）注意事项

（1）累积运动与持续运动的效果相当，甚至更好，可根据实际情况二选一；

（2）大多数传统养生项目是低强度有氧运动，可与有氧运动互相替代；

（3）心理团辅及素质拓展活动，是康复训练的重要的手段，应予以重视并给予相应的时间安排。一般 20 ~ 30 名戒毒人员，可利用 50 ~ 100 平方米的平整地面，配置 1 名心理咨询师（素质拓展师）和 1 ~ 2 名助手。

二、教育适应区的身体康复训练

（一）参与康复训练前的相关准备

1. 体质测试。在戒毒人员入所 1 个月内开展体质测试，也可根据工作需要随时开展。体质测试按照身体形态、身体机能（除台阶试验）身体素质、台阶试验的顺序开展体质测试。测试内容包括但不限于：

（1）身体形态测试：身高、体重；

（2）身体机能测试：心率、肺活量、台阶试验；

（3）身体素质测试：握力、反应时、纵跳、仰卧起坐（女）、俯卧撑（男）、坐位体前屈、闭眼单脚站立等。

其中测试标准：

（1）未成年人戒毒人员参照《国家学生体质健康标准》高中生一档；

（2）18~59岁戒毒人员参照《国民体质测定标准（成年人部分）》；

（3）60岁以上戒毒人员参照《国民体质测定标准（老年人部分）》；

（4）也可根据实际参照获国家专利的《我国戒毒人员体质测评标准》（测评标准见附录）。

2. 心理测试。在戒毒人员入所1个月内、期满1年、出所前1个月分别开展心理健康测评，也可根据工作需要随时开展心理测试。

测试项目：SCL-90。有条件的场所可以增加VR测试开展虚拟现实成瘾程度评估、苯丙胺戒断症状量表、16PF等。

3. 其他测试（选测）。有条件的可以增补FMS测试（功能性动作筛查）、骨密度测试、脑成像测试等。

4. 开具运动处方。根据戒毒人员测试情况，针对戒毒人员身体体适能水平和健康状况，分别制定团体和个体矫治方案，开具集体运动处方和个体运动处方，明确戒毒人员训练的目标、项目、强度、时间、频率、注意事项。

（二）教育适应区的训练方案

教育适应区戒毒人员的稽延症状得到缓解，相关疾病得到控制，但身心健康水平依然较低，处于不稳定状态，敏感、偏执，易发生打架、自残自伤事件。因此，教育适应区的训练仍然以中低强度的适应性训练为主。

1. 训练目标。以掌握训练理论、适应场所环境为目标，组织戒毒人员开展适应性训练活动，帮助戒毒人员恢复体能，掌握运动技能和理论知识，调整身心状态。

2. 训练强度。中低强度。评判标准：

（1）57%~63%最大心率；30%~39%心率储备；

（2）主观疲劳感觉分级量表9~11级；

（3）微汗、讲话较流畅、能唱歌。

3. 训练频率和时长。

（1）持续运动：3~5天/周，1次/天，30~60分钟/次；

（2）累积运动：3~5天/周，3~5次/天，8~15分钟/次，每天累积达到30~60分钟。

4. 训练项目。

（1）理论教学。教学内容以康复训练基本原理和技术方法、体质测试理论与方法等为主，充分的理论教学时间对开展下一步康复训练有非常明显的效果，应给予重视和保障，一般不低于10课时。同时让戒毒人员结合康复训练的实操动作，了解并掌握各种运动动作的正确姿态，减少运动中不必要的损伤。

（2）有氧运动：快走、慢跑、动感单车。

（3）平衡稳定性：闭眼走直线、闭眼倒走直线、金鸡独立。

（4）身体柔韧性：增加大肌肉静态拉伸，如肱三头肌拉伸、肱二头肌拉伸、胸大肌拉伸、股四头肌拉伸、小腿三头肌拉伸、腘绳肌拉伸、简易瑜伽。

（5）传统养生项目：八段锦、太极拳、五禽戏、易筋经、咏春拳等。

（6）灵敏协调训练：反口令练习，如大西瓜小西瓜、听口令蹲起；听信号变向跑练习：S 型跑、T 型跑、多种绳梯练习等。

（7）力量训练：跪姿俯卧撑、平板撑、仰卧起坐、开合跳、哑铃过头推举、手后撑臂屈伸等。

5. 辅助训练。素质拓展，如毒品危害排序、毒品知识问答、我和毒品的故事、我的墓志铭等；心理团辅，如美好祝福等。

（三）注意事项

教育适应期相对生理脱毒期较长，可以在前期基础上让戒毒人员熟练掌握一项传统养生项目，也可根据师资、场地和戒毒人员的情况再选择另外一个项目。

三、康复巩固区的身体康复训练

（一）康复巩固区的训练方案

经过1～2个月的适应，戒毒人员学会基本运动技能，体质、体能有一定程度的改善，情绪、行为趋于平稳，转入较长时间的康复巩固阶段。但此阶段如果不适当提高运动强度，采取心理辅导、素质拓展等活动让戒毒人员体验运动带来的积极影响，如愉悦的心情、人生感悟体验等，其基础体能、心理健康水平及行为习惯会仍然处于较低水平，不利于出所后操守的保持。康复巩固期时间较长，可对戒毒人员进行系统的康复训练。根据戒毒人员此阶段的身体心理及行为特点，将康复巩固区分为两个训练阶段——基础训练阶段和提高训练阶段。

1. 训练目标。以增强身体素质、培养运动习惯为目标，帮助戒毒人员增强体质，树立合作精神，磨练意志品质，改善情绪状态，提高拒毒能力，实现身心康复。

2. 训练强度。在每满3个月后进行一次测试（测试内容同教育适应区），并根据测试结果调整训练方案。根据测试情况和运动处方，分级开展康复训练。

（1）基础训练阶段（中等强度评判标准）：64%～76%最大心率；40%～59%心率

储备；主观疲劳感觉12～13级；能讲话，但不流畅；

（2）提高训练阶段（中高强度评判标准）：77%～85%最大心率；60%～79%心率储备；主观疲劳感觉14～16级；不能讲话，不能唱歌；

3. 训练频率和时长。

（1）持续运动：4～5次/周，45～60分钟/次；

（2）累积运动：4～5次/周，3～5次/天，10～15分钟/次，需每天运动45～60分钟；

（3）力量训练3次/周，隔天进行。

4. 训练项目。

（1）理论教学。组织戒毒人员开展训练设备的使用方法、运动损伤的预防及处理、运动量的自我控制等。学习并掌握心率的简易测量方法、运动强度计算方法、体育锻炼原则等，确保运动安全有效。理论教学时间不低于10课时。

（2）有氧运动：跑步、跳绳、动感单车、球类运动、简易体能操（基础训练阶段：初、中级，提高训练阶段：高级）。

（3）平衡稳定性：高抬腿走、闭眼原地踏步、闭眼正（倒）走直线、转体走。

（4）身体柔韧性：动态拉伸，如最伟大拉伸、行进间扩胸、行进间踢腿、手足走、行进间大鹏展翅、双臂绕环，瑜伽。

（5）传统养生项目：八段锦、五禽戏、易筋经，太极拳（基础训练阶段：16式，提高训练阶段：24式）、咏春拳（基础训练阶段：初级，提高训练阶段：中级）等。

（6）灵敏协调训练：曲线运球、十字变向障碍跑等。

（7）力量训练：俯卧撑、平板撑、仰卧起坐、手肘交替撑、哑铃前臂弯举、哑铃俯身飞鸟、哑铃俯身划船、健腹轮等，提高训练阶段还可练习：X型波比跳、体能绳练习、翻轮胎等。

5. 辅助训练。素质拓展，如比手画脚、高台演讲、我是传声筒等，提高训练阶段还可练习信任背摔、疾风劲草等；心理团辅，如冲出重围、天使与魔鬼、身临其境等。

6. 效果评估。在期满一年后，对康复训练效果进行评估，作为综合性诊断评估的重要依据。

7. 职业技能培训。针对戒毒人员训练情况以及身心健康等条件，精准开展符合其自身特点、就业前景好、福利待遇好的技能培训，例如社会体育指导员（健身教练）等。

（二）注意事项

（1）康复巩固期是强制隔离时间最长的阶段，可以在让戒毒人员熟练掌握1～2项传统养生项目，也可根据师资、场地和戒毒人员的情况掌握更多传统养生项目；

（2）训练强度逐渐增大，如简易体能操（初级）——简易体能操（中级）简易体能操（高级）等；动作难度逐渐升级，从跪卧撑——标准俯卧撑一脚作高俯卧撑，从跪姿健腹轮推拉——站姿健腹轮推拉。

四、回归指导区的身体康复训练

（一）回归指导区的训练方案

回归指导区是戒毒人员重返社会的最后一站，一般为期 1 个月。此阶段戒毒人员身心健康水平明显改善，戒毒人员除保持中等～中高训练强度外，增加“服务他人”的主题内容，让戒毒人员做康复训练助理，为有需要的戒毒人员讲解、示范动作技能，培养服务他人、服务社会的意识，为回归社会做好充分准备。

1. 训练目标。以巩固训练成果、增强社会适应能力为目标，培养戒毒人员良好的训练习惯，增强团队协作意识，为回归社会打下良好的基础。

2. 训练强度。保持康复巩固区中等强度或提高训练阶段的训练强度。

3. 训练频率和时长。

（1）持续运动：3～5 次/周，45～60 分钟/次；

（2）累积运动：3～5 次/周，3～5 次/天，10～15 分钟/次，需每天累积达到 45～60 分钟；

（3）力量训练 3 次/周，隔天进行；

（4）协助康复训练师授课或训练，2～3 次/周，30～60 分钟/次。

4. 训练项目。

（1）理论教学。开展以运动兴趣爱好保持、体育类就业知识等为主要内容的教学，让戒毒人员了解喜闻乐见的体育比赛规则，学会欣赏体育运动，提高戒毒人员的社会适应能力。

（2）有氧运动：跑步、跳绳、动感单车、球类运动、简易体能操。

（3）平衡稳定性：高抬腿走、闭眼原地踏步、闭眼正（倒）走直线、转体走。

（4）身体柔韧性：动态拉伸，如最伟大拉伸、行进间扩胸、行进间踢腿、手足走、行进间大鹏展翅、双臂绕环，瑜伽。

（5）传统养生项目：八段锦、五禽戏、易筋经，太极拳、咏春拳等。

（6）灵敏协调训练：曲线运球、十字变向障碍跑等。

（7）力量训练：自重力量练习如平板撑、手肘交替撑，小器械力量练习如哑铃力量训练，全身协调力量练习如登山跑、波比跳等。

5. 辅助训练。素质拓展，如冥想练习、巧手绘蓝图等；心理团辅，如理想中的家、我的戒毒之路、生涯规划等。

6. 开展职业技能培训。分析当前就业政策和形势，帮助戒毒人员规划职业生涯，联合社会力量，实现精准就业。

7. 开展出所测试和报告。在出所前进行测试，检验康复训练成果（测试内容同教育适应区），并以此开具《身体康复报告》。

（二）注意事项

有些戒毒人员有运动天赋，通过一年左右的康复训练，可掌握较多运动技能。此阶段，适当提供机会，让他们在协助康复训练师或干警实操训练，为他人服务的过程中，增强自信，提升自我效能感，培养责任心，出所后可利用一技之长为他人、为社会服务，重塑戒毒人员的社会形象。

附录：我国强戒人员体质测评标准评分表

我国强戒人员体质测评标准评分表（男性，18～34岁）

项目	1分	2分	3分	4分	5分
6分钟步行（m）	425～459	460～525	526～584	585～654	≥655
握力（kg）	27.0～32.2	32.3～37.9	38～42.4	42.5～48.9	≥49.0
纵跳（cm）	14.4～22.6	22.7～27.1	27.2～32.0	32.1～43.9	≥44.0
30s1M斜卧撑（ci）	14～18	19～26	27～37	38～51	≥52
闭眼单脚站立（s）	1.0～1.3	1.4～2.3	2.4～4.8	4.9～13.3	≥13.4
选择反应时（s）	0.91～0.80	0.79～0.67	0.66～0.60	0.59～0.53	≤0.52

我国强戒人员体质测评标准评分表（男性，35～49岁）

项目	1分	2分	3分	4分	5分
6分钟步行（m）	398～441	442～497	498～555	556～621	≥622
握力（kg）	22.3～29.3	29.4～36.4	36.5～40	41～46.2	≥46.3
纵跳（cm）	14～17.9	18～27.1	27.2～32	32.1～38.1	≥38.2
30s1M斜卧撑（ci）	13～16	17～23	24～31	32～46	≥47
闭眼单脚站立（s）	1.0～1.4	1.5～2.2	2.3～3.9	4.0～9.4	≥9.5
选择反应时（s）	0.90～0.80	0.79～0.70	0.69～0.62	0.61～0.54	≤0.54

我国强戒人员体质测评标准评分表（男性，50岁以上）

项目	1分	2分	3分	4分	5分
6分钟步行（m）	378～426	427～473	474～527	528～594	≥595
握力（kg）	16.3～25.3	25.4～33.7	33.8～39.2	39.3～44.8	≥44.9
纵跳（cm）	7.7～17.5	17.6～22.6	22.7～27.1	27.2～32.0	≥32.1

续表

项目	1 分	2 分	3 分	4 分	5 分
30s1M 斜卧撑（ci）	13 ~ 15	14 ~ 21	21 ~ 26	27 ~ 38	≥39
闭眼单脚站立（s）	1.1 ~ 1.3	1.4 ~ 1.8	1.9 ~ 3.2	3.3 ~ 7.1	≥7.2
选择反应时（s）	1.01 ~ 0.90	0.89 ~ 0.76	0.75 ~ 0.66	0.65 ~ 0.57	≤0.56

我国女性强戒人员体质测评标准评分表

项目	1 分	2 分	3 分	4 分	5 分
6 分钟步行（m）	382 ~ 410	411 ~ 479	480 ~ 524	525 ~ 581	≥582
握力（kg）	5.4 ~ 7.1	7.2 ~ 11.7	11.8 ~ 17.3	17.4 ~ 23.9	≥24
纵跳（cm）	7.7 ~ 10.7	10.8 ~ 13.9	14 ~ 17.9	18 ~ 22.6	≥22.7
俯卧撑（ci）	3 ~ 4	5 ~ 12	13 ~ 19	20 ~ 24	≥25
闭眼单脚站立（s）	1.2 ~ 1.9	2 ~ 3.2	3.3 ~ 10.1	10.2 ~ 24.4	≥24.5
选择反应时（s）	1.46 ~ 1.23	1.22 ~ 0.91	0.90 ~ 0.74	0.73 ~ 0.62	≤0.61

实训项目

实训情境：女性吸食新型合成毒品的康复训练

戒毒人员李某，女，1990 年 5 月出生，初中文化，离异，入所前处于无业状态。没有基础性疾病，运动筛查和体质测试结果如下：

身体形态方面：身高 155.1 厘米，体重 60 公斤，体质指数（BMI）24.9；

身体机能方面：肺活量 1851 毫升，台阶指数 62；

身体素质方面：握力 23.1 公斤，坐位体前屈 20.2 厘米，纵跳 15 厘米，闭眼单足站立 3.4 秒，反应时 0.78 秒，1 分钟仰卧起坐 12 个。

体质评价：

身体质量指数超重，肺活量中下，握力中下，坐位体前屈优秀，台阶试验指数良好，纵跳中下，仰卧起坐中等，闭眼单足站立差，反应时差。体质健康状况综合评价为不合格。

实训任务：

请根据李某入所具体情况，制订一份由生理脱毒期至教育适应期的运动康复训练方案。

第四单元

戒毒回归社会

项目十三　戒毒社会支持与干预

任务一　戒毒人员再社会化

教学情境

对吸毒人员的访谈个案[1]

一旦成瘾了以后，你会发现你依赖它来解脱的话，不过是从一个泥潭到了另一个泥潭。所以我觉得戒毒的话，应该是由我们的思想、意志、精神各方面都配合，应该效果更好。单纯的生理上限制自由，不可能限制一辈子。关键是，你人还是要回到社会，回到社会里面怎么样和别人接触？当然最难做的也是这几个方面。因为你到这边来了，也能发现，到这边来的人，很多都是在社会上接触了很长时间的人，也就是外面的人说的，有点像黑社会性质的人，他们接触的是不太好的生活环境，这些人没有人愿意去接触，没人给他们岗位，让他自己自食其力，或者给他提供的环境和条件和他想象的太远了。

工作任务

戒毒人员经历了生理脱毒、心理康复后，最终是要顺利回归社会，逐渐转变成为真正社会的“正常人”。戒毒人员能否有效保持操守、防止复吸，并最终回归社会，与其能否有效地再社会化有密切关系。而戒毒人员的再社会化是个系统、长期、负责的工程，最后需要整个社会的支持（包容、接纳、关怀）。接下来的任务包括：

1. 了解何谓社会化、再社会化。

---

〔1〕 韩丹：《吸毒人群调查》，江苏人民出版社2007年版，第115页。

2. 熟知戒毒人员回归社会为什么需要再社会化。
3. 明辨戒毒人员再社会化需要哪些社会支持。

一、戒毒人员再社会化

（一）社会化的概念

所谓社会化，是指个体在与社会的互动过程中，逐渐养成独特的个性和人格，从生物人转变成社会人，并通过社会文化的内化和角色知识的学习，逐渐适应社会生活的过程。通过社会化，个体学习社会中的标准、规范、价值和所期望的行为。在此过程中，社会文化得以积累和延续，社会结构得以维持和发展，人的个性得以健全和完善。个体的社会化是一种持续终身的经验和过程。

从社会互动角度来看，没有社会化就没有社会。社会化不仅对个人的生存发展至关重要，而且对社会的生存和有效运作也是如此。只有当社会成员一起行动，共同支持维护这个社会的时候，社会才会生存下去。所以每个社会都以塑造成员的行为来达此目的（角色承担）。从社会的观点来看，当人们感觉到自己想做的正是社会期待的，这期待也最好满足了社会的利益和要求的时候（学习、领会并遵从群体和社会对地位的角色期待），社会化才能有效地运作和发展。社会化的强制性和人的能动性相互作用：尽管社会化带有强制性，尽管我们的人格主要由社会来塑造，但社会化并未排除个人自由。所有的社会化形式都要求个体的合作，而成人可自由地拒绝社会化的某些方面（也就是可以选择），或者力图改变社会（也就是可以创造）。

（二）再社会化的概念

再社会化是指个体从原有的生活方式向另一种新的生活方式转变、适应和内化的过程。这意味着个体放弃原有的价值观念和生活方式，认同一种新的价值观念和生活方式。比如，改造罪犯、新兵入伍、移民等，就是接受新的生活方式、新的文化的过程。再社会化主要包括两种方式：一是主动再社会化，是指根据环境条件的变化自动接受新的生活方式和参与新的社会生活，一般出现在社会急剧变动或移民生活中；二是被动（强制）再社会化，它是一种社会性的强迫教化，对背离当时社会规范的人，通过特别机构在强制条件下进行社会化，比如罪犯改造、戒毒人员重新回归社会。

从社会学的角度来看，戒毒人员戒除毒瘾到回归社会的过程，也是他们再社会化的过程。戒毒人员的再社会化过程，是用强制手段改变他们的成瘾人格、越轨人格，并通过教化约束和纠正他们的行为方式和生活方式，最终使他们能够遵守社会规范的最终目标，成为健康的社会成员。他们走上吸毒的道路，是他们初级社会化的失败，对社会规范的偏离与越轨，是在与他们的“朋友圈”交往的过程中，深受毒品亚文化的影响。而要他们最终真正戒除毒瘾回归社会、融入社会，摆脱毒品亚文化的“毒害”，是与他们的过去（吸毒经历）彻底决裂的过程，在这个过程中，为其重新内化、重新确立主流规范准则和价值标准。

二、戒毒人员回归社会（再社会化）的任务

戒毒人员的回归社会，不是简单的“解除强制隔离”，而是要最终重新融入社会，在这个过程中，至少要做到：

第一，戒毒人员的回归，是一种对社会无害性的回归，社会应有一种监督和制约机制，预防戒毒人员再次吸毒。

第二，重新融入社会，摆脱毒品亚文化的影响，重建社会关系。戒毒者认清并做好自己的社会角色，理解和学习自身角色，并按照自身的角色要求规范自己的行为，从而获得与社会的重新融合。

第三，重塑其人格。减缓他们的生活压力、促进身心健康及重塑个人幸福感，以积极的心态应对困难。

任务二　戒毒人员的社会支持

教学情境

教学情境一：[1]

朱某，男，现年20岁，广东云浮市人，学习成绩优异，并结识了一帮知心朋友。后因父母到深圳工作，家庭经济情况得到极大改善，朱某跟随父母前往深圳读高中。从云浮到深圳，朱某不能很好地适应新的环境，脱离了原来的朋辈系统，又无法接受新的朋友，加之在新学校的学习压力骤然加大，朱某变得越来越沉默寡言，学习成绩日渐下降。后来父母离异，这成为压垮朱某的最后一根稻草，朱某认为这全是父亲的过错，抱怨父亲没有尽到为人丈夫的责任，在父母离婚后，朱某与父亲发生了激烈的争吵，并且辍学回到云浮，而之前在云浮结识的朋友、同学都在积极备战高考，朱某整天无所事事，开始到酒吧消磨时间并接触到毒品，后因多次吸毒被民警抓获，并被送往强制戒毒所戒毒。社工介入后了解发现，朱某主要是因为社会支持系统的缺失导致其沉迷毒品，要帮助朱某回归社会，就需要重构他的社会支持网络。在社工的帮助下，朱某与父亲的关系有所缓解，父子之间解除了心理芥蒂，他表示，出所后有信心与父亲建立良好的沟通关系。同时，朱某与原来的同学重新建立了联系，朋辈系统得到了修复。朱某出所后，迄今表现良好，没有复吸。

〔1〕 刘静林主编：《禁毒社会工作理论与方法》，中国社会出版社2016年版，第29页。

教学情境二：[1]

（个案16，男，1971年生，大专）一个人回到社会首先是回到自己的家，如果家里人都不能接纳，那就会造成心理上的不平衡，让他会感到即使自己不吸了，也还是坏人。家里人要多一点关心，但是这种关心要自然一些，不要抱着一种怀疑、不相信的关心。比如很简单的，他请几个朋友吃个饭，我觉得，如果你很信任他的话，那你应该让他去。即使你把他的钱、自由和时间都控制了，这个人该戒还是会戒的，不戒照样还是会抽的，因为他们心中的这种海洛因给他们带来的美好感觉一直没有消除，需要找一个东西来替代。假如你肯信任他的话，他就会有一种感觉，家里人这么信任我啊，我一定要对得起他们，有一种自发的责任感，假如自己再抽的话，很对不起家人。

工作任务

有效的社会支持有利于提高戒毒人员的操守率、降低复吸率，有利于提升他们的社会适应性，实现社会功能的康复，帮助他们真正摆脱毒品，顺利回归社会。本任务我们需要：

1. 了解什么是社会支持。
2. 明辨戒毒人员回归社会为什么需要社会支持。
3. 熟知戒毒人员回归社会的社会支持体系有哪些。

一、什么是社会支持

（一）社会支持和社会支持网络

根据社会学，个体的社会认同和社会互动、社会网络和社会环境之间关系密切并影响深远。所谓的社会支持，是指当个体处于非正常社会状态时，个体所能获得的来自社会网络（包括国家、组织、群体或个人等）提供的物质和精神上的帮助，旨在改善个体与社会环境互动中出现的困难局面，使个体脱离困境并恢复其社会功能。

社会支持网络是指个人能借以获得资源（如金钱、情感、友谊等）的社会网络，通过社会支持网络的帮助，来解决日常生活中遇到的问题和危机，并维持社会生活的正常运行。社会支持网络具有资源获取、组织管理和日常生活联系等方面的功能。

（二）社会支持的类型

按照支持的提供者分，可分为正式支持和非正式支持。正式支持是指来自政府、社区等正式社会组织的支持；非正式支持是指来自家人、亲属、邻里等的支持。

---

[1] 韩丹：《吸毒人群调查》，江苏人民出版社2007年版，第119～120页。

按照支持内容上分，可以分为客观支持和主观体验到的支持。客观支持也称实际社会支持，包括物质上的直接援助和社会网络、团体关系的直接存在和参与，是客观存在的现实，这是人们赖以满足他们社会、生理和心理需求的重要资源；主观体验到的支持也称领悟社会支持，即个体所体验到的情感上的支持，也就是个体在社会中受尊重、被支持、被理解因而产生的情感体验和满意程度，与个体的主观感受密切相关。

按照支持网络联系的强弱可分为强关系和弱关系。强关系是指人们在其中投入更多时间、更多情感，并且彼此更为亲密也更为频繁地提供互惠性服务的关系；弱关系则是指那种自我卷入不多甚至没有卷入的关系。许多研究表明，强关系会表现出三种特征：一是感觉到这种关系是亲密而特有的，人们自愿投资于强关系，并有与之交往的意愿；二是具有一种在多样情境下进行经常互动的兴趣；三是这种关系是相互的关系，双方能了解对方的需要并给予支持。我国著名的社会学家费孝通先生曾以“差序格局”来总结和形容我们中国的社会结构，他认为：中国社会结构和西方不同，我们的社会结构好像把一块石头丢在水面上所发生的一圈圈推出去的波纹，是“差序格局”的社会，其社会关系是以“己”为中心，逐渐从一个一个人推出去的，是私人关系的增加，社会范围是一根根私人联系所构成的网络，范围的大小根据中心的势力强弱而定。

二、戒毒人员为什么需要社会支持

社会支持网络的缺乏会给个人的日常生活的运行、个体的身心健康带来负面影响。而戒毒人员回归社会面临种种困难，主要有：

一是基本生活困难。戒毒人员回归社会，面对的第一件事就是衣食住行的实际生活问题。长期吸毒使相当一部分戒毒人员缺乏基本的生存和生活能力，而反复多次的戒毒使其与现实生活脱节，解除强制戒毒后，可能面临着基本的生活困难，比如说无固定住所、无法获得社会福利与救济、难以承担医疗费用和子女的教育费用、无法保证一日三餐等等。

二是就业困难。职业是一个人最重要的社会角色与社会身份，是个体参与社会、实现自我价值的重要途径。工作不但可以解决戒毒人员的基本生活问题，而且为他们提供了重新适应社会、重返社会的机会，让他们在精神上有所寄托，有利于摆脱毒瘾的诱惑。然而，对戒毒人员来说，由于没有技术或者特长、年纪偏大，以及社会歧视，导致了他们就业困难重重。

三是人际关系与社会交往困难。戒毒人员与社会纽带的断裂是一个双向的排斥过程：一方面，吸毒使他们自动与主流社会脱离，比如一些吸毒人员表示，他们不愿意见到任何一个不吸毒的人，因为他们觉得自己生活在完全不同的另一个世界；另一方面，家人与主流社会对戒毒回归人员的不接纳和歧视将他们推向社会的边缘。戒毒人员越是能够从家庭和社会中获得归属感和认同感，就越有可能摆脱原来的生活，反之他们就越有可能回到原来的吸毒朋友圈。

四是心理层面的困难。吸毒者普遍会存在心理障碍和情绪的问题。很多的研究都表明，吸毒者存在抑郁、焦虑等，是导致吸毒者复吸的重要原因，而复吸又会恶化吸毒者的心理健康。

戒毒者要成功戒除毒瘾，离不开与其互动的社会系统的支持，如学校、家庭、邻里、工作单位、社区，甚至国家政策、社会制度等。社会支持提供者利用各种社会资源，从吸毒者的吸毒动机入手，在解决其生活问题的基础上提高他们的生活技能，改善他们的人格和人际关系，为戒毒康复人员提供戒毒所需的社会大环境的支持。社会支持在戒毒工作中有着重要的作用：

首先，不同形式的社会支持能够给戒毒康复人员提供多样化的帮助或服务，社会支持可以通过正式的或非正式的途径给戒毒康复人员提供帮助，帮助他们从根本上与毒品彻底绝缘，防止复吸，使他们回归正常社会，并适应正常社会的生活。这些途径包括家庭、同伴、社区等。

其次，整合各个部门、各种专业人士的社会资源，为戒毒康复人员提供来自多方面多种形式的有效帮助，避免一些部门在戒毒工作中发生矛盾和冲突。同时，社会支持为戒毒康复者提供阶段性的专业化评估，避免造成资源浪费和对戒毒康复人员的不利影响。

最后，社会支持的持续影响，在给戒毒康复人员提供帮助的同时，创造了友爱、互助的家庭氛围和社会环境，有利于预防和控制吸毒等越轨行为，营造和谐的社会环境。

三、戒毒人员的社会支持系统

（一）正式社会支持系统

正式支持网络包括各级政府部门、各省市禁毒委员会等。正式支持通过社会制度、社会政策和专业的工作方法给戒毒康复人员提供帮助，比如为生活困难的戒毒者提供救助、申请低保；为戒毒者提供减少危害的相关信息。

强制隔离戒毒人员回归到社区后，正式社会支持系统主要包括街道办事处、街道司法所、村（居）委会、派出所等部门。但在大多数的戒毒人员看来，正式支持系统更多是“管理者”“监控者”，而非“社会资源支持者”，由于正式组织的管制角色，戒毒人员遇到情感、情绪等问题时，他们主动向正式社会支持系统寻求帮助的比例非常低。而戒毒工作的复杂性、特殊性以及戒毒人员问题的多重性，需要正式社会支持系统提供更专业、更全面的服务。正式支持的内容可以包括：

1. 法律政策支持。完善戒毒康复人员法规政策支持体系，我国自愿戒毒、社区戒毒、强制隔离戒毒等戒毒模式都注重对参与戒毒康复治疗人员的管控，在对戒毒康复人员的支持和帮扶上，《禁毒法》《关于加强戒毒康复人员就业扶持和救助服务工作的意见》等对戒毒康复过程中的支持性工作作出了规定，但是在政策的落实上，由于相关主体责任不明确，相关配套支持获取难度大。因此，要完善社会支持相关规定，建立配套的基层帮扶体系，并适当通过一些激励性措施鼓励戒毒康复人员灵活就业，鼓励社会各界资源参与戒毒康复人员的就业帮扶。

2. 净化环境支持。加强毒品违法犯罪活动的打击力度，减少市场上毒品的供应。有关部门应关注毒品形势呈现的新趋势、发生的新变化，将禁毒工作拓展到虚拟空间范围，关注通过网络传播制毒技术、网上贩毒、网络聚众吸毒等情况，提高网络涉毒违法犯罪案件的侦破率，综合利用传统侦查手段和现代科学技术，通过综合整治，从源头截断戒毒康复人员获取毒品的渠道。

3. 经济支持。扶持和发展相关的社会服务组织，鼓励社会服务组织以多种渠道广泛筹集资金用以戒毒工作。比如，在戒毒者无力维持康复治疗所需的费用时，政府组织为他们提供相应的经济支援；对于在康复中或康复后仍处于无业且贫困状态下的戒毒者，为他们提供生活救助或最低生活保障等。

（二）非正式社会支持系统

1. 家庭。家庭是最主要的非正式社会支持系统，家庭成员之间的亲密关系和频繁互动可以提供物质与情感层面上的支持与帮助。家庭支持系统主要由配偶/伴侣、父母、子女、兄弟姐妹组成。已有的研究表明，家庭功能对戒毒人员的身心健康影响很大，家人的接纳有利于促进戒毒者回归社会。家庭提供的支持包括情感支持、生活（经济）方面的支持等。具体的策略包括：

（1）改善亲子关系。修复亲子关系是进行戒毒康复后续干预工作的基础。青少年吸食毒品的一个危险因素是家庭内部成员之间缺乏互动，因此改善家庭内部的人际互动关系，加强交流与沟通有助于防止毒品滥用。对于戒毒康复人员的父母，不但要在生活上精心照料子女，更要在精神上给予子女支持，减轻戒毒康复人员的心理压力，帮助他们建立正常的生活秩序和养成良好的生活习惯。父母应不计前嫌地接纳吸毒者作为子女，正视毒品及其危害，并表示要和子女一起去面对戒毒过程中的困难。

（2）父母能力建设。父母能力建设要通过实际的学习与训练来达成，包括父母与戒毒康复人员的交流沟通、作出决定的技巧；父母对毒品的态度及对毒品危害的认识；父母掌握的关于戒毒的渠道、方法等。父母只有在掌握一定的毒品和戒毒的相关知识的基础上，才能有效进行家庭内部的交流，才能够共同面对毒瘾，讨论和检视戒毒康复人员的行为。

（3）帮助戒毒康复人员重建人际关系网络。交往是人与周围环境必不可少的互动，是社会化过程中最重要的方面，也是获得幸福感的关键。吸毒者吸毒以后，思维和行为方式都发生了改变，与社会的交流出现了困难与障碍，原先的人际关系网络普遍遭受破坏，并形成自己特定“吸毒圈”。因此，家庭成员有必要先通过家庭内部的交流与活动，帮助、引导戒毒者重建正常的思维和行为模式，形成正确的社会交流模式，然后扩展到家庭外部的交流与活动，帮助他们断绝与过去毒友的来往，鼓励他们参加有创造性、有挑战性、有益于身心健康的社会活动，在活动中结识新的朋友，鼓励他们将自己要好的朋友带到家里，以便及时了解他们所交朋友的情况等。

2. 朋辈、同伴。在同辈群体中，如果有人吸毒，加上同辈群体的鼓动，在这样的情境下，不了解毒品的人便用尝试吸毒的方式来获得对毒品的感知，走上吸毒的道路。如果不吸毒，同伴的语言挤兑及害怕被群体排斥的心理也会冲击他们最后的防线而遵从吸毒行为。可见，同伴是影响人们走上吸毒之路的重要因素之一。但从另一个角度来看，同伴支持也是戒毒康复工作中的重要力量。在与同伴的交往过程中，彼此可以更好地寻求到认同感和归属感。戒毒康复者在强制隔离戒毒出所之后，同伴的支持和鼓励在很大程度上可以起到抑制戒毒者复吸的作用，因此戒毒社会工作需要正向的同伴支持。

3. 社区（邻里）。社区是个体生活的基本点，社区环境影响着个体的心理与行为，无序、混乱的社区容易滋生群体性越轨行为。根据“破窗理论”，一个人吸毒就如同一扇被人打破的窗户，不及时给予修复，就会蔓延到朋友，进而是社区，甚至更大的社会范围。但是，一个社区里，在无法了解某一行为的严重性时，要让整个社区成员针对这一行为统一行动起来是非常困难的。只有人人自危的时候，整个社区甚至整个社会才会采取统一行动，当一个社区的群众切身感受到了毒品的危害时，他们自然会采取自救行动维护自己免受伤害，并乐于向那些饱受毒品困扰、急需帮助的戒毒者伸出他们的援助之手。

4. 其他。戒毒康复回归社会是一项巨大的系统工程，不仅需要政府的支持，家庭、社区等主体的参与，更需要专业的社会组织、社会工作者、志愿者等力量的参与，补充传统戒毒康复工作中封闭性、单向度的戒毒工作的不足，通过社会组织等沟通政府、社会、家庭等资源，利用自身平台优势，在职业技能培训、心理教育疏导、相关疾病治疗等方面发挥作用。

任务三 戒毒人员的社会救助

教学情境

教学情境一：[1]

（个案19，女，1978年生，初中）回来以后，讲起来，都讲关心弱势群体，但是实际行动根本就没有。见到你了，就是带你去尿检，看看你是不是吸毒的，帮教也是

[1] 韩丹：《吸毒人群调查》，江苏人民出版社2007年版，第239页。

跟你讲，不能再吸了，实际的行动也没做。你应该知道，我们这些劳改回来的就比别人低一等，文化层次也不是很高，但我们也没有要求社会像关爱老人一样关心我们，但社会应该给我们一些实质性的帮助，做到位。像他们嘴上讲讲，精神上多关心，经济上不来往。但是我们要的不是这些东西，我们不是不想好，我们不是生下来就是坏，我都不知道走上社会怎么会变成今天这个样子，要是有人拉我一把，自己再努力，可能自己就会好多了。

教学情境二：

《禁毒法》第52条：戒毒人员在入学、就业、享受社会保障等方面不受歧视。有关部门、组织和人员应当在入学、就业、享受社会保障等方面对戒毒人员给予必要的指导和帮助。

工作任务

违法者？病人？受害者？对吸毒者的身份定位影响着对他们的救助模式。本任务的内容主要有：

1. 明辨吸毒者的身份定位及相应的救助模式。
2. 了解何谓社会救助。
3. 掌握吸毒者的救助体系、措施。

一、吸毒者的身份定位

吸毒者是社会中的一种特殊群体。从法律的角度看，吸毒行为是直接违反《治安管理处罚法》以及相关法律规定的，并且在客观上会诱发多种违法犯罪行为、对社会造成一定危害的行为，所以吸毒人员是违法者。从医学的角度来看，吸毒成瘾的人大脑神经功能受到严重损伤，是一种顽固的、反复发作的脑部疾病，在大脑脑部有病灶，所以吸毒成瘾者又是脑疾病的患者。从社会学的角度看，吸毒成瘾对身体上、心理上都造成严重损害，毒瘾发作时是痛苦不堪的，有时出现行为失控，出现不少问题，他又是受到毒品侵害的受害者，当然，从这点上讲，吸毒者首先是个公民，是弱势群体。所以吸毒人员具有病人、违法者、受害者（公民）三重属性。

关于吸毒者的身份的讨论，直接影响到对吸毒者的社会救助。从我国的情况来看，传统的救助行为主要是将吸毒者当成病人和违法者，所以在实践中，对戒毒人员更多的是强调药物治疗、心理治疗、治安处罚、强制戒毒、社会帮教等。这样的救助模式忽略了吸毒者社会身份中一个非常重要的方面，他首先是一个公民。作为一个公民，他就应该享有公民权，进而也应该享有国家社会政策中赋予公民的有关社会保障、社会福利、公共救助、医疗救助、社会关怀、社会服务等方面的权利。

吸毒者身份定位	相应的救助模式
违法者	治安处罚、强制戒毒、社区戒毒、社区康复
病人	药物治疗、心理矫治
受害者/公民	生活救助、医疗救助、社会服务

二、社会救助的概念

社会救助（Social Assistance）是指国家和社会依照政策和法律的规定，向因各种原因（自然的、社会的、个人的）导致基本物质生活陷入困境、自己无力维持最低生活水平的人给予各种形式的援助，以维持其最低生活水平的一项社会保障制度。实践中，社会救助的关注对象往往更侧重于社会弱势群体，主要的内容包括社会保障、医疗卫生服务、个人社会服务、教育、就业、住房、交通等。

从我国目前宏观的社会保障体系来看，社会保障主要包括社会救助、社会保险、社会福利、补充保障等几个子系统。而社会救助是社会保障体系中最基本的组成部分，其目标是要维持社会成员最基本的生活水准，以起到“社会安全网”和“减震器”的作用。

三、对戒毒人员的社会救助

2008 年的《禁毒法》和 2011 年的《戒毒条例》，已经把“关怀救助”列为我国戒毒法律制度的基本原则。

针对戒毒人员的特殊性，戒毒人员社会救助必须始终坚持以需求为导向，精准帮扶、定向救助，探索多元化的社会救助模式。就实践来看，对吸毒者的社会救助，主要体现在生活救助、公共医疗救助以及社会服务。

（一）最低生活保障

1. 将符合条件的戒毒人员纳入最低生活保障体系中。虽然并不是每个吸毒者都会处于生活贫困状态，但吸毒者最后大多会家破人亡、贫困潦倒，特别是一些从戒毒所出来的戒毒人员很可能面临家庭经济困难、失业、子女失学等问题。但受一般的思想影响，社会救助总是优先给传统民政对象和下岗人员，对某些特定群体比较排斥。

2. 对戒毒人员未成年子女的救助。吸毒造成的危害不仅仅是吸毒者个人本身，对其家庭成员特别是未成年子女也带来了严重的伤害。因此，对其未成年子女的救助也是一个重要的社会问题。对戒毒人员未成年子女的救助主要有两种情况：一是戒毒人员的未成年子女由于父母身故没有其他合适的抚养人和监护人，这种情况必须由民政部门根据相关的规定，将戒毒人员的未成年子女作为民政救助对象处理，比如由儿童福利院收留抚养。二是有些吸毒者实际上已经丧失了抚养和监护其未成年子女的能力和资格，如果让吸毒者继续监护其未成年子女的话甚至可能会对其未成年子女造成严重伤害。如云南昆明公安局破获的一起吸毒者利用幼女贩毒并严重摧残幼女案，案件中的吸毒者为了获取毒资将还在吃奶的女儿交给他人不闻不问，利用其幼女藏毒，并用针扎、棍打、烟头烙等手段虐待其女儿。像这种情况，需要反思和完善我国的儿童监护制度，政府应该为未成年人确立一个完善的社会保护网络。

（二）医疗救助

医疗救助，是指政府和社会对贫困人口中因病而无经济能力进行治疗的人实施专项帮助和支持的行为，是社会救助体系的重要组成部分。具体的救助方式主要包括医疗减免、临时救济、专项补助、医疗救助基金、团体医疗互助和慈善救助等。由于吸毒行为及其对身体危害的独特性，对戒毒人员而言，医疗减免、医疗救助基金有特别重要的意义。

1. 医疗减免。医疗减免是戒毒者医疗救助的基本形式。所谓医疗减免，是指就戒毒人员应支出的医疗费用实际减收或免收，由财政支付，或者规定医疗机构对挂号费、治疗费、药费、住院费等费用实行一定比例的减收或者全部免收。吸毒人群是艾滋病的高危人群，因此，一般对于吸毒者的依靠救助是和艾滋病患者联系在一起，很多适用艾滋病患者的公共救助和社会福利政策同样适用于戒毒人员。例如，2004 年我国国务院出台的针对艾滋病患者的“四免一关怀”政策。

2. 公共医疗救助基金。吸毒者吸毒成瘾后，其身体实际上随时处于一种高危状态中，一旦毒瘾发作，如果不采取适当措施，很可能危及生命，而且毒瘾的发作并没有固定规律，随时随地、任何环境下都有可能发生，而对于很多吸毒者，其需要救助的时候往往穷困潦倒。因此，对吸毒者而言，公共救助基金在解其燃眉之急上就显得特别重要。在公共医疗救助基金的使用上，必须使用非歧视原则，树立生命平等的观念，及时救助有需要的吸毒者。

（三）社会服务

社会服务在不同的国家和地区有不同的名称。在香港称为社会关怀服务，在英国称为个人社会服务。吸毒行为尽管有违法的一面，但并不妨碍吸毒者作为社会公民而享有政府或非政府组织提供的社会服务。鉴于吸毒者的特殊性，对吸毒者的社会服务也有不同于一般社会服务的特点，实际上，我国传统的社会帮教很大程度上也带有社会服务的色彩。

近些年，我国的非营利组织有很大的发展和进步，对戒毒人员的救助也产生了很大的影响。非营利组织在从事社会服务活动时有自身的优势。非营利的工作人员和志愿者，必须遵守共同的工作理念和工作原则。比如，社会工作者的基本目标在于协助需要帮助的人，并且应该超越个人利益为他人提供服务，遵循个人尊严与价值原则等，这是非营利组织的社会工作者和志愿者在提供服务时与政府工作人员和其他组织相区别的。而这一点对于戒毒人员的社会救助尤其重要。因为戒毒人员是一个特殊群体，一般人都对其抱有恐惧感和厌恶感，因此，要让没有爱心和奉献精神的人去帮助戒毒人员是非常困难的。

在对戒毒人员的救助中，经过社会学、心理学、社会工作专业方法等方面专业训练的社工往往能更胜任戒毒者的社会救助工作，专业性的戒毒人员和社会救助非营利组织一般能为戒毒者提供高质量的专门服务。

任务四　后续照管

教学情境

照亮戒毒人员“回家”的路[1]

“平常做点木材和水产生意，好的时候一年收入20来万元，一家人和和美美，找回了久违的幸福，看到了生活的希望。”近日，益阳市强制隔离戒毒所教育科科长曹宇用手机给解除强戒人员发去了回访信息后，立即收到了解除强戒人员的回信，看着他们一个个分享自己的幸福生活，曹宇脸上笑开了花。针对戒毒人员祛除心瘾难、融入社会难、创业就业难、保持操守难的戒毒难题，益阳市强制隔离戒毒所“墙内”“墙外”双向联动，激发戒除心瘾的内生动力，打通后续照管“最后一公里”，照亮戒毒人员回归路。

工作任务

在强制隔离戒毒工作实践中，大部分戒毒人员经过戒毒场所系统的教育矫正和戒毒矫治，取得了较好戒治效果，但是当他们回归社会后往往被家庭和社会歧视，面临着生活贫困、人际冲突、就业受阻、婚恋失败等多重压力，由于缺乏系统的后续照管，极易导致复吸，致使所内教育戒治成果功亏一篑。近年来，司法行政戒毒场所以推进全国统一的戒毒工作基本模式为契机，以衔接帮扶为延伸，探索开展戒毒回归人员后续照管工作，无缝衔接强制隔离戒毒、社区戒毒、社区康复、自愿戒毒措施，探索提升教育戒治成效的禁吸戒毒工作社会化路径，帮助戒毒回归人员恢复身心健康，修复家庭和社会功能，为进一步巩固戒毒操守，实现提高戒断率、降低复吸率的工作目标探索了可复制可推广的经验。本节的任务包括：

1. 了解什么是后续照管。
2. 了解后续照管工作原则。
3. 熟悉后续照管工作内容。

---

〔1〕 湖南司法行政网，网址：http://sft.hunan.gov.cn/sft/xxgk_71079/gzdt/jcdt/202112/t20211231_2132 9412.html，最后访问日期：2022年3月18日。

一、后续照管的概念

后续照管，是指戒毒人员在戒毒场所完成戒毒离所后，对戒毒人员的戒毒责任从其在所期间主要由戒毒场所负担，转为由社会、家庭、社区等共同担负，对戒毒人员实施系统照管服务，帮助其解决回归社会后出现的生活困难，协助其顺利渡过复吸危机，继续进行教育、矫正、督导、帮扶等一系列有益于他们避免复吸、保持操守的再社会化活动。这是戒毒人员戒断毒瘾回归社会后，巩固戒治效果、决定戒治能否最后成功的必不可少的环节。

二、后续照管的工作原则

1. 自愿性原则。戒毒人员解除戒毒强制措施后，其已经“恢复自由”，因此，相关的工作人员开展后续照管工作，需要征得戒毒人员本人以及后续照管的各参与方的同意，充分发挥其主观能动性。

2. 系统性原则。从生理戒毒到心理矫治、再到心理巩固期，每一个时期都是紧密联系的，要综合运用心理咨询、心理危机干预等方法，逐渐消除戒毒人员的不良心理，要按照“脱毒——康复——适应社会”的规律，实施后续照管，及时解决戒毒康复中出现的问题，提高社会适应能力。

3. 整体性原则。在每一个戒治期，起主要作用的都有不同参与主体，但每一个阶段相关主体都必须参与。后续照管是一个系统工程，必须依靠各个部门及社会各界的广泛参与，戒毒所、派出所、社区、家庭在后续照管过程中各有侧重、各有优势，只有联合起来，形成合力，才能使戒毒人员顺利回归社会。

三、后续照管的主要工作内容

后续照管的目的是帮助戒毒人员提高社会适应能力，戒毒所在后续照管过程中应围绕这一中心开展工作。

（1）对戒毒人员家属及社区康复工作人员进行后续照管培训，熟悉后续照管流程，掌握基本工作技能。并与戒毒人员所在社区、单位、家庭等签订帮教协议，做好后续照管工作的无缝对接。

（2）对戒毒人员进行回归指导教育，进行抗复吸训练，建立后续照管联系，讲授寻求援助的方式和途径。

（3）通过回访、走访，掌握回归社会戒毒人员就业、生活情况和交友情况，协助戒毒人员家属、社区等重建社会支持系统，修复家庭关系，进行就业扶持，减少复吸危机诱因。

（4）督促回归社会戒毒人员定期接受尿检，给予必要的心理援助和力所能及的困难扶助，建议对回归社会有严重障碍的回归社会戒毒人员接受社区戒毒。

（5）分析一定时期内回归社会戒毒人员操守保持情况，为下一步戒毒教育矫治工作提供经验和参考。对回归社会后较长时间保持良好操守的戒毒人员，可邀请其做成功戒毒典型教育。

实训项目

戒毒人员戒毒回归社会是一个系统工程，需要方方面面的支持和工作，根据本项目的学习，请你分析探讨：

1. 戒毒人员回归社会为什么需要社会支持？
2. 戒毒人员回归社会的社会支持力量有哪些？
3. 为了促使戒毒人员更好地回归社会，应给予其什么样的“标签”更合适？

项目十四　戒毒社会工作

任务一　什么是戒毒社会工作

教学情境

2007 年 10 月 25 日，深圳市委、市政府出台《关于加强社会工作人才队伍建设推进社会工作发展的意见》和 7 个配套文件，通过在禁毒部门设置社会工作岗位，由政府购买岗位的形式进行禁毒社会工作者服务尝试。2008 年 11 月，深圳市首批 12 名禁毒社会工作者正式上岗。

2010 年 5 月，东莞市也开始了禁毒社会工作的试点，随着社区戒毒（康复）的不断深入推进，全国禁毒社会工作迅速发展。截至 2016 年年底，我国有禁毒社会组织 700 余家，禁毒社会工作者达 2.9 万人。

2017 年 1 月 20 日，国家禁毒办、中央综治办、公安部、教育部等 12 部门联合印发的《关于加强禁毒社会工作者队伍建设的意见》提及“到 2020 年，建立较为完善的禁毒社会工作者队伍建设运行机制、工作格局和保障体系，禁毒社会工作者总量达到 10 万人，建成一批有影响力的禁毒社会工作服务机构，实现禁毒社会工作服务在城乡、区域和领域的基本覆盖，禁毒社会工作者队伍的专业作用和服务成效不断增强”。

工作任务

长期以来，我国的戒毒工作以打击管理和医学治疗为主要措施，为国家的禁毒事业作出了重要贡献。然而，随着毒品形势的新变化以及人们对传统戒毒工作模式的反思，戒毒社会工作日渐成为戒毒工作领域的重要手段和补充。

1. 了解什么是戒毒社会工作。
2. 熟知在戒毒领域引入社会工作的意义。

一、戒毒社会工作定义

戒毒社会工作与其他社会工作实务领域一样，均是指社会工作的专业理念与工作方法在特定领域的具体应用。具体而言，戒毒社会工作就是在社会工作的专业理念支持下，依靠专业工作者借助社会工作方法对吸毒人员进行干预，帮助和促使他们戒毒并回归社会。戒毒社会工作主要的要点如下：

（1）戒毒社会工作是社会工作者将社会工作专业理念和方法应用于戒毒工作领域；

（2）戒毒社会工作的服务对象主要是吸毒人员，以及其家庭成员；

（3）戒毒社会工作的服务范围包括协助吸毒人员戒除毒瘾，以及最终促使他们回归社会。

二、社会工作切入戒毒领域的重要性与必要性

在传统上，戒毒只是管理与医学的问题，但随着医学模式的转变尤其是毒品成瘾的“生理—心理—社会”模式确立之后，社会工作渐渐进入戒毒工作领域。

1. 社会工作注重戒毒工作的社会性与跨部门合作效果更好。社会工作的观点认为，吸毒与戒毒的问题已经不仅仅是一个关于吸毒人员个人身体健康的问题，也不能简单的归因为个体心理、道德问题，而应该更进一步认识到社会环境和政策等因素的巨大影响。

戒毒康复是一个复杂的综合治理工程。首先，不同部门之间，包括禁毒部门、法律部门、医疗部门、精神卫生部门以及社会工作部门应该做到跨部门协同合作，相比于医疗和管理的视角，社会工作的社会福利视角和专业社会服务的提供更容易被吸毒人员及其家属接受。近年来，社会工作在部分地区已经被纳入了戒毒工作体系中，在实际工作中，管理、医疗、服务三方面的协同配合取得了良好成效。

2. 社会工作的平等、尊重、接纳的价值理念更有利于吸毒人员回归社会。社会工作价值的核心是强调“助人自助”，以平等、接纳、尊重个别化的态度对待每一个服务对象，承认与保护服务对象的基本权利，尊重服务对象，积极了解每个服务对象的独特需求。社会工作的着眼点不是“问题”本身而是“人”本身。在这种价值观的指导下，戒毒社会工作不应当对吸毒人员抱有歧视与排斥的态度。

社会工作相信吸毒人员有改变的潜能与可塑性，相信吸毒者戒除了生理毒瘾，并能在社会工作者及其他各方面的力量的协助下，持之以恒，坚决脱离吸毒环境，提高拒毒能力，是可以重新回归到正常的社会生活中的。

3. 社会工作更加具有亲和力。社会工作的价值要求戒毒社会工作者具有上述积极

的价值观，这使得戒毒社会工作更具有亲和力。传统的戒毒工作与社会工作存在互补空间，其中一个重要的原因是传统戒毒工作者的身份压力和戒毒人员的逆反心理和抗拒心理，影响了戒毒人员对教育内容的认同，影响教育的实际效果。

目前，世界精神病学界已经普遍认为毒品成瘾是一种慢性复发性脑疾病。在社会工作的观点看来，吸毒人员不仅仅只是“违法人员”，同时也是“病人”，更是“有需要的人”，这就使得社会工作者不得以“高压”“打击”“灌输”的姿态来面对吸毒人员，而是要积极与吸毒人员进行沟通，建立良好的专业关系。

三、戒毒社会工作的服务目标

戒毒社会工作的目标可以归纳为两方面：

一是从吸毒人员自身毒瘾戒除的角度来看，戒毒社会工作者首先应着眼于帮助吸毒人员戒除生理上的毒瘾，学习各种关于戒毒的知识、技巧，协助其发挥自己的潜能，解决生理上及心理上的困难。

二是从吸毒人员回归社会的角度来看，戒毒社会工作不仅仅只限于生理、心理戒毒，而是要进一步提供社会资源，帮助其隔绝不良社会关系，促进吸毒人员的社会融入，从而降低其复吸的可能性，最终回归到社会，使其成为一个“正常人”。

任务二 戒毒社会工作理论

教学情境

守得云开见月明——戒毒人员的防止复吸辅导个案〔1〕

1. 基本资料

（1）服务对象姓名：阿明（化名）。

（2）性别：男。

（3）社会工作者：深圳升阳升社会工作服务社谭杏。

2. 个案来源与接案原因

（1）来源：深圳市禁毒办、福田区禁毒办提供的戒毒人员名单。

（2）接案原因：服务对象刚从戒毒所释放，有复吸的可能性。

3. 服务对象背景及复吸因素

服务对象已九进九出戒毒所，吸毒时间长达18年之久，小学文化，能用普通话跟社会工作者交流。服务对象的母亲早年去世，父亲身体不好，现由保姆照顾。服务对象结婚一年多，现在妻子已怀孕8个月，夫妻关系和睦。可能复吸的原因有：①没有

〔1〕 李卉主编：《戒毒社会工作案例评析》，中国社会出版社2017年版，第101~103页。

工作，生活很空虚无聊；②心瘾；③与吸毒同伴有来往。

4. 理论分析

(1) 根据人本治疗模式理论，社会工作者认为服务对象的处境是由其生理因素、心理因素以及服务对象所处的环境造成的。个案开展中，服务对象对自己融入社会的信息不足，认为自己是一个被社会遗弃的人，社会工作者希望通过个案辅导，营造一个轻松和谐的环境，促使服务对象形成积极的自我评价以及增强自信心。

(2) 人本治疗模式理论在个案辅导过程中应注重服务对象的辅导关系，社会工作者应促进服务对象发现和认可自己的优势和劣势，走出去多参加一些有益的公益活动。

(3) 人本治疗模式理论认为应重视个案过程，认为人的改变不是一蹴而就的，需要一个漫长的过程，所以在个案中社会工作者尤其重视服务对象积极的行为和思想变化。

工作任务

在戒毒社会工作实践中，社会工作理论具有重要的指导作用，但我们不能对理论进行教条主义的理解，不能将理论生硬地套在复杂的戒毒服务之中，而应该结合戒毒社会工作中面临的实际情况与需求，选择合适的理论来解释、解决当前的问题，使得我们有依据地开展工作。

本节的任务是熟悉以下几个被证明比较适合在戒毒社会工作领域中开展的理论，并能在实践中加以运用。

一、亚文化理论

亚文化又称集体文化或副文化，指与主文化相对应的那些非主流的、局部的文化现象，指在主文化或综合文化的背景下，属于某一区域或某个集体所特有的观念和生活方式，一种亚文化不仅包含着与主文化相通的价值与观念，而且也有属于自己的独特的价值与观念。亚文化理论认为，群体成员在密切交往中形成了不同于主流文化的亚文化，群体成员高度效忠于小群体。

毒品亚文化是一种与主流文化相对立又并存的亚文化形式，是一种视吸毒为荣、崇尚吸毒的倾向，这种亚文化迎合了部分人尤其是青少年崇尚个性、张扬、叛逆、追求人生享乐的心理，同时也是一种小群体之间娱乐与社交的工具与纽带。在戒毒社会工作领域，社会工作者需要从亚文化的角度入手，协助吸毒人员建立良好的娱乐、社交方式，矫正吸毒为荣的负面观念，同时做好亲友的思想工作，增强家庭、朋友、社区与吸毒人之间的联系，减轻毒品亚文化对吸毒人员的影响。

二、社会控制理论

社会控制理论由美国犯罪学家赫希在《少年犯罪的原因》一书中提出，即每个人都有犯罪的自然倾向，故无需解释人为什么要犯罪，而应该解释人为什么不犯罪。人之所以不犯罪，是在社会化过程中形成各种社会控制机制（包括依恋、承诺、参与、信仰）的结果。

在戒毒社会工作中，社会工作者应该加强吸毒人员对父母、学校和同辈朋友的感情依恋，鼓励吸毒人员追求传统的生活目标（例如主流的职业选择）、参加传统的活动（例如体育、艺术活动）、信仰传统的道德、法律规范来避免复吸行为的出现。

三、标签理论

标签理论认为，许多人之所以成为“有问题的人”，是与周围环境中的社会成员对其及其行为的定义过程或标定过程密切相关的。因此，社会工作的一个重要任务就是通过一种重新定义或标定的过程来使那些原来被认为是有问题的人恢复成为“正常人”。

具体到戒毒领域，用标签理论来解释吸毒，可以认为吸毒者从接触毒品到彻底陷入是一个动态的过程。第一步是家庭、邻里、社区等“重要他人”对吸毒行为的觉察；第二步是这些“重要他人”将吸毒人行为公布于众并“张贴”相应的道德败坏的标签，对吸毒人员表现出鄙视、唾弃的态度；第三步则是吸毒人员内化了这种负面标签，放弃了戒毒的意志和努力。所以作为戒毒社会工作者，应该保持着尊重、关怀的态度，理解戒除毒瘾的困难，协助吸毒人员摆脱因为偏见和负面标签所造成的不良自我认知，并做好吸毒人员的“重要他人”的工作，为吸毒人员营造良好的回归社会条件。

四、优势视角

优势视角由美国著名学者丹尼斯·塞勒伯（Dennis Saleebey）提出，该理论关注人的内在力量和优势资源的视角，把人们及其环境中的优势和资源作为社会工作助人过程中所关注的焦点。优势视角超越了传统的问题视角的理论范式，侧重发现和寻求、探索和利用服务对象的优势和资源，聚焦于服务对象如何生活及从生活经验中找到解决的办法，协助服务对象达到目标、实现梦想，并摆脱自身的顾虑与担忧。

社会工作服务提供者大多持积极正向的观点看待服务对象，注重激发服务对象自身的潜能，在优势视角的指导下，戒毒社会工作者应当重点关注戒毒人员自身拥有的优势资源，社会工作者应最大限度地发现、发挥和发展戒毒人员的潜在的优势。

五、生态系统理论

社会生态系统理论在社会学、社会工作学界又简称为生态系统理论，它是用于考察人类行为与社会环境交互关系的理论，其主要观点是：人生来就有与环境和其他人互动的能力，人与环境的关系是互惠的，并且个人能够与环境形成良好的调适关系；个人的行动是有目的的，人类遵循适者生存的法则；个人的意义是环境赋予的，要理解个人，就必须将其置身于环境之中；个人的问题是生活过程中的问题，对个人问题的理解和判定也必须在其生存的环境中进行。

社会生态系统理论对于分析和探索人类行为具有极为重要的作用。社会工作者应在充分尊重服务对象意愿、接纳服务对象行为等社会工作的基本价值理念的前提下，将社会生态系统理论运用于实践中，并且将服务对象置于一个大的综合系统之中，从人与社会环境相互影响的角度出发，去探究影响个人行为的各种深层次原因，以消除环境中阻碍人们发展、成长的消极要素，促使环境帮助他们更好地成长发展。

社会生态系统理论认为，个人在发展过程中受生理、心理和社会三个系统的相互作用，它们对服务对象的个人系统都具有重大影响。个人系统在社会环境中正是依靠与多种系统（中观和宏观系统）相互作用而发挥其功能的。因此，服务对象出现问题的原因经常是服务对象本身的微观系统内部，或与中观、宏观系统之间的消极互动所致。所以，要改变这种情况，促使他们之间的积极互动，社会工作者在工作过程中就要了解与服务对象相关的整体系统内的所有资源。

药物依赖主要有三种，即心理依赖、生理依赖和社交依赖。有些吸毒者成功戒除了“身瘾”，并逐渐摆脱“心瘾”的纠缠，却在回归社会后，因经不起朋辈的教唆而再次吸毒。针对这三种依赖，戒毒社会工作者需要在生理层面、心理层面和社会环境层面介入。生理层面的介入主要是身体检查、心理脱毒和生理康复，以帮助吸毒人员身体得到恢复，注意、记忆和思考的能力比吸毒时有所改善。心理层面的介入主要是通过心理脱毒，用心理治疗等各种方式帮助戒毒人员摆脱与毒品相关的各种不良心理和行为，重塑生命的意义，重构健全的人格行为模式。社会环境层面的介入是通过适应性训练人际交往、人际交往和就业服务，帮助吸毒人员回归社区，重构社会支持体系，重建个体生活。

任务三　戒毒社会工作者与服务对象

教学情境

淑芳，女，35 岁，职校毕业。2001 年因吸食摇头丸被行政拘留 15 天，2002 年因吸食海洛因被强制戒毒 3 个月，2006 年 7 月回到户籍所在地居住。

家庭成员主要包括丈夫、儿子，主要家族成员涉及服务对象的母亲。

作为禁毒社会工作者，我们的服务对象主要是戒毒人员。开展社会工作的个案工作的第一步是需要建立专业关系，与其他的服务对象不同，戒毒社会工作更多是需要社会工作者去寻找服务对象。

工作任务

戒毒领域开展社会工作有一定的特殊性，本节中的任务包括：

1. 熟知戒毒社会工作者的地位和角色。
2. 熟知戒毒社会工作的服务对象包括哪些人。

一、戒毒社会工作者

戒毒社会工作者指专门从事戒毒社会工作的工作者，既需要掌握社会工作的专业知识和技术，也需要掌握有关戒毒方面的知识和技能。随着社区戒毒工作的推进与发展，戒毒社会工作开始越来越受到关注。目前，戒毒社会工作者主要活跃在社区戒毒及自愿戒毒机构内，在强制戒毒机构内的服务也呈发展趋势。

在戒毒社会工作中，社会工作者根据不同的戒毒模式，在介入戒毒过程中侧重点会有所不同。社会工作者作为直接和间接服务的提供者，主要扮演着协调者、辅助者、资源链接者、评估者、研究者、行政工作者等多重角色。

（一）直接服务提供者

1. 协调者。戒毒社会工作者需要在实际工作中充分发挥协调作用，在公安部门、禁毒办、强制戒毒所、各村居干部等相关方与吸毒人之间做好协调工作，形成良好的合作关系，从而系统、全面地为吸毒人员提供服务。

2. 辅导者。辅导者的角色常出现在戒毒个案工作中，该角色要求社会工作者运用专业的理论与心理辅导技巧，为吸毒人提供必要的心理辅导、情绪调适和精神支持，从而协助吸毒人员获取戒毒的知识与技巧，增强信心，坚定意志，从而戒除毒瘾。

3. 资源链接者。戒毒社会工作者还需要扮演资源链接者的角色。例如，社会工作者可以为吸毒人及其家庭链接自愿戒毒机构、劳动与就业、法律援助、医保与社保、社会服务机构等各类资源，这样才能为吸毒人员提供足够的社会支持。

4. 评估者。戒毒社会工作者需要对吸毒人员及其家庭作出系统的危险性评估，例如，在服务初期开展对服务对象的需求评估、在服务过程中动态地进行服务对象复吸或从事其他违法犯罪行为的危险性评估、服务对象家庭与社会支持情况评估等。

（二）间接服务提供者

1. 研究者。戒毒社会工作者除了要提供这些服务外，还需要做好相应的研究工作。例如，对于戒毒社会工作服务项目开展项目评估或实物评估，从而研究并呈现社会工作服务的成效。又例如，对服务案例进行深入的研究，开展个案研讨会，积累戒毒社会工作的经验，以便更好地指导日后进一步的工作。

2. 行政工作者。戒毒社会工作者原本以专业工作者的形象出现戒毒工作场域中，然后在实际工作中，戒毒工作者经常会被派到各级禁毒工作主管部门、街道办事处、乡镇政府、村居委员会等单位中，需要经常协助上述单位履行各种行政事务。这些事物包括协助公安机关开展各类管控工作、各类行政文书工作、信息录入工作等。这种行政工作对于开展戒毒社会工作有一定的辅助作用。

值得注意的是，在这个过程中，社会工作者容易因此而导致时间与精力被严重挤压，不能够充分开展对戒毒员的微观实务工作，难以扮演“直接服务提供者”的角色。尽管各级部门要求戒毒社会工作者承担一定量的行政工作无可厚非，但假如行政工作过重或多头管理，这种角色冲突则会在一定程度上影响戒毒社会工作提供专业服务和呈现专业角色。

二、戒毒社会工作的服务对象

（一）吸毒人员

从我国当前戒毒工作的现实来看，无论吸毒人员的性别、年龄、地域为何，都可能被纳入戒毒社会工作的服务范围，处于任何一个毒品接触阶段（包括初次接触毒品、正在被毒品困扰、已经接受过生理戒毒）或任何一种戒毒场所（包括自愿戒毒机构、强制戒毒机构、社区等）的吸毒人员都应该被纳入服务范围中。

（二）吸毒人员家庭成员

戒毒人员的家庭成员也是戒毒社会工作的重要服务对象。在面对家人吸毒的情况时，家庭成员存在寻求外界帮助的需求。有因无力挽救家人产生的挫败感、无力感，亦有因家人犯错而导致羞耻感、自卑感，更进一步地，因为家庭成员戒毒失败而产生的愤怒感。再者，家庭成员的关心、理解和接纳，也是吸毒人成功戒除毒瘾、回归家庭和社会的重要条件。这时候，社会工作者的辅导与协调就显得尤为重要。

任务四　戒毒社会工作方法

教学情境

荒漠与甘泉的对话〔1〕

陈某，男，1954年4月19日出生，初中文化，已婚，无业，为吸毒人员，患有肝炎、肺结核等疾病。陈某家中有父亲、哥哥、两个弟弟、妻子和孩子一共7口人，居住在上海市某街道。服务对象的母亲已经去世，父亲83岁，现在身体不太好，在家卧床不起；哥哥是社区矫正人员，一个弟弟因吸毒在强制戒毒。

陈某自15岁起就因违法犯罪来往于“大墙”内外，曾为了逃避公安打击吞食异物，目前还残留在胃中。1997年8月因吸食海洛因被强制戒毒3个月，1999年4月和2003年8月因复吸又先后被劳动教养2年6个月。2006年1月在劳动戒毒期间，因身

〔1〕李卉主编：《戒毒社会工作案例评析》，中国社会出版社2017年版，第3~21页。

体不好被保外就医，在家中依靠父亲退休金及妻子帮工的收入生活。

社会工作者通过查阅服务对象个人及其家庭的基本资料，了解其吸食毒品的历史，并依据对服务对象目前状况的多次实地考察、社会工作者与服务对象及其家庭的多次接触交流等信息进行综合分析。在把握了服务对象所遭遇的问题，并且认识到服务对象本人和社会环境存在的有利于解决这些问题的积极因素之后，社会工作者根据这些基本信息制定对服务对象的干预目标、干预模式和具体的干预计划。

经过一年来的个案服务，服务对象的情绪得以稳定，心理压力减轻了许多，戒毒状况良好，并开始走上了自立自强的道路，工作取得了良好的成效。

工作任务

前述的教学情境是社会工作三大工作方法之一的个案工作，并取得了较好的成效。本节中的任务有：

1. 熟悉什么是个案工作，熟知戒毒个案工作的基本流程。
2. 熟悉什么是小组工作，了解开展戒毒小组工作的基本流程。
3. 熟悉什么是社区工作，了解如何开展戒毒社区工作。

一、戒毒个案工作

（一）个案工作的概念

个案工作是社会工作者遵循基本的价值理念，运用科学的专业知识和技巧，以个别化的方式为感到困难的个人或家庭提供物质和心理方面的支持和服务的方法，旨在帮助个人或家庭减低压力，解决问题，挖掘生命潜能，不断提高个人和社会的福利水平。

在协助过程中，个案工作者与案主之间维护着面对面或一对一的专业关系，运用专业知识、理论、方法与技巧，协助失调的个人改善环境，增进生活适应能力；协调社会关系，建立良性互动网络；调适自我功能，促进人格发展，以健康成熟的心态面对实际问题，充分发挥自己的潜能，善用社会资源和机会来解决问题，以提升自我信心和生活质量。

（二）戒毒个案工作的概念

戒毒个案工作是个案工作在戒毒领域上的运用，是指专业工作者结合个案服务的基本原则和价值理念，运用禁毒、戒毒的专业知识和技巧、以个别化的方式为吸食毒品或滥用药物的个人及其家庭提供心理辅导、行为干预、重塑社会功能等的服务方法。

（三）戒毒个案工作的主要内容

1. 了解案主的基本特征与信息。主要的内容包括了解戒毒康复者的性别、年龄、学历、家庭成员、与家人的关系、开始吸毒的年龄、开始使用的毒品种类、吸毒的方式、吸毒的时间、犯罪记录等。这些信息可以采用工具表格的形式来直观呈现。

2. 了解案主吸毒的历史背景。吸毒的历史背景主要包括案主的家庭背景、经济状况、家庭成员的构成、受教育的情况、染上毒品的时间、吸食的种类、吸食频率、每次的用量、各种具体的原因等。

这部分的背景了解可以采用主要节点的叙事方式展开，或者按照不同的时间阶段，甚至每天的生活日志进行分类描述。获取这些丰富的内容背景，主要是为了能从中进一步厘清案主的生态系统，为后续的跟进辅导寻找可能的、易接触的切入点。

3. 跟进问题的发展状况。主要是了解戒毒康复者吸毒成瘾后，其日常生活、经济开支、吸毒频率和种类的变化、主动或被动戒毒的次数与结果等，跟进康复者吸毒的生活经历，为后续辅导的精准干预作出必不可少的铺垫。

4. 关注案主的戒毒动机。戒毒时，不同的康复者会有不同的戒毒动机呈现，即使是同一个康复者，在不同阶段或时期可能还会有不同的动机更迭。为了与案主并肩攻克“戒毒康复难题”，跟进的社工必须时刻警觉案主的动机变化，时刻强化案主的戒毒动机对操守的影响。

5. 梳理案主戒毒康复的历程。梳理的内容主要包括：案主是否具备戒毒动机，戒毒动机是积极的还是消极的？案主是否已经具有充分的心理准备？家人和朋友的支持与鼓励情况如何？案主的内在期望和信心、决心如何？案主接受戒毒康复后的适应情况如何？这些动机、信心、支持、适应/反应情况在不同时期、不同的接触对象中，案主的表现分别又会有何不同？进而从中发现并厘清案主的戒毒动机，不断强化其自我信念、戒毒信心、家庭支持、朋辈支持和社会支持，继而为调整其后续不良反应奠定基础。

6. 总结戒毒康复者当前的发展情况。在若干操守期（可以季度或年度为限）之后，总结案主的情感、情绪、家庭、人际交往、经济状况、就业就职情况、操守维持情况、人生态度等都有哪些具体的表现，相较于前期有哪些不同的变化。这既是为了协助案主总结前一阶段的操守表现和行动成果，更是为工作者找寻下一阶段的转变方向与服务重点。

7. 社工的评价与反思。社工的评价与反思独立于案主的想法，就是社工对案主成功戒毒的关键影响因素或戒毒失败的原因的解剖分析，如戒毒动机的强弱、操守维持的实际行动表现、家人的帮助支持、朋辈前人的经验影响、法律威慑的影响、社工跟进的及时、戒毒方案的设计内容和方式、个人环境或遭遇的变化、价值观念甚或人生哲理的改变等。

这里的评价和反思，是社工为了明晰介入实务过程中的重点、难点，甚至不同的时间节点，对服务跟进过程的经验教训进行总结，梳理内化服务介入流程，避免在日后的介入过程中出现同样的失误。

二、戒毒小组工作

（一）戒毒小组工作的定义

小组社会工作习惯地被简称为小组工作，又称为团体工作，它起源于19世纪50年代至20世纪20年代的欧美，于1946年被正式纳入社会工作。

小组工作是指由社会工作者开展、组织，以具有共同需求或相近问题的群体为服务对象，通过小组活动过程及组员之间的互动和经验分享，帮助小组组员改善其社会功能的一种专业社会工作方法。

小组工作的提供者是专业的社会工作者，服务对象是共同需求的群体。服务策略是小组成员之间互动而产生的小组动力，最终目的是促使小组成员获得行为改变，从而提升其社会功能。小组工作既是一种工作方法，也是一种过程、一种团体活动和经验。一方面，小组工作能同时服务多个有共同需求的个人，在时间、能力和资源的运用上更为高效和经济；另一方面，小组经验对于个人而言是重要的，个人在小组过程中获得的改变更为持久。

在戒毒社会工作实务中，许多戒毒人员具有明显的共同特征，自我认同偏低，自我效能不足，同时又因吸毒的经历而被社会贴上厚重的标签，难以与社会主流群体进行正常的人际交往，因而倾向于接受戒毒群体之间的互相支持与帮助。小组工作方法强调利用小组过程及小组动力去影响小组成员的态度和行为，小组成员解决问题的能力和潜力也是通过成员间的分享、相互分担和相互支持而发挥出来，在戒毒工作中有独特的优势。

首先，小组工作能提高戒毒工作的效率。在我国现有的强制隔离戒毒所、戒毒康复场所，具有相关知识和能力的专业社会工作者数量明显不足，无法满足这个庞大的服务需求。在此现实情况之下，能够同时为多个共同需求的戒毒人员提供服务的小组工作是最具效率、最受欢迎的直接服务方法之一。

其次，小组在戒毒工作中能践行“助人自助”理念，小组过程本身是同伴互动影响的过程，能够提供一个良好的环境，使戒毒人员在其中互相交流、学习、分享、反思、示范与督促，在自身感到感受到尊重、赞许，完成自我实现和自我转变的同时，帮助促进其他小组成员在戒毒动机、生活应对能力、社会再适应能力等方面的提升，真正的做到助人自助。

最后，小组能够突破个案瓶颈。个案工作以个别化的工作方法，为戒毒人员提供一对一的帮扶服务，一般更注重服务对象个人的行为改善、能力提升和情绪疏解，在社会化需求的回应上存在一定局限。小组工作作为一个由同质性成员组成的彼此联系、互相影响的关系体系，突破了个案工作难以深入的瓶颈的现状，为戒毒人员提供正常的社会交往的机会和平台，营造一个正向社会化的氛围与空间。在小组过程当中，戒毒人员能够通过互相交流、学习、分享和反思，提高同伴生活应对社会、社会再适应等方面的能力，还能够与其他成员形成情感连接，满足其被尊重、被认可的需求。

（二）小组工作的类型

小组分类有利于深入研究小组特点，了解其真正的功能与运用的实质。根据分类的标准，可以将小组分成不同的类型。目前，实务工作者一般按照目标和性质将小组分成成长小组、教育小组、支持小组、治疗小组等，其中最常见的有以下四种：

1. 成长小组。成长小组的目的是帮助小组成员了解、认识和探索自己，从而最大限度地启动和运用自己的内在资源和外在资源，充分发挥自己的潜能，解决存在的问题和促进个人健康发展。其小组焦点在于个人的成长和正向的改变，成长或改变的内容主要包括小组成员的人际关系、价值观、问题解决能力、解决沟通技巧以及思考和感觉的方式等。成长小组面向的服务人群广泛。近年常常以“体验小组”的形式开展，大多数为户外活动，涉及体力上的挑战和成员之间的合作，在体验之后，由小组工作者组织和引导成员讨论与分享，从而促进小组成员自我和互相了解，如面向青少年的野外拓展训练、面向戒毒人员的“历奇辅导小组”等。

2. 教育小组。教育小组旨在帮助小组成员学习新知识、新方法或补充相关知识，促使成员改变其原来对问题的错误看法和解决方式，从而实现成员的发展目标，其焦点在于成员观念的改变。小组工作过程包括三个阶段：首先，帮助小组成员充分认识到自身存在的问题，并承认该问题有改变的需求；其次，帮助成员找到看待和解决问题的新角度，并建立新观念、新思维；最后，开展干预服务，降低成员问题的行为特征。教育小组被广泛应用于社区、学校和医院等场所，如提升戒毒人员家属沟通能力的家属教育小组、提升青少年拒毒防毒技巧的预防校园青少年滥用毒品小组和为艾滋病人开展的同伴教育辅助小组等。

3. 支持小组。支持小组的目的在于把具有共性问题或共同经验的服务对象组织起来，通过小组成员彼此间提供的信息、建议、鼓励和情感的支持，达到解决某一问题和成员改变的效果。支持小组一般属于自助类小组，成员之间由于共享同样的感受、情感或经验，不再感到孤独，从而获得一种情感上的支持。其小组动力源自成员的需求，其小组关键在于组员的关系建构，互相交流和互相支持。因此，小组工作者在此类小组中，应该在小组形成后适当退化到“边缘化”的位置，扮演推动者和协调者的角色，充分调动成员的自主性，主导和鼓励成员分享经验、表达感受，并协助解决成员彼此的问题。常见的支持小组有吸毒青少年家长小组。

4. 治疗小组。治疗小组面向因生理、心理或社会创伤而影响一般日常生活的服务对象。治疗小组的目的在于帮助小组成员了解自己的问题及其背后的社会原因，通过小组的经验交流和分享，赋予一定的资源整合或社会支持网络，来缓解创伤症状、治疗问题心理、改变问题行为，从而重塑成员的人格。治疗小组包括支持性治疗小组、人际关系成长小组的心理治疗小组等。其中，心理治疗小组对小组工作者素质要求较高，需要扎实的社会工作理论和娴熟的实务技能，还需要一定的医学训练和临床经验，甚至涉及其他学科背景。常见的治疗小组有美沙酮治疗小组、叙事治疗小组和艺术治疗小组等。

（三）戒毒小组工作的目标与内容

戒毒是个长期的过程，对戒毒人员而言，从戒除毒瘾到康复状态的完整戒毒包括三个阶段，分别是生理脱毒、心理康复和回归社会，三个阶段互相关联，融为一体，也反映了戒毒小组工作的总体目标、服务场域和主要内容。

1. 生理脱毒阶段。生理脱毒是指戒毒人员在生理上摆脱对毒品的依赖，各项机能恢复正常，身体不再被毒品侵害。在这个阶段，戒毒小组所面向的服务对象主要是正在戒毒过程中的戒毒人员，服务场域一般为戒毒所、美沙酮诊所、戒毒医院等。此阶段，戒毒人员一般饱受戒断过程中的生理痛苦，另一方面也面临着戒毒所环境适应、戒毒动机脆弱等心理煎熬，因此，社会工作者可以开展成长小组、兴趣小组、支持小组等形式的小组工作，帮助戒毒人员尽快适应环境，疏解个人压力、促进戒毒行为的发生与持续。

2. 心理康复阶段。心理康复是指戒毒人员在心理上戒除毒瘾，能够积极健康面对生活，正确认识自我。在这个阶段，社会工作者不仅需要为正在戒毒的人士提供情绪宣泄、学习处理负面情绪与压力的支持小组和教育小组，让戒毒人员不再依赖药物调节压力，还需要对戒毒人进行认知重建、自我概念修复、生命意义与价值的探索等赋能工作，协助他们成为对自我有决定权的个体，有自尊和社会归属感，以及面对挫折的能力，从心理上戒除毒瘾。

3. 回归社会阶段。回归社会是指戒毒人在戒毒毒瘾之后，能够顺利融入社会，具备良好的人际交往能力和角色认知，具备正常的社会生活能力，如工作、交友等。戒毒人员在戒毒过程中常常同时面临人身自由受限的处境，个体与社会的互动严重缺乏，造成社会化不足，社会功能丧失。因此，社会工作者需要为即将出所的戒毒人员开展同伴支持小组、职业技能教育小组等。以满足其恢复社会功能、建立健康交友圈和社会化的需求。同时，根据系统理论，戒毒员人在出所后的相关社会系统与复吸有高度关联性，因此，社会工作者还是要对戒毒者的家庭关系、交友情况、经济与工作状况、居住的环境等进行干预，以协助戒毒员重建社会生活。例如，对戒毒者家庭进行介入，为家属开展家属互助小组或者教育小组，可以促进家属与戒毒者的有效沟通和了解，加强家庭联结，帮助家属支持他们的家人面对戒毒问题。

三、戒毒社区工作

（一）社区社会工作的定义

社区社会工作作为社会工作的三大方法之一，是社会工作者以社区和居民为服务对象，运用专业的方法解决社区问题，满足社区需求，促进社区发展，从而增进社区居民福祉的工作方法。在社区社会工作方法中，社工需要充分调动居民参与，发挥居民的主体意识，提升居民的社区参与能力，充分挖掘和整合社区资源，运用专业方法进行社区营造，从而整体改善社区环境，提升社区能力，促进社区发展。

社区社会工作主要有三大模式：地区发展模式、社区计划模式和社区行动模式。

（二）戒毒社区社会工作过程

社区社会工作的通用过程包括社区调查、资源评估、社区动员、社区活动和社区营造。

1. 社区调查。社区调查是开展社区社会工作的前期准备，通过社区调查，社会工作者才能掌握社区情况，分析社区问题，找到社会社区资源寻求解决办法。禁毒社会工作者需要进入不同类型的社区开展活动。在此之前，开展社会调查，能够有效掌握社区资源，了解社区的问题及需求，能够组织符合社区需要的服务活动，满足本社区居民利益需求。禁毒社区社会工作中开展社区调查的内容包括，调查社区人口结构、社区自然环境、社区权力结构、社区文化、社区问题及需求等。

（1）社区人口结构调查。社区人口结构调查包括社区的人口、性别、年龄等自然构成情况，地理构成情况包括社区自然村落分布、家族姓氏、居住群落分布、社区所处地理位置、交通状况等情况，社区人口社会构成情况包括居民文化程度、宗教信仰、经济发展状况等。针对社区内的戒毒康复人员，戒毒社会工作者要了解戒毒康复人员的性别、年龄分布，戒毒康复人员的地理分布、家庭经济状况、戒毒康复人员的文化程度，就业状况，根据戒毒康复人员的资料诊断其问题，帮助戒毒康复人彻底摆脱毒瘾，融入社会，回归正常的生活。

（2）社区资源环境调查。戒毒社会工作者需要了解社区的自然环境和人文环境，如社区绿化情况、卫生状况、公共基础设施等，也要了解社区自然资源、人文资源和社会资源，如社区地理位置优势、社区优秀文化、社区医院、学校等，在此基础上绘制社区资源地图，并将社区资源按照人力、物力、财力、文化、组织进行划分，以便于后期活动的开展。

（3）社区权力结构调查。社区权力结构分为直接权力人和间接权力人。直接权力人是指现任的村“两委”干部，间接权利人包括老干部、宗族德高望重的人、富裕家庭、文化人（比如教师、受过高等教育的人）等。权力结构是交叉行使的，直接权力人影响间接权力人，间接权力人也会影响直接权力人，戒毒社会工作者要摸清社区权力结构、权力之间的关系，以便在做社区动员、开展社区活动时充分运用他们的力量。

（4）社区问题及需求调查。了解社区居民实际生活中的问题和需求是社会工作者顺利开展社区工作最为重要的环节，也是社会工作者开展社区工作最有效的切入口，着重对吸毒人员的问题和戒毒康复、回归并融入社会的需求进行调查，找出共性，为制订社区工作计划提供依据。

（5）社区文化调查。要了解社区居民的传统文化和风土人情，有助于戒毒社会工作者后期取得社区居民信任，避免产生文化冲突，顺利开展活动。

2. 资源评估。资源评估有助于挖掘社区资源，在此基础上，结合戒毒人员戒毒康复回归需要及社区发展需求，为戒毒人员提供服务，解决问题，促进社区发展。资源评估开展涉及社区地理环境、人文环境和生计发展环境，通过评估对社区的各种资源进行整理，在服务社区时充分利用这些资源，发挥资源优势，促进戒毒人员改变。资源评估包括以下几个方面：

（1）地理环境。分析社区地理位置、交通情况、居住环境、乡村是否呈现家族文化、邻里关系如何、家庭成员吸毒对家庭及社区有何影响等，

（2）人文环境。一是分析居民业余文化生活是否丰富，社区娱乐设施、保健服务是否满足居民日常生活需要；二是分析当地宗教是否对当地居民产生较大影响，当地宗教信仰对戒毒社会工作者活动开展起什么样的作用等。

（3）生计发展环境。一是分析当地居民生存可依赖的环境资源有哪些，是否能够循环利用，可持续发展；二是分析当地居民整体经济状况，如何综合评估社区居民的生活水平和生活质量；三是分析当地社区居民的周边建筑环境以及交通状况，是否便于社区居民的日常生活，有哪些可以改进等。

3. 社区动员。社区动员的开展是尊重社区居民主体地位的体现。社会工作者调动社区居民积极性，促使其广泛参与社区活动，落实其对社区事务的知情权、表达权、参与权和监督权等权利。戒毒社工开展社区动员，有利于增加居民对戒毒人员的了解，促使社区居民参与戒毒、禁毒工作。同时，也有助于社区居民改变对戒毒人员的看法，为戒毒人员回归社会营造一个良好的社区环境。常用的动员方法有传媒动员、参与动员、情理动员和奖惩动员等。

4. 社区活动。社会工作者要基于服务整体思路开展社区活动，可以参考以下流程：拟定服务目标、参考社区居民的兴趣和需求、依据实际工作需要评估社区资源环境、制定初步计划、评估可行性、制定详细服务区计划、预期困难及解决办法、检讨及总结。

5. 社区营造。社区营造是人们发现社区出现问题，如社区空心化、人与人的关系疏离、公共事务难以推动等，于是他们打造社区公共空间，举办社区活动，提倡居民参与，逐渐自上而下地调动居民自我解决这些社区问题。前面提及的社区调查、资源评估、社区动员以及社区活动都可以看成是社区营造的一部分。社区营造的最终目的是协助戒毒康复人员走进社区、融入社区、进行有效的社会联结和再社会化，以重塑自身的主体性及控制复吸。

实训项目

实训情境：

刘某，男，未婚，40 岁，高中毕业，失业状态。

刘某年轻时，在朋友的影响氛围下吸食海洛因，因使用针筒注射而感染了艾滋病。因患病，刘某心理压力较大。3 年前在戒毒所进行强制戒毒。因身体较差，同时为了照顾生病的父母亲，没有开始工作，全职在家。

已经戒断毒品约 3 年，刘某一直承担照顾母亲的角色，母亲去世后，刘某的心理无法调适，复吸毒品。生理依赖让刘某十分难受，内心为此感到挫败。

刘某感染艾滋病后，保持每 3 个月到医院检查 CD4，但随着 CD4 指数下降，刘某认为抗病毒治疗副作用太大，不愿服药，CD4 指数较低。

刘某独居，家里有一个哥哥，已独立成家，刘某不愿过多打扰哥哥，怕自己吸毒者的身份影响到哥哥和侄女的生活。刘某已失业 1 年，与外界交流较少，没有太多朋友，也不想与吸毒的朋友联系。

经济状况方面，因一年多没有工作，积蓄快花光。因父亲有退休金，家庭人均收入超过最低生活保障水平，无法办理低保。父亲退休金主要用于养老院费用。

刘某为登记在册的艾滋病感染者，享受“四免一关怀”政策待遇，有一定医疗保障。与哥哥关系尚可，哥哥有时候会给刘某提供一定援助。

实训任务：

根据上述案例，请：

1. 对案主刘某的问题进行界定和需求进行评估（存在的问题和需求）。
2. 根据前述情况，你作为刘某的社会工作者，制定一些适合的目标，包括长期目标和短期目标。
3. 作为社会工作者，就上述情况制定一个服务计划。

项目十五　降低危害

任务一　什么是降低危害

教学情境

减少供应、减少需求和减少危害（降低危害）是目前世界上公认和普遍采取的应对物质成瘾（毒品）问题的三大策略。简单地讲，减少供应就是降低毒品的生产和加强缉毒的力度，减小毒品的可获得性。减少需求就是减少新吸毒者的产生和治疗已经成瘾的吸毒者，以萎缩毒品市场。降低危害（减少伤害）就是减少毒品对吸毒者本人及其家庭、对他人和对社会等的伤害性影响。从理想主义的角度看，解决毒品问题的最好办法就是彻底禁绝毒品和彻底戒断毒瘾，这样就可以消除毒品带来的种种危害，一劳永逸地解决问题。然而，近一百年来的努力和实践并没有实现这个理想，人们看到的是毒品成瘾和滥用毒品行为导致的诸如艾滋病和肝炎等疾病的蔓延、家庭破裂和违法犯罪等医疗卫生、家庭和社会等严重问题。面对这些现实的、实实在在的严峻挑战和近年来对吸毒成瘾问题的深入研究，人们认识到吸毒成瘾是一种慢性复发性脑病，也越来越清楚认识到着眼于解决现存问题是不可忽视的，更是迫在眉睫的。这种最大限度减轻毒品问题导致的各种伤害，解决现实的和眼前就能实现的问题就是降低危害的策略。

工作任务

本部分任务包括：

1. 熟知什么是降低危害。
2. 了解降低危害的历史沿革。
3. 熟知降低危害原则。
4. 了解降低危害的作用。

一、降低危害的概念

降低危害（harm reduction）又称减少伤害，是指通过一系列的政策调整和切实可行且行之有效方法的实施，最大限度地减少或降低非法和合法精神活性物质（药物）成瘾和使用所导致的公共卫生问题及社会问题的一种整体防控策略与实践。降低危害的重点在于预防由于吸毒带来的相关危害，其工作重心是针对还在继续使用毒品的人，而不是预防吸毒。降低危害有益于物质成瘾者本人及其家庭，有益于他们所居住的社区和整个社会。

降低危害的目的并非只是减少或停止药物滥用，更重要的是要保障生命安全，减少高危险行为所带来的死亡、疾病和伤害。降低危害的倡导者 Michael Scavuzzo 认为："降低危害与现行的一些做法不同，它不要求个人在新的应对机制建立之前停止自己原有的应对机制，而是为所期望的行为改变创造一条更容易行走的路径。"

降低危害的起源最早可以追溯到 20 世纪 20 年代的英国。1924 年，医师们对成瘾者的治疗表现出了担忧，当时一个由医师主导的 Rolleston 委员会向英国内政部和卫生部提交了一项关于海洛因成瘾治疗和控制的建议。他们认为在特定的环境下，向海洛因成瘾者提供吗啡和海洛因进行治疗应该是一种明智的做法和权宜之计，这样可以使他们能像正常人一样有规律的工作和生活。与此同时，也应该加强对吗啡和海洛因的处方管理以防止被滥用。如当时在利物浦港口城市的周边地区，一个为降低危害提供政策服务的中心建议默西赛德郡（Merseyside）的患者可以通过医师处方将吗啡和海洛因带回家中使用。20 世纪 80 年代早期，为应对吸毒成瘾的流行，特别是海洛因成瘾的流行，“默西赛德模式”得到了发展，当地的诊所、药剂师和警察共同合作，创立了一个独一无二的降低危害模式，即一个不是以惩罚吸毒成瘾者而是以帮助他们为目的的，包括提供处方药物和开展针具交换的综合性方案。与此同时，在荷兰的阿姆斯特丹，人们也开始意识到吸毒成瘾是一种疾病，应该给吸毒成瘾者提供包括医学治疗和社会照顾在内的各种支持，以使他们能够获得自然康复。1984 年，阿姆斯特丹一个由静脉注射毒品者组成的，称为“吸毒者联盟”（junky union）的组织开始了该市第一个针具交换项目。由于该项目对吸毒成瘾者采取了务实的和非道德评判的态度，使得各种降低危害项目在阿姆斯特丹开展开来。而早在 20 世纪 60 年代，美国就开始了美沙酮维持治疗项目，当时的主要目的是为了降低阿片类物质成瘾者对社会的不良影响和对自身的伤害，如减少犯罪和恢复他们的劳动能力，该项目在当时虽然没有被作为降低危害项目，但客观上却起到了降低危害的作用，事实上应该被看作北美地区降低危害的开始。此后，随着艾滋病的流行，特别是艾滋病在静脉使用海洛因人群中的迅速传播，人们开始意识到美沙酮维持治疗遏制艾滋病传播的作用，并将其作为降低危害的重要方法之一。

大约在 20 世纪 80 年代，降低危害的理念开始在英国形成，随后该理念逐渐扩散和扩展，影响到了加拿大、澳大利亚和欧洲大陆等其他国家。英国药物滥用顾问委员会（AMCD）认为，对于个人和公共卫生而言，艾滋病及其传播的危害程度远较吸毒成瘾本身要严重得多。世界卫生组织也持相同观点，认为只是企图通过减少毒品的使用而不采取相应的折中措施是不可能应对艾滋病传播的。面对全球艾滋病的流行、毒品问题和与毒品相关的一系列的社会问题，人们开始采取务实的态度，采用切实可行和行之有效的方法来应对所面临的挑战。1987 年，加拿大政府将减低危害作为国家应对毒品战略（CDS）的框架，并将“危害”定义为：“疾病、死亡、贫困、犯罪、暴力和政府经济成本增加”。从此开始，降低危害的目标趋于明确，降低危害的范畴基本划定，降低危害的方法日趋增多，完整意义上的降低危害的概念也开始形成。目前，世界上大多数国家和组织均已接受降低危害的理念，采取降低危害的策略并开展符合各国国情和实际情况的各种降低危害的项目及实践活动。

二、降低危害的原则

降低危害关注的重点是药物滥用具体的危险和危害，应用的是有针对性的策略和措施，政治家、政策制定者、决策者、社区工作者、研究人员、医务人员和志愿者，以及毒品使用者都会参与其中。因此，遵守以下原则是非常重要的。

1. 务实主义原则（pragmatism）。非法精神活性物质（毒品）和合法的精神活性药物（治疗药物）成瘾是人类的一种常见行为，有其深刻的生物、社会和心理学基础和背景。使用非法和合法的精神活性物质改善心境、转换情绪、缓解压力、获得快感和缓解痛苦是人类的本性和较为普遍的文化现象。吸毒成瘾危害主要表现在两个方面：①滥用和无节制地使用；②错误的和不健康的用药行为带来的疾病、劳动力丧失和死亡。相比较而言，后者的危害要比前者大得多，但从行为学角度看，后者较前者更容易发生改变。因此，降低危害就是充分考虑到吸毒成瘾的本质和特点，强调务实，权衡事物的轻重缓急，解决后果严重的、眼下可以着手进行和解决的问题，而不是一味追求理想主义结果。

2. 尊重人权原则（human rights）。降低危害活动的目标人群是人，因此整个过程中注重人权是非常重要的。降低危害尊重人的基本尊严和个人使用精神活性物质的权利，对吸毒成瘾者采取接纳、不歧视和不评判的态度，向他们提供相关的知识和信息，供他们参考，他们有责任和权利自己选择，最终的决定则由他们自己作出。

3. 目标依次原则（priority of immediate goals）。人的行为改变过程具有阶段性特点，与此相适应，降低危害的目标设定也应该是阶段性的。对于吸毒成瘾者个人和某一项活动而言，最终目标的完成是通过一个个具体的小目标的具体实现完成的，也就是一个从量变到质变的过程。因此，了解和满足用药者最迫切的需求，设定具体目标，做眼前的事、做能做的事和做能做好的事。当然，具体的目标设定还应该依据目标人群不断增加的需求和重要性进行调整，以满足活动的需要。

4. 最大化干预原则（maximize intervention options）。降低危害理念认为，具有药物成瘾问题的人是可以从各种各样不同的干预和治疗方法中受益的。没有一种预防和治疗方法是可以解决所有问题的，现有的方法只是能够帮助他们生活得更好和促使他们能作出更好的选择。因此，降低危害的方法应该充分考虑到吸毒成瘾者个体和所在社区的特点，应该由多方共同参与和制定有效减少危害的策略和活动，使各种干预活动达到最大化。

5. 目标人群参与原则（drug user involvement）。吸毒成瘾者是降低危害的主要目标人群，所有活动都是针对他们而设计的，符合他们的特点和满足他们的需求，他们是可以作出决定和改变他们自己生活的。因此，吸毒成瘾者的主动参与是降低危害的核心，他们被认为是了解吸毒成瘾问题的最好的信息资源，让他们参与降低危害活动可使活动成为最好的干预。

6. 注重危害原则（focus on harms）。滥用药物是用药者自己的选择，本身并非是最重要的，重要的是要降低滥用药物给自己和他人所带来的危害，如过量死亡、感染疾病、违法犯罪和丧失劳动力等。降低危害强调的是用药和用药模式的安全，但也不排斥彻底戒断的长期目标。从这个意义上讲，降低危害和戒毒治疗模式是相互补充的两个方面。

三、降低危害的作用

1. 降低对用药者自身的危害。降低危害策略可通过药物治疗和行为干预的方法减少毒品的使用、改善用药行为，起到减少对用药者自身危害的作用。如减少毒品对大脑及躯体的伤害及过量中毒死亡和过早死亡，减少物质使用者共用注射针具和其他器具防止艾滋病、肝炎的传播，降低吸毒成瘾者的犯罪和不期望出现的行为。

2. 降低对家庭的危害。降低危害策略可通过针对吸毒成瘾者个人和家庭的支持服务，提高吸毒成瘾者对家人和他人负责任的能力，最大限度地改善家庭关系，减少其对家庭的危害。

3. 降低对社会的危害。吸毒成瘾所导致的社会危害是多个方面的，吸毒成瘾的社会成本（costs of drug abuse to society）极其高昂，集中表现在如生产力、医疗、监所管理、家庭和社会福利等多个方面。降低危害策略可通过改善用药者及其家庭和社区安全与健康的各项活动，如：进行安全注射教育和减少注射次数，进行性安全和性健康教育，提高安全套使用率，提高吸毒成瘾者进入各种治疗项目、卫生和社会服务机构的转介成功率，减少吸毒成瘾者在公共场所使用和注射毒品等项目，尽可能增加吸毒成瘾者康复的可能性，提高其就业率和减低其犯罪率，达到降低吸毒成瘾社会危害的目的。

任务二　降低危害的实践

教学情境

纳洛酮：吸毒者的救命利器[1]

据资料显示，在对云南和广西的20个县市中188名海洛因使用者死亡原因做的初步分析结果显示，他们中有46.5%的人是因为注射海洛因过量死亡的，而另外一项在红河州个旧市的研究也发现从1990年到2010年共有3000多名海洛因使用者死亡，其中60%都是死于使用过量，而这些逝去的生命平均年龄仅为37岁左右，而这些海洛因使用者如果能够及时得到纳洛酮急救，他们中绝大部分人的生命是可以抢救过来的。

怎样才能救回这些鲜活的生命？让他们有重新选择的机会？2013年6月24日，中澳亚洲区域艾滋病云南项目办负责人朵林说：“目前‘纳洛酮项目’将成为降低毒品危害策略的重要组成部分，在全世界许多国家都得到了推广应用，受到了药物使用人群和他们家庭成员的极大欢迎。昆明、红河、德宏等州市都在小范围开展着‘纳洛酮急救项目’，已经成功挽救了800余人的生命。”

据朵林讲述，在红河州，曾参与过项目培训的一名警察在社区巡逻时，发现一名过量者，且已经休克，他主动打电话联系“纳洛酮项目”的工作人员赶到现场开展急救服务，使得这名过量者挽回了生命，重新开始生活。

---

〔1〕郭婷婷：“纳洛酮：吸毒者的救命利器”，载云南法制网，网址：https://www.ynfzb.cn/Ynfzb/XinWen/201306184498.shtml，最后访问日期：2021年12月2日。

今年29岁的小冰是“纳洛酮项目”在昆明的受益者之一，2011年年底小冰和朋友一起在家中注射毒品，由于注射过量，小冰当场就昏厥了，其同伴立即拨打了急救电话，急救人员赶到现场为她注射了纳洛酮后，才将小冰从死神手上夺回。小冰也因此感受到了生命的珍贵，开始对社会和人生有了新的反思，她开始接受美沙酮替代维持治疗，摆脱对海洛因的依赖，并逐渐回归社会，现在还开了一家宠物店开始了全新生活。

朵林还说：“像小冰这样的事例其实还有很多，因为之前他们已经习惯了被歧视、被抛弃、被边缘化的地位和处境，当得救后他们会发生一些心理上的变化，往往是自觉、自愿地要求摆脱毒品的‘纠缠’。”

工作任务

严格地讲，降低危害的活动并没有规定的内容、范围和形式，凡是符合降低危害策略和能达到降低伤害目的的活动均属于降低危害实践范畴。降低危害实践活动是依据不同国家和地区的国情、实际需求和具体条件而开展的，目的是解决吸毒成瘾对人和社会的伤害问题，特别是解决眼前急需解决的问题。从这个意义上讲，降低危害实践的内容、形式和方法将永远处在不断发展之中。

本部分我们来了解在降低吸毒成瘾危害方面常用的方法。

一、药物替代维持治疗

广义而言，药物维持治疗是针对各种慢性疾病的特点，使用药物控制疾病症状，改善患者生活质量和恢复患者正常功能的一种治疗方法。如长期甚至终生使用药物对高血压、糖尿病等许多慢性疾病的治疗就是典型的维持治疗，其治疗目的并非是要根除这些疾病，而是为了控制其症状和减少疾病对患者机体和社会功能的损害。与此相应，吸毒成瘾的维持治疗就是长期使用某种药物有效控制戒断症状，最大限度降低毒品及吸毒行为对用药者本人、家庭、社会及公共卫生造成的危害。

二、清洁针具交换项目（syringe exchange programs）

大多数的静脉吸毒者（IDUs）均缺乏安全用药的观念和常识，存在重复使用未经消毒注射器和共用注射针具的行为。而在世界上的一些国家和地区，注射器的可获得性极差，需要通过医师处方才能买到，这在很大程度上导致海洛因和其他毒品成瘾者因注射器缺乏而反复使用未经消毒的注射器和共用受污染的注射器，这在客观上造成艾滋病、肝炎和其他经血液传染疾病的传播。从减少伤害的理念出发，社会应该主动地、有针对性地向毒品成瘾者免费提供清洁注射针具，以最大限度减少共用注射针具给毒品成瘾者本人、他人和社会带来的危害。

清洁针具交换就是通过不同的方式接近吸毒成瘾人群，向他们宣传安全注射观念，提供能满足他们需求的一次性清洁注射针具，同时换回已被使用过的污染针具，以减少因反复使用和共用注射针具对用药者带来的伤害，以及遏制血源性传染病（如艾滋病、肝炎等）在吸毒成瘾人群中的传播。具体方法就是在吸毒成瘾者较为集中的地区，由政府提供经费或购买服务，非政府组织（NGO）进行管理，建立清洁针具交换中心或交换点，主要聘用吸毒成瘾者为同伴宣传员和外展工作人员，在吸毒成瘾人群中开展诸如健康教育、艾滋病防治知识宣传、艾滋病自愿咨询检测（VCT）、免费提供清洁针具和回收污染针具等干预措施，以达到提高艾滋病防治知识知晓率、安全套使用率、针具交换覆盖率和减少共用注射针具率等指标的目的。

免费清洁针具交换主要在药物维持治疗尚不能有效覆盖的地区和针对没有参加美沙酮维持治疗的静脉毒品使用者中展开。常见的模式多为由一些非政府机构在需要的地方建立以预防艾滋病为核心的清洁针具交换点，同时开展艾滋病防治知识的宣传教育和抗病毒治疗转介工作。交换点主要招募戒毒操守者、美沙酮维持治疗患者和海洛因成瘾者作为同伴辅导员，通过他们直接将清洁注射器发给目标人群，并将使用过的注射器回收到交换点进行集中销毁。实践证明，这是在目前情况下最为有效的防止艾滋病在静脉吸毒人群中蔓延的方法之一。

三、纳洛酮项目

注射海洛因过量中毒是导致毒品使用者死亡的主要原因，有一半以上的海洛因成瘾者自我报告自己一生中至少有一次海洛因过量的经历。在纽约市，估计每年有 900 名阿片类物质成瘾者死于海洛因过量中毒，此数字已超过了谋杀案件的死亡数字。最近的一份关于全球海洛因和其他阿片类所致死亡率的前瞻性 MENTA 分析研究表明，亚洲吸毒过量所致死亡率（CMR）最高，为每年 5.23/100 人，澳洲最低，为每年 1.08/100 人。调查进一步发现，在这些过量死亡的病例中，如果能够及时和安全地注射纳洛酮，约有一半以上的死亡是可以预防和避免的。

纳洛酮是 μ 阿片受体（μ-R）的有效拮抗剂，能快速逆转阿片类药物过量引起的毒性作用，是被广泛用于海洛因和阿片类物质过量中度抢救的特效药物，历史悠久。纳洛酮用药后 1～5 分钟即可解除中枢性呼吸抑制和其他中毒症状，使患者能从昏迷中迅速苏醒。纳洛酮通常需要医师处方给药，然而，处于社会边缘的注射吸毒人群是一类心理认知和行为表现等均不同于一般人的特殊人群，除经济贫困等因素外，还会担心暴露身份可能引起歧视、羞辱，甚至被抓捕。因此，大多数过量中毒患者不情愿或不敢到医院就医，少数人虽然也呼叫急救部门求助，但常因贻误急救时机而痛失生命。更为重要的是，患者在发生海洛因或其他阿片类物质过量中毒时通常是没有医护人员在场的，所以绝大多数过量中毒者是不可能及时得到纳洛酮注射的，故多数患者会因此而死亡。有调查发现，通常情况下在发生海洛因过量中毒时是有他人在场的，如吸毒的同伴、亲属等，而多数死亡的发生是因为在场的人害怕警察卷入而不愿与急救服务中心联系所致。因此，是否能及时有效地注射纳洛酮是避免海洛因过量中毒死亡的关键所在。然而，由吸毒成瘾者自己用药抢救阿片类物质过量中毒死亡还是一种新的观念和方法。

近些年来，在美国的一些城市开展了纳洛酮发放项目，部分吸毒成瘾者通过培训学会了纳洛酮的用药和及时抢救阿片类物质过量中毒的方法，以便在关键时刻能够正确使用纳洛酮。这些项目的初步报告显示，这种通过同伴注射纳洛酮的方法是可以有效挽救生命的，且没有副作用。同时还发现，该项目还可增加吸毒成瘾者对过量中毒的警示和戒备。在发现防止阿片类物质过量中毒死亡与纳洛酮的及时使用的关系后，人们便从公共卫生的角度提高了对纳洛酮的关注程度，随后便开始了大规模的纳洛酮用药培训和纳洛酮发放项目试验、经验总结与评估工作。

四、同伴教育

同伴教育是降低危害工作的一项十分重要的内容，前面提到的多种降低危害措施的实施，都需要通过同伴教育这种方式才能取得更好的成效。同伴教育是利用具有共同特征群体的从众心理或相互影响力，来实施教育影响的新型教育方法。

同伴教育没有严格统一的定义，一般认为其是具有相同性别、相似年龄、相同背景、共同经历、类似生理状况，或由于某些原因具有共同语言的人在一起分享信息、观念或行为技能，以实现某种教育目标的一种教育形式。所谓的同伴可以是同龄人、同性别的人、同生活经历的人、有同一种生理变化的人、有同一种行为的人，如同学、同龄、同性别的朋友、关系紧密的同事、同患某种疾病的人、同一时间区段的怀孕者、吸毒者、性乱者、同一监所的在押收容人员（囚犯、强制隔离戒毒人员）等。这些具有共同特征的群体在心理上存在天然的相容性、趋从性，他们之间易于沟通、易于引起共鸣、易于达成共识。同伴教育正是利用了同伴间的这种相互影响力，通过有目的地培训同伴者中影响力较大的成员，使他们首先转变观念、信念、态度，并掌握一定知识及传播技巧，再由他们向同伴介绍知识、谈及亲身体会、表达信念及态度转变的方法。用易于理解和接受的方式和同伴进行交流，引起共鸣，更重要的是同伴教育者能发挥榜样和示范作用，从而使被教育者受到潜移默化的影响，起到良好的教育效果。

同伴教育可利用的形式多种多样，包括咨询、展览、发放教育小册子、专项动员、小组讨论、个别谈话、聊天、角色扮演、组织文娱节目演出、演讲、行动倡议、法规政策倡导等。同伴教育的类型大致可分为同伴传播、同伴引导、同伴交流三类。同伴传播指针对较大群体进行的传播活动，如编辑散发宣传小册子、组织自编自演文艺节目、主持宣传广播节目等；同伴引导是指进行有组织的集体教育活动，如小组讨论、专题演讲、角色扮演、小组授课等；同伴交流是指同伴间一对一的交流活动，这种活动可以是咨询，也可以是劝说，还可以是共同讨论，其主要针对个体的敏感性、隐私性，总之方式比较随意，如个别谈话、朋友间聊天等。

五、吸毒成瘾者共患疾病治疗

广义而言，共病（comorbidity）是用于描述两种或两种以上障碍或疾病发生于同一个体的专业术语。这些障碍或疾病可以是同时发生，也可以是先后发生。共病也意味着这些障碍和疾病存在相互之间的影响，这些影响可能会使这些障碍和疾病的病程和后果变得更为严重。吸毒成瘾者是一个极为特殊的群体，他们既有因使用毒品造成的问题（如成瘾），也有因使用毒品带来的问题（如艾滋病），同时还有诸多精神障碍方面的问题，这些疾病互为因果，相互影响，严重危害着他们的身心健康和社会功能。因此，重视和治疗这些疾病也应该是降低危害不可或缺的一个部分。

参考文献

【著作类】

1. 司法部戒毒管理局组：《司法行政戒毒工作概论》，法律出版社 2017 年版。
2. 司法部戒毒管理局组：《司法行政强制隔离戒毒执法实务》，法律出版社 2017 年版。
3. 司法部戒毒管理局组：《戒毒人员心理评估与矫治》，法律出版社 2017 年版。
4. 杨波等：《毒品成瘾与心理康复》，中国政法大学出版社 2015 年版。
5. 杨波：《人格与成瘾》，新华出版社 2005 年版。
6. 张勇安主编：《国际禁毒研究报告（2019）》，社会科学文献出版社 2019 年版。
7. 张勇安主编：《国际禁毒研究报告（2020）》，社会科学文献出版社 2020 年版。
8. 张勇安主编：《国际禁毒研究报告（2021）》，社会科学文献出版社 2021 年版。
9. 张勇安主编：《国际禁毒研究报告（2022）》，社会科学文献出版社 2023 年版。
10. 阮惠风：《新型合成毒品滥用实证调查与治理对策》，上海社会科学院出版社 2016 年版。
11. 杜新忠：《实用戒毒医学》，人民卫生出版社 2015 年版。
12. 郝伟、赵敏、李锦主编：《成瘾医学理论与实践》，人民卫生出版社 2016 年版。
13. 张明楷：《刑法学》，法律出版社 2016 年版。
14. 王作富主编：《刑法分则实务研究》，中国方正出版社 2003 年版。
15. 姚建龙主编：《禁毒学导论》，中国人民公安大学出版社 2014 年版。
16. 姚建龙主编：《禁毒刑法学》，中国人民公安大学出版社 2016 年版。
17. 姚建龙：《禁毒法与戒毒制度改革研究》，法律出版社 2015 年版。
18. 张敏发、刘洪主编：《犯罪学原理与实务》，中国政法大学出版社 2015 年版。
19. 李文君：《禁毒防控理论研究与实践探索》，上海社会科学院出版社 2017 年版。
20. 王娜主编：《戒毒学》，中国人民公安大学出版社 2014 年版。
21. 郭建安、李荣文主编：《吸毒违法行为的预防与矫治》，法律出版社 2000 年版。
22. 郭兰平主编：《强制隔离戒毒导论》，西南交通大学出版社 2010 年版。

23. 张晴：《吸毒成瘾与戒毒治疗及措施》，云南教育出版社 2014 年版。

24. 梁晋云主编：《戒毒实务教程》，中国人民公安大学出版社 2015 年版。

25. 曲晓光、杨波、李庆安主编：《戒毒与康复》，北京日报出版社 2018 年版。

26. 褚宸舸：《吸毒管控法治论》，法律出版社 2019 年版。

27. 任娇娇：《我国禁毒刑事政策调整研究》，中国社会科学出版社 2019 年版。

28. 韩丹：《城市毒瘾——吸毒行为的社会学研究》，东南大学出版社 2008 年版。

29. 韩丹：《吸毒人群调查》，江苏人民出版社 2007 年版。

30. 韩丹：《吸毒人群成瘾问题的社会学研究——以江苏为例》，上海社会科学院出版社 2017 年版。

31. 赵群、韩丹：《吸毒人群调查——基于口述史的合成毒品滥用问题研究》，上海社会科学院出版社 2019 年版。

32. 刘建宏主编：《全球化视角下的毒品问题》，人民出版社 2014 年版。

33. 刘建宏主编：《中国毒品犯罪及反制》，人民出版社 2014 年版。

34. 刘建宏主编：《中国吸毒违法行为的预防及矫治》，人民出版社 2014 年版。

35. 全国人大常委会法制工作委员会刑法室编著：《〈中华人民共和国禁毒法〉释义及实用指南》，中国民主法制出版社 2008 年版。

36. 黄太云：《中华人民共和国禁毒法解读》，中国法制出版社 2008 年版。

37. 金伟峰、崔浩等：《禁毒法律制度研究》，浙江大学出版社 2009 年版。

38. 欧阳国亮编著：《毒品犯罪隐语词典》，中国人民公安大学出版社 2018 年版。

39. 夏国美、杨秀石等：《社会学视野下的新型毒品》，上海社会科学院出版社 2009 年版。

40. 沈海梅主编：《医学人类学视野下的毒品、艾滋病与边疆社会》，云南大学出版社 2010 年版。

41. 陈云东主编：《毒品、艾滋病问题的法律与政策研究》，云南大学出版社 2010 年版。

42. ［英］露西·英格里斯著，徐海幈译：《天堂之奶：一部鸦片全球史》，浙江人民出版社 2022 年版。

43. ［英］理查德·达文波特－海因斯著，蒋平、马广惠译：《搜寻忘却的记忆：全球毒品 500 年》，译林出版社 2008 年版。

44. 广东省禁毒委员会、广东省戒毒研究所编：《戒毒矫治康复手册》，暨南大学出版社 2006 年版。

45. 施红辉、李荣文、蔡燕强编著：《毒品成瘾矫治概论》，科学出版社 2009 年版。

46. 胡金野、齐磊：《中国禁毒史（修订版）》，上海社会科学出版社 2017 年版。

47. 高巍：《中国禁毒三十年——以刑事规制为主线（修订版）》，上海社会科学出版社 2016 年版。

48. ［美］O. 瑞、C. 科塞著，夏建中等译：《毒品、社会与人的行为》，中国人民大学出版社 2001 年版。

49. 梅传强等：《毒品问题治理模式新探索》，中国检察出版社 2020 年版。

50. 章恩友、宋胜尊主编：《犯罪心理学》，法律出版社 2019 年版。

51. 李蓓春编：《强制隔离戒毒人员教育矫治案例精选及评析》，浙江大学出版社 2013 年版。

52. ［美］威廉·米勒、［英］史帝芬·罗尼克著，杨莜华译：《动机式晤谈法——如何克服成瘾行为戒除前的心理冲突》，台湾心理出版社 1995 年版。

53. ［美］威廉著，巴彤等译：《心理治疗中的依恋——从养育到治愈，从理论到实践》，中国轻工业出版社 2014 年。

54. ［英］鲁迪·达洛斯、罗斯·德雷柏著，戴俊毅、屠莜青译：《家庭疗法——系统化理论与实践》，上海社会科学院出版社 2012 年版。

55. ［美］Robert L. Leahy 著，张黎黎等译：《认知治疗技术从业者指南》，中国轻工业出版社 2005 年版。

56. 钱铭怡编著：《心理咨询与心理治疗》，北京大学出版社 1994 年版。

57. ［美］Lawrence. A. Pervin、Oliver P. John 著，黄希庭主译：《人格手册：理论与研究》，华东师范大学出版社 2003 年版。

58. 刘斌：《罪犯教育》，中国政法大学出版社 2020 年版。

59. 张秀丽主编：《运动戒毒实务》，北京体育大学出版社 2020 年版。

60. 费孝通：《乡土中国》，三联书店 1985 年版。

61. 郑杭生主编：《社会学概论新修》，中国人民大学出版社 2019 年版。

62. 张兴杰主编：《戒毒社会工作》，中国社会出版社 2020 年版。

63. 莫关耀、曲晓光：《禁毒社会工作》，中国人民公安大学出版社 2017 年版。

64. 刘静林主编：《禁毒社会工作理论与方法》，中国社会出版社 2016 年版。

65. 吴金凤主编：《禁毒社会工作实务》，武汉大学出版社 2021 年版。

66. 吕青主编：《社会工作实务》，华东理工大学出版社 2010 年版。

67. 李卉主编：《戒毒社会工作案例评析》，中国社会出版社 2017 年版。

68. 王高喜主编：《戒毒社会工作基础》，军事医学科学出版社 2011 年版。

【论文类】

1. 胡晓云："对强制隔离戒毒工作的几点思考——以戒毒人员再社会化为视角"，载《中国司法》2011 年第 7 期。

2. 闫振兴："新形势下'金三角'地区毒情对我国的影响及对策分析"，载《云南警察学院学报》2021 年第 6 期。

3. 胡江、于浩洋："新中国 70 年来毒品犯罪刑事政策的变迁与完善——从'打击’走向‘治理’”，载《广西社会科学》2019 年第 11 期。

4. 蒋玉莲：“中国特色的毒品治理之路：历史、现实与攻坚”，载《广西警察学院学报》2020 年第 2 期。

5. 张耀宇：“建立吸毒人员动态管控机制”，载《人民公安报》2006 年 8 月 29 日，第 1 版。

6. 孙光：“吸毒人员动态管控机制的构成”，载《江苏警官学院学报》2007 年第 2 期。

7. 陈华、李春霖：“吸毒、戒毒年限不同的强戒人员人格特征的比较研究”，载《犯罪与改造研究》2017 年第 12 期。

8. 李世虎：“吸毒人员人格探析”，载《湖南公安高等专科学校学报》2010 年第 1 期。

9. 刘畅：“戒毒人员的人格特点及其心理矫治”，载《中国临床康复》2006 年第 10 期。

10. 高贵君、马岩、李静然：“当前我国毒品犯罪的主要特点与加强禁毒工作的对策和建议”，载《人民法院报》2014 年 6 月 26 日，第 5 版。

11. 郭笑等：“毒品滥用与犯罪的关联”，载《中国药物依赖性杂志》2018 年第 3 期。

12. 冯承才：“街角青年涉黑犯罪研究——基于上海市 K 社区‘斧头帮’的田野调查”，载《青年研究》2020 年第 3 期。

13. 陈静、李栩栩、高贞：“吸毒和犯罪关联性研究及治理对策”，载《犯罪与改造研究》2021 年第 9 期。

14. 黄海春：“吸毒人员参与实施刑事犯罪调查分析”，载《法治快报》2009 年 11 月 11 日，第 5 版。

15. 姚建龙：“禁毒法与我国戒毒体系之重构——风险预估与对策建议”，载《中国人民公安大学学报（社会科学版）》2008 年第 2 期。

16. 陈建蒙：“涉毒隐语、行话释义”，载《江苏警官学院学报》2006 年第 2 期。

17. 欧阳国亮：“我国出现的几类新型涉毒隐语研究”，载《中国刑警学院学报》2017 年第 2 期。

18. 罗爱民：“强制隔离戒毒从业警察的执法理念确立与发展能力建构”，载《中国司法》2010 年第 7 期。

19. 陆尔枫、许健、刘雯：“国家治理体系现代化视域下提高戒毒民警队伍制度执行力的思考”，载《中国监狱学刊》2021 年第 3 期。

20. 唐浩：“戒毒康复人员的社会支持体系与干预方法”，载《中国刑警学院学报》2021 年第 4 期。

21. 郭琳芳：“论戒毒康复人员的社会支持体系”，载《西部学刊》2020 年第

14 期。

22. 张凯、宋秋英："司法行政戒毒教育矫正原则的释义及实践"，载《河南司法警官职业学院学报》2020 年第 2 期。

23. 边宇等："基于风险源辨识的我国戒毒人员体质测评标准构建"，载《北京体育大学学报》2018 年第 10 期。

24. 韩美芳等："吸毒者社会支持、认知和心理压力相关性研究"，载《中国药物依赖性杂志》2011 年第 20 期。

25. 王瑞鸿："戒毒社会工作：理念、原则及其方法"，载《华东理工大学学报（社会科学版）》2006 年第 4 期。

【其他参考资料】

1. 国家禁毒委员会办公室各年度《禁毒报告》《中国毒品形势报告》。

2. 联合国毒品和犯罪问题办公室：《世界毒品报告》。

3. 最高人民法院：《人民法院禁毒工作白皮书》（2012—2017）。

4. 最高人民法院：《2021 年十大毒品（涉毒）犯罪典型案例》。

5. 广东省戒毒管理局：《广东省司法行政戒毒系统优秀戒毒案例选集》（内部资料），2020 年。

6. 张友生：《运动戒毒与康复训练理论与实操教程》（广东省戒毒管理局内部资料）。

【网站】

1. 中国禁毒网，网址：http://www.nncc626.com/。

2. 中国法院网，网址：https://www.chinacourt.org/。

3. 中国法律服务网（12348 中国法网）"司法行政（法律服务）案例库"，网址：http://alk.12348.gov.cn。

4. 国家毒品问题治理研究中心（毒品犯罪与对策研究中心），网址：http://dcppc.swupl.edu.cn。

后 记

“当敲下最后一个字……终于完美画上句号”，这个似乎毕业论文或著作中常用的“范式”，我也很想潇洒地来这么个“句号”，但此时的我，却有几份的迟疑！我问自己，敲下的是问号——确定不会误人子弟？还是感叹号——若是弟子成才了，与我无关，你们是自学成才（若是闯祸，请别把为师说出来哈）！抑或，干脆来个省略号——来日方长吧……。

2008年，《禁毒法》刚出台，前辈邀我一起主编教材《强制隔离戒毒矫治与管理实务》（暨南大学出版社2011年12月版），我欣然应之。所谓“初生牛犊不怕虎”，当时很快就“搞定”了第一本教材，该教材后来还获得了司法部“司法行政业务培训优秀教材”奖，一时飘飘然。当时的戒毒制度（劳动教养制度尚未废除）还未“定型”，我兴冲冲暗下决心要“快速”修订那本教材，同时，也开始“启动”更“宏伟”的计划要编写《戒毒基础知识》这本教材（典型的“不知足”，可谓无知者无畏）。后随年岁见长，胆子却越来越小，也更是“足不知”“知不足”，因而也就暂缓、搁置。学院及系部领导一再督促、鞭策我赶紧完成《戒毒基础知识》这本教材，我总是以“时机不成熟”等各种借口拖延。某次，看《十三邀》节目中刘擎教授说的一句话“任何一种成长，它要求一种深长缓慢的阅读，长程的深入的这样一种思考，而不是短平快”，原来“慢慢来”才更深刻，我更是“肆无忌惮”地有“借口”来拖延编写这本教材了。回看“初心”，却已是“十年怀胎”不止了，汗颜！

本书的编写过程中，得到了广东省戒毒管理局、广东省戒毒管理干部学校、广东省女子强制隔离戒毒管理所、广东省三水强制隔离戒毒管理所、广东省第二强制隔离戒毒管理所、广东省南丰强制隔离戒毒管理所等兄弟单位和行业朋友以及学院领导、同事的大力支持，感谢！感谢出版社编辑老师严谨、认真及耐心的修改审阅！感谢爱我的人还有我爱的人！还有更多无法一一列举的支持和力量，在此一并谢过！

全书由张敏发统稿，如有错讹之处，张敏发之责。也敬请方家指正，提出宝贵意见（邮箱：earlybirdbb@163.com）。

张敏发

2022年教师节&中秋节于广州